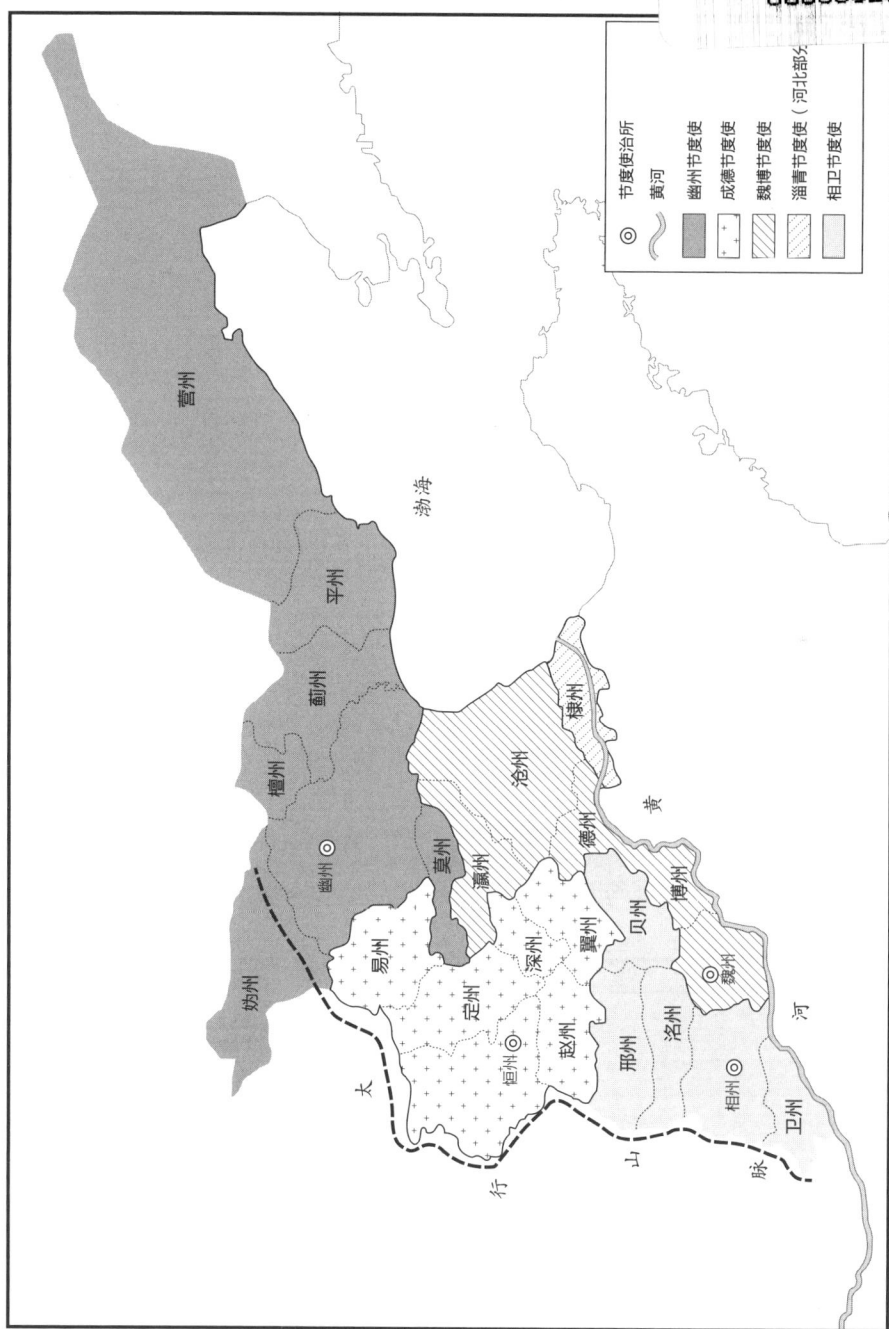

▲ 唐代宗广德元年的河北四镇示意图

图例：

节度使治所　⊙
黄河
幽州节度使
成德节度使
魏博节度使
淄青节度使（河北部分）
相卫节度使

营州

平州

蓟州

檀州

妫州

幽州 ⊙

莫州

涿州

瀛州

棣州

沧州

德州

博州

易州

深州

冀州

贝州

魏州 ⊙

定州

祁州

洺州

邢州

恒州 ⊙

相州 ⊙

卫州

渤海

黄河

太

行

山

脉

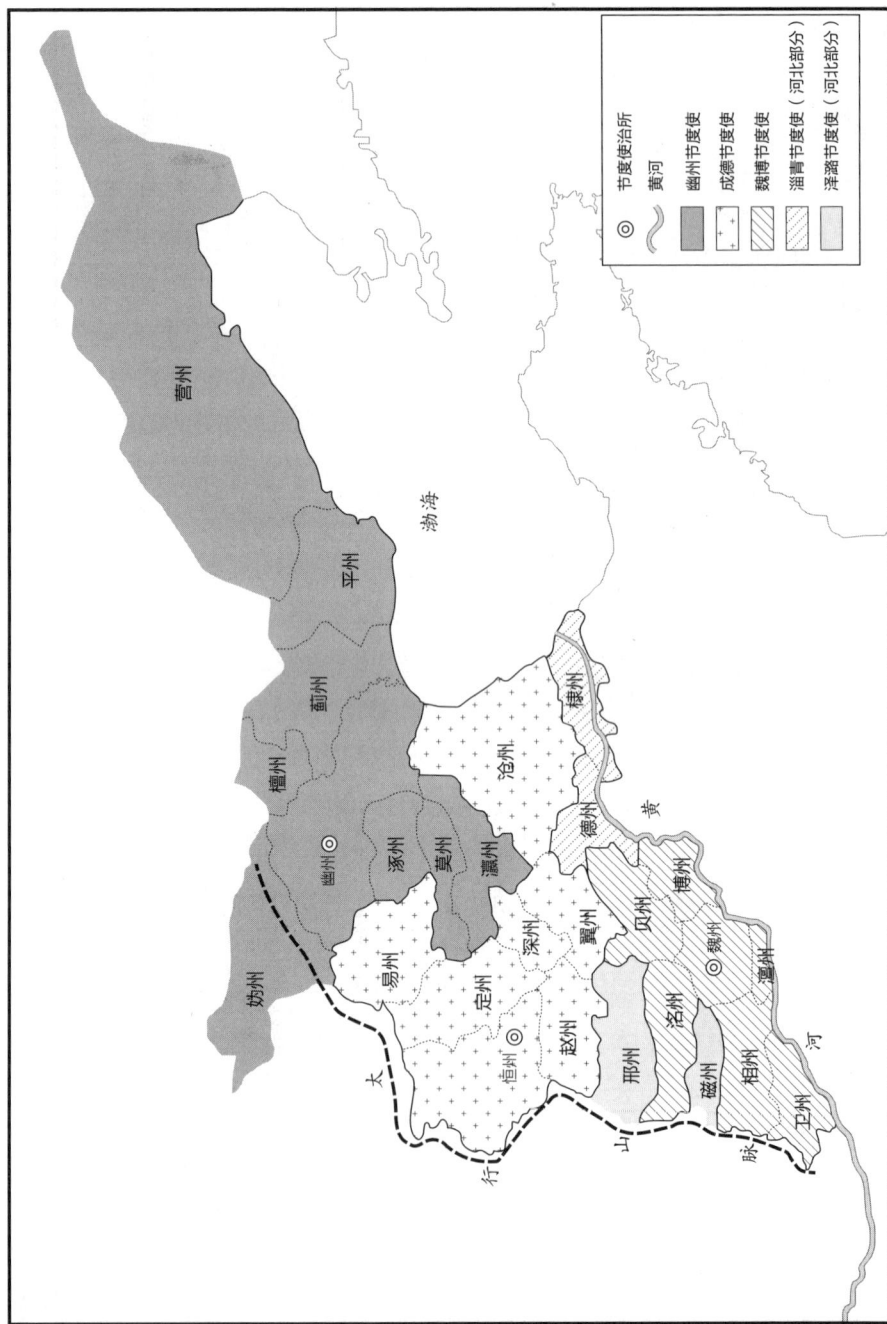

图例：
- 节度使治所 ⊚
- 黄河
- 幽州节度使
- 成德节度使
- 魏博节度使
- 淄青节度使（河北部分）
- 泽潞节度使（河北部分）

营州

渤海

平州

蓟州

檀州

妫州

幽州 ⊚

涿州

莫州

瀛州

棣州

沧州

德州

博州

魏州 ⊚

郑州

易州

定州

深州

冀州

贝州

澶州

恒州 ⊚

赵州

邢州

洺州

磁州

相州

卫州

黄

河

太

行

山

脉

▲ 唐代宗大历十一年的河北三镇示意图

▲ 唐德宗贞元二年的河北五镇示意图

营州

平州

渤海

蓟州

檀州

沧州

棣州

妫州

幽州

涿州

莫州

瀛州

黄

德州

博州

易州

涞州

赢州

贝州

魏州

澶州

定州

深州

冀州

洺州

河

恒州

赵州

邢州

磁州

相州

卫州

太

行

山

脉

图例

◎ 节度使治所
〰 黄河
▦ 幽州节度使
✛ 成德节度使
▨ 魏博节度使
▥ 义武节度使
░ 泽潞节度使（河北部分）
▦ 横海节度使

营州

平州

蓟州

檀州

妫州

幽州 ◎

涿州

莫州

瀛州

渤海

棣州

沧州 ◎

景州

德州

博州

贝州

黄

易州 ◎

定州

深州

冀州

魏州 ◎

澶州

恒州 ◎

赵州

洺州

邢州

磁州

相州

卫州

河

太　行　山　脉

▲ 唐宪宗元和十五年的河北五镇示意图

振武节度使

单于都护府

云州

蔚州

卢龙节度使

妫州　檀州

　　　　蓟州

　　　幽州

　　涿州　　　　　　平州

朔州

代州　　　易州

河东节度使　义武节度使

忻州　　　莫州

　　　　　　　　瀛州

　　　定州

太原府　　镇州　　　　　沧州　　　渤　海

成德节度使　　深州　景州

汾州　　　　赵州

　　　仪州　　冀州　横海节度使

沁州　　　　　　　　　　　　棣州　　　　登州

　　　　邢州　贝州　　　德州　　　　　　莱州

　　　　洺州　　　　　　　　　　平卢节度使

中节度使　　磁州　魏博节度使　齐州　淄州　青州

昭义节度使　潞州　相州　博州

　　　泽州　　　澶州　　　　　　　　　　密州

卫州

河阳三城节度使　滑州　濮州　郓州　兖海观察使　东　海

　　河阳城　　　天平节度使　兖州

都畿都防御使　河南府　　曹州　　　　沂州

　　汝州　平州　汴州　　　　　　　海州

硖观察使　幽州　　宋州

　　　溵州　陈州　亳州　徐州

　　　忠武节度使　　宿州　武宁节度使

邓州　唐州　　　　　　　　　　楚州

　　　蔡州　颍州　　泗州

山南东道节度使　　宣武节度使　濠州　　滁州　扬州

襄州　申州　　　寿州　　　　　　润州　常州

随州　鄂岳　光州　淮南节度使　庐州　宣歙观察使　浙西观察使

　　观察使　　　　　　和州

和年间河北道各藩镇辖区示意图

图例：
藩镇线
海岸线
方镇驻地
州治
一级河流

唐帝国衰亡史

午梦千山 著

民主与建设出版社

·北京·

图书在版编目（CIP）数据

唐帝国衰亡史 / 午梦千山著 . —— 北京：民主与建
设出版社，2021.3
ISBN 978-7-5139-3397-1

Ⅰ . ①唐… Ⅱ . ①午… Ⅲ . ①中国历史 – 研究 – 唐代
Ⅳ . ① K242.07

中国版本图书馆 CIP 数据核字 (2021) 第 031268 号

唐帝国衰亡史
TANGDIGUO SHUAIWANGSHI

著　　者	午梦千山
责任编辑	彭　现
封面设计	周　杰
出版发行	民主与建设出版社有限责任公司
电　　话	（010）59417747　59419778
社　　址	北京市海淀区西三环中路 10 号望海楼 E 座 7 层
邮　　编	100142
印　　刷	重庆共创印务有限公司
版　　次	2021 年 3 月第 1 版
印　　次	2021 年 3 月第 1 次印刷
开　　本	787 毫米 ×1092 毫米　1/16
印　　张	19
字　　数	260 千字
书　　号	ISBN 978-7-5139-3397-1
定　　价	99.80 元

注：如有印、装质量问题，请与出版社联系。

目录

C O N T E N T S

序言

自夏商以来，中国这片广袤的土地上出现了一个又一个的王朝，它们或兴或衰，或成或败，为后人上演了一幕又一幕的英雄传奇。无论是大一统的两汉，还是分裂的三国南北朝，都让人为之神往不已，而这些王朝中，最让人神往的无疑还是曾经雄踞东亚的大唐帝国。

大唐帝国最强盛时，是东亚以至当时整个世界最强大的国家，征服了高句丽、百济、突厥等无数政权，大唐天子更是被周围各少数民族称为"天可汗"。唐朝之所以让人神往，不光是因为其广袤的疆域、强盛的国力，更是因为其强大的包容性。西域胡风的传入，多元交融的各地区文化，繁盛的佛道宗教，丰富多彩的文学艺术，这一切都深深吸引着后人，让无数人渴望梦回盛唐。

"忆昔开元全盛日，小邑犹藏万家室。稻米流脂粟米白，公私仓廪俱丰实。"唐代诗人杜甫用《忆昔二首》为世人勾勒出了心目中盛唐的景象，这也导致后人所向往的大唐帝国仅限于盛唐和初唐，因为这一时期的大唐帝国朝气蓬勃、欣欣向荣。而安史之乱以后，大唐帝国往日的兴盛不再，世人对这一时期的印象就剩下了"宦官专权""藩镇割据""牛李党争"这几个关键词，仿佛唐王朝自这一时期就直接走向了灭亡。而实际上，从平定安史之乱到朱温篡唐建立后梁，其间大唐帝国还走过了漫长的一百四十四年，甚至比初唐和盛唐的总和还多出了近十年。

因为对中晚唐时期这段历史的忽视，很多人连带着对构成中晚唐历史主要部分的藩镇也不甚在意。在很多人眼中，藩镇是大唐帝国灭亡的罪魁祸首，正是这些藩镇将昔日强盛的帝国一步步拖入了灭亡的深渊。事实上，安史之乱后的藩镇是多样性的，它们之中既有妄图割据一方的节度使，也有一心护卫朝廷的忠臣良将，哪怕是与朝廷貌合神离的藩镇，与中央也是时而对抗、时而联合，并不能"一言以蔽之"。

在诸多藩镇中，河朔藩镇无疑是最具代表性的，他们由安史旧将演变而来，占据着伪燕政权的根据地河北地区；他们与唐王朝或战或和，形成了一个个独立的小王国。与后世的五代十国不同，河朔藩镇并没有"天子，兵强马壮者当为之，宁有种耶"这样的想法，也没有如朱温等人建立政权的野心，他们所求只是世袭割据，成为大唐天子手下的一方诸侯。

中晚唐时期，河朔藩镇与大唐帝国之间的故事也非常精彩，不亚于历史上任何一个分裂时期。在河朔的历史上，既有像田承嗣、李怀仙、李宝臣、李正己、田绪、韩简这样野心勃勃的枭雄，也有像李惟岳、李师道、李同捷这样守不住基业的无能之辈；既有像张孝忠、田弘正、张茂昭、张仲武这样一心效忠朝廷的忠义之士，也有像朱泚、朱滔这种妄图称帝的野心家。正是这些人，在河朔这块土地上，为后人留下了一个个扣人心弦的故事。

面对割据一方的河朔诸镇，唐王朝明显不想让他们如愿。从唐代宗开始，历代皇帝为收复河朔做出了许多努力，既有志大才疏的唐德宗讨伐藩镇，又有虎头蛇尾的唐宪宗"元和中兴"，也有受困家奴的唐中宗壮志难酬，其间更有李晟、马燧、裴度、李愬等无数能臣猛将的助力，然而最后换来的只是唐武宗、唐宣宗不得不默许河朔诸镇的独立地位。随着进入长安的冲天香阵，大唐帝国走向了灭亡，取而代之的是以朱温、李克用为首的军阀争霸，而河朔诸镇也伴随着大唐帝国在这一时期逐渐走向了衰落，其间虽然有罗弘信、刘仁恭等人拼死抗争，但终究难逃衰亡。

遗憾的是，河朔藩镇精彩的故事却埋没于史料之中，很少得到人们的重视，笔者有感于此，广阅唐朝各类史籍，试图以绵薄之力，结合史籍资料，以时间为轴线，将这一段错综复杂而又精彩万分的历史展现到读者面前。希望通过一个个有趣的人物和故事，向读者展示中晚唐时期河朔藩镇的沿革，让读者能够充分了解河朔藩镇这段不为人熟知的历史，从而让读者对中晚唐的历史有一个更加全面的认识。

是为序。

楔子

夕阳西下，在一片萧瑟的寒风中，一个人正骑着马在路上慢慢地晃荡。说来可笑，偌大一个天下，他竟然不知道自己该去向何方。良久之后，这人叹了一口气，缓缓地在路旁的一棵大树下解鞍驻马，然后上吊自杀了。

谁也想不到，这个自杀之人便是大燕帝国新一代的掌门人史朝义。史朝义杀死父亲后还没来得及风光，就在唐军的打击下一路向北逃出。本希望能够在老巢范阳东山再起，可没想到的是，他留下镇守范阳的亲信李怀仙竟然早已投降了唐军。穷途末路，史朝义只得黯然自杀。

史朝义的自杀，基本标志着前后持续近八年的安史之乱就此结束。李怀仙为邀功，将史朝义的人头送去了长安，看到人头后，唐代宗君臣无不欢呼雀跃，他们终于迎来了最终的胜利。

这场胜利实在是来之不易，就连在乱世中即位的唐肃宗也没能看到胜利的一天。天宝十四年（755年），这在当时很多人看来不过只是盛世大唐中平淡的一年。自从唐玄宗即位之后，国力蒸蒸日上，天下早已是府库充实，四海无盗，老对手吐蕃在前一年被名将哥舒翰打得节节败退，九曲之地也回到了大唐帝国手中。但谁也没想到，这竟然是盛唐的最后一个年头。同年十一月九日，范阳城中的鼙鼓轰然响起，范阳、卢龙、河东三镇的节度使安禄山悍然起兵，他集结麾下部队，再加上契丹、奚族、同罗等部族，共计十五万人，打着"诛杀杨国忠"的旗号，从范阳一路挥军南下。

安禄山叛乱，可以说是唐玄宗长期以来纵容的结果，也让唐玄宗悔不当初。然而包括唐玄宗在内的君臣当时并没有将安禄山放在眼里，因为在他们看来，剿灭叛军指日可待，毕竟安禄山率领的军队大都是正规唐军，很多人应该不愿意叛乱。更何况安禄山虽然名义上是三镇节度使，但他对河东一镇的控制远远不足，因此手里也就两个半镇的兵力，而大唐帝国的边境上总共有十镇节度使，足以轻松荡平叛军。

只可惜唐玄宗等人都错了，自从大唐帝国于开元十年（722年）改"府兵制"为"募兵制"后，唐军将士对朝廷的归属感早已经大大减弱。而在安禄山的经营下，范阳、卢龙等镇的将士更是早已成了他的私兵，这些人根本就不会背叛安禄山。

更糟糕的是，大唐帝国承平已久，战事一直集中在四方边境，保卫疆土完全依赖四方的节镇，而中原腹地多年不见战事，因此毫无抵抗之力。安禄山从范阳南下后，没有遇到多少阻力，仅仅三十多天便一路攻下了洛阳，兵锋直逼潼关，连封常清、高仙芝这样的名将，率领不堪作战的中央军也无力抵抗叛军。

此时的大唐帝国毕竟是盛世时代，虽然开局被安禄山打得措手不及，但很快就展开了反击。东线战场上，李祗、张巡等人牢牢阻挡住叛军南下进军江淮的步伐，南线的鲁炅也在南阳粉碎了叛军绕道武关的企图。最艰难的西面战场上，老将哥舒翰抱病上阵，率领河西、陇右等军共计二十万人镇守在潼关，使得叛军无法再往西前进一步。而在北面，河北军民在以颜杲卿、颜真卿兄弟为首的帝国官吏的率领下，发起了一波又一波的抵抗运动，名将郭子仪、李光弼率领的朔方军团也在此时进入了河北，打得史思明、蔡希德等叛军将领节节败退。一时间，安禄山陷入了进退两难的尴尬境地中，不但向各线进军困难，就连后路都有了被断绝的危险。在这种情况下，甚至连安禄山留下镇守范阳的留守贾循都开始倾向于重新归降唐廷。

遗憾的是，唐玄宗在杨国忠的建议下，强行让哥舒翰出关迎战叛军，终于给了安禄山一线生机。灵宝一战中，以哥舒翰为首的唐军全军覆没，潼关也守不住了。无奈之下，唐玄宗只得挥别长安城，带着后妃和部分大臣向西逃亡。

愤懑不满的唐军在走到马嵬坡时终于发动了兵变，诛杀了杨国忠、杨贵妃等人，这也成了压垮唐玄宗的最后一根稻草。伤心失意的唐玄宗远走蜀中，太子李亨于灵武即位，正式承担起了平叛的重任，唐军的反攻开始了。遗憾的是，唐肃宗所用非人，竟然让只会纸上谈兵的宰相房琯担任统帅，结果在陈涛斜（今陕西咸阳东）一战被燕军打得大败，建制完整的朔方军团也全赔了进去。幸好名将李光弼在太原一战中以少胜多，大破以史思明、蔡希德为首的燕军，总算为新君挽回了一丝颜面。而就在此时，胜利的曙光也出现了。

安禄山攻下两京之后，大燕帝国进入鼎盛时期，而噩运也在此时找上了门。安禄山先是双目失明，其后被儿子安庆绪联合严庄、李猪儿刺杀于洛阳宫中。安禄山被杀之后，叛军众将不服安庆绪，燕军内部逐渐离心离德，唐肃宗趁此良机再次发动东征。

面对战斗力极强的燕军，武功、清渠两战唐军皆作战失利。多亏了回纥骑兵的帮助，唐军终于在香积寺一战中大破叛军，并顺势收复长安、洛阳。随着两京的光复，以史思明为首的燕军将领选择投降唐军，燕国已是穷途末路。

为了一举荡平以安庆绪为首的叛军，唐肃宗于乾元元年（758年）派出朔方节度使郭子仪、河东节度使李光弼、北庭节度使李嗣业、关内节度使王思礼等九大节度使，率领三十万大军，全面围攻燕国的新都相州。

随着唐军的进攻越来越猛烈，安庆绪在拼命死守相州的同时，不得不派人向占据范阳的史思明求救。此时的史思明也没了做大唐忠臣的兴致，他再度起兵，率军南下，救援被唐军重重包围的相州城。

虽然有史思明、安庆绪两股叛军，但唐军人多势众，远远超过了叛军的总和，按理来说要击破叛军还是很容易的。可没想到的是，受初战失利的影响，唐军其后竟然全线溃败，一时间再也无力组织起新的攻势。赶走唐军以后，史思明杀死安庆绪，正式接过老友安禄山留下的旗帜，再次将兵锋指向东都洛阳。

疾风知劲草，板荡识诚臣，关键时刻名将李光弼站了出来。李光弼在河阳一线连续击破史思明亲自率领的燕军，让燕军始终难以向西前进一步。然而此时的唐肃宗又犯了和父亲一样的错误，他在鱼朝恩等人的建议下，强行命令李光弼与史思明决战，这一战再度成了唐军的噩梦。北邙山一战中，李光弼等人被杀得大败，史思明再度进逼到潼关一线。

天佑大唐，史思明这时也犯了和安禄山一样的错误，他想废掉长子史朝义，改立次子史朝清为继承人。不甘心坐以待毙的史朝义联合部将骆悦、蔡文景等人发动叛乱，将史思明一举斩杀。史思明死后，史朝义的号召力却远远不足以号令据守各地的燕军将领，燕军再度陷入了分裂。可惜的是，唐肃宗已经没有机会看到平叛的这一天了，他还没来得及再度派出大军东征，就病死在了长安。而就在唐肃宗死前不久，创造了大唐盛世的唐玄宗才刚离开人世。

祖父、父亲去世之后，新即位的唐代宗迫不及待地发动了新的东征，这一次不光有唐军参与，还借助了回纥骑兵，最终唐军在昭觉寺一战中击溃史朝义所部，逼得燕军不得不向北逃窜，并最终走向了灭亡。

随着安史之乱的结束，唐代宗君臣大肆庆贺的同时，也开始了对未来的展望。在他们心目中，大唐帝国很快将再次迎来新的盛世。

就在唐代宗君臣在长安庆贺着胜利的时候，有一个人在遥远的衡山上陷入了沉思，这个人正是昔日辅佐唐肃宗的谋士李泌。与其他人不同，在李泌看来，大唐帝国只是平息了表面的叛乱，内在的混乱因子还有很多。在平叛过程中，以李辅国为首的宦官逐渐掌握了禁军的兵权，在朝中的话语权越来越高，就连唐代宗也是李辅国拥立即位的。宦官专权，将会给未来动荡不安的朝廷再添一把火。

比宦官专权更为严重的，是节度使制度的普遍。盛唐时期的节镇仅有十个，它们都分布在帝国的四周，为帝国抵御周边敌人的入侵。而随着安史之乱的爆发，河南、江淮、关中等地都沦为战场。为了阻挡叛军，朝廷不得不在这些地方设置节镇，建立起新的武装力量。虽然安史之乱平定了，但各地却是藩镇林立，充斥着各种各样的军队。

河南、江淮等地的节镇毕竟是朝廷一手建立的，因此对朝廷还算忠心，比它们更难对付的是河北地区。作为叛军的大本营，河北地区自从安禄山起兵后就长期落在叛军手中。为了彻底荡平叛军，李泌曾建议派大军从塞外进军，先端掉叛军的老巢河北，只可惜急于收复两京的唐肃宗并没有听从。

史朝义死后，河北的燕军旧将李怀仙、李宝臣、田承嗣、薛嵩等人虽然归降了朝廷，但因为仆固怀恩的私心，他们在河北保留了军队。在这些人心中，归降朝廷只不过是大势所趋，因此对中央政府并没有多少忠心，如李宝臣、田承嗣，他们早在安庆绪大败时就归降过朝廷，后来见史思明起兵，再度叛乱。有他们留在河北，朝廷想控制河北地区依然任重而道远。

安史之乱可谓是唐朝历史的拐点，至此之后便再无盛唐。在这种内忧外患的情况下，想重建大唐盛世实在是难上加难。随着盛唐风光的一去不复返，逐渐没落的大唐帝国将与安史旧将们在河北上演一幕又一幕的争斗。

割据初显

藩镇兴起——安史叛将发家史

宝应元年（762年），席卷天下的安史之乱进入第七个年头，一度横行于北方的大燕政权在唐军的打击下节节败退，再也没有了昔日的威风，而经历了安史之乱的唐朝也是一片百废待兴的景象。

唐、燕两边的阵容已是物是人非。唐玄宗、唐肃宗父子相继去世，曾经名震天下的大唐名将哥舒翰、高仙芝、封常清、张巡等人已死去多年，活着的郭子仪、李光弼两位平叛功臣退居"二线"，"一线地位"逐渐被仆固怀恩等将领取代。安禄山、史思明最后竟然都死于自己儿子之手，其手下文臣武将如高尚、严庄、张通儒、安守忠、田乾真、崔乾祐、蔡希德等人，或已经投降，或已经死去，叛军主力变成了以史朝义为首的小一辈将领。

同年十月，刚刚即位的唐代宗迫不及待地派出大军东征洛阳，试图一举荡平史朝义。尽管这一年里，唐军在东面和西面的战场屡屡得胜，但唐代宗依然不敢轻视燕军。就在前一年的邙山，唐军名将李光弼刚在史思明手下吃了败仗，燕军甚至一度进逼到陕州；再往前，唐军以三十万人围困相州，眼看安庆绪已是强弩之末，唐军却依然没能攻下，最后在史思明的支援下唐军竟然惨败而退。这一切都使得唐代宗对东征毫无信心，因此他特意派人请了回纥大军前来帮忙。

事实证明唐代宗的担心不是没有道理的，哪怕有了回纥人的帮忙，唐军东征作战依然不顺利。尽管史朝义杀死父亲史思明后，燕军的内部实力已经削弱不少，他也没有听从老将阿史那承庆的建议退守河阳，然而在洛阳城外的昭觉寺一战之中，燕军依然打得唐军寸步难行，最后还是靠了镇西节度使马璘的拼死冲锋，唐军才得以击破燕军，攻下洛阳城。

昭觉寺之战后，燕军的精锐主力几乎丧失殆尽，再也不具备与唐军争锋的能力。燕军的众多将领意识到燕国已是一艘即将覆灭的船，谁都不愿意在船上陪史朝义一起送命，于是他们不约而同地选择了向唐朝投降，最先投降的是河南地区的燕国官员。就在洛阳失守后不久，驻守在汴州（今河南省开封市）的伪燕陈留节度使张献诚就拒绝了史朝义入城，选择了向随后赶来的唐军投降。有了张献诚的示范后，河南各地的燕军将领纷纷投降，逼得史朝义不得不逃回河北。然而他没想到的是，一直是燕军大后方的河北地区此时也已经不稳定了，河北手握重兵的燕军将领们也纷纷开始自谋生路。

最早跳出来的是坐镇恒州（今河北省正定县）的恒州刺史张忠志。张忠志算得上是卢龙军中的老人了，本是奚族人，因为祖上内附唐朝，所以一直在幽州（治今北京市）长大，他继承了少数民族的传统，非常擅长骑射功夫，在幽州地界上十分出名。大概也是出于这个原因，张忠志很快就被当时幽州一个名叫张锁高的将领看中了。按照那个时期的习惯，张锁高将张忠志收为养子，并将他推荐为卢龙府果毅。张忠志原本不姓张，他的姓正是从张锁高这里来的。

有一次，张忠志奉命独自前往阴山附近侦察敌情，结果却非常不幸地被敌人发现了，遭到了大批敌方人马的追杀。要是换了一般的幽州士兵，估计就得命殒当场了，但张忠志从小就练习骑马，他竟然自己逃了出来。不过遗憾的是，他这次的对手也是从小骑马射箭的胡人，最终依然有六个人紧追不放。张忠志一看甩不掉，于是拿出了自己另一项看家本领——射箭，果断回头迎战，他只出了六支箭，就将对方追来的六个人一一击毙，然后砍下对方的脑袋回幽州报功。

经过这一次之后，张忠志在幽州军中名声大噪，就连时任范阳节度使的安禄山都听说了张忠志的名头，特意将他提拔为射生手。所谓射生手，简单来说就是精通骑射的士兵。射生手在当时并不多见，要知道后来唐肃宗建立射生军时，集全国精锐也不过千人。之前提到的昭觉寺之战中，唐军稳定形势也是靠了五百射生军才挡住了燕军的进攻。大概也正因为射生军难得，所以张忠志在跟随安禄山前往长安朝见唐玄宗李隆基后便作为射生子弟被留了下来，并可以自由出入皇宫，然而张忠志却是身在长安心在幽州。

天宝十三年（754年），随着安禄山与杨国忠的矛盾愈演愈烈，安禄山也加紧了扩军备战的节奏。为了收买军中人心，他向唐玄宗上书请求道："我手下的将士们，征讨契丹、奚族、铁勒等少数民族时立下了很多战功，但上报朝廷获得封赏的时间太长，这样一来不免寒了将士们的心，我希望陛下能赐我一些盖好印章的空白文书，让我能在将士们立功时直接封赏。"

唐玄宗此时对安禄山非常信任，完全没想过他可能会造反，所以毫不犹豫就答应了。借着这次机会，安禄山在军中提拔了自己亲信的五百多个将领、两千多个中郎将，牢牢掌握住了军队。但他依然不满足，不久后再次上书，请求把军中的汉人将领全部换成胡人将领。这件事开始让当时的宰相韦见素警觉起来，他立刻找到杨国忠一起上奏，声称安禄山想谋反，希望唐玄宗能够处置安禄山。然而唐玄宗依旧不相信安禄山会造反，所以只把韦见素等人的话当成了耳旁风。

说来也巧，就在第二年，给事中裴士淹前往河北抚慰，连续二十多天都没有被安禄山接见。到最后见倒是见了，不过场面那是相当宏大，安禄山竟然把手下所有的亲兵全部召集起来，让他们全副武装站在裴士淹身边，听他宣读圣旨。可怜裴士淹一个文人，哪见过这等场面，腿都吓软了，好不容易坚持读完了圣旨便匆忙逃回了长安，他向唐玄宗哭诉安禄山没有人臣的礼节，竟然以这种态度对待天子使者。韦见素和杨国忠一看安禄山自己找死，也趁机想出了一个架空安禄山的主意。他们计划让唐玄宗征召安禄山入朝担任宰相，然后任命贾循为范阳节度使，吕知诲为平卢节度使，杨光翙为河东节度使，将安禄山手底下的三个节镇全部瓜分了，这样，安禄山到长安后手里无兵，也只能任人宰割了。

出人意料的是，到了此时唐玄宗依然不大相信安禄山真的想造反，他认为是裴士淹夸大其词，所以又特意派了一个叫辅璆琳的太监去幽州探查情况。安禄山这时早就得到了在长安的眼线传来的消息，他当然不可能在这种关键时刻犯错，于是拿了一大堆财宝贿赂辅璆琳。辅公公拿人钱财自然也替人消灾，他回到长安后竟然向唐玄宗报告安禄山毫无反心，一切都是其他人胡说八道。这件事闹到最后又是韦见素和杨国忠两个人挨了一顿骂。

韦见素和杨国忠当然不会就此甘心，但他们劝不动唐玄宗，于是想了一个办法——从安禄山手下那里想办法获取安禄山谋反的罪证。安禄山当时虽然远在幽州，但他的长子安庆宗还在长安，手下有很多从幽州带来的部属。杨国忠思前想后，最后把目标定在了安禄山留在长安的门客李超身上，他偷偷派人将李超抓住然后送往御史台严加拷问，希望能从李超嘴里问出点什么。或许李超当真是一无所知，又或许是对安禄山死忠，总之最终杨国忠什么都没有问出来，但他当然不敢就这么把人放掉，于是偷偷把李超杀了。

在杨国忠看来，自己做事悄无声息，少了一个门客也不会引起安禄山多大的注意。然而他没想到的是，不光安禄山早就知道了这事，就连安禄山留在长安的部将门客们也都知道了，他们开始惶恐不安，张忠志也是这其中的一员。当时安禄山并没有明确的叛乱，众人当然也不敢贸然离开长安，除了张忠志。张忠志知道这件事之后当机立断，立马独自逃回了范阳。事实证明他当时的选择是没错的，因为最后留在长安的人都和安庆宗一起送了命。

张忠志回到范阳后，安禄山非常高兴，他此时正值起兵用人之际。安禄山还将张忠志收为养子，并让他改为安姓，起兵后立刻给他安排了一项艰巨的任务。安禄山当时虽然兼任范阳、平卢、河东三镇节度使，但因为担任河东节度使的时间比较短，河东节度使治所所在的太原又离安禄山的大本营范阳非常远，所以他并不能完全掌控河东一镇的军队，一旦起兵，距离最近的河东大军便是最大的威胁。当时河东只有北面大同军的高秀岩等人听从他的指挥，但这只是河东一部分人马，如果他起兵南下，河东主力很可能从太行山东出直接威胁到范阳。这显然不是安禄山想看到的，所以摆在他面前的头等大事就是先解决来自河东的威胁。

要解决河东问题当然也不可能直接派大军前去攻打，那样只会打草惊蛇，还不一定能拿下太原。安禄山最后想出了一个办法：趁河东还没得到自己起兵的消息，派人抢先拿下太原的最高长官副留守杨光翙，没了长官的河东军在短时间内自然是不可能有所作为了。为了实现自己的这一计划，安禄山进行了周密的部署，他派出亲信高邈、何千年两人带着二十多个奚族骑兵前往太原，声称是借道去长安进献射生手，张忠志便作为射生手加入了这一行动。

事实证明，安禄山所料不差，因为太原和范阳相隔较远，所以河东那边根本没有得到他已经起兵的消息。杨光翙得知高邈、何千年到来后，本着同僚的情谊，立刻打开城门亲自出去迎接高邈等人，这一去自然就是肉包子打狗有去无回了。张忠志在这次行动中表现尤为出色，他亲自带了十八个精锐骑兵冲到杨光翙面前，在杨光翙反应过来之前就将他一把抓住，然后飞快打马而去。河东军队自然不可能眼睁睁看着长官在自家门口被人抓走，他们很快就派出一万多人出城追赶，但张忠志的骑术实在是过硬，在这么多人的追击下硬是抓着杨光翙摆脱了追兵。

此时安禄山已经到达了博陵，他看到高邈、何千年等人顺利完成任务后非常高兴，立刻以杨光翙勾结杨国忠造反为名，下令将之斩杀祭旗。对于这次立下大功的张忠志，安禄山也没有亏待，他特意留下精兵交给张忠志，让张忠志率领军队作为先锋在前面开路。张忠志不负所望，他与田承嗣、张孝忠率领的军队一路势如破竹，攻下了东都洛阳，就连安西名将封常清也成了他们的手下败将。

随着河北战局的变化，很多南下的燕军将领都被派往河北作战，张忠志也是其中之一。他奉安禄山之命驻守在土门，扼守太行山要道井陉口，以防唐军再度东出。两人当时都没想到，这一去便是永诀，他们从此再也没有了相见的机会，不久之后安禄山就被儿子安庆绪杀害。安庆绪登基以后，为了笼络人心，便对各地的燕军将领大加封赏，张忠志也因此被封为恒州刺史。

安禄山去世以后，燕军的日子越发不好过了，在唐军与回纥军队的配合下被打得节节败退，长安和洛阳先后失守，坐镇范阳的史思明也归降了唐朝。乾元元年九月，唐肃宗集结了朔方节度使郭子仪、淮西节度使鲁炅、兴平节度使李奂、滑濮节度使许叔冀、镇西及北庭节度使李嗣业、郑蔡节度使季广琛、河南节度使崔光远、河东节度使李光弼、关内及泽潞节度使王思礼和平卢兵马使董秦十方兵马，总共大约有步骑兵三十万人，北上攻打安庆绪所在的相州（治今河南省安阳市），以图一举歼灭叛军。

身在恒州的张忠志这时候也不敢硬抗了，他赶紧派人前往长安，向唐肃宗请求归降。唐肃宗本着只诛首恶的原则，对张忠志相当宽容，不但接受了他的归降，还正式任命他为恒州刺史、密云郡公。令人遗憾的是，唐肃宗的宽容并没有得到张忠志死心塌地的归附，史思明反叛朝廷后，他也再次起兵，投入了燕军的怀抱。对于张忠志的到来，史思明当然欢迎，他立刻封张忠志为工部尚书、恒州刺史以及恒赵节度使，并让他率军三万驻守常山郡，与燕将辛万宝一起守卫河北。

张忠志没想到的是，南下这一去竟然也成了他跟史思明的永诀。史朝义杀死史思明称帝以后，张忠志这样的燕军老将当然不服史朝义这么个新人，对于史朝义的命令，他根本不听。唐军东征以后，张忠志更是干脆派部将王武俊将辛万宝杀死，然后带着辛万宝的人头和恒、赵、深、定、易五州的土地向唐朝请降。唐代宗见有人投降，内心自然欣喜，完全不顾张忠志之前的降而复叛就直接接纳了他，张忠志就这样再次成了唐朝的正式官员。不久后张忠志就打开土门关，放西面的唐军从井陉口进入河北，并亲自率领军队帮助唐军攻打史朝义等人据守的莫州（治今河北任丘北）。

张忠志的归降让唐朝在河北打开了缺口，史朝义的亲信、时任伪燕幽州节度使的李怀仙也坐不住了。李怀仙本是柳城（今辽宁省辽阳市）一带的胡人，祖上世代都在契丹做官。可突于败亡后，契丹再次臣服于唐朝，李怀仙趁机归降，被朝廷任命为营州（治所即柳城，今辽宁朝阳）守将。李怀仙从小在契丹长大，不仅承袭了胡人的传统——骑射功夫非常了得，他还很有谋略，因此得到了时任平卢节度使的安禄山的赏识。安禄山起兵以后，李怀仙便作为他的部将冲锋陷阵，在夺取河南、洛阳等地的战斗中立下了很多功劳。安禄山死后，李怀仙又先后跟随史思明、史朝义父子，并深受史朝义的赏识。

史思明南下攻打洛阳时，曾将次子史朝清留在幽州，让他坐镇燕军的老巢，并派了阿史那玉和高如震两人辅佐他。史朝义弑父自立登基后，做的第一件事就是迫不及待地下令要求阿史那玉和高如震两人诛杀史朝清。令人意想不到的是，阿史那玉和高如震不但不肯杀死史朝清，反而想拥立史朝清为主，割据幽州对抗史朝义，就连被派去诛杀史朝清母子的阿史那承庆等人也被赶了出去。史朝义无奈之下只好任命亲信李怀仙为幽州节度使，让他北上解决后患。

李怀仙果然不负智计之名，他接到任命后没有在洛阳多停留一刻，立马带人星夜兼程北上，直抵幽州城下。这下阿史那玉和高如震等人就难办了，他们是想反叛史朝义，但没想到李怀仙来得这么快，幽州还没做好反叛的准备。高如震等人无计可施，只好打开城门将李怀仙迎入，并假意表示愿意听从史朝义的命令以拖延时间。

李怀仙当然知道高如震等人打的是什么算盘，但他假作不知，对幽州的众军民不仅没有多加怪罪，反而大加赏赐以安定人心。幽州就这样逐渐安定了下来，就连怀有异心的高如震等人也以为骗取了李怀仙的信任而渐渐放松了警惕。然而高如震等人没想到的是，这一切都是李怀仙故意营造出来的假象。

短短三天之后，李怀仙觉得火候已经差不多了，就在营中召集众将，然后历数高如震等人的罪状，将他们斩杀示众，幽州从此平定。不过李怀仙在幽州的日子也非常不好过，他的智谋大概仅限于内斗，在对外作战中竟然屡次败在了孤立无援的平卢节度使侯希逸手下，好不容易等到侯希逸搬家南下，史朝义这边已是兵败如山倒了。

张忠志归降朝廷后，李怀仙也有了归降的想法，只不过苦无门路，找不到机会。说来也巧，当时太监骆奉先正派人四处招降各地叛军，也派了人前往幽州向李怀仙陈述利害，劝他归降朝廷。机会就在眼前，李怀仙哪有不接受的道理，立马顺势向朝廷上书请降了。

不光是张忠志、李怀仙这种坐镇一方的将领想归降朝廷，就连史朝义身边也有动了这种念头的人，这个人就是田承嗣。要真论资历的话，田承嗣可比张忠志和李怀仙要老得多。田承嗣是平州卢龙人（今河北省卢龙县），祖上世代都在卢龙军中担任将校，祖父田璟和父亲田守义更是以豪侠闻名于辽东。田承嗣成年以后也追随祖上的脚步加入了卢龙军，开元末年便在卢龙军中小有名气，在安禄山手下担任前锋兵马使，在与奚族、契丹的战斗中屡立战功，并因功被封为武卫将军。到安禄山反叛时，田承嗣便与张忠志等人担任先锋，多次大破唐军，为叛军攻下洛阳立下了不少功劳。之后田承嗣又和武令珣一起围攻唐军在南线的战略要地南阳（今河南省南阳市），最终打得山南东道节度使鲁炅不得不弃城而逃，田承嗣一直追到了襄阳才返回。

不久之后田承嗣又做了一件让安禄山非常震惊的事。当时洛阳一带正好遇到了多年不遇的大雪天气，受这种恶劣天气的影响，军队中不少士兵都逃离了军队，安禄山在检阅各路驻军时，发现各军或多或少都有人逃亡。到了田承嗣的军营时，情况更是严重，军营里安静得好像一个人都没有，安禄山气得当场就想砍了田承嗣。还没等安禄山下令动手，田承嗣就出来了，他赶紧命人召集各营中的士兵出来集合。经过一番点算，军中竟然一个人都没有缺。这让安禄山对田承嗣另眼相看，他认为田承嗣非常有军事才能，竟然能把一支军队管理成这样，足见其军纪严明，便让田承嗣守卫以富庶闻名于世的颍川郡（治今河南省禹州市）。

田承嗣到颍川郡后还没风光多久，燕军的噩梦就来了。安禄山去世之后，唐军东征先后收复了长安、洛阳。田承嗣眼看不是郭子仪等人的对手，赶紧献出颍川郡投降了唐朝。然而这也只是虚晃一招，田承嗣并没有任何要投降的意思，只不过是想再观望一下形势罢了。到安庆绪逃往相州时，田承嗣也不做唐朝的忠臣了，他率领军队从颍川逃出，一路北上与蔡希德、武令珣等人会合，纠集了六万多人投奔安庆绪。有了田承嗣等人的增援，安庆绪东山再起，手里有了人马之后，他的胆子也大了起来。在看到郭子仪、崔光远等人围攻卫州（治今河南省卫辉市）

之后，安庆绪将相州的军队总共七万多人拉了出来，他将这些人分为三部分，崔乾祐率领上军，田承嗣率领下军，他自己则亲自率领中军前去救援卫州。事实证明安庆绪就是在自掘坟墓，这一去不光没有救下卫州，反而将自己手里的兵赔了个干净，就连弟弟安庆和也做了唐军的俘虏。这一仗也决定了安庆绪的最终命运，虽然相州没有被唐军攻下，安庆绪却死在了史思明手里。

安庆绪死后，田承嗣又先后跟随史思明、史朝义父子，并被任命为睢阳节度使。洛阳失守以后，史朝义被迫一路向北逃亡，而他身后则是紧追不舍的仆固怀恩所部唐军。田承嗣在这时也率领四万多人前往与史朝义会合。史朝义不光弑父的本事跟安庆绪相似，就连送人头的本事也跟安庆绪学了个十成十，他有了军队后也不甘心再往前逃跑，于是转身与唐军决战，结果自然是屡战屡败，最终只能和田承嗣一起率领残部逃进了莫州。

进入莫州后，史朝义不但陷入了唐军的重重包围，还跟外围的伪燕节度使们失去了联系，这些人纷纷抛弃史朝义投降了唐朝。田承嗣一看这种情况也坐不住了，但他身边有史朝义，肯定是没办法投降的。左思右想，田承嗣想出了一个办法，他跑到史朝义面前说："眼下我们四面被围，这么耗下去早晚要弹尽粮绝。我觉得不如这样，陛下您率领少数精锐骑兵突围北上，前往幽州一带召集军队南下救援莫州，而我则率军在莫州城内坚守，等待陛下的到来，到那时我们内外夹击，肯定可以击破唐军。"

大概是田承嗣的表演太过逼真，史朝义居然真的上当了，他见田承嗣既忠诚又勇于承担责任，感动得几乎落下泪来，于是马上采纳了田承嗣的建议，亲自率领五千精锐骑兵向北突围。临行前，史朝义还特意将妻儿、母亲都托付给田承嗣，嘱咐他一定要坚守到自己回来，田承嗣自然是满口答应。结果史朝义刚走，田承嗣就打开城门投降了唐军，将史朝义的母亲妻儿全部送给唐军做了见面礼。

虽然投降了朝廷，但田承嗣并不放心，他害怕出城参加投降仪式时会被对方趁机拿下，毕竟他之前降而复叛，谁知道朝廷会不会趁机收拾自己。所以田承嗣一面暗中贿赂唐军众将，一面则想办法拖延时间。等到双方约定投降的那一天，唐军主帅仆固玚左等右等都没有等到田承嗣的到来，派人去打听才知道，原来田承嗣突然得了急病起不了床，所以不能来参加投降仪式了。仆固玚虽然不知道这是田承嗣玩的诡计，但他也不愿意再拖下去了，于是想趁田承嗣生病的机会带人突入大营将之拿下，如此自然可以将田承嗣手下的人马收降。仆固瑒这边算盘打得是好，但可惜田承嗣早已有所防备，他在自己的大营中安置了一千多人守卫，仆固瑒根本没有突袭的机会。其后田承嗣又贿赂仆固瑒，在得到对方的保证后他才放心归降。

此时北上的史朝义并不知道田承嗣和李怀仙都已经归降了朝廷，也不知道幽州早就无兵可调了。最终在李怀仙派出的大将李抱忠的阻拦下，史朝义走投无路，只得自杀了事。史朝义一死，意味着长达八年的安史之乱至此结束。已经归降的燕军大将们应该如何处置，成为唐代宗急需解决的一道难题。原本按照惯例，是要将这些投降的将领全部征召入朝以防他们再度叛乱的，河东节度使辛云京和泽潞节度使李抱玉甚至打算将这些人全部召到军营中扣押起来，然后收编他们的部下。然而此次东征的唐军主帅仆固怀恩心里却有了别的想法。

仆固怀恩本是铁勒仆骨部人，祖上是仆骨部首领，世袭金微都督的职位。仆固怀恩骁勇善战，又颇有谋略，所以深得朝廷重用。安史之乱爆发以后，他便作为朔方左武锋使，跟随朔方节度使郭子仪一起屡次击败叛军。

在阿史那从礼率领同罗等部数万胡人进攻朔方时，仆固怀恩亲自率军作战。当时的战局对唐军非常不利，仆固怀恩的儿子仆固玢与叛军交手后被打得全军覆没，自己也只好假装投降，随后找到机会逃了回来。仆固怀恩却非常愤怒，觉得儿子投降太过丢脸，下令将仆固玢斩杀以振军心，这才使得唐军最终击破阿史那从礼。此后，在收复两京的战斗中，仆固怀恩也是屡立战功。为了从回纥请来援军，他甚至将女儿远嫁回纥和亲。宝应元年唐代宗下令出兵东征时，几乎想也没想就让仆固怀恩担任天下兵马副元帅，率领唐军与回纥的联军东征史朝义，当时挂名天下兵马大元帅的是太子雍王李适，实际上的主帅则是仆固怀恩。

按理说被朝廷这么信任，仆固怀恩不该有异心才对。其实他也不是想背叛朝廷，只不过是想给自己留条退路用于自保。仆固怀恩曾先后跟随过郭子仪和李光弼两位名将，这两人都为中兴唐朝立下了赫赫功劳，结果依然免不了被朝廷猜忌。郭子仪不过是在相州之战当先溃败，唐肃宗便忘掉了他昔年的所有战功，直接将他调离了朔方军，从此远离一线战场。至于李光弼，仆固怀恩就更熟悉了，就是因为他和鱼朝恩两人的煽动，唐肃宗才强迫李光弼率领军队收复洛阳，而邙山之战时仆固怀恩和李光弼又刚好闹了矛盾，导致从未输给过史思明的李光弼遭到了前所未有的惨败。邙山之战后，曾经的功臣李光弼渐渐离开了一线战场，舞台这才留给了仆固怀恩。

相对于郭子仪和李光弼，仆固怀恩在立功方面肯定比不过，但让朝廷顾忌的地方却犹有过之，且不说挤走李光弼一事，仅仅是他与回纥的关系就已经够让朝廷猜忌了。在这次出兵之前，回纥人事先已经被史朝义用钱收买了，准备率军攻打唐朝，但当时回纥的登里可汗正好是仆固怀恩的女婿，他同意出兵帮助唐朝的条件，是必须由仆固怀恩母子两人亲自前往。仆固怀恩当然知道这事容易引起朝廷的猜忌，所以坚决要避嫌不肯前往，最终在唐代宗屡次下诏要求又赐给铁券的情况下才不得不领命。仆固怀恩到达后，登里可汗果然依照承诺出兵，并帮助唐军扫平了史朝义。

虽然平定了史朝义，但仆固怀恩心里也落下了一根刺，自己和回纥的关系太过密切，现在河北又平定了，自己功劳太大，肯定迟早要倒霉，于是动了收服河北众叛将为自己所用的念头。正好在出征前，唐代宗为了能一举平叛，下过一道诏书，表示此次东征要诛杀的只有史朝义，其他一切人等都不问罪，仆固怀恩就以此为借口请求唐代宗赦免田承嗣等人。田承嗣等人也非常识相，他们纷纷拜倒在仆固怀恩马前，并请求从此为仆固怀恩效力。仆固怀恩顺势上奏请求唐代宗允许田承嗣、张忠志等人全部留任，分别统率河北各藩镇。

唐代宗是亲身经历过八年安史之乱的人，他也非常不希望河北再乱下去，为了能安抚河北众人，便同意了仆固怀恩的请求。最终张忠志被赐名为李宝臣，加封为礼部尚书，赐爵赵国公，他带着归降的五州之地被唐代宗改为成德军，李宝臣担任成德节度使；田承嗣为魏、博、德、沧、瀛五州都防御使，不久后这五州被改为魏博军，由田承嗣担任魏博节度使，至于此前的莫州，则转交给了幽州的李怀仙；另一位投降朝廷的燕军将领薛嵩被任命为相、卫、邢、洺、贝、磁六州节度使，即后来的相卫节度使；李怀仙则依然担任幽州卢龙节度使，并加封检校兵部尚书和武威郡王。

万万没想到，仆固怀恩连接河北燕军旧将非但没有保全自己，反而把自己送入了地狱。因为与李抱玉、辛云京、骆奉先等人的矛盾逐渐加深，仆固怀恩只得反叛朝廷，可即使拉拢了回纥等势力也依然没能成功，最终客死他乡，好不凄惨。而仆固怀恩可能至死都不曾想到，他竟然为河北各节度使送来了最后一次助攻。

因为仆固怀恩的反叛，唐朝廷在西面再次面临了巨大的挑战，因此不得不将精力全部放在西线，根本无暇顾及河北。李怀仙、李宝臣、田承嗣、薛嵩等人便抓住这个机会在自己的领地上招募军队、修缮城防，所有的文武官员都由自己任命，所得的赋税也全部自己使用。唐代宗当时忙着对付仆固怀恩，对这些事也只能睁一只眼闭一只眼。等仆固怀恩死后，唐代宗终于有了精力回头对付河北各镇，但为时已晚，李怀仙等人手下都有数万精兵，这些人又相互勾结，实在是难以对付。而唐代宗因为天下久经战乱，好不容易安定下来，也不愿轻启战端，所以干脆放任河朔各藩镇不理会。就这样，在唐代宗的姑息放任之下，河朔各镇越来越强大，逐渐有了和朝廷对抗的资本，也就越来越不听朝廷的指令了。

幽州易主——卢龙兵将大乱斗

大历三年（768年）六月十九日深夜，幽州城内的人们像往常一样早已进入了梦乡，而此时的幽州经略副使府上却有两个人正相对而坐，没有一点睡意，他们正焦急地等待着第二天的到来，这两个人就是幽州经略副使朱泚和弟弟朱滔。

朱泚兄弟是幽州本地人，他们的曾祖朱利曾担任过赞善大夫，祖父朱思明曾担任过太子洗马，而他们的父亲朱怀珪这一辈更不得了，朱家在幽州发迹可以说就是从朱怀珪开始的。朱怀珪在天宝元年进入卢龙军中，在当时的幽州节度使、名臣裴宽手下担任衙前将，其后因功升为折冲将军。到安禄山起兵造反时，朱怀珪又作为安禄山部将加入了叛军，并先后跟随了史思明、史朝义等人。到李怀仙执掌幽州时，朱怀珪因为跟随李怀仙一起归降了朝廷所以深受李怀仙的赏识，被任命为蓟州刺史、平卢军留后和柳城军使。不过朱怀珪没混几年时间就因病去世了，朱家便落在朱泚兄弟的手上。

朱泚从小在幽州长大，因为父亲的缘故很早就加入了卢龙军。但是和很多人不一样的是，军二代的朱泚从小就长得非常胖，因此骑射功夫不怎么好，这在当时的边境将士里非常少见。没有突出的骑射功夫，想出头是一件很难的事。不过朱泚不需要担心这些，一方面他有父亲的恩荫，并不需要从小兵做起；另一方面，他有一个非常突出的特点，那就是不看重钱财，每次出征得到的金银财宝都全部分给部下，自己则分文不取，以此来收买人心。因此他深受卢龙军众将士的爱戴，大家都非常乐意为他效命。并且因为长相的缘故，朱泚看上去宽厚仁义，实际上却是一个内心非常残忍狠毒的人。连当时的幽州节度使李怀仙也被朱泚的外表蒙蔽，以为他是一个忠厚老实之人，还将他提拔为经略副使。而很快李怀仙就要因为这个错误的决定吃大亏了，朱泚兄弟这会儿半夜三更不睡觉，一心要做的大事就是除掉李怀仙。

李怀仙自从搭上仆固怀恩的顺风车归降朝廷后，不但保留了幽州节度使的职位，还得了一个武威郡王的爵位，可谓是时运亨通。之后他在幽州招兵买马、修缮城防，隐隐有了割据一方之势，这一切都让李怀仙渐渐放松了对部下们的警惕。朱泚等人都认为李怀仙本就是个叛将，现在能够割据一方，靠的不过是卢龙的军队，于是有了效法他的想法。不过朱泚兄弟也知道单靠他们两兄弟，想杀死李怀仙是很难成功的，而且就算杀死了李怀仙也不可能控制得住卢龙大军，所以他们还拉上了一个人，这个人就是时任卢龙兵马使的朱希彩。

朱希彩虽然也姓朱，但与朱泚兄弟却没半点亲戚关系，唯一的相同点就是朱希彩和朱怀珪都是安史叛将出身，跟李怀仙降唐后混上了兵马使的职位。不想做将军的士兵不是好士兵，朱希彩自然也有再进一步的想法，他现在只在李怀仙一人之下，不除掉李怀仙这个绊脚石根本没有上升的机会，所以在朱泚兄弟拉拢自己一起除掉李怀仙时，他毫不犹豫就同意了。

六月二十日，朱泚兄弟开始行动了。他们纠集了自己的部下，偷偷潜入到节度使府附近，门口的守卫还没来得及反应就被他们杀掉了。但这个时候，朱泚却发现了一个大问题——朱希彩没有来。

按原计划，朱希彩应该带人到节度使府门口与他们会合才对，既然现在没来，那他很可能是反悔了，倒向了李怀仙，甚至是想等他们杀死李怀仙后，再以为李怀仙报仇的名义除掉他们，然后自己在幽州独大。朱泚心中越想越害怕，他再看李怀仙的府邸，仿佛其中埋伏了无数的精兵。不过他们此时已经杀掉了李怀仙在门口的守卫，再也没有退路了。时间就在这种进退两难的局面中缓缓流逝，很快天就要亮了，朱泚心知等天一亮自己肯定是没有活路了，他心中只有一个想法，那就是趁现在还没有人发现自己造反，先逃出幽州城再说，有多远跑多远，到那时李怀仙就算想报复自己也没机会了。

朱泚这些想法就连弟弟朱滔都看不下去了，他忍不住劝住哥哥："我们既然已经决定要杀掉李怀仙了，开弓哪还有回头箭！如果我们的计谋失败，大不了就是一死，你怎么还想着要逃跑呢？且不说能不能逃出幽州城，就算逃出去了，天下哪还有我们的容身之地？"朱泚听了弟弟的话也觉得羞惭，这才不再提逃走的事。

事实证明，朱泚想象力太丰富，朱希彩只不过是晚到了一会儿而已。看到朱希彩来了，朱泚两兄弟放心了，李怀仙的末日也就到了。朱希彩和朱泚兄弟一起带人杀入节度使府中，将毫无防备的李怀仙斩杀在家中，还顺带将李怀仙全家都杀了。可叹后世卢龙割据河朔的奠基人，就这么死在了自己一手提拔的部下手中。

李怀仙死后，一个新问题摆在了三人面前，那就是节度使的位置只有一个，三人到底该由谁来做？这个问题也没有困扰他们多久，三人中朱希彩年龄最大，职位也最高，最终朱泚两兄弟共推朱希彩担任卢龙留后。所谓留后，就是各地节度使、观察使空缺时，代理节度使、观察使管理地方的职位。在开元、天宝年间多有宗室或者宰相遥领节度使的职位，各节镇实际上负责具体事务的都是留后。事实上朱希彩的留后职位只是自封的而已，他根本没有得到朝廷的任命。这也是向朝廷表明自己实际上已经控制住了幽州，希望朝廷能给自己一个正式的节度使任命，所谓留后，不过是给朝廷一点面子，大家都不撕破脸皮。

唐代宗对朱希彩的所作所为自然是非常不满，李怀仙再怎么不听话也是自己任命的幽州节度使和武威郡王，竟然就这么被部下杀了。不过唐代宗生气归生气，他也不可能出兵收拾朱希彩等人。安史之乱后，各地都非常凋敝，民不聊生，与战乱之前的盛象相去甚远。唐代宗即位后虽然灭掉了史朝义，却又遇到了吐蕃入侵和仆固怀恩之乱，唐王朝西线这些年也一直不太平。就在前一年，一直不服从朝廷命令的同华节度使（治今陕西大荔县）周智光才发动过叛乱，名将郭子仪好不容易才平定下来，又赶上了吐蕃入侵灵州（今宁夏灵武市），逼得西线不得不再次戒严。在这种情况下，唐代宗哪还有精力收拾朱希彩等人，对他们的叛乱行为只好睁一只眼闭一只眼。

倒是李怀仙昔日的战友、时任成德节度使的李宝臣有了兔死狐悲之感。李怀仙死后他断然出兵讨伐朱希彩等人，只可惜出师不利，成德军很快就被朱希彩等人击败。唐代宗见卢龙军战斗力这么强，自然更没有出兵的想法了。不过他也不想就这么给朱希彩转正，既然朱希彩自称为留后，那他便给幽州再派一个新的节度使，至于朱希彩就继续担任留后好了。被唐代宗选中前往幽州担任节度使的人就是昔日的宰相、时任东都留守的王缙。

王缙，字夏卿，出身于著名的关东士族太原王氏，后因先辈移居河中而在河中府（今山西省永济市蒲州镇）出生，他的哥哥是唐代著名山水田园派诗人王维。王缙与哥哥王维一样非常有才学，从小就以才名著称于世，他经过科举进入仕途以后，曾先后担任过侍御史、武部员外郎（武部即兵部，天宝十一年改名）等职位。安史之乱爆发以后，王缙被提拔为太原少尹，协助当时的河东节度使李光弼一起守卫太原。太原一战中，唐军在李光弼的率领下以少胜多，大破史思明和蔡希德所部叛军，王缙也因功升任宪部侍郎（宪部即刑部，天宝十一年改名）。其后不久，王缙又做了一件震惊天下的事。

安禄山攻陷长安以后，王维落入了叛军手中，被迫在伪燕政权中担任官职。至德二年(757年)，唐军收复洛阳之后，王维等人又复降了唐朝。原本最开始王维等人并没有被治罪，但后来在崔器、吕𧨳等人的建议下，唐肃宗重新下令追究这些人以前投降叛军的罪责，陈希烈等人都因此被勒令自杀。王缙得到消息后，立刻跑到唐肃宗面前为自己的哥哥求情，并表示愿意用自己的官职换取王维一条生路，感动了当时很多人。后来王维因为在做俘虏时作过一首名叫《凝碧池》的诗，在其中抒发了对安史之乱的痛恨和对唐朝的怀念，这才被免去一死。王缙也没有被削去官职，还因为这件事名传天下，被世人称赞不已。

史朝义被平定之后，王缙又以兵部侍郎的身份前往河北宣抚各地投降的燕军将领。因为王缙这次的宣抚工作完成得非常出色，所以深得唐代宗的赏识，广德二年（764年），他被任命为黄门侍郎、同中书门下平章事、太微宫使和弘文崇贤馆大学士，一举进入了宰相的行列。同年，一代名将、时任河南副元帅的李光弼病死在徐州，王缙奉命以侍中的身份坐镇洛阳，负责河南、淮西、淮南、山东等地的军务。王缙得到任命后却觉得职位太大，怕招人嫉恨，所以坚持辞去了侍中的职位，同时不再兼任宰相，唐代宗顺势任命王缙为东都留守兼河南副元帅。因此在幽州出事之后，唐代宗第一个想到能前往幽州担任节度使的，便是曾经宣抚过河北的王缙。

这一年七月，王缙正式到达幽州赴任，朱希彩等人虽然不便直接反对，暗地里却在集结精锐士兵，全副武装地迎接王缙的到来。朱希彩这一招下马威自然是瞒不过王缙，他依然坦然进入幽州城内。就这么过了十多天，王缙对幽州的局势也有了一定的了解，朱希彩等人虽然表面上看着恭敬有礼，但对他这个空降而来的上司内心却是非常不满。王缙也知道幽州地区自从安禄山起兵后一直都是叛军的天下，从来没有真正直接受过朝廷的管辖，卢龙军内部骄兵悍将无数，远不是自己一个文人可以掌控的。权衡利弊之后，王缙决定帮朱希彩一把。他直接返回了长安，然后推举朱希彩担任幽州节度使。这下唐代宗也没办法了，只好顺势任命朱希彩为卢龙节度使，并赐爵高密郡王。因为和朱泚两兄弟同宗的缘故，朱希彩没有亏待这两兄弟，对两人也都非常信任，朱泚依然担任卢龙经略副使，朱滔则负责统率自己帐下的牙将亲兵。

朱希彩被任命为节度使后，以为自己已经称霸一方了，不但对朝廷非常不恭顺，还喜欢虐待手下的将士，惹得卢龙军中一片哀声，人人都对他非常不满。朱希彩自己却一点自知之明都没有，依然我行我素。大历七年（772年），忍无可忍的幽州将士们在孔目官李瑗的率领下发动了突袭，将朱希彩一举斩杀。杀掉朱希彩只是一时痛快，留给众人的问题来了：谁来当那个新的领头人？但这帮人谁也不服谁，一时间竟然找不出一个可以担任统帅的人。

在李瑗等人发动叛乱时，朱泚正驻军在幽州城北面，根本不知道城内发生的变故。原本朱泚是没有机会的，不过幸好弟弟朱滔还在城内。朱滔得知变故之后，立刻从自己统率的朱希彩亲兵里选出了一百多人，然后让这些人四散在幽州城内并大肆呼喊："节度使非朱副使不能担当，我们请求推举朱副使为节度使。"随着四面而起的声音，幽州众将以为城内的军士们都同意推举朱泚为节度使，反正大家商议这么久也没有找出一个合适的人选，于是打开城门将朱泚迎入，共同推举他担任卢龙留后。

朱泚担任留后以后，第一件事就是向朝廷上奏说明情况，并请求唐代宗赐给旌节，让自己正式担任节度使。唐代宗这一次倒也没有为难朱泚，直接就任命他为正式的卢龙节度使，兼任御史大夫等职位，并赐爵怀宁郡王，食邑两百户。唐代宗这次的慷慨举动也让朱泚非常感动，他一改此前两任节度使对朝廷不恭顺的态度，重新忠诚侍奉朝廷。

当时唐朝在西面有一项非常重要的军事行动，那就是防秋。什么叫防秋呢？简单来说就是防备西面的少数民族入侵中原。每年秋季往往水草丰美，正是所谓"秋高马肥"的时候，一般少数民族都会选择在这个时候入侵，在唐朝强盛的时候这些都不算什么，但自安史之乱以后，随着河西、陇右地区的丢失，西面的吐蕃、回纥等部族又强大起来，他们往往能直接杀到关中地区。因此唐朝不得不在每年秋天调集大量部队前往西部边境防备敌人的入侵，防秋也就来源于此。

朱泚担任节度使后，当年就派弟弟朱滔带着两千五百精锐士兵前往长安西面的泾州（今甘肃泾川北）防备吐蕃的入侵。两千五百人的军队虽然数量不是很多，这却是一个非常重要的信号。安史之乱后，虽然河朔藩镇都归降了朝廷，但这只是名义上的，实际上河朔各镇都是自己任免将官，赋税收入也全部归于自己，朝廷根本指挥不动这些人。幽州在李怀仙和朱希彩两任上也都是与李宝臣、田承嗣等人相互勾结，根本不买朝廷的账，更别提派军队给朝廷助战了，朱泚这次也是自安禄山起兵以后幽州军队第一次为朝廷所用。唐代宗对此感到非常高兴，不但重赏了朱泚等人，还亲自在宫中宴请了朱滔，随后又在开远门外亲自为幽州将士们饯行，一时间朱泚所受的荣宠到达了顶峰。

朱泚没想到的是，在他辉煌的背后，已经有人在想办法取代他了，这个人不是别人，正是他的好弟弟朱滔。朱滔其实也是一个非常有野心的人，他性格诡诈多变，也想学李宝臣等人割据一方。不过朱滔也知道哥哥朱泚大权在握，自己要对付他不那么容易，而且朱泚深得人心，发动兵变不太可能，只能想别的办法。

在朱滔的苦苦寻找下，还真让他找到了朱泚身上的一个弱点，那就是朱泚对朝廷太过热心了。朱滔在长安被唐代宗宴请时，唐代宗曾经问过一个问题："你和你哥哥朱泚比起来，谁更有才能一些？"朱滔的回答是："要说统率军队、治理地方的才能方略，我肯定比不上兄长，但我今年才二十八岁，就已经来到长安面见天子了，兄长年长我五岁，却至今没有见过天子，这一点就远不及我了。如此说来，我们俩应该是各有所长。"这一番话不但拍了唐代宗的马屁，还在朱泚心中深深扎下了一根刺。

这些话传到朱泚耳朵之后，朱泚就一直想去长安朝见天子。朱滔心里也知道这一点，所以从关中返回幽州后他就开始不停撺掇朱泚前往长安入朝，并告诉朱泚："现在河朔各镇虽然名义上都臣服于天子，但是至今都没人去长安入朝过，如果兄长能抢先去长安朝见天子，肯定能讨得天子欢心，到时天子很可能就允许我们在幽州世袭，那我们的子孙后代就安全了。"这一番话正中朱泚的下怀，他下定决心一定要去长安面见天子。

大历九年（774年），又到了朝廷需要防秋的时候，朱泚照例派出了卢龙军队前往西线参加防秋，不过这一次不再是朱滔去了，朱泚打算亲自带人前往。为此，朱泚在出发前特意派弟弟朱滔前往长安上奏唐代宗，表示这次要亲自率领五千精兵前往西线防秋，并请求唐代宗允许自己到长安拜谒。对于朱泚的请求，唐代宗感动得无以复加，毕竟自从河朔诸镇归降以来，还没有一个节度使来长安朝见过，朱泚要开这个先例，唐代宗自然是非常欢迎的，为此还特意在长安修建了一所大宅院等待朱泚的到来。

这一年七月，朱泚便带着自己手下的五千精兵踏上了西行的道路。上天仿佛在跟朱泚开玩笑，他走到蔚州（今河北蔚县）时得了急病，没法再往前走了。众将都劝朱泚先回幽州，等病情好转后再动身，可朱泚这次是铁了心要去长安，他对众将说："我这次一定要去长安，哪怕是我死了，你们也要抬着我的尸体去长安面见天子，否则我死不瞑目。"此言一出，众将也不敢再多说什么了。朱泚就这样拖着病体，毅然赶到了长安。

自从安禄山叛乱以后，河朔地区已经差不多二十年没有节度使去过长安了，长安的百姓们非常好奇，围观朱泚入城的人几乎形成了一堵长长的人墙。随后唐代宗在延英殿宴请朱泚以及随行的众将士，并赐给朱泚御马两匹、战马十匹，其余金银绸缎更是不计其数。宴会结束后，唐代宗再次赏赐朱泚各类器物十床、马四十匹、绢帛两万匹，并赐给随行的幽州将士一千七百套衣服，宴请和犒赏的场面可以说是唐代宗即位后最盛大的。

朱泚没想到的是，等他出发去长安后，朱滔就接管了幽州的所有事务，并找寻各种理由将朱泚在卢龙军中的亲信清除了，就连曾经杀死朱希彩的李瑗也被朱滔杀了。而朱泚知道幽州的情况时朱滔已经掌控了卢龙的军队，他想再回去也难了。此时朱泚终于明白自己上了朱滔的当，但也没办法挽回局面了。无奈之下朱泚只好上奏请求唐代宗让朱滔担任幽州留后，自己则表示愿意长期留在长安侍奉天子。唐代宗当然知道卢龙现在的情况，朱泚因为朝见而导致幽州大权旁落也是他不愿意看见的，于是将朱泚留在长安担任司空，幽州则落入了朱滔手中。

魏博野望——田承嗣兼并相卫

大历八年（773 年）刚刚过完新年，河朔地区就发生了一件事——死了一个人。死了一个人倒不奇怪，但那个人刚好是河朔四巨头之一的薛嵩。

薛嵩是绛州万泉人，虽然也是安史叛将出身，但家世远不是田承嗣、李宝臣等人能比的。薛嵩出身于河东薛氏，祖上是南北朝著名猛将薛安都，祖父则是曾以"三箭定天山"闻名天下的名将薛仁贵，伯父薛讷也镇守并州、幽州很多年，并曾在武街之战大破吐蕃军队。比起祖父和伯父，薛嵩的父亲薛楚玉就差了些，虽然在开元年间担任过卢龙、平卢两镇节度使，但在都山之战让唐军遭受了前所未有的惨败，因此很快就被免职了。

因为父亲的关系，薛嵩从小在幽州一带长大，这让他与当时很多世家子弟不一样，他不喜欢读书，但臂力过人，非常擅长骑射。薛嵩的运气非常不错，他因父亲的恩荫加入卢龙军时，正好赶上了安禄山叛乱，他就顺势投靠了燕军。靠着一身骑射功夫，薛嵩在安史之乱末期已经官至伪燕邺郡节度使，奉命守卫河北重镇相州。昭觉寺之战惨败之后，史朝义被迫丢弃洛阳北逃，薛嵩见形势不对，立刻转身归降了仆固怀恩。在仆固怀恩的扶持下，薛嵩被唐代宗任命为相卫节度使（也即昭义节度使），下辖相、卫、邢、洺、贝、磁六州之地。当时河北地区久经战乱，在薛嵩的治理下，相卫等州逐渐安定了下来。

遗憾的是，天不假年，才短短几年时间，薛嵩竟然病死了。薛嵩一死，按照当时河朔各镇的惯例，应该由薛嵩的子嗣继承节度使的位置，但他们面临的问题是，薛嵩的儿子、时任磁州刺史的薛平当时才十二岁，在虎狼横行的河朔地区，他只怕连生存都难以保证。薛平自己当然知道这一点，他也不愿意担任昭义军节度使，但昭义众将士哪肯答应，坚持要让薛平接替父亲的位置。薛平没办法，只好假装答应下来，然后召集众人说道："你们让我担任昭义军的留后，这是河朔的惯例，我接受。但现在我父亲刚死，我需要送他的灵柩前往长安，而昭义也不可一日无主，所以还是先让我叔叔薛崿担任留后，等我服丧回来后再由我担任吧。"薛平都这么说了，众人也不好反驳，便同意了他的请求。结果薛平这一走便再也没回来，昭义军将士只得推举薛崿为留后。

昭义军的这一系列变故可让一个人喜不自胜，这个人就是隔壁的魏博节度使田承嗣。在河朔四巨头中，田承嗣可以说是最惨的，其他三人归降后都是节度使，只有他是防御使，一直到几年后唐代宗才设置魏博军，让他做了节度使。虽然田承嗣担任节度使最晚，但他无疑是河朔四巨头中最老奸巨猾的，归降时便戏耍过仆固玚。

田承嗣也是河朔地区第一个疯狂扩军之人，他在魏博地区普查人口登记户数，然后将百姓中年轻力壮的男子全部编入军中，只留下老弱病残在田野间耕种。为了扩军备战，田承嗣又在魏博横征暴敛，加重赋税盘剥百姓，所得收入全部用来修缮兵器盔甲。就这样，短短几年时间，魏博竟然拥有了十万大军，田承嗣又从中挑选出最精锐的一万人作为自己的亲兵，号称"牙兵"，这就是未来横行河朔多年的魏博牙兵。当然，此时的牙兵还没到后世号称"长安天子，魏府牙军"的猖狂地步，但也算得上是河朔地区的一支精锐了。

手里军队多了以后，田承嗣当然也不服朝廷管辖了，他辖区内的所有官员都由自己任命，根本不听朝廷的命令。唐代宗对此也是无可奈何，他不愿在河朔轻启战端，只好睁一只眼闭一只眼。哪知田承嗣却不是什么省事的主，他竟然得寸进尺地要求唐代宗封自己为宰相。这样无礼的要求自然被唐代宗拒绝了。

气愤之下的田承嗣竟然干了一件骇人听闻的事：他在魏州（治今河北邯郸市大名县城东北）建了一座四圣祠，里面供奉的竟然是朝廷钦定的叛贼安禄山、安庆绪、史思明、史朝义四个人，不臣之心昭然若揭。在田承嗣这种赤裸裸的威胁下，唐代宗只得再次妥协，下令加封田承嗣为同中书门下平章事、雁门郡王，又改称魏博军为天雄军，然后派太监孙知古前往魏州，委婉劝说田承嗣拆掉四圣祠。田承嗣得了好处后自然乐得答应，立刻就把四圣祠拆掉了。

为了笼络田承嗣，唐代宗又将魏州破格提升了大都督府，并让田承嗣担任大都督府长史。要知道，在此之前，大都督府只有在对唐朝非常重要的并州等少数地方会设置，地位、权力远在一般都督府之上，所以大都督职位一般都是宗室遥领，具体事务则是由长史负责。唐代宗的这一举措，足见其对田承嗣的恩宠。不但如此，唐代宗还将女儿永乐公主嫁给了田承嗣的第三子田华，希望能以此笼络田承嗣。遗憾的是，唐代宗所做的一切都不过是助长了田承嗣的嚣张气焰，使得他越来越横行不法。田承嗣的目光可不仅仅局限在魏博，而是扩大到了整个河朔，希望能够将河朔全部纳入自己旗下，而河朔地区最好对付的，自然是刚死了节度使的昭义。如果薛嵩还在，田承嗣可能还有几分忌惮，薛崿实在是不足以让他放在眼里。

事实证明，薛崿的才能果然比哥哥薛嵩差太远了，甚至连部属都管理不好。在田承嗣的运作之下，不少昭义军将领都暗中倒向了魏博。大历十年（775 年）正月，刚刚担任留后两年的薛崿便被昭义军兵马使裴志清带人赶出了相州，裴志清转身就带着手下人归降了田承嗣。随后田承嗣便打着救援薛崿的旗号，率领大军堂而皇之地进入了相州城。原本此时薛崿已经跑到了洺州，但一看田承嗣的大军已经进了相州，他连洺州也不敢留了，赶紧上书唐代宗，请求前往长安入朝。唐代宗自然知道所谓入朝不过是在河朔混不下去了，要来长安讨生活，他也知道以薛崿的本事实在是不足以坐镇一方，便同意了薛崿的请求。随后唐代宗让李承昭前往相州代替薛崿担任昭义军节度使，并让薛嵩的族人、昭义军的将领薛择担任相州刺史，薛雄担任卫州刺史，薛坚担任洺州刺史，再次派孙知古前往魏州，要求田承嗣从相州退兵。

自己好不容易刚拿下相州，唐代宗就派人摘果子来了，田承嗣哪里肯听什么皇命退兵。不但如此，趁李承昭还没有到任，田承嗣抢先派大将卢子期和杨朝光分别攻打洺州和卫州。洺州很快就被卢子期攻下了，但卫州却被薛雄坚守着。见强攻不行，田承嗣便想诱降薛雄一起作乱。薛雄本就是朝廷任命的，哪会听从田承嗣的话在根基不稳时反叛朝廷，于是想也不想就拒绝了。田承嗣恼羞成怒，干脆一不做二不休，派刺客偷偷潜入卫州将薛雄杀了。

薛雄一死，卫州很快就被田承嗣攻下了，为了报复薛雄，田承嗣更是将薛雄全家杀得一干二净。这时候唐代宗派来劝田承嗣退兵的孙知古也到了，但田承嗣哪里肯退兵，他干脆拉着孙知古一起到相州、磁州（治今河北磁县）等地巡视。等孙知古进城以后，一群兵将一拥而上，纷纷割面削耳，请求上奏朝廷任命田承嗣担任昭义节度使，否则他们只好自杀。孙知古被这个血腥场面镇住了，劝说退兵的话哪还能说得出口。实际上孙知古是让田承嗣给骗了，这些人都是他暗中指使侄子田悦事先安排好的，目的就是糊弄孙知古。随后田承嗣洗劫了一番几个州的钱财府库，这才返回魏州，临走之前，他还顺便分别给各州任命了一个刺史。田承嗣的行为彻底激怒了唐代宗，他实在是忍无可忍了。

还没等唐代宗采取行动，察觉到风声主动来揽活的人就来了，成德节度使李宝臣和淄青节度使李正己两人上奏，请求朝廷允许让他们率领本镇军队攻打魏博。这两人之所以主动要求带兵讨伐田承嗣，当然不是因为想为朝廷效忠，而是因为厌憎田承嗣已经很久了。大约田承嗣这些年顺风顺水顺过了头，不免有些目中无人，对谁也瞧不上眼，这些邻居都因此对他渐渐不满。成德节度使李宝臣与田承嗣还是亲戚，两人闹翻实在是因为田承嗣做得太过火了。

原本李宝臣的弟弟李宝正娶了田承嗣的女儿，两家在河朔地区一直是盟友，但后来发生的一件事却在李宝臣心里扎下了刺。李宝正在魏州与田承嗣的儿子田维玩马球时，马一不小心受了惊，竟然将田维给撞下了马，田维当天就死了。气愤之下的田承嗣立刻就绑了李宝正，然后送到恒州向李宝臣讨说法。李宝臣知道这件事是自家理亏，便将李宝正送回魏州让田承嗣处置，并附赠了一根棍子，表示是自己管教不严，希望田承嗣能打李宝正一顿出气。可事情的发展远远超出了李宝臣的想象，田承嗣一怒之下竟然直接将李宝正打死了。李宝臣肠子都快悔青了，他实在没想到田承嗣竟然真的会因为这点事杀死弟弟，从此以后他就恨上了田承嗣。

如果说李宝臣厌恶田承嗣是因为杀弟之仇，那李正己讨厌田承嗣的理由就真的可以说不值一提了。田承嗣一贯目中无人，非常瞧不起李正己，因此李正己也非常想给田承嗣一点颜色看看。现在看田承嗣得罪了朝廷，两人便迫不及待地跳了出来，他们历数田承嗣犯下的罪行，并坚决表示要为唐代宗清理门户。

唐代宗本来就对田承嗣非常不满，现在有人主动揽活，他自然乐得答应。于是唐代宗下诏将田承嗣贬为永州刺史，只允许带一个儿子跟随上任，至于侄子田悦和其他儿子则全部流放到边境。唐代宗当然知道田承嗣不可能轻易接受朝廷贬职，于是又下令让河东节度使薛兼训、成德节度使李宝臣、幽州留后朱滔、昭义留后李承昭、淄青节度使李正己、淮西节度使李忠臣、永平节度使李勉、汴宋节度使田神玉以及河阳三城节度使马燧共计九路人马一起发兵，如果田承嗣不愿意接受贬谪，就动用武力帮田承嗣搬家。为了从内部分化魏博，唐代宗还特意下诏，此次进兵只针对田承嗣和侄子田悦，其他田姓族人和魏博将士，只要肯归降，朝廷既往不咎。

接到唐代宗的诏命后，最先响应的就是幽州的朱滔，他抢先出兵除了因为幽州这些年一直恭顺朝廷外，更主要的原因是他刚刚取代哥哥朱泚担任幽州留后，急需朝廷赐给旌节转正为节度使，当然得替朝廷立点功劳。很快朱滔就和李宝臣、薛兼训率领军队从北面对魏博发起了进攻，李正己、李忠臣、田神玉等人也从南面发起了进攻。

还没等田承嗣有所行动，他手下就已经有人在唐军的强大压力下动摇了，魏博大将、时任磁州刺史的霍荣国直接带着磁州城投降了北路唐军。田承嗣还来不及对霍荣国的行为表示愤怒，南面也撑不住了，一心要给他颜色看看的李正己一马当先攻下了德州，这下可当真算是要了田承嗣的老命了。魏博原本就六个州，德州正好在中间，德州一丢就等于北面的瀛州、沧州完全被孤立了。随后李忠臣也带着淮西、永平、河阳各镇的联军共计四万多名步骑兵进攻卫州，并在黄河边修筑偃月城防备魏博军队增援。

这下田承嗣傻眼了，他没想到唐代宗竟然真的出兵了，而且还这么大阵势。正面抵挡肯定是不用想了，魏博虽然有十万军队，但无论如何也不可能抵挡九路唐军，并且这其中还有实力不逊于魏博的淄青、成德、卢龙等节镇。光看这阵势，魏博就已经有不少兵将想倒戈朝廷，田承嗣连续斩杀了几十人才遏制住这个势头，但这么下去肯定不是办法，必须找到方法击破敌军才行。田承嗣左思右想，倒还真想出了个主意，他打算玩一招"围魏救赵"，即先除掉实力相对较弱的北路军，这个计划里的"魏国"自然就是老亲家李宝臣所辖的冀州（治今河北衡水市）。

这一年六月，田承嗣派遣此前归附自己的裴志清率军进攻冀州，可惜裴志清也是个墙头草，这时候看到朝廷大军来势汹汹，当然不可能为他卖命。裴志清率军到达冀州城下后，立刻投降了李宝臣。要论罪，裴志清就是那个罪魁祸首，一切都是他赶跑薛嵩投降魏博引起的，结果他一转身又投入了朝廷的怀抱，只苦了田承嗣还得接着挨打。

虽然没了裴志清，但计划还是得继续执行，气愤之下的田承嗣只得亲自率领大军进攻冀州。遗憾的是，裴志清已经投降了，进攻冀州的计划自然也已经被李宝臣知悉了，所谓奇袭也就成了一张明面上的牌。田承嗣又何尝不知道这种情况，只是眼下魏州已经和北面的沧州、瀛州断绝了联系，摆在他面前的只有两条路，要么进军李正己大军驻扎的德州，要么进军李宝臣的冀州，相对来说还是冀州更可能得手。可惜结果还是让田承嗣失望了，等他赶到冀州城下时，已经有一位老朋友等着他了，这位老朋友就是当年与田承嗣一起作为燕军先锋横行河洛的张孝忠。

张孝忠是奚族人，本是安禄山手下部将，曾经率军击破过九姓突厥。安禄山起兵后，张孝忠作为先锋攻下了很多地方，立下了无数战功。不过张孝忠投降朝廷比较晚，一直等到史朝义死后才归降，最终只是到老战友李宝臣手下做了个高阳军使。李宝臣深知张孝忠的能力，对他格外信任，甚至还将小姨子昧谷氏嫁给了他。两人成为连襟之后，李宝臣对张孝忠自然更加亲近了，最后干脆将易州的兵马全部交给了他。在整个成德，也只有王武俊才能和张孝忠相提并论，所以在知道田承嗣可能进攻冀州后，李宝臣断然派出了张孝忠。

张孝忠接到命令后，立刻率领四千精锐骑兵从上谷（今河北怀来县一带）赶到了冀州，正好拦在了田承嗣面前。作为昔日的老朋友，田承嗣自然也非常了解张孝忠的才能，他不由得对身边人感叹道："有张阿劳（张阿劳就是张孝忠）在这里，冀州只怕是拿不下了。"最终也果然如田承嗣所料，在张孝忠的阻挡下，魏博军队一连苦战了几天也没能攻下冀州。李宝臣当然不会对冀州的危局坐视不理，他很快就亲率大军赶到了冀州。田承嗣自然不敢与李宝臣交手，同时，他更担心其他各路唐军也赶来，到那时候想跑都没有机会，于是干脆连夜烧营逃回了魏州。

眼看局势越来越危险，田承嗣也开始害怕了，在实在没办法的情况下，他只好向朝廷服软，派出部下郝光朝前往长安表示自己想入朝，请求唐代宗赦免自己。唐代宗接到郝光朝带来的奏疏后大为得意，以为田承嗣终于屈服了，于是下令让各路唐军停止进攻。实际上田承嗣服软也只是缓兵之计，他压根儿没有入朝的打算，一看唐军停止进军，就立刻装聋作哑，再也不提入朝之事。不但如此，田承嗣还趁着各路唐军停止进攻的机会，派侄子田悦和大将卢子期两人率领一万多军队突袭磁州。幸好，在宣慰使韩朝彩等人的坚守下，唐军抵挡住了魏博军队的进攻。此时唐代宗终于明白，自己又被田承嗣耍了，于是赶紧再次下令让各镇军队继续进攻。

这一次响应朝廷最积极的依然是最想教训田承嗣的李宝臣、李正己两人，他们分别率领成德、淄青两路大军在枣强会师，然后一起围攻贝州。对于田承嗣而言，贝州自然不容有失，于是立刻派出大军前往救援，结果却被李宝臣等人打得落花流水。关键时刻，上天再次帮了田承嗣一把，李宝臣和李正己两人竟然因为一点小事退兵了。为了尽快攻下贝州，李宝臣和李正己两人都在贝州城下犒赏士卒，以激励士气，这本来是好事，结果却在这犒赏上出了问题。

李宝臣是安史叛将出身，长期在河北作战，家底比较丰厚，犒赏士卒自然比较大方；李正己的淄青军实际上就是以前的平卢军，他们从平卢一路南逃迁徙到淄青，所以被称为平卢淄青节度使，相比起成德来，家底自然是薄了些，犒赏也就低了点。这样一来李正己的部下就不高兴了，他们觉得待遇不如成德军，暗地里都对李正己非常不满。李正己很快也听到了风声，他怕自己的部下哗变，于是干脆就连夜撤围逃走了。李正己一走，李宝臣便成了孤军，他也不敢继续进攻，只好跟着撤退了，转而和朱滔一起进攻沧州，但在田承嗣的堂弟田庭玠的坚守下迟迟没有进展。南面的李忠臣本来已经在打卫州了，一看到李正己跑了，也赶紧渡过黄河退回到阳武。

李正己等人这一撤，便苦了坚守磁州的韩朝彩、霍荣国等人。他们在魏博军队的攻势中越来越危险，城里的守军越来越少，魏博增援的军队却越来越多，眼看连城都快守不住了。田承嗣觉得攻下磁州不在话下。幸好，在关键时刻，河东节度使薛兼训率领一万河东骑兵赶到磁州附近的西山，魏博军队的攻势才暂时遏制住。不久后昭义节度使李承昭带着神策军射生手赶来，成德、幽州也派出军队前来增援，唐军和魏博军队决战的底气高涨起来。卢子期见唐军主力到达，亲自率领着从围城军队中分出的一万多人，前往西山进攻唐军，其余人马则在田悦的率领下继续攻打磁州。

看到卢子期行动后，唐军这边也开始了行动。为了一举击破魏博军队，李承昭想了个办法，他派成德、幽州的军队沿着东山偷偷绕到卢子期后方，自己则率领河东军队留在营垒中坚守不出。

卢子期到达西山后，一看唐军不敢出战，一下就起了轻敌之心，下令让手下军队疯狂进攻唐军营垒，唐军在河东将领刘文英、辛忠臣的率领下拼死抵抗才挡住了魏博军队的进攻。随着时间的推移，卢子期眼看久攻不下，只好先行撤退。然而进攻容易后退难，李承昭一看卢子期撤退，立刻率领河东军队前往追击，结果在清水附近追上了卢子期。就在双方交手后不久，成德、幽州两路人马也完成了绕行，他们从魏博军队后方发起了突袭。唐军前后夹击，魏博军队溃不成军，四散而逃，在唐军的追击下，魏博军队总共有九千人战死，陈尸数十里，以卢子期为首的两千三百人都做了俘虏。随后李承昭乘胜率领各军前进，一路行进到距离磁州只有十里的地方驻扎下来。当天夜里，李承昭命人在城外高处点起烽火，告知城内援兵已到。韩朝彩在城内接到消息后大喜过望，连夜就派人出城夜袭魏博军营，成功斩杀了五百多人。城外的田悦也不敢留了，赶紧率军连夜逃回魏州，将粮草辎重全部留给了唐军。

就在清水之战打得水深火热之时，李宝臣已经转头在攻打洺州了。在他进攻前，部将王武俊送来了一个礼物，那就是被俘的卢子期。卢子期在魏博军队颇有名望，李宝臣绑着他到洺州城下巡视了一圈，还没开打，洺州就开城投降了。就这样李宝臣白白得了一万军队和二十万石粮食，已经失去价值的卢子期则被他送到长安献给唐代宗。唐代宗对这个最先进攻昭义军的魏博将领自然是没有一丝好感，立刻下令将卢子期斩杀。卢子期死了，田悦在陈留也吃了亏，他被南线各路大军打得丢盔弃甲，只好再次退回魏州。与此同时，一直在北面挨打的瀛州也撑不住了，刺史吴希光开城投降了朱滔，转眼间魏博又丢一州。

田承嗣虽然屡战屡败，但他这时候却并不慌张，也没有想着再次向朝廷求和，因为他已经发现了唐军的一个致命弱点，那就是各路唐军互不统属，互相之间也并非像铁板一样牢不可破，只要想出办法就很容易让他们分崩离析。田承嗣很快就将自己的第一个目标定在了李正己身上。

此前李正己派到魏州的使者被田承嗣囚禁了起来，这时田承嗣就将这个使者放出来，然后将魏博境内的户口、军队、粮食、钱财全部登记造册，然后交给使者带给李正己，并让他转告李正己："我现在已经八十六岁了，离死也不远了，我的儿子们又都非常无能，根本不足以继承我的家业，我侄子田悦虽然统兵，但也是一个懦弱无能之辈，成不了大事。李公却不一样，我一直觉得李公是能够成就大事的人，我现在所做的一切都不过是在为李公经营而已，等我死后，这些自然都会交到李公手上，又何必劳烦你亲自率军前来收取呢？"其实田承嗣当时并没有八十六岁，这不过是他故意说错骗李正己罢了，想让李正己相信自己没几天活头了。随后田承嗣又让这个使者站在庭中，自己朝着南面拜了几拜后才将东西交给使者，以示对李正己的恭敬，而后又在使者面前挂出一幅李正己的画像，然后亲自焚香供奉，一边祷告一边感叹："这真是圣人啊。"等一切结束后田承嗣才让使者回去。

李正己收到使者传回来的消息后简直又惊又喜，他做梦也没想到田承嗣心里竟然这么尊敬自己。原本他与田承嗣也没有什么仇怨，只是觉得田承嗣看不起自己罢了，现在既然证明一切都是假的，那还卖命进攻做什么？于是李正己便按兵不动，再也不往前一步了。李正己一直是南路军的得力干将，他停了下来，南路军的其他混编部队便都不敢向前了。田承嗣一通忽悠就解决了南路军，他接下来的目标就转向了北面，而北面最容易突破的自然就是他最熟悉的亲家李宝臣了。

还没等田承嗣开始对付李宝臣，朝廷就先狠狠伤了李宝臣一把。在李宝臣派人将卢子期押送到长安后，唐代宗派太监马承倩携带诏书前往慰劳，以激励李宝臣再接再厉拿下田承嗣，没想到这一慰劳反而出了事，事情就坏在马承倩这个人身上。原本慰劳工作一切顺利，在马承倩即将返回的时候，李宝臣亲自来到驿站，送了他一百多匹绸缎作为答谢。令人瞠目结舌的是，马承倩非但不领情，反而觉得李宝臣给的赏赐太少，还非常愤怒地将李宝臣大骂了一顿，然后将绸缎全部扔在大街上便不辞而别。

马承倩的做法等于是当面给了李宝臣一耳光，他怎么也没想到朝廷派来的使者竟然会是这种货色。不光李宝臣自己觉得丢人，成德其他人也都很愤怒。成德兵马使王武俊趁机劝道："您现在刚刚为朝廷立下大功，朝廷派来的一个太监竟然敢如此对待您，等您平定了田承嗣，如果朝廷再用一纸诏书将你征召入朝，到那时您在长安的生活简直不敢想象。依我之见，我们不如停止对田承嗣的进攻，只要田承嗣还在，朝廷便不敢拿我们怎么样，这就是我们自保的资本。"李宝臣觉得王武俊说得有道理，从此以后再也不积极进攻了。

就在李宝臣被朝廷伤到了的时候，田承嗣也开始行动了。他知道李宝臣是幽州人，从小在幽州一带长大，心里也一直希望能够得到幽州，便找了一块石头，在上面刻上谶语，然后派人偷偷送到成德境内埋起来。接着田承嗣又派了一个人冒充术士去成德境内装模作样地看了一番风水，然后告诉李宝臣说某地有帝王之气，里面将有神物现世。李宝臣闻言大喜，立刻派人挖掘，果然挖出了田承嗣之前埋下的石头，只见上面刻着两句话："二帝同功势万全，将田作伴入幽燕。"这里的"二帝"自然是指李宝臣和李正己两人，这句话是说他们俩将要得成大功，并且还有一个姓田的跟随他们进入幽燕地区，一番话正好说在了李宝臣心坎上。

田承嗣看李宝臣挖到石头后又趁热打铁，派了一个说客告诉李宝臣："您现在与朱滔一起围攻沧州，就算攻下来了，那也是朝廷的地方，并不是您自己的。但是如果您能够停止攻打田承嗣，并以此为条件，让他将沧州让给您，他也会同意的。到那时您有恩于他，就可以要求他跟随您一起攻打范阳，他也必然不敢拒绝，您率领精锐骑兵在前面开路，田承嗣则率领步兵在后面增援您，如此一来，攻下幽燕地区还不是轻而易举的事情。"

李宝臣听后果然动心了，自己不但能白白得到一个沧州，还能够在田承嗣的帮助下拿下家乡幽州，何乐而不为呢？再对比之前石头上的谶语，李宝臣惊喜地发现竟然全部吻合，心里便有了跟田承嗣合谋的想法。不过李宝臣还是有所迟疑，毕竟他和田承嗣之间有深仇大恨，心里一时半会儿还是有些过不去。李宝臣便将王武俊找来询问："我现在有心借助田承嗣的力量夺取幽州，但之前我们俩之间又有那么深的矛盾，这该怎么办呢？"王武俊回答道："现在成德和魏博实力差不多，如果目标一致的话，就算变仇人为父子也不过是顷刻之间的事。朱滔现在就驻扎在沧州附近，我们可以先把朱滔拿下，然后将他送给田承嗣，这样他肯定会相信我们是有心与他结盟的。"李宝臣听后总算放下心来，他暗中派人向田承嗣表示想联手，田承嗣为了表示自己信任李宝臣，也派出军队驻扎到边境附近，像是要和成德一起攻打幽州一样，还把沧州让给了李宝臣。

虽然李宝臣想夺取幽州，但他知道卢龙军实力强劲，朱滔本人不是什么省油的灯，就算成德、魏博两军合作，想正面夺下幽州也不是一件容易的事，更何况其他各路讨伐魏博的唐军也不可能坐视不理。李宝臣左思右想，终于想出了一个对付朱滔的办法。当时朱滔正驻扎在瓦桥关附近（故址在今河北省雄县城西南），李宝臣派了一个使者前去告诉朱滔："我听说朱公的仪容如同神仙一样，只可惜我从来没有见过，希望朱公能赐给我一幅画像以供观瞻。"朱滔听后非常高兴，立刻仔细挑选了一幅画像交给李宝臣的使者带了回去。李宝臣得到画像后，马上将画像挂在了练习射箭的射堂上，然后召集众将士前来观看，一边看还一边说："这真是个神人啊！"

等众将士都熟悉了画像之后，李宝臣亲自挑选了两千名精锐骑兵，连夜急行三百里到达瓦桥，准备杀朱滔一个措手不及。在发起进攻之前，李宝臣还特意告诉手下将士："此行的目的就是杀死那个相貌与射堂画像一样的人。"这时候幽州与成德两军正在一起为朝廷讨伐田承嗣，朱滔做梦也没想到李宝臣会在这时候攻打自己，因此完全没有防备，被李宝臣打得大败。不过也亏得朱滔运气好，成德军突袭时他刚好穿了一件不同的衣服，成德士兵们竟然也没有认出来，他这才得以安全逃脱。最终成德军只勉强抓到了一个和朱滔长得很像的卢龙将领，然后派人绑了送给田承嗣。

原本李宝臣打算乘胜攻取幽州，但朱滔这时已经派了雄武军使刘怦率军镇守范阳。等李宝臣跑到范阳城下时，城里早就有了防范，李宝臣见捞不着便宜只好撤退，也正是这时候他才惊觉，田承嗣并没有按计划率军跟自己一起行动。田承嗣早已经回了魏州，在他得知李宝臣与朱滔交战时就知道自己的目的已经达到了，不走还留着干什么？等李宝臣派人前来质问时，田承嗣才说出实话："现在河内有突发事件，我必须马上返回，没有时间跟随你去攻打范阳了。之前石头上的谶语你也不要放在心上，那只是我和你开的一个玩笑罢了。"

这个玩笑可不好笑！李宝臣知道自己上了田承嗣的当，只气得浑身发抖，但也无可奈何。眼下既然已经和朱滔交恶了，李宝臣也只好任命张孝忠为易州刺史，让他带着七千名精锐骑兵防备朱滔的报复。至于田承嗣，李宝臣现在也不能把他怎么样，只能闷头吃下这个哑巴亏了。

总体来看，田承嗣虽然表面上白白丢了个沧州，但实际上沧州本来就是一座孤城，就算不让给李宝臣早晚也会丢掉，但用它换得成德、卢龙交恶，明显是赚到了；而李宝臣虽然看似得到了沧州，但这却让他和朱滔彻底撕破了脸，以后再想对付魏博，还得看卢龙的脸色。失去朱滔和李宝臣两路人马后，北面就剩下了薛兼训的河东军以及李承昭所带的部分神策军，光靠他们，想打下魏博也根本不切实际，北路军也就这么"散"了。

随着南北两路讨伐军的先后瘫痪，唐代宗此生对河朔地区最大的讨伐行动就这么无疾而终了。在这种进退两难的情况下，还是淄青节度使李正己站出来当了说客，多次上奏替田承嗣说话，希望唐代宗能允许他改过自新，田承嗣自己也上奏，表示希望唐代宗能够允许自己入朝。唐代宗虽然明知道田承嗣所谓的入朝不过是假话而已，但他就算想讨伐也力有未逮，因此最终只是派谏议大夫杜亚前往魏州抚慰田承嗣，恢复田承嗣、田悦等人的官职，并允许他和家人入朝拜见，此前抵抗过唐军的魏博将士也都不问罪。

田承嗣阳奉阴违的本事真是有一套，事实证明连半年时间都没有，他所谓的改过自新就不作数了。大历十一年（776 年）七月，田承嗣派遣军队前往攻击滑州，击败了永平军节度使李勉。这次其实一开始和田承嗣没有关系，是汴宋都虞侯李灵曜惹的祸。

就在这一年五月，曾经讨伐过田承嗣的汴宋留后田神玉因病去世了，唐代宗便任命永平节度使李勉兼任汴宋留后。汴宋都虞侯李灵曜野心勃勃，趁着李勉还没到任，他抓住汴宋地区无人管辖的空当，率军袭杀了濮州刺史、汴宋兵马使孟鉴。李灵曜当然知道此举肯定会得罪朝廷，他深知自己力量弱小不足以与朝廷大军抗衡，于是派人前往魏州找老前辈田承嗣寻求支援。田承嗣倒也真是不客气，完全不顾及他才刚与朝廷和解，就立刻派兵南下支援李灵曜，最终在滑州将李勉挡了下来。滑州之战后，李勉上任一事就此成了泡影，唐代宗无奈之下只得让李灵曜担任濮州刺史，希望能和平解决。谁知道李灵曜却不愿意接受，因为他觉得濮州刺史太小，于是依然整天闹着要和田承嗣一起打朝廷。最终还是唐代宗退让了一步，让李灵曜担任了汴宋留后。

当上留后的李灵曜越发狂妄，他认为朝廷不敢对自己动兵，便把汴宋军范围内的朝廷官员全部赶走，转而让自己的心腹党羽接管了八州刺史和各县县令，打算效法田承嗣玩割据。这下唐代宗实在是忍无可忍了，汴宋要是自立了，那就相当于在东都洛阳门口埋了一颗地雷，李灵曜出门左转就能到洛阳逛上一圈。不久后，唐代宗就下令让淮西节度使李忠臣、永平节度使李勉、河阳三城节度使马燧、淮南节度使陈少游和淄青节度使李正己共五路大军一起进攻李灵曜。

李灵曜这时候相当狂妄，根本没把这五路唐军放在眼里，他立刻亲率大军前去迎战。不过虽然李灵曜自己狂妄，但他手下很多人还是觉得与朝廷交战等于自寻死路，都不愿意跟李灵曜一起送死，宋州牙门将刘昌便是其中之一。他觉得跟着李灵曜前途渺茫，于是动了投靠朝廷的心思。不过他也知道自己人微言轻无关大局，不足以号令汴宋辖区里的有识之士，便找了另一个人出来带头，这个人就是李灵曜的谋士——此时正担任汴宋兵马使和代理节度副使的李僧惠。刘昌自然不敢亲自前去，他托了一个叫神表的和尚以看相为名偷偷去告诉李僧惠："您虽然现在已经富贵，但从面相来看，您近日似有刀兵之祸，稍有不慎恐怕会万劫不复。"

李僧惠是信命的，一听神表这么说便担忧不已，他自然知道最近的刀兵之祸是指李灵曜想单挑朝廷，但他没法劝阻李灵曜，最后只得把刘昌找来，向他询问对策。

这正中刘昌下怀，他赶紧劝李僧惠："李灵曜现在自大妄为，想凭着八州之地对抗整个朝廷，简直就是痴人说梦。魏博的田承嗣比他强很多，最终不也被打得被迫上表谢罪？李灵曜现在等于是自寻死路，只可惜他这一死我们恐怕也会受牵连。"

李僧惠听刘昌也这么说，心不由得沉了下去，连忙询问刘昌有什么办法可以避祸。刘昌赶紧献上自己思考已久的想法："我们不如抢先向朝廷上书说明情况，让陛下知道我们不想造反，事情全是李灵曜一个人干的，希望朝廷能派兵讨伐李灵曜，解救我们于水火之中。"

李僧惠自己现在也没什么别的办法，在自己的性命和李灵曜的性命面前，他果断选择了前者，决定就此卖了李灵曜。再与汴宋牙将高凭、石隐金一商量，决定派人前往长安向唐代宗请求朝廷出兵讨伐李灵曜，至于人选就一事不烦二主，还是让和尚神表去长安。

唐代宗也非常够意思，他在接到神表的报告后，不但没有追究李僧惠之前给李灵曜乱出主意，反而分别任命李僧惠、高凭、石隐金为宋州刺史、曹州刺史和郓州刺史，三人平白得了朝廷封的刺史，更加坚定了向着朝廷的心，很快就主动出兵讨伐李灵曜，以向朝廷表示忠心。

就在李僧惠等人倒向朝廷时，李灵曜却已经先胜了一阵。当时李忠臣、马燧两军刚到达郑州（今河南郑州市），还没来得及安营扎寨，李灵曜就带着人攻到家门前了。李忠臣和马燧做梦也想不到李灵曜竟然胆大到敢带着人来偷袭两镇精兵，所以根本没有做任何准备，现在也只能先撤退到荥泽（故址在今郑州市古荥镇）。结果这一撤李忠臣手下的部队就乱了套，淮西兵一通狂奔，很多人脱离了队伍，最后一点算竟然少了五六成的人，郑州的官员百姓在惊慌之下也纷纷逃入洛阳避难。

出师不利，这还怎么打下去？于是李忠臣想先把剩下的军队撤回淮西。关键时刻，马燧站出来反对道："我们奉了朝廷的命令来讨伐叛逆，这是正义之师啊，哪还需要担心不能战胜敌人。唾手可得的功劳，你竟然想放弃，这实在是让人不解。"李忠臣觉得马燧的话有道理，于是留了下来，然后四处聚拢之前逃散的淮西兵，两人开始商量下一步对付李灵曜叛军的计划。

还没等李忠臣和马燧二人商量出结果，李灵曜的后院先起了火。他得知李僧惠等人归降朝廷后，吓得赶紧带兵往回撤。令他始料未及的是，他想回去都成了一大难题，刚走到雍丘一带，就遇到了等候已久的李僧惠等人。李僧惠等人一心想立功求赏，作战自然格外卖力，他们也不给老上司面子，一番交战之后竟然打得李灵曜狼狈地逃回了汴州。

接下来的局面就对李灵曜更加不利了，东面的李正己趁机一连攻下了郓州、濮州，转眼间李灵曜就只剩下了汴州（今河南开封市）一座孤城，很快李忠臣和马燧就赶到了汴州城下，一个驻城南，一个驻城北，李灵曜多次率军出战也无法突围。不久后，陈少游也率军赶到了汴州西面，李灵曜再次带人杀出，企图趁陈少游立足未稳的时候先从西面突破。没想到的是，陈少游竟然硬生生顶住了李灵曜的攻势。马燧和李忠臣很快也率军赶到，三面夹击，李灵曜再次被打得丢盔弃甲，最后只得率领残部退回城中全力防守，多次战败，兵力折损严重的他已经无力再度出击了。随着东面李正己等人的赶到，唐军终于把李灵曜围困在了汴州城内。

眼看李灵曜的情况越来越糟，此前与他结盟的老前辈田承嗣自然不会坐视不理。田老前辈巴不得天下越乱越好，自己好趁机多捞地盘，于是派侄子田悦带着军队前来增援李灵曜，想趁机捡点便宜。田悦率军一路南下，很快就赶到了匡城，驻扎在这里的是永平、淄青两路人马。李正己此前多次上书为田承嗣辩护，可魏博却一点也不给这位恩人面子，一战就打得永平军将领杜如江、淄青军将领尹伯良两人狼狈逃跑，两路大军死伤过半。魏博大军随即到离汴州城北面只有几里远的地方驻扎下来，准备第二天与李灵曜一起夹击唐军，可惜唐军已经不给他等到第二天的机会了。

当天夜里，李忠臣和马燧二人带着手下人马偷偷溜到了魏博军营附近，然后派淮西将领李重倩带着几百个骑兵趁着天黑突然杀入魏博营中。魏博军队此时根本没有防备，不少人甚至都已经睡下了，田悦只能眼看着李重倩带着骑兵在大营中来回冲杀。等魏博军队终于乱哄哄地爬起来之后，李重倩已经砍了几十个人的首级扬长而去了。见李重倩走了，田悦松了一口气，赶紧下令让士兵们回去休整，然而噩梦很快就来了，李忠臣、马燧趁着魏博军混乱的机会带着军队又杀了进来。魏博将士在来回的折腾下早已经疲惫不堪，这时哪还抵挡得了，只得在田悦的带领下仓皇逃走。在李忠臣等人的追击下，魏博军队慌不择路，最后更是因为自相践踏而死伤无数。

田悦兵败而逃的消息很快传到了李灵曜耳朵里，他知道光靠自己根本不可能抵挡外围的几路军队，于是连夜打开城门逃走，想去投奔自己的盟友田老前辈。结果，刚跑到韦城就被永平军将领杜如江生擒，同时被擒的还有魏博将领常准，两人都被送到长安斩首。李灵曜就这么完蛋了，至于出兵帮过李灵曜的田承嗣，还是一点事都没有，他假惺惺地向朝廷谢罪，实际上则依旧我行我素。唐代宗拿他没办法，只能睁一只眼闭一只眼，还赐了免死铁券给他。

三年后，在河朔地区纵横一时的田承嗣终于因病去世了，享年七十五岁。尽管田承嗣离称霸河朔还差得很远，但在他的经营下，魏博组建起了一支雄视天下的大军，还占据了贝、博、魏、卫、相、澶、洺七州的地盘。他一生到最后实际上也没有去长安朝见过天子，却依然安稳地做着七州节度使，唐代宗也不能对他怎么样。正因为有了田承嗣的表率，越来越多的节度使开始效法，朝廷也越来越控制不住各地节镇了。

攻守同盟——河朔联结对抗中央

大历十四年（779 年）五月，大唐帝国的中兴之主唐代宗因病于长安紫宸殿病逝。说是中兴之主其实非常勉强。唐代宗虽然平定了安史之乱，但他在位的十多年里，对外屡屡被吐蕃、回纥欺压，甚至被迫逃出过长安，对内也被鱼朝恩、程元振等太监玩弄于股掌之间。虽然有剪除权宦的行动，但最终也不过是一个太监换另一个太监，这个皇帝当得实在是憋屈。

对于形同割据的河朔诸藩，唐代宗无计可施，在田承嗣等人面前只有被欺负的份。他在位期间，唐军虽然讨伐过田承嗣、李灵曜等人，结果却是让河朔藩镇越发强大起来。

作为南迁淄青的外来户，淄青节度使李正己原本只有淄、青、齐、海、登、莱、沂、密、棣九州的地盘，靠着讨伐田承嗣、李灵曜的两战，他将攻下的地盘全部据为己有，一下子又有了德、曹、濮、徐、兖、郓六州，成了雄视东方的大军阀，手底下总共有十多万军队。李宝臣在占据沧州后，成德军也有了恒、易、赵、定、深、冀、沧七州地盘。最好笑的还是田承嗣，魏博被唐代宗先后打过两次，结果还有魏、博、相、卫、洺、贝、澶七州的地盘，田承嗣竟然赚了一州。再往深一层看，魏博虽然在战前也有六州地盘，但北面三州很容易被切割开，在战略上就非常难防守；更别说富庶的相州、卫州、贝州、洺州，远不是贫瘠的瀛州、沧州、德州可比的。

李正己、李宝臣、田承嗣这三人，再加上坐拥幽、蓟、平、檀、妫、营、莫、涿、瀛九州地盘的卢龙节度使朱滔，河朔四镇可以说是完全占据了河北、山东地区，虽然表面上拥戴朝廷，但在官职任免、军队调配、财政税收、刑法等方面，实际上都由他们自己掌握，朝廷根本管不了。甚至在朝廷需要修缮城池、调动士兵的时候，他们还会抱怨，说这肯定又是朝廷怀疑他们有二心，所以提前修城增兵来防备他们，往往逼得朝廷不得不停止修城调兵。而他们节镇内部修筑城池堡垒、招募训练士兵却是常有之事，野心可以说是昭然若揭。

唐代宗对待各镇节度使宽仁，对他们的做法也采取容忍态度。新即位的唐德宗李适可就不一样了，他少年时就经历了安史之乱，饱尝了天下战乱和家国沦陷的痛苦，所以一心想恢复曾祖唐玄宗时期的荣光。对于割据一方的节度使们，唐德宗更是深恶痛绝，对于父亲姑息河朔诸镇的做法早已非常不满了，非常渴望能够做出改变，不过他首先对付的并不是节度使们，而是朝廷内部的人。

即位之初，唐德宗便干了几件大事。首先他将老将郭子仪尊为尚父，加封太尉兼中书令，表面上看是挺大的官，实际上却没有任何实权，把郭子仪手里的兵权全部弄到了自己手中。接着他又处死图谋不轨的兵部尚书黎干、太监刘忠翼等人，一举稳固了自己的皇位。最后他将掌握禁军的太监、神策都知兵马使、右领军大将军王驾鹤送去东都担任园苑使，其实就是看守园林；禁军则交给司农卿白志贞掌管。自从唐代宗开始，禁军一直都被宦官们控制在手里，皇帝休想染指，唐德宗刚即位就夺回了禁军，无疑给了天下一种明主即位的信号。

内部搞定之后，唐德宗又任用名臣崔祐甫担任宰相，清除梨园、乐工三百多人，并向天下昭告说朝廷不接受任何珍奇异兽之类的贡品，以示自己绝不耽于享乐。这道诏书下了之后却深深刺激了一个人，这个人就是淄青节度使李正己。

李正己是高句丽人，本名叫李怀玉，出生于营州，他的表兄就是平卢节度使侯希逸。侯希逸的上位还多亏了李正己。乾元元年，平卢节度使王玄志病逝，唐肃宗派人前往营州询问情况。李正己害怕王玄志的儿子会被任命为新的节度使，就带人杀了王玄志的儿子，然后拥立侯希逸为节度使。后来平卢军南迁时，李正己也跟侯希逸一起去了青州，被任命为军候，参加了平定史朝义的战争。

李正己为人骁勇善战，而且力大无比，当时回纥人在中原非常狂妄，根本没人敢惹，为此他非常看不过眼，所以特意挑战了一个回纥的首领，而且挑战内容还是对方擅长的摔跤。所有人都以为李正己输定了，但让人意外的是，李正己在让对方先动手的情况下，依然抓住对方衣领，将之高举过头顶，吓得这位回纥勇士当场尿了出来。这件事让李正己在军中的名声越来越响亮，侯希逸便将他这个表弟任命为淄青兵马使。

然而随着时间的推移，侯希逸看到李正己名头越来越大，也越来越受到将士们的拥戴，便渐渐起了猜忌之心。不过也正是因为李正己名气太大，侯希逸也不敢公然对付，最终只是找了一个小借口把他兵马使的职位给拿掉了。没想到这样一来，淄青军的将士们先不干了。侯希逸到青州后对政务一直很懈怠，整天忙着跟和尚们谈佛论经，军务基本全是李正己在负责处理，众将士自然更支持李正己，军中甚至有"李正己没有罪，不应该被免职，全是侯希逸妒贤嫉能"这样的传言。大概是念佛念久了，侯希逸对这一切一无所知，等他出城礼佛时，淄青军士趁机把青州城门关了起来，不让他进城。此时侯希逸也知道自己混不下去了，只好跑到长安向唐代宗讨生活。

侯希逸一走，淄青将士便正式将李正己推举出来担任节度使。在李正己的治理之下，淄青一跃成为坐拥十五州地盘的节度大镇。然而李正己担任节度使也有问题，那就是治理淄青的刑法特别严酷，闹得人们连在路上面对面碰上了都不敢说话。这种"道路以目"的情况自然让淄青人非常不满，只是慑于李正己的统治不敢多说什么。眼看唐德宗一派圣明天子的作风，淄青军民心底里都非常支持朝廷，士兵们甚至在大街上扔掉了武器，大声喊道："现在明君已经出现了，我们还要造反吗？"

李正己本就对唐德宗非常忌惮。所谓枪打出头鸟，藩镇之中淄青最为强大，如果唐德宗要动手，很可能会拿淄青开刀，再加上现在唐德宗在淄青这么得人心，他心中更是惧怕不已。李正己惊慌失措，于是向唐德宗上奏，请求献上三十万缗钱，以图自保。唐德宗接到奏疏后当然大喜，不过他一时间也不敢接受，生怕李正己在背后耍什么手段，但是要拒绝又找不到什么理由。最后还是宰相崔祐甫出了个主意，他让唐德宗派遣使者前往淄青慰劳将士，然后把李正己献的三十万缗钱全部赏赐给他们。如此一来淄青将士们都对唐德宗感恩戴德，纷纷在街上高喊"天子万岁"。李正己则是打落牙往肚里咽，一方面，钱是自己出的，结果得到好处的却是唐德宗，自己什么好处都没捞着还白白损失了三十万缗钱；另一方面，李正己对唐德宗的所作所为也非常信服，更加不敢轻举妄动了。

遗憾的是，崔祐甫很快就病死了，死之前他向唐德宗推举了一个有才能的人，那就是杨炎。杨炎字公南，凤翔天兴人，出身于官宦世家，祖父和父亲都以孝顺闻名于世。杨炎是一个非常有才华的人，很早就因为文辞受到世人的赞赏。唐德宗做太子时曾经得到过杨炎写的《李楷洛碑》，心里非常喜欢，平日里经常拿出来观赏，所以在崔祐甫推举之后，他立刻就将杨炎从道州司马提拔为宰相。杨炎固然非常有才华，他创立的"两税法"改变了安史之乱后全国各种苛捐杂税混乱的情况，在一定程度上减轻了下层百姓们的负担；但同时杨炎又是一个心胸非常狭隘的人，他上任后的一系列举措，让中央和河朔各镇的矛盾越来越大。

杨炎刚上任就做了一件让节度使们恐慌的事情。西川节度使崔宁与杨炎曾经有一点小过节，这时候他正好在长安朝见唐德宗，杨炎便趁机展开了报复行动。

崔宁本名崔旰，是西川名将，曾平定过郭英乂之乱，并多次击破吐蕃的入侵。他到长安本是正常朝见天子，又正好赶上吐蕃和南诏一起进攻西川，唐德宗便想让崔宁赶快回去部署军事行动。哪知道杨炎竟然认为："因为崔宁一直霸占着西川，朝廷一直得不到巴蜀富饶的物产，所以才难以发展壮大。崔宁虽然看着对朝廷很恭顺，但实际上西川的军队都在背后支持他，他虽然入朝，却不会向朝廷缴纳赋税，朝廷既然得不到一分钱，那和丢了他们有什么区别？更何况崔宁能当上节度使，不过是因为当时正好发生了郭英乂叛乱，西川不少将领都未必真心服他，就算现在让他回去只怕也还是没有什么建树。以我看来，无论蜀地战败或者战胜对朝廷来说都没什么区别，还希望陛下能对此认真考虑考虑。"

这么一通鬼话唐德宗竟然相信了！接着杨炎便说出了自己的对策，那就是把崔宁留在长安不放，另外派别的禁军将领前往西川救援，如果取胜就换其他人担任西川节度使。就这样，西川节度使崔宁被留在了长安，其他节度使听说这个事后都惧怕不已，李正己等人原本就不敢入朝，现在一看朝廷还会扣押人，自然更不敢去了。

不久后杨炎又干了一件公报私仇的事，那就是他把中唐著名理财专家刘晏踢到了忠州（今重庆忠县）去担任刺史。说起来两人其实没多大的过节，也就是杨炎做吏部侍郎时，刘晏是吏部尚书，那时候两人之间就已经有嫌隙了。后来刘晏刚好是元载案子的总负责人，元载被杀，杨炎也因此被牵连贬官。元载可谓是杨炎的伯乐，他自然因此恨上了刘晏，所以刚做宰相便要收拾刘晏。至于理由也很简单，杨炎又把黎干等人策划谋反的事拉了出来，他告诉唐德宗："以前想害陛下的黎干、刘忠翼都已经死了，但我听说刘晏也是同谋，他现在却依然逍遥法外，我作为宰相不能为陛下清除奸佞，实在是罪该万死。"

刘晏具体有没有谋反不知道，杨炎到最后也没拿出什么实际证据，但唐德宗却选择了相信他的话。再加上刘晏长期以来执掌财政权柄，早已让很多人眼红，现在落井下石的机会就摆在眼前，这些人自然乐得添一把火，纷纷跳出来攻击刘晏。一代神童就此倒下，可怜，可叹！

自刘晏执掌财政大权以来，一举扭转了安史之乱以后中央财政入不敷出的景象，唐代宗能够屡屡出兵出钱，都得力于刘晏创下的收入。因此天下很多人都非常敬重刘晏，见他被人陷害，就连在长安混饭吃的朱泚和崔宁都忍不住站出来替他说话。杨炎对此却毫不理会，甚至干脆将言语过激的崔宁一脚踢到北面担任京畿观察使、灵州大都督、单于镇北大都护、朔方节度使和鄜坊丹延州都团练观察使。看着崔宁好像位高权重，但这一切都只是假象。杨炎又让灵盐节度都虞侯杜希全担任灵州、盐州留后，代州刺史张光晟担任单于都护和振武等城的留后以及绥、银、麟、胜四州留后，延州刺史李建徽担任鄜、延、坊三州留后。原本按照当时的规定，节镇有了节度使后就不再任命留后，杨炎这么做等于是直接把崔宁架空了，让他在北面边境做一个有名无实的统帅。不但如此，杨炎私底下还让杜希全等人暗中监视崔宁的一举一动。

之前不少在节镇混不下去的节度使，如李忠臣、侯希逸等人，入朝后朝廷往往还会给个虚衔将他们在长安供养起来，因此很多节度使都将入朝视为自己的后路，现在看崔宁入朝后连长安都待不了，还被赶到边境喝西北风，弄得节度使们对朝廷更是惧怕不已。

报完私仇后，杨炎又将恩人元载曾经提出的原州（今宁夏固原市）筑城计划拿了出来。原州筑城计划本就只是元载当年为了保住权势提出的一个边防方案，根本没有什么可行性，他自己还没等到这个方案执行就已经送了命，杨炎现在将这个方案拿出来实在是有些草率。按照杨炎的设想，此次不但要重筑原州城，还要征发长安、洛阳以及关中各地的民夫前往丰州，重新挖掘疏浚陵阳渠，以便到时候在原州屯田。

因为这一番计划实在太过宏伟，才即位不久的唐德宗也拿不定主意，便派人去询问原州地区的直属上级、泾原节度使段秀实对这个方案的意见。段秀实久在边塞，直接回复道："这个方案现在肯定是不可行的，边疆地区的防御空虚，人口又稀少，根本不适合搞这种大建设。而且一旦我们修城，很可能会让回纥人以为我们要进攻，从而先行派兵攻打我们，如此一来就得不偿失了。"

段秀实所说原本只是一番就事论事的公道话，落在杨炎耳朵里却成了故意找碴，于是他便想办法将段秀实弄到长安去担任一个司农卿的闲职，转而让邠宁节度使李怀光担任泾原节度使。这下子泾原士兵们都不干了，他们纷纷表示："我们为陛下在西面保卫国家已经十多年了，原本最开始我们都在邠州以务农为生，都已经在那里安家可以居住了，结果朝廷忽然让我们驻扎到泾州。我们不但听命来了泾州，还修好了城防，让城里渐渐繁荣起来，结果现在泾州的板凳都没坐热，又要让我们去塞外修城。我们到底是犯了什么罪，才让朝廷这样对待我们？"最终泾州士兵在刘文喜的带领下发动了兵变，虽然很快就被镇压了下去，但闹得其他各藩镇的节度使人人自危，生怕什么时候被杨炎摆一道，就连节镇的普通士兵都因为这个惶恐不安。最搞笑的是杨炎到头来也是白折腾了一场，经过刘文喜这么一闹腾，原州筑城计划便就此无疾而终了。

唐德宗这时候也跳出来凑了个热闹。李正己正好派人到长安办事，唐德宗便让人将刘文喜的人头拿出来给李正己的使者看。李正己虽然没怎么读过书，但也知道当年刘邦杀死彭越后，用彭越的肉酱吓唬英布等人的故事，这杀鸡儆猴的意图实在是太过明显了。从此以后，李正己便有了武力对抗朝廷的想法。

巧的是，李正己刚下定决心，旁边的魏博也让朝廷给得罪了。这时候魏博的奠基人田承嗣早已经作古，节度使是他的侄子田悦。田悦很小的时候父亲就去世了，母亲被迫改嫁给一个平卢士兵。在平卢军南迁时，田悦也跟着母亲一起流浪到了淄州、青州等地。一直到田悦十三岁时，因为田承嗣受封为魏博节度使后到处寻找亲人，他才回到了叔叔身边。因为从小在军中生活，田悦长大后勇猛好斗，以勇武称雄于魏博，更难得的是他还非常有脑子。与叔叔田承嗣一样，田悦表面上看着很忠厚，实际上内心非常阴险狡诈，他在军中重义轻财，所以魏博将士都非常拥戴他。田承嗣死时，因为儿子们都孱弱无能，他便决定让侄子担任节度使，而让儿子们辅佐侄子。那时候正好是唐代宗晚年，他很爽快地就让田悦接了叔叔的班。也正因为如此，田悦对朝廷也非常感激，所以表现得非常恭顺。而这一切到唐德宗即位后就变了。

说起来还是杨炎惹出来的。为了在全国推行两税法，杨炎便建议唐德宗向全国派出黜陟使，让他们与地方上的观察使、刺史一起统计当地百姓户数，估量各州的经济情况，然后靠这些数据定出各州的等级，以此作为两税法收税的依据。唐德宗向全国派出了十一路黜陟使巡视各州，以便进行数据统计分析。这原本也不是什么坏事，坏就坏在派出的人身上。前往河北担任黜陟使的是当时著名的文人——谏议大夫洪经纶，但派去河北就实在是大错特错了。

原本田悦对洪经纶的到来还是非常欢迎的，他在魏州大摆宴席为洪经纶接风洗尘，可没想到洪经纶很快就给田悦难堪了。在到达魏州后，洪经纶查阅户籍图册，发现魏博的军队竟然多达七万人，他想也没想就下了一道命令，让田悦先解散四万人回乡务农。这番动作实在是出人意料。洪经纶的想法固然是好的，但完全没有结合实际情况去考虑。魏博虽然名义上是朝廷的节度使，但实际上早已经自成一国，哪会真的按照朝廷的指令行事，更何况洪经纶要裁撤的竟然是节度使们视作命根子的军队。让人错愕的是田悦竟然接受了命令，马上就在魏博军队中挑选了四万人裁掉。洪经纶见田悦这么明事理，也就放心地回长安去了。

洪经纶没想到的是，他完全被田悦给骗了。等他一走，田悦立刻将之前遣散的四万士兵聚集起来，然后对他们说："你们在军中这么久了，一直靠军饷生活，又都已经有父母妻儿，现在洪黜陟使要将你们全部遣散，我实在没有办法，只是担心你们以后靠什么生活。"田悦一边说一边流下了泪。魏博自从田承嗣接手以后，早已经养成了青壮年从军的习惯，大家都是靠当兵吃饭，现在朝廷忽然间要让他们放下刀枪重新回家拿起锄头种田，他们哪受得了这个。一百多年前魏博地区的刘黑闼就因为被遣散回家务农不适应而选择了造反，现在这些魏博士兵虽然还不敢反，但心里早已愤怒到了极点，听了田悦的话后，很多人都开始为以后的生活发愁，不由得跟着田悦一起哭了起来。

田悦一看戏演足了，便假装一咬牙一跺脚，当场大声宣布："你们都为我魏博效力了这么多年，我实在不忍心看你们将来无以为生，我今天哪怕被朝廷责罚也要将你们重新收入军中。"说完后，他立刻让人重新给这些士兵分发武器、盔甲，让他们各自回营。从此以后，魏博众将士更加拥戴节度使田悦了，希望能够为他效死，而对于想破坏他们生活的朝廷则更加痛恨。

就在淄青和魏博都不满朝廷之时，杨炎又跳出来惹事了。准确来说也不算惹事，不过是痛打落水狗而已，这个落水狗就是刘晏。刘晏虽然已经被踢到忠州担任刺史，但杨炎依然不打算就此放过他。

杨炎有一个叫庾准的朋友，当时担任司农卿一职。杨炎深知庾准和刘晏有过节，便向唐德宗推荐让庾准担任荆南节度使，忠州便是荆南节度使辖区内的一个州。庾准对杨炎的用意自然是心领神会，他上任后不久便上书朝廷："刘晏因为被贬为忠州刺史而对朝廷颇有不满，他给朱泚写的信里都是一些非议朝廷的话。不但如此，刘晏在忠州还偷偷招募军队，打造武器盔甲，只怕是想谋反。"杨炎看庾准这么上道也是大喜过望，立刻亲自下场向唐德宗证明刘晏要造反。唐德宗听后信以为真，便偷偷派了一个太监到忠州去把刘晏缢死。因为怕影响不好，刘晏死了十多天后，唐德宗才下达赐死刘晏的诏书，并宣布他的罪状，然后将他的妻儿流放岭南。

刘晏执掌财政大权以来，对国家的贡献世人都看在眼里，更为难得的是，刘晏还非常廉洁，过手的钱财多如牛毛，他却不贪一分一毫，因此很让人佩服。刘晏去世的消息传出后，天下人无不觉得他冤枉。淄青节度使李正己更是充当了一回路见不平的好汉，他向朝廷上书："刘晏为国家做了那么多贡献，现在在还没有找出他谋反证据的情况下，光凭杨炎、庾准两人的话就将之诛杀，实在是太过分了，而且还是诛杀之后才下诏，纵是这天下人都觉得惊骇惋惜。再说刘晏既然已经死了，至少应当赦免他的妻儿，不应该因为一些莫须有的罪名而被流放到岭南。"唐德宗对此却是毫不理会。

原本刘文喜被杀以后，李正己和田悦就非常不安了，现在刘晏被朝廷冤杀更是让他们惊骇不已，他们在往来的书信中写道："刘晏对朝廷有功都是这个下场，我们对朝廷而言只怕罪名更多，再不想办法恐怕要不得善终了。"于是两人便有了结盟的想法。他们也知道光靠两个人力量还是小了点，于是又拉了两个人入伙，这两个人便是成德节度使李宝臣和山南东道节度使梁崇义。

李宝臣和梁崇义两人对朝廷也是非常惧怕，所以想结盟自保，不过两人惧怕朝廷的原因各不相同。梁崇义主要是因为老上级来瑱的死。来瑱外号来嚼铁，曾经先后在为朝廷平定永王李璘之乱和安史之乱时立下过大功，但因为被手下人诬陷而一直遭唐肃宗猜忌。唐代宗即位后，来瑱主动入朝，结果被程元振等人诬陷而死。因为这个，梁崇义担任节度使后便对朝廷惧怕不已，生怕皇帝下一个要收拾的就是自己。

相比梁崇义，李宝臣惧怕朝廷的原因就多少有点无厘头了。之前提到过，李宝臣原名叫张忠志，后来被安禄山收为养子便改名安忠志，归降朝廷后才被唐代宗赐名为李宝臣。大历十三年（778年），李宝臣不知道出于什么心态，忽然不想姓李了，他上奏唐代宗请求让自己换回本来的张姓。自古以来大臣无不以被赐姓为荣，像李宝臣这样不要赐姓要本姓的也算得上是第一人了，唐代宗虽然很惊讶，但还是答应了他的请求。到了第二年，张宝臣终于发觉自己放弃的是皇帝的赐姓，惶恐会得罪朝廷，于是再次上书请求唐代宗赐他姓李。这一次老好人唐代宗依然没有说什么，很快就赐他姓李，张宝臣又变回了李宝臣。来回折腾一番之后，朝廷也没表现出什么，但李宝臣自己却觉得不安，加上他年龄越来越大，想得也越来越多，生怕朝廷什么时候就会因为这个事报复自己。所以在田承嗣死时，他不顾和魏博的旧怨，主动再三上奏，请求唐代宗让田悦继承节度使的位置。正是因为李宝臣的帮助，田悦才顺利上位，他心中对李宝臣也充满了感激，这一次结盟自保，他也第一时间拉上了李宝臣。

因为对朝廷的恐惧心理，李正己、田悦、李宝臣和梁崇义四人很快就达成了协议，约定以后如果朝廷想"削藩"，他们之间一定要互帮互助，将自己的地盘交给子孙流传下去。这一切自然是一心想恢复盛唐荣光的唐德宗不愿意看到的，随着双方的矛盾越来越大，河朔藩镇这颗"定时炸弹"终于要被引爆了。

削藩之战

河北烽烟——继承权引发的血案

建中二年（781年），昔日从安史叛军归降朝廷的河朔四巨头中，李怀仙、薛嵩早已经驾鹤西归；田承嗣活得久一点，但也在两年前归天了；最后剩下的李宝臣终于也走到了生命的尽头。

李宝臣之所以会死，说到底还是自己作的。随着地位越来越高，他心里竟然开始有了一些新目标，不但想割据一方，还想推翻唐朝自己上位。然而光靠成德的实力，造反无疑是自掘坟墓，李宝臣苦思之后还是感觉没有什么希望。就在这时，成德有一个巫师察觉到了李宝臣心里的想法，便找上门送了李宝臣一句谶语，暗示李宝臣有天命。

早在当年讨伐田承嗣时，李宝臣就被田承嗣伪造的假谶语欺骗过，但他实在是记吃不记打，这一次竟然又上了当。李宝臣认为这个巫师是上天派来助自己成就大事的，还将其引为上宾。这个巫师看李宝臣这么容易欺骗，索性忽悠到底。他让李宝臣准备了一间用来斋戒的净室，然后在里面设置祭坛，并将银盘、金匣、玉罂放置在上面，然后告诉李宝臣："待我施展法术把天神召唤过来，这里面便会产生甘露神酒。"随后这个巫师又刻了一个玉印，然后告诉李宝臣的部下们："这是上天降下的祥瑞，要不是有我在，谁都祈求不到。有了这个天降玉印，天下将不战而定。"众人自然不相信这番鬼话，但架不住李宝臣就吃这一套，所以都不敢多说什么。李宝臣以为自己真的可以平定天下了，立刻赏了巫师一大堆金银财宝。

随着时间的推移，平定天下依然遥遥无期，巫师开始害怕了，他心知这套鬼话早晚会被人揭穿，到那时肯定是不得好死，而现在就算想退逃也已经来不及了，李宝臣肯定不会这么轻易放过自己。巫师左思右想，终于想出了个狠招——先下手为强，干掉李宝臣！

要杀李宝臣也很简单，巫师拿出之前玉罂中所谓的"甘露神酒"，在里面放入剧毒，然后告诉李宝臣："我之前祈求来的甘露神酒已经好了，您只要喝了这个东西，就可以上天与天神相会。"李宝臣不疑有他，很高兴地喝了下去。这一喝就真的完了，当天他便不能说话了。李宝臣心知自己这次恐怕是活不了了，而眼下他最不放心的就是儿子李惟岳，怕自己死后儿子收服不了成德诸将，于是决定在死前最后替儿子铺一波路。

为什么李宝臣会有这样的担心呢？这还得从成德的与众不同之处说起。

昭觉寺之战后，史朝义被唐军一路追击，不少河南地区的叛军也纷纷北逃，这些人在唐军的追赶下无处可逃，最终便投入了李宝臣麾下，其中最著名的便是张孝忠。以张孝忠为首的安史旧将们，在伪燕政权时，地位和李宝臣差不多，甚至有些人的地位还在李宝臣之上，之所以投入李宝臣麾下，完全是因为无路可去。以莫州为中心的幽州南面是唐军与燕军的主战场，在史朝义已经日薄西山的情况下，加入燕军实在是不够明智，剩下的自然只有西面的成德了。再加上李宝臣本就是安禄山的义子，与张孝忠等人都是熟人，入伙也比较方便，更何况此时李宝臣早已经归降了唐朝，跟李宝臣混怎么也比跟史朝义一起等死强。出于这些原因，安史旧将才纷纷投入成德的怀抱。也正是因为有了这些将领，成德才能称雄河朔，甚至连田承嗣这等猛人都不愿意正面招惹。

然而李宝臣将死之时，如何安置这些安史旧将便成了一个大问题。李宝臣还在的时候当然能镇住他们，但懦弱无能的李惟岳哪能指挥得动这些人。更何况，当年史思明手下的很多大将在安禄山时期地位就和史思明差不多，后来投降史思明后也只有史思明自己可以压服这些人。史朝义上位后，便再也指挥不动这些宿将了，这也是唐军东征后，燕军四分五裂的原因之一。李宝臣便是其中的一员，对此当然非常熟悉，所以决定在死前除掉这些旧将。

在李宝臣的策划下，他以议事为由，将成德大将辛忠义、卢俶、许崇俊、定州刺史张南容、赵州刺史张彭老、深州刺史李献诚等人传召过来杀掉，先后总共有二十多个人被杀，最多的时候甚至一天之内就杀了十多个人，最后只剩下张孝忠一个人。

张孝忠此时正担任易州刺史，率领大军防备北面的幽州，众多宿将被杀的事情他有所耳闻，也知道李宝臣想干什么。李宝臣屡屡派人前来召他前往恒州议事，但他都一一回绝了，坚决不肯离开易州一步。李宝臣无奈之下只得把张孝忠的弟弟张孝节叫过来，让他去易州叫张孝忠回来。没想到张孝忠依然拒绝了，他让张孝节转告李宝臣："现在成德各位将领到底犯了什么罪？我这两天接连不断地听到他们被杀的消息，你却一直没有公布过罪名。我这人比较怕死，现在既不敢去见你，也不敢反叛，这就跟你不敢去长安是一个道理。"张孝节听完哭了出来："哥哥你说这样的话，李宝臣肯定不会放过我，现在我没有完成任务，回去后一定会被杀死的。"张孝忠却是胸有成竹，笑着对弟弟说："你放心，如果我和你一起回去，那我们俩才都会被杀。只要我还在这儿，他就不敢动你分毫。"跟张孝忠预料的一样，李宝臣没敢动张孝节，随着他病情越来越严重，已经无力再制裁张孝忠了，这事只得不了了之。三天之后，李宝臣终于撑不住了，就此一命呜呼。

李宝臣死后，李惟岳和身边亲信商议如何才能让朝廷同意自己继承父亲节度使的位置。他们都认为朝廷不会轻易答应，于是孔目官胡震和家仆王他奴两人建议李惟岳暂时秘不发丧，先以李宝臣的名义向朝廷上书，请求让李惟岳接替自己节度使的位置。如果是唐代宗在位时，这一招也许就过关了，可惜现在当朝的是强硬的唐德宗，李惟岳等人注定要碰一鼻子灰。

唐德宗即位后一直想对河朔各镇开刀，怎么可能允许成德玩这种父死子继的把戏。所以在接到所谓的李宝臣的奏疏之后，他毫不犹豫就拒绝了这一请求。唐德宗虽然拒绝了李宝臣的请求，但对他忽然上书请求让儿子接任节度使位置这件事依然心有疑虑。结果一打听才发现，原来李宝臣早已病重，而且前不久还对成德进行了一次"大清洗"。唐德宗敏锐地感觉到这件事情不平常，于是派给事中班宏以问候李宝臣的病情为名前去成德，实则是想探听成德的真实情况。

这下纸包不住火了，李惟岳看到班宏到来之后，知道事情再也瞒不下去了，便想用钱收买班宏替自己圆谎。哪知班宏不但不接受，反而在得知真相后立刻返回长安向唐德宗报信。李惟岳无奈之下只得公布父亲已死的消息并自立为留后，然后以自己和成德众将的名义向朝廷上书，希望天子能够赐给旌节。唐德宗已经知道了真相，如果李宝臣还在世的话他或许会顾忌几分，区区一个李惟岳他自然不会放在眼里，于是再次拒绝了李惟岳的请求。

眼看唐德宗不肯给李惟岳转正，他的盟友田悦也坐不住了。要知道田悦自己的节度使就是靠李宝臣再三向朝廷上书才换来的，现在自然要投桃报李。为了增强威慑力，田悦还拉上盟友李正己一起向朝廷上书，请求唐德宗赐给李惟岳旌节。唐德宗依然拒绝了，他这次是铁了心要给河朔的这些人一点儿颜色看看，当然不可能同意让李惟岳做节度使。

就这样，田悦的上书全部打了水漂。朝中有人站出来为李惟岳说话了："李惟岳已经占据了成德的地盘，现在只是要一个名分而已。我觉得陛下不如顺水推舟给他旌节，这对朝廷来说也没什么损失，如果不给的话，只怕他会造反。"

唐德宗听后冷笑一声："他们的土地本来就是我朝的，给不给旌节都是我说了算，如果不是靠着我的土地和我给他们的职位名号，他们凭什么能够聚集起军队？这帮贼子有什么资格造反？我父亲在世时，顺着这帮节度使做的事情可不少，但结果怎么样？他们该叛乱的还是会叛乱，而且还越来越多，这就说明给不给任命和他们造不造反根本就没有关系。给了任命不但不能遏制他们叛乱，反而还会助长他们的嚣张气焰，让他们更加为所欲为。如果李惟岳一定要造反，那给不给他旌节都是一样的。"

既然朝廷不肯任命，那就只能兵谏了。田悦和李正己很快就派出使者前往恒州与李惟岳商量，准备以武力与唐德宗对抗到底。消息传出以后，很多人骇然失色，纷纷站出来表示反对。田承嗣的堂弟、魏博节度副使田庭玠知道侄子要起兵后，立刻跑到节度使府上劝说："你对朝廷没有过半分功劳，能够坐拥魏博不过是靠着你伯父留下的基业，这种情况下你就应该谨慎地侍奉朝廷，这样魏博才能够长期留存下去，你也能坐享富贵安度一生，这不是很好吗？为什么你要和成德、淄青一起造反呢？你年少时也经历过安禄山等人造反，他们比你们三镇强很多，结果又如何？还不是不得好死！等到大战一起，叛乱的人只怕连自己的家族都保全不了，更别说什么富贵了。你如果一定要造反的话，那就请你先把我杀了，我不想将来亲眼看到田氏一族被诛杀。"

田悦当然不会听田庭玠的话，但也不可能按田庭玠所说的那样杀了他，只好充耳不闻，就当自己没听见。这下把田庭玠气得不行，他回家后就对外称病，再也不出家门一步。田悦一看叔叔这次真的生气了，立刻亲自到田庭玠府上去道歉。没想到田庭玠竟然把大门一关，不放田悦进去，田悦一怒之下干脆也不管田庭玠了，自顾自地去商量怎么造反。不久后，田庭玠就因为忧郁苦闷病死在家中。

不光是魏博有人反对，作为朝廷头号目标的成德反对的声音更大。李宝臣生前非常信任的节度使判官邵真在得到三镇将反的消息后，立刻跑到李惟岳跟前哭求道："您父亲深受国家大恩才能够担任成德节度使，为朝廷镇守一方，现在他刚刚去世，您服丧期还未满，却已经准备背叛朝廷了，这样的做法怎么对得起您父亲？依我之见，不如将李正己派来的使者抓起来，然后送去长安，并请求亲自带兵讨伐李正己，到那时朝廷看到了您的忠心，自然会任命您为节度使，又何必非要反叛呢？"

李惟岳一时间竟然被邵真的泪水感动了。他本就懦弱无能，没有什么主见，想造反不过是因为没有得到朝廷赐给的节度使旌节而已，现在听说不造反也能得到节度使旌节，那还反什么。李惟岳赶紧让邵真去起草奏疏，准备就此倒向朝廷。

没想到邵真这一去就出事了。他刚走，长史毕华就跳了出来，他对李惟岳说道："您千万不要被邵真给骗了，万不可仓促做出决定。您先想想，您父亲活着的时候，与淄青、魏博两镇节度使交好了二十多年，现在怎么能为了一个节度使的位置就背弃他们而倒向朝廷呢？更何况他们本就是想为我们出头才起兵的，现在我们却反过来投降朝廷，这岂不是让天下人笑话吗？更何况就算您现在把两镇的使者抓起来送去长安，也未必能得到朝廷的信任，到那时既没有朝廷的支持又没有了盟友，如果李正己和田悦率军前来报复，我们又该怎么办呢？"这番话让李惟岳听傻了，没有主见的他这下又觉得毕华说得有道理，于是再度倒向了毕华，邵真的建议就这么不了了之了。

之后，李惟岳不断和胡震、王他奴商量计划，每天不断犒赏士兵，希望他们能跟随自己造反。随着成德的风声越来越紧，终于有一个人坐不住了，这个人就是李惟岳的舅舅谷从政。

谷从政是昔年安史军中大将谷崇义的儿子，曾经担任过定州刺史，他有胆有谋，又非常喜欢读书，就连成德大将王武俊等人也对他非常敬畏。李宝臣晚年时，这样的人物自然是他的重点猜忌对象。谷从政也知道李宝臣猜忌自己，于是干脆辞去了定州刺史的职务，称病在家闭门不出。李惟岳跟父亲一样，对这个舅舅非常忌惮，遇事也从来不会和他商量。

谷从政本也不愿意理会成德的事务，但眼看现在已经到了生死存亡的关头，于是他站了出来，主动找到李惟岳，劝道："现在国家已经很久没有战乱了，我听长安来的人说当今天子英明神武，论果决，不在太宗皇帝之下，这样的人岂是容易对付的？他现在一心想造就堪比贞观、开元的太平盛世，自然不愿意河北藩镇割据一方。你第一个往外跳，陛下肯定会派大军前来讨伐你。成德的将士们虽然接受了你的奖赏，声称要替你卖命，但到时战局不利，他们谁还会理你？只怕会争相倒戈朝廷，一些趁火打劫的将领甚至会趁着你兵败带人抓住你，然后去向朝廷邀功请赏！你父亲去世前杀了那么多将领，他们肯定有不少想报仇的亲戚和朋友，你要怎么防备这些人？更何况当年瓦桥一战，你父亲与幽州的朱滔结了仇，现在只要朝廷的诏命一下达，他肯定第一个率兵前来讨伐你，你能抵挡得住吗？田承嗣先后跟随安禄山、安庆绪、史思明、史朝义造反，以勇猛善战闻名于天下，一生打过无数次仗，他起兵造反时也觉得自己天下无敌，结果如何？在卢子期被擒、吴希光投降朝廷后，田承嗣后悔不已，然后向朝廷请罪，时刻担心自己能不能保住性命。你父亲仁慈，派人前往长安为他求情，加上先帝为人宽厚，他才保住性命。如果不是这样，田氏一族现在还有人活下来吗？你生活在富贵之家，年龄又还小，没有经历过战乱，所以不知道反叛的危险，假如你听信身边人的鬼话，步了田承嗣的后尘，只怕全族没有一个人能活下来！依我之见，你不如现在就辞去职务，让李惟诚代替你执掌军队，然后亲自前往长安，表示愿意在陛下身边担任宿卫，同时向陛下声明李惟诚只是暂时代理节度使职务，至于谁真正担任节度使，还要听从朝廷的安排。这样一来，陛下必然会认为你忠心可嘉。就算做不了高官，你也能衣食无忧，否则会大祸临头！我知道你一直以来都猜忌我，不愿听我的话，但我念在我俩甥舅一场，现在事情又这么危急，有些话不得不说罢了。"

李惟岳也知道谷从政说的是事实，但他偏偏听不进去，反而越来越讨厌谷从政了。谷从政见劝谏无效，只得再次称病，回到家中不再出来。就算是这样，李惟岳依然非常猜忌谷从政，他派自己的亲信王他奴去暗中观察谷从政每天的活动。谷从政知道李惟岳的心思后，感觉活下去也没什么意思，于是喝毒药自杀了。临死前，他叹息道："我不怕死，只是想到张氏一族将要灭亡，觉得悲哀罢了。"就这样，李惟岳错过了他最后一次机会。同时，因为谷从政让李惟诚代替自己掌管军队，李惟岳对李惟诚渐生猜忌。

李惟诚是李惟岳同父异母的哥哥，为人谦和敦厚，又非常喜欢读书，很得人心。李惟岳一直以来都非常忌惮这个哥哥，但又不敢杀他，因为李惟诚的妹妹是李正己的儿媳妇。思来想去，李惟岳干脆眼不见为净，把李惟诚踢到了李正己那里，李正己就让李惟诚恢复自己家原本的张姓，然后留他在淄青做官。李惟岳将身边的亲族一个个逼死或赶走后，给自己挖的坑也越来越深了。

就在这时，又发生了一件事情，让唐朝与李正己等人的矛盾彻底激化。这件事说起来其实只是一件小事，就是唐德宗觉得汴州城比较狭小，于是下令让永平军节度使李勉将城池扩建，重新修筑汴州城。结果消息传出后，外面就有了流言："皇帝之所以要重新修建汴州城，那是因为他想向东面开拓疆土。"

李正己等人本来一直就害怕朝廷在东面修城增兵防备自己，所以时刻留意着朝廷的一举一动，现在唐德宗忽然要修汴州城，肯定是有所行动。汴州的东面还能有谁？自然就是淄青节度使李正己了。李正己听到这个传言后，本着宁可信其有不可信其无的想法，立刻派出了一万大军前往西面的曹州驻扎，以防备朝廷的突然袭击。田悦看李正己已经动了，也立刻修葺魏州城墙，然后联络李惟岳、梁崇义两人准备一起反叛。

李正己等人的动向很快就传到了唐德宗耳朵里，他怕李正己等人突然发起攻势，于是将永平军中的宋、亳、颍三州拉出来重新设置了一个宣武军节度使，让宋州刺史刘洽担任，又将东都留守路嗣恭任命为怀、郑、汝、陕四州及河阳三城节度使。为了让河南各路人马能够更好地协同作战，短短十天之后，唐德宗便下令让刘洽和路嗣恭两人都听从永平节度使李勉的命令；同时又把此前划出去的郑州再次划给了李勉，并让他选派曾经担任过将官的人担任各州节度使，以防备东面的李正己等人。

这一年五月，已经准备妥当的田悦、李正己、李惟岳三人决定抢先出手，先打朝廷一个措手不及。这次担任先锋的依然是魏博节度使田悦，他要攻打的目标就是相邻的邢州（今河北邢台市）和磁州。至于为什么首先要攻打这两个州，这还得从薛嵩之死说起。

薛嵩死后，田承嗣趁着继任的薛崿无能便趁火打劫，抢了昭义军不少地盘，结果惹来了唐代宗的讨伐。那次讨伐自然是无疾而终，田承嗣依然夺去了相州、卫州、洺州等地，而剩下的邢州、磁州则落入了朝廷手中。正好赶上当时的昭义军节度使李承昭称病请辞，唐代宗便让泽潞节度使李抱真兼任昭义军节度使，顺便将两镇整合为新的昭义军。从此以后邢州和磁州便成了朝廷安插在太行山以东的两根钉子，深深扎入了河北腹心，河朔诸镇自然将它们当成眼中钉、肉中刺，无时无刻不想拔掉它们，其中又以与这两州相邻的魏博最为热切。

无论是以前的田承嗣还是现在的田悦，都一直想吞并这两个州，只是苦于没有合适的机会，现在既然机会来了，自然不会客气。刚开始田悦就告诉李正己和李惟岳："我知道现在形势紧迫，但如果你们看过下棋就应该知道，邢州和磁州就像围棋里面的两个眼，现在都在我的中腹，我不能不先行攻取。"于是只派了魏博兵马使孟希祐带着五千步骑兵北上增援李惟岳，而魏博的主力大军则全部用来攻取邢州、磁州。

为了能够尽快破城，田悦首先便让大将杨朝光带着五千人马在邯郸西北面的卢家砦设置营垒，将昭义军分成了两部分。这样做既可以断绝东面昭义军的粮道，又可以阻止西面的昭义军前来增援。随后田悦又派兵马使康愔，以较大的邢州为目标，带着八千人马前往攻取。至于田悦自己，则有一个更重要的目标，那就是临洺县（故址在今河北永年区一带）。

如果说邢州、磁州对河朔诸镇来说是眼中钉的话，那临洺县就是直接插在魏博心头的匕首了。临洺县扼守洺水南面，地理位置十分重要。它本属于洺州，但魏博占据洺州后，临洺县竟然让朝廷抢走了，这简直等于是朝廷安插在魏博眼皮底下的一颗地雷，所以田悦迫不及待地要先清除它。与此同时，临洺县恰好也是朝廷在太行山以东的三块地盘中最小的一块，田悦用几万主力进攻，就是想以泰山压顶之势先把最弱的临洺拿下，解除家门口的威胁，然后再出兵增援其他各方。

遗憾的是，田悦失算了。他想造反也不是一天两天了，河北的唐军自然早有准备，临洺守将张伾早就修缮好城防等着他了。在张伾的坚守下，田悦的几万人马打了许多天都没能攻下临洺。康愔一路的进展也不太顺利，魏博的进攻在刺史李共的坚守下屡屡被破，邢州迟迟没能拿下。田悦见进展不利急在心头，但他实在想不出别的办法，只好找魏博老将、时任贝州刺史的邢曹俊询问计策。

邢曹俊本是田承嗣的部将，久历军事而又深通谋略，更难得的是他对兵法也颇有研究，并不像河朔大多数将领一样只是一介莽夫。然而这样的一个人却没能得到田悦的重用，只不过是因为他和田悦宠信的扈崿有过节，便被踢到了贝州担任刺史。现在田悦进攻迟迟没有进展，他便又想到找邢曹俊出谋划策。

邢曹俊毫不计较自己此前受到的冷遇，他立刻赶到临洺向田悦建议道："您之所以失败，是因为制定的战略就错了。自古兵法有云，兵力是敌人的十倍，才可以围困他们；兵力是敌人的五倍，才可以进攻他们。现在我们的兵力远远没有达到这个数，本就不应该长期围攻坚城。更何况我们本就是在与朝廷作对，不能与兵法上讲的顺逆之道相提并论。现在我军受阻于坚城之下，一旦粮食吃完，士兵们肯定会全部逃跑，到那时城中守军若再出击，我们就完了。依我之见，不如安排一万士兵在崞口，以阻挡西面的唐军前来增援，然后您再联合李惟岳等人一起逐步消灭河北部分的势力，到那时河北二十四州就都是您的了。现在强攻临洺，只怕危险马上就要来了，这肯定是不可行的，还请您早做决断。"

邢曹俊提的本来是一个好计策，如果施行的话，就算最后没成功，也会大大拖延朝廷平叛的时间。只可惜关键时刻扈崿跳出来坏了事，他拉上康愔等人一同反对邢曹俊的计划。田悦本着少数服从多数的原则，还是听信了扈崿等人，只让邢曹俊回贝州继续担任刺史。

在田悦等人开始行动以后，早就想收拾他们的唐德宗也没有闲着，他已经做好了开战的准备。很快，唐德宗即位后最大的削藩之战就爆发了。

棋差一着——唐军两败田悦

建中二年，在魏博节度使田悦抢先进攻邢州的情况下，隐忍已久的唐朝终于与河朔诸镇拉开了大战的序幕。面对李惟岳、田悦、李正己和梁崇义的四人组合，唐德宗早有准备，他将平叛的人马也分成了四个部分。就在唐德宗下诏讨伐李惟岳等人后，幽州节度使朱滔和淮西节度使李希烈立刻跳出来表示要为朝廷分忧解难，唐德宗便顺势将李惟岳和梁崇义两人交给他们对付。

对于最强大的李正己，唐德宗派出了他在河南部署已久的军队，让永平军节度使李勉率领宣武军节度使刘洽、河阳三城节度使路嗣恭前去讨伐。而对于抢先发起进攻的田悦，唐德宗则派出了最为强大的阵容，总共四路人马，分别是河东节度使马燧、昭义军节度使李抱真、河阳节度副使李芃以及神策军先锋都知兵马使李晟，这可谓是唐德宗手下的精英阵容了，其中马燧和李晟两人还在吐蕃宰相尚结赞眼中"唐朝最让吐蕃忌惮的三大名将"之列（另一人为浑瑊）。

马燧，字洵美，汝州郏城人（治今河南郏县），他的父亲曾做过幽州经略副使。在年少与兄弟们一起读书时，马燧便为自己的未来立下了志向，他发出了类似于班超"投笔从戎"一样的感叹："我看天下将有大事发生，大丈夫正应该抓住时机建立功业，怎能再继续做一介儒生呢？"从此以后他便专攻兵书，成了一个智勇双全之人。

安史之乱爆发后，河北各郡掀起了声势浩大的抵抗运动。常山郡守颜杲卿起兵后，了解到留守范阳的节度副使贾循心向朝廷，不愿意跟随安禄山叛乱，便招募勇士前往范阳游说贾循，马燧得知消息后断然应募。范阳是安禄山的老巢所在，潜入范阳游说无疑是一个非常危险的任务，但马燧毫不犹豫就上路了。最终贾循在马燧的游说下决定倒向朝廷，突袭诛杀向润客、牛廷玠两人为朝廷立功。

遗憾的是，贾循因为犹豫不决，被听到风声的安禄山抢先派人杀掉，马燧因为走避及时才勉强逃过一劫。后来河阳三城发生兵乱，三城镇遏使常休明被部下赶走，唐代宗便派马燧担任三城镇遏使抚慰诸军。在镇遏使任上，马燧与李忠臣等人一起平定了李灵曜之乱，因功转任河东节度使。

当时河东一镇兵力弱小，但马燧上任后编练士兵，修缮装甲，河东很快便拥有了一支精兵。之所以抓紧练兵，是因为马燧已经察觉到田悦可能会谋反。早在田悦接任魏博节度使时，马燧就向唐代宗上奏说田悦这个人未来很可能会造反，让朝廷早点做好准备，所以这次唐德宗便选中马燧担任东征田悦的主帅。

与马燧比起来，李晟的资历更老。他家世代都是陇右将领，所以他从小就非常擅长骑射。十八岁时，李晟便跟着父祖的脚步参军入伍，深受当时河西节度使王忠嗣的赏识。在王忠嗣进攻吐蕃时，有一个吐蕃猛将据城防守，在城头一连射死不少唐军。王忠嗣愤怒之下便下令在军中招募善射的人去解决那个吐蕃将领，李晟立刻应募出征。结果李晟只射了一箭，就将那位吐蕃将领射死了，王忠嗣连连称赞他是万人敌。

王忠嗣走后，继任的节度使们也都非常赏识李晟，对他屡屡提拔。李晟也没有让人失望，他在军中屡建奇功，很快就成了大唐西线战场中一颗冉冉升起的明星。到唐代宗即位时，他已经官至左金吾卫大将军、泾原四镇北庭都知兵马使，也正是在这时，他遇到了与他不和的上司马璘。

其实最开始李晟还救过马璘。盐仓一战中正是靠李晟，马璘才能够逃出生天。没想到马璘在这之后竟然开始忌惮李晟的威名，时刻想把他踢走。为了赶走李晟，马璘索性上奏朝廷，推举他入朝担任右神策军都将。

马璘没想到的是，李晟竟然又遇到了立功的机会。当时正好赶上吐蕃入侵剑南等地，唐德宗却在宰相杨炎的建议下将西川节度使崔宁扣留在长安，转而让别的将领率军前去退敌，这一次被选中的将领就是李晟。在李晟的率领下，神策军在大渡河一战大破吐蕃主力，名动天下。唐德宗肯让他率领神策军参战，足见对此战的重视。

另一位昭义节度使李抱真也不是无名之辈，他是唐朝开国功臣安兴贵的后人，因祖上被赐"李"姓从而姓李，他的堂兄是曾经参与平定安史之乱的名将李抱玉。李抱真年轻时曾因为仆固怀恩叛乱被困汾州，最后历经千难万险才逃回长安。要知道，当时仆固怀恩和李抱玉之间有很深的矛盾，之所以造反跟李抱玉也有很大关系，李抱真竟然能从他手下成功逃脱，足见其过程的艰险。后来李抱真献策帮助唐代宗平定了仆固怀恩之乱，被调到泽潞担任节度使留后；李承昭去职前，又推荐他兼任昭义军节度使。正是在李抱真的治理下，昭义军的步兵雄视天下，被人称为"天下步兵"之首。

就连四人之中名气比较小的河阳节度副使李芃，能力也不容小觑。他是永平军节度使李勉的得力助手，曾协助李勉平定过李灵曜叛乱。作为此次河南诸军唯一一路北上的军队，其战斗力可想而知。

就在各路唐军紧急调动时，临洺城的情况已经越来越危急了。自从田悦出兵攻打以来，已经过去了几个月，城里的粮食快吃光了，仓库内储备的军需物资也早已用尽。然而就算是在这种情况下，守卫临洺的唐军将士们依然没有放弃。最令人尴尬的是，城里竟然连犒赏士兵们的财物都拿不出来了。

无奈之下张伾只好将自己心爱的女儿精心打扮了一番，然后带着她出来拜见守城的唐军将士，对他们说道："你们长期以来坚守城池都非常辛苦，但现在城里的府库已经空了，我家里也没有什么东西可以奖赏你们，我希望能把女儿卖掉，然后用卖得的钱作为你们一天的酒菜费用。"

此言一出，城内的唐军将士无不感动，他们纷纷表示："我们心甘情愿为您用尽全力守城，不敢奢求得到您什么赏赐，请您赶快收回成命！"随后张伾带领守军出击，打得田悦措手不及，魏博军队死伤惨重。但田悦毕竟人多势众，他很快就重整旗鼓，再次攻打临洺。

这一次张伾再也找不到机会了，眼看临洺越来越危险，城外却始终没有一支人马前来救援，他心中非常绝望。已是穷途末路了，张伾想了个主意。他让人用纸制作了一只非常大的风筝，然后从城头放了出去，一直飞到了百丈高空。魏博军队看到了这只大风筝，知道这可能是用来送信的，纷纷拿出弓箭想将风筝射下来，但这风筝飞得实在是太高了，没有一支箭可以射到。风筝竟然就这样一路飘过了太行山，正好落在马燧军中。马燧捡到风筝后，只见上面写着："若三天之内还等不来你们的救援，临洺定会被攻破，我等只有以死向朝廷尽忠了。"

马燧接到消息后，深知临洺形势危急，赶紧与李抱真、李晟等人一起从壶关东下，越过太行山向河北进发。大军虽然出发了，但马燧心中依然十分忐忑。此次东进必然要经过嶂口（今河北邯郸市西），此处地势险要，只有两山之间一条狭窄的通道可以行进，如果魏博军队在这里布置防守，再多唐军也休想过去。为了麻痹田悦，马燧派人带了一封信给田悦，信上写道："我此行只是被朝廷差遣，才不得不率军东进，我自己并不敢与你交战。魏博军队称雄于天下，河东兵弱，又怎么会是你们的对手呢？朝廷摆明了是要我来送死！我觉得与其白白送死，还不如与你一起联手对付朝廷，只希望你成就大事之后能为我留个一官半职。"这一通忽悠的话完全砸晕了田悦，他已经忘了当年救援李灵曜时在马燧等人手下吃过的亏，以为马燧怕了自己，还将信交给左右传阅，以示自己的威名。从此以后，田悦便对东进的马燧等人不再多做防备了。

实际上马燧的担心是多余的，虽然邢曹俊的确提出过要派重兵防守嶂口，以防唐军东出，但无奈田悦压根儿就没有听从。等马燧一行人到达嶂口时才发现，这种险隘竟然连一个防守的士兵都没有。就这样，马燧和李抱真率领八万大军迅速越过太行山，直抵邯郸附近。

比较搞笑的是，到了这时田悦还没有反应过来马燧此前是耍自己的，还以为马燧真的要来投降，于是赶快派使者前去迎接马燧。送上门的人头，马燧自然是大方接受，他立刻下令将使者砍了祭旗。使者被杀的消息很快就传到了田悦的耳朵里，他还以为是有什么误会，又接连派了好几个使者去见马燧，结果自然都是有去无回。很快马燧就把邯郸附近的魏博军队打得丢盔弃甲，魏博大将成炫之也被当场射杀。

这下田悦总算是反应过来了，原来之前马燧是在忽悠自己！他气愤之下立刻让大将杨朝光率领本部人马及其他败退下来的军队，总共一万多人，占据双冈以抵挡马燧等人。所谓双冈，顾名思义就是两个对立的小山头。杨朝光到达时唐军还没有赶到，他便抢先在东西两个山头上各修筑了一座营垒，然后再在两山之间设置栅栏，以防备唐军进攻。

杨朝光自以为这样就安稳了，但现实却超出了他的预料范围。就在他忙着搞工程建设时，唐军早已得到了消息。当天夜里，马燧率领李抱真、李晟等人突入两山营垒中间最薄弱的栅栏部分，然后在魏博军两个营垒之间驻扎下来。联系被切断后，西面营垒有杨朝光坐镇还好，东面营地本就是一群败退下来的乌合之众，人数少又士气低落，还没有一个统一的主帅，他们一看唐军来了，立刻被吓得连夜跑到田悦军中，将东面的营垒连同粮草辎重送给了唐军，只可怜杨朝光白忙活一场。

田悦看到逃回来的败兵时，并没有很惊慌，他认为："杨朝光在双冈建了坚固的营垒，手下兵马差不多有一万人，就算马燧再能打，也不是几天就能搞定的，而且强攻的话，马燧的损失必定很大。几天后我肯定已经攻下了临洺，再犒赏士卒前去攻打马燧，肯定能大获全胜。"他此时的第一目标依然是临洺县，眼看临洺已经坚持不了多久了，就这么放弃实在是心有不甘。于是田悦选择了率领主力军继续攻打临洺，只是把从李惟岳那讨来的五千成德军队派去增援杨朝光。

马燧自然也知道双冈肯定不容易打，但时间紧急，临洺已经快坚持不住了，唐军实在是不能再拖下去，于是他第二天就发起了进攻。在发起进攻之前，马燧也预料到田悦很可能会派兵前来增援，于是特意让大将李自良、李奉国等人率领精锐骑兵连同神策军守在双冈前面，以防止敌人增援，并给他们下了死命令："如果田悦越过双冈前来支援杨朝光，我就将你们斩了。"

田悦派来的五千军队很快就到了双冈，正好遇到李自良等人。李自良等人拼死苦战，这些援军连杨朝光的面都没见到就被打了回去。解决了外援，马燧开始集中火力向驻扎在双冈西面的杨朝光发起攻击。

鉴于杨朝光设置的栅栏坚固，马燧特意将一些车辆放上易燃物点燃，然后推着这些燃烧的车辆撞向栅栏，火很快就点燃了栅栏。运气不错，这时候刚好刮起了大风，火借助风势烧得更加猛烈，转眼间栅栏就被完全烧毁了，马燧等人立刻发起总攻。人数本就处于劣势的魏博军队哪还抵挡得住唐军的精锐，最终魏博军队大败，光是被斩杀的就有五千多人，魏博老将杨朝光和另一个将领卢子昌也在此战中阵亡。

休整五天后，马燧等人再次出发，很快到了临洺城外，田悦这时不得不放弃攻打临洺，转过头来列阵与唐军交锋。此时的魏博军队攻打临洺几个月了，早已师老兵疲，田悦心知久战对自己不利，所以急于与唐军决战。马燧也知道魏博军队早已是强弩之末，眼下不过是最后一搏，只要击败了他们，魏博军队必将溃败。为了一举击溃田悦，马燧还特意将自己的家财拿出来，然后向唐军众将士立誓："只要此战得胜，这些钱财就全部拿来犒赏你们。"唐军因此士气大涨，无不想快点击败敌人。不但如此，在决战之前，马燧还亲自率领精兵站在第一线与魏博军队作战，更是让其他人深受感染，每个人都奋勇出击。

双方一连大战了一百多个回合，最终魏博军队先抵挡不住，田悦只得带人后撤。马燧可不会这么轻易让田悦逃跑，他立刻率领唐军发起了追击。在唐军的追击下，魏博军队一路尸横遍野，光战死的就有一万多人、被俘九百多人，唐军得到的粮草和辎重不计其数。遗憾的是，田悦还是靠着部下的尸体铺路，成功逃过了一劫。

获胜之后，马燧按照自己的承诺，将自己的私人财产全部犒赏给有功的将士。唐德宗听说这件事后，特意从国库中拿出五万贯钱赏赐给马燧，以补偿他之前的损失，又封他为魏博招讨使，负责率领唐军继续追击田悦。

临洺之战败后，田悦可谓是从天上掉到了地下。他此前手握大军，左打邢州右打临洺，好不得意，可转眼间就大败而逃，手下军队损失惨重。无奈之下田悦只得向李惟岳、李正己两人求援。李惟岳等人自然不会见死不救，很快李正己的儿子李纳便派大将卫雄带领一万人前去增援，李惟岳也再次抽调了三千人。田悦又将之前逃散的人马召集起来，总共两万人，驻扎在漳水，卫雄则率领淄青军驻扎在田悦东面，成德军驻扎在田悦西面，三支人马首尾呼应。随后马燧也率领唐军赶到，但叛军的阵势从正面很难攻破，于是马燧便请求唐德宗下诏，让南面的李芃赶紧带着人马前来合围叛军。

马燧等人在临洺击破田悦之时，南线和北线也先后获得了大胜。南面的梁崇义最弱，转眼就被李希烈干掉了。最让人惊喜的是北面，朱滔竟然一开局就策反了张孝忠。

朱滔在奉诏出征后就率军赶到了莫州，他对面就是率领八千精兵守卫易州的张孝忠。他知道李宝臣之前想杀张孝忠，于是派判官蔡雄去劝说张孝忠："李惟岳一个乳臭未干的小儿竟然敢带兵反抗朝廷，这实在是自取灭亡。现在昭义、河东的军队已经打败了田悦；淮西节度使李希烈也已经攻下襄州，斩杀了梁崇义；用不了多久朝廷在河南的各路大军就会向北进发，到那时，恒州、魏州覆灭也不过是顷刻间的事情。假如你现在带着易州归降朝廷，那么讨伐李惟岳的功劳就算是从你开始的，这正是你转祸为福的良策啊！更何况此前李宝臣还想杀你，你又何必为他卖命呢？"

张孝忠细想之后觉得朱滔说得非常有道理，就派牙官程华去见朱滔，表示自己愿意投降，又派使者董积前往长安向唐德宗请降。随后朱滔也上奏推荐张孝忠。唐德宗得知张孝忠愿意归降也是大喜过望，直接任命张孝忠为成德节度使，让李惟岳奉父丧前往长安。李惟岳自然不会听从，这更激起了张孝忠进攻李惟岳的决心。为了表达自己对朱滔的感激，张孝忠还特意让儿子张茂和娶了朱滔的女儿，从此两人便因姻亲关系连成一线。

朝廷各条战线与与田悦、李惟岳等人打得如火如荼，李正己的儿子李纳大概是觉得太过无聊，充当了一次"谐星"。田悦拉开与朝廷大战的序幕后，此前结成同盟的四个藩镇里面就属淄青行动最迟缓。原因很简单：李正己竟然先一步死了，而他的儿子李纳秘不发丧，擅自接管了淄青军队，等局势稍微稳定，才派人北上增援田悦。

这时候李纳才公布李正己去世的消息，他还上书朝廷，希望能让自己接任淄青节度使。唐德宗收到奏疏后简直无语，哪有一边反叛，一边让朝廷给自己封官的？于是断然拒绝了这一请求。李纳恼羞成怒，立刻派遣大军向西攻打宋州，但李勉在宋州经营已久，哪是那么容易攻下来的。也正是在这个时候，淄青内部又发生了分裂。

当时的徐州刺史是李正己的堂兄李洧，不过他没有跟随堂侄一起反叛的想法，而是在彭城县令白季庚的劝说下决定归降朝廷，并派遣部下崔程前往长安向唐德宗转达自己的意思，让他向当朝宰相讲述一条计策："仅徐州一城无力抵挡李纳，我希望能担任徐、海、沂三州观察使，对朝廷没有任何损失，但其中海、沂两州都还在李纳手里。我已经和两州刺史王涉、马万通约定好了，只要朝廷下达诏命，他们肯定会归降。"

这时候唐代著名奸相卢杞已经坐上了宰相的位置。他的爷爷是开元年间那位著名的"伴食宰相"卢怀慎，父亲则是在洛阳为国死节的忠臣卢奕。卢杞虽然长相不怎么样，但他有一个长处——能说会道，再加上这样的家世，因此顺利进入了仕途。但这样的一个人并不是什么良相人选，他的口才全用在了迎合圣意上，为人又心胸狭隘，妒贤嫉能，一上位就将朝堂闹得乌烟瘴气。

可惜崔程并不了解唐廷的情况，以为朝廷宰相都是一样的，所以先将计策说给了宰相张镒。这么一来就得罪了同为宰相的卢杞，他可不管对朝廷是不是有利，只知道不能让张镒得到功劳，于是直接拒绝了这一建议。

因为朝廷不采纳李洧的计策，李洧只好躲在徐州不出来。李纳这时候也接到了李洧想归降朝廷的消息，他决定先把这个吃里爬外的内贼清理掉，也顾不得什么宋州了，转身就派大将王温与魏博将领信都崇庆一起进攻徐州。李洧没想到堂侄这么快就打来了，没撑几下就抵挡不住了，无奈之下他只好派部下王智兴前往长安求援。王智兴也是个神人，非常善于走路，竟然不到五天就从徐州跑到了长安，向唐德宗报告了徐州的情况。

唐德宗知道徐州是因为归降朝廷而被攻打后，当然不可能放任不理，他很快就让朔方军将领唐朝臣率领五千士兵，与刘洽、曲环、李澄等人一起救援徐州。各路大军会合时，因为朔方军的物资装备都没有运来，所以服装非常破烂。刘洽手下的宣武军嘲笑他们："你们这群叫花子也能打败敌人吗？"唐朝臣知道后没有动怒，而是将这句话转述给朔方军众将士，并激励他们："都统已经下令了，谁先攻破敌人的营垒，里面的物资就全部归他们。"朔方军听后非常激动，立志要一战洗刷耻辱，而这一战很快就来了。

在唐军到达时，信都崇信和王温已经攻打徐州二十多天了，因为久攻不下，士气非常低落。他们无力对抗唐朝的援军，只好向李纳求援，于是李纳派大将石隐金率领一万援军前去增援。王温等人得到援军后胆子一下子大了很多，他们全部驻军在七里沟一带，与唐军隔河对峙。两军开始交战后不久，因为天色渐晚，刘洽等人交战不利就撤退了。

朔方兵马使杨朝晟却在这时发现了战机，他赶紧告诉唐朝臣："现在我方先退，敌人肯定会追来，到时你就率领步兵靠山列阵，我则率领骑兵暗中埋伏在山中隐蔽处。等信都崇信他们追来后，看到你兵少，肯定会拼命攻打你，到那时我就忽然杀出将他们围截住，你再率军反击，我们肯定能击破他们。"唐朝臣答应下来，就让杨朝晟带着骑兵先去埋伏起来。

不久之后，信都崇信等人看到官军撤退，果然率领大军越过河上的桥梁前去追击，他们一看唐朝臣居然带着少数人马留在不远处，还以为是送上门来的功劳，于是争先恐后地向唐朝臣杀去，连阵型都不顾了。就在这时，杨朝晟率领朔方骑兵忽然从山中杀出，一举将叛军围截住。

信都崇信等人没想到会有伏兵，一下慌了神，立刻后撤。一边是杨朝晟的伏军，一边是唐朝臣的反击军队，经过一番苦战，信都崇信等人终于杀了出来，一溜烟跑到桥上，然后留下部分精兵在桥边抵挡唐军的追击，其余人争着过桥而去。因为叛军人数太多，一时间没法全部从桥上过去，不少人干脆直接下水想蹚过去。

杨朝晟本来一直被叛军挡着，看到这种情况也有了主意，他指着河里的叛军大喝道："这些人都能从水里过河，我们为什么非要抢这座桥？"于是当先带着精锐骑兵蹚过河去。淄青军本就是逃命，一看杨朝晟过了河立马就崩溃了，连守着桥头抵挡唐军的人马也全部逃走，唐朝臣和赶上来的刘洽等人立刻过桥追击，一举击败了信都崇信、王温等人。此战，叛军阵亡人数高达八千，逃跑过程中被淹死在河里的更是不计其数，他们的辎重也全部被朔方军抢走。

朔方军抢到叛军的辎重后，立刻换上新衣服，盔甲鲜明地走到宣武军面前笑道："叫花子立下的功劳与你们宣武军比起来，到底是谁多啊？"弄得宣武军尴尬不已。随后唐军乘胜追击到徐州城下，魏博淄青的军队被迫连夜撤走。

与此同时，北面战局也发生了重大变化。随着李芃率领的河阳大军北上，田悦害怕被唐军夹击，被迫后撤到洹水。为了防止唐军向前追击，田悦在漳水还是留下了少数军队防守，但光靠这点人马显然抵挡不住唐军，于是田悦想了个主意。由于唐军这次并没有带船，匆忙间也找不到多少船只渡河，田悦看准了这一点，让部将王光进沿着河岸修筑月城防止唐军渡河，并且全力守卫长桥不让唐军通过。田悦布置完一切后，以为漳水防线已经稳固，就放心撤走了。

只可惜这一切并没有难住马燧，他很快就想到了一个破解漳水防线的办法。几天后，马燧下令将营中的数百辆车全部集中起来，用铁链连在一起，又在车上装满盛着土的布袋，然后将这些车辆一起推到下游水浅的地方将漳水拦住，一座简单的浮桥就此形成，随后唐军便在马燧的率领下踏着浮桥渡过漳水。

因为深入河北作战，当时唐军带的军粮已经所剩无几，如果没有之前魏博军队白送的粮草，只怕早就断粮了。马燧让各路唐军只带十天的口粮，丢开王光进，迅速推进到仓口（河北成安县西南），直抵洹水岸边。然而这一次田悦学乖了，他蹲在河对岸的大营中，死活不肯出战。

面对这种情况，其他唐将急了，李抱真和李芃赶紧找到马燧商量："我们本就缺粮，你却让我们只带十天的粮食赶到洹水，这是想干什么？现在田悦不肯出战，再这么下去，敌人不用出战就能把我们全部饿死在这里。"

马燧却是胸有成竹："我们缺少粮食，本来就利在速战，不利于长期僵持。现在魏博、淄青、成德三路人马连成一线，不肯出来交战，就是想挫我军锐气，等我们粮食耗尽再出击。如果我们强行进攻，攻打敌人两翼的成德、淄青，魏博必定会来救援；而攻打中间的魏博，成德、淄青也肯定会来救援，如此一来我军怎么都会腹背受敌，那样就对我们不利了。为今之计还是需要攻敌所必救之处，先把田悦引出来，然后再一举打败他。"

马燧口中的田悦必救之处正是田悦的老巢魏州。为了麻痹田悦，马燧让人在洹水上搭建了三座浮桥，然后全军渡过洹水，扎营与田悦对峙。第二天白天，马燧带着人出营向田悦发起挑战，田悦依然不肯出战。当天半夜，马燧偷偷集结士兵，让他们吃完饭后连夜越过浮桥直接杀向魏州。

不久后田悦终于发现马燧端自己老巢去了，吓得他赶紧带着魏博、成德、淄青总共四万多名步骑兵前去追赶。因为马燧的浮桥还在，叛军十分顺利地从浮桥上渡过洹水一路向南追去。田悦等人气喘吁吁地追了一程后，发现了前方严阵以待的唐军，田悦这才反应过来自己上当了。所谓的进攻魏州只不过是个幌子，唐军的真实意图依然在于击破自己的主力。但到了此时，也容不得田悦犹豫了，他只得硬着头皮率军上前与唐军交战。两军交战后，田悦等人凭借一腔锐气竟然把唐军打得不断后退，但他们毕竟经历了长时间的赶路，根本没有时间休息，随着时间的推移，攻势逐渐减弱。

马燧等的就是此刻，他立刻组织起五千名精锐勇士突然从阵中杀出，一举将田悦等人打败。这时候昭义、神策、河阳三路人马本来已经被打得直往后退了，见魏博兵败，也立刻发起反击。田悦无奈，只得往来路狂奔，希望能逃回大营。只可惜很快他就失望了，等田悦率军到达浮桥边时才发现，浮桥早就被烧毁了。

原来马燧早在军营附近埋伏了几百个骑兵，让他们等田悦全军一过河就把浮桥全部烧毁。很快马燧等人就追到了浮桥边上，田悦等人这时架桥也来不及了，他们又打不过唐军，只好跳河，希望能从河里游过去，结果被淹死的人不计其数。除此之外被斩杀的有两万多人、被俘的有三千多人，大将孙晋卿、安墨啜在此役中阵亡。叛军死伤枕藉，尸体一路绵延长达三十多里，此次前来救援的淄青军队伤亡殆尽。

洹水之战后，魏博、淄青两镇都遭到了沉重打击，魏博军队几乎全军覆没，在各路唐军的进攻下，田悦、李惟岳、李纳三人被迫转攻为守，在自己的地盘上迎接唐军猛烈的攻势。

戏剧收场——被内乱终结的成德

唐德宗对魏博等镇发出讨伐命令后，唐军从各个方向对反叛的四镇发起猛烈的进攻，最终最弱的梁崇义第一个被灭，剩下的三镇也被唐军打得节节败退，被迫转入防御阶段。洹水一战中，魏博、成德、淄青三镇联军也败在唐军手上，魏博军队几乎全军覆没。

魏博节度使田悦有一个特点，那就是非常擅长跑路。他虽然勇猛过人，但出征却老是吃败仗，曾经同行的卢子期、杨朝光等人早已作古，但他竟然每次都能成功逃脱。在洹水之战这种前无去路后有追兵的情况下，田悦依然靠着拿手下人垫背逃了出去。不过他也非常惨，出征时的几万大军，最后竟然只剩下一千多人。仅凭这点人马对抗唐军显然是白日做梦，田悦只好带着这些人马连夜逃回了魏州，想先回去补充点兵力，可他没想到的是，魏博也有人盯上他了。

当时留守魏州的是魏博大将李长春，他本是田悦的亲信，所以才被放在一个这么重要的位置上，但此时看田悦败得这么狼狈，心里也动起了别的念头。他声称天黑不敢开城门，不让田悦入内，实际上是想等官军到来好献城投降，至于田悦的生死，那就只好先说一声对不起了。关键时刻，老天爷站在了田悦这边，唐军竟然没有追上来。天亮之后，李长春也没借口了，只好放田悦入城。

田悦自然知道李长春心里的小九九，此人当然不能留，因此他入城后的第一件事就是杀死李长春，然后组织人马准备固守魏州。田悦没想到的是，虽然杀了李长春，但因为此前败得实在太惨，死了太多的魏博将士，很多阵亡的魏博士兵家人都找上门来，在大街上哭着要田悦给个说法。田悦这下就尴尬了，他心急之下终于发挥出了做"演员"的天赋，在魏博军民面前上演了一出"好戏"。

田悦骑着马、拿着刀，将魏州城内的将士百姓全部召集到府衙门口，他倒不是想杀人，只不过要在大家面前演一场"戏"而已。众人到达后，只见田悦忽然放声大哭，然后说道："我本就不是什么有才能的人，只是靠着淄青节度使李正己、成德节度使李宝臣两位老前辈的帮忙，才能够担任节度使，守护伯父留下的基业。现在两位老前辈都去世了，他们的后人无法承袭基业，我承蒙他们大恩，自然不敢忘记分毫，所以才不自量力想和朝廷对抗。眼下魏博败得这么惨，众将士伤亡惨重，这都是我的错啊！原本战败时我就想以死谢罪，只可恨我老母还在，自杀实在是不孝，所以希望你们能用这把刀把我砍了，然后拿着我的头去向朝廷投降，以换取富贵，用不着陪我一起去死。我唯一的请求，就是希望你们能放我母亲一条生路，我先在这里拜谢了。"说完后直接从马上跳到地上跪下。

魏博众将士被田悦这番"声情并茂"的演说感动了，他们不但没杀田悦，反而上前扶起他劝道："田尚书这次举兵，本就是为全我河朔诸镇情义，并不是为了一己之私，哪里能说是什么过错呢？虽然我军伤亡惨重，但大家也都知道，胜败乃兵家常事，怎么可以因为一次战败就要自杀呢？我等自从您伯父以来，世代深受田家的大恩，怎敢为了富贵而杀死您投降朝廷？我们只是希望田尚书重整旗鼓，率领我等再与唐军决战，若不能取胜，大不了大家一起为义而死。"

田悦大喜，同时也表示："各位都没有因为我战败抛弃我投降朝廷，我即便死了也会在九泉之下感谢各位的大恩大德，如若此次获胜，我必将与大家同享富贵。"说完，他还与众将割发结为兄弟，以表示要同生共死。接着田悦又把府库中存放的物资以及平时收敛的钱财，共计一百多万缗，全部拿出来犒赏士兵，魏博的人心才安定了下来。

唐军为什么没有追上来痛打如同丧家之犬的田悦呢？说出来实在是有些尴尬——马燧和李抱真两人不和。要细说起来，马燧和李抱真还有些关系，最早赏识重用马燧的人就是李抱真的堂兄李抱玉。

马燧在游说贾循失败后，被迫亡命天涯，是李抱玉将他找来，任命他为赵城尉，至此正式进入仕途。马燧很快就让李抱玉意识到自己的眼光没有错。当时仆固怀恩刚刚平定史朝义，在朝堂风头正盛。但马燧却看出来仆固怀恩这人在河北广罗党羽，肯定没安好心，迟早会叛变，而他到时候的目标极大可能就是山西各镇，所以马燧劝李抱玉加强戒备。其后仆固怀恩果然如马燧所料，打上了山西的主意，但被早有防备的李抱玉、辛云京等人识破了。仆固怀恩起兵后，曾经派人拉拢昭义节度使薛嵩一起叛乱，在李抱玉的派遣下，马燧成功说服薛嵩，让他打消了出兵的想法。因为这些事，李抱玉对马燧极为看重，就连移镇和入朝都要带着马燧。

李抱真作为堂弟，很小的时候就被李抱玉看重，一直大加提拔，他很长一段时间都是跟着李抱玉一起在泽潞成长起来的。只怕李抱玉也没想到，自己最看重的两个人竟然在他死后闹起了矛盾。

其实要说起来，两人也没什么大的过节，不过是因为河东与昭义两镇相邻，有过一些小摩擦，所以两人都心存芥蒂。再加上以前有一个叫杨钦的怀州刺史得罪了李抱真，李抱真就想找借口杀了他。杨钦倒是见机，直接跑到隔壁河东投奔了马燧。马燧也认为杨钦本身没什么罪，就上奏请朝廷赦免了杨钦。这件事却让李抱真心里落下了刺。

后来临洺之战获胜，田悦跑得匆忙，为唐军留下了很多粮食和辎重，马燧又当先带人抢了，只分了一少部分给李抱真，惹得李抱真更加气愤。马燧也知道李抱真跟自己不对付，现在追击田悦又很可能是大功，自己追击只怕会被李抱真理解为抢功，恐怕会惹出不必要的麻烦。更何况马燧一向不是喜欢抢功的人，当年讨伐李灵曜时他便主动让李忠臣先率军进入汴州，自己在后跟随，结果想与李忠臣抢功的几个人都死于非命，只有马燧平安无事。这次马燧也是想让李抱真先行，自己便拉着军队驻扎到魏州南面平邑（今河南省南乐县东北）的佛寺中。李抱真终究不是李忠臣，他见马燧没有继续前进，自己便也停了下来。两人的这番推让反而便宜了田悦，让他成功逃过一劫。

虽然马燧等人没有追击田悦，但还是有人送上门来了，这些人送上门可不是为了和唐军作战，而是看田悦快完了，准备投入朝廷的怀抱。第一个来的就是被田悦留在漳水守卫长桥的王光进，他此时已是瓮中之鳖，不投降还等什么？有了王光进的先例，其他人的心理负担就小多了，纷纷向唐军请降，田悦的堂兄田昂也带着洺州投降了唐军。终于，田悦知道李纳也败了，此时正从徐州逃往老巢濮州。虽然自己现在也非常缺人手，但想想李纳那边的日子可能更不好过，于是让部将符璘和李瑶带着三百骑兵，护送洹水之战残存的淄青兵回去，结果这一送又吃了大亏。

符璘的父亲符令奇是一位老将，亲身经历过安史之乱，后来才跟随李怀仙等人归降了唐朝。幽州内乱时，符令奇又带着儿子南下投奔了薛嵩，直到田承嗣占据相州等地才归入魏博。他本就对田悦对抗朝廷非常不满，于是趁机劝儿子："我活了这么多年，看过安禄山、史思明等人叛乱，他们最后的下场又怎么样？田氏反抗朝廷又怎么可能有什么好结果。我已经老了，如果你能趁机投降朝廷，也算是替你父亲名扬后世了。"符璘同意了，他与父亲立下誓言后，便与李瑶商议归降朝廷。李瑶也早有此心，两人可谓是一拍即合，刚出城便带着军队投降了马燧，他们率领的淄青军队自然是白白做了俘虏。

田悦知道后非常气愤，直接杀了符令奇全家，直到符令奇死了都还骂不绝口。这还不解恨，田悦随后又杀了田昂全家。只可惜这样的疯狂也阻止不了其他人投降。

不久后，李瑶的父亲李再春也带着博州投降了唐朝。博州投降之后，唐军兵锋直指魏州城，尴尬的是，田悦此时才发现自己不但兵弱，而且还缺少武器和盔甲，再加上魏州已经很多年没有打过仗了，城墙、守城器械都年久失修。田悦无计可施，只好请回老将邢曹俊，让他主持大局。邢曹俊确实很有才能，在他的主持下，魏州很快就修好了城墙和守城器械，军队也逐渐被训练整编完整。

过了十多天，马燧等人才赶到魏州城下。不过可惜的是，因为此前逗留的时间太长，等马燧等人到达时，魏州早已上下一心布置好了防守，唐军围攻多日都没能攻下，马燧无奈之下只好另想办法。

当时魏州引用御河里的水绕城南行作为护城河，马燧便派人前往上游堵塞水流入口，使得护城河很快就排干了，根本无法再阻挡唐军，魏州城的军民惧怕不已，唐军便乘势发起了猛烈的进攻。但是魏州有老将邢曹俊坐镇，因此唐军依然没能攻下。

这边魏州还没有倒下，最强大的淄青却先一步倒了。徐州之战后，李纳被迫率领残部逃回了老巢濮州，唐军却没打算就这么放过他，宣武军节度使刘洽很快就率军将濮州重重围困起来。李纳本就没什么才能，城里又都是之前从徐州逃回来的败兵，士气十分低落，如何能抵挡唐军的进攻？无奈之下李纳只得向北面的田悦求援。

只可惜他没想到田悦也在洹水吃了败仗，此时早已自顾不暇，哪有多余的兵力南下救援。虽然田悦最后还是勉强派人把淄青军的残部送回，但因为符璘投降了唐军，这些人马也没能前往濮州。

在唐军的猛攻下，李纳很快就坚持不住了，连濮州的外城都被刘洽攻了下来。事实证明李纳真不如田悦有魄力，他一见这种情况被吓得不得了，赶紧跑到内城城墙上请求与刘洽见面。刘洽到达城下后就看到李纳竟然在城头大哭，一边哭一边请求刘洽给他一个改过自新的机会，场面简直不要太"精彩"。刘洽不敢怠慢，立刻就派人向李勉报告了这一情况。李勉知道机会来了，他马上派人前往濮州劝李纳就此归降。李纳这时候哪还敢说什么，赶紧顺坡下驴归降朝廷。

就在其他三镇纷纷败退的时候，北面的李惟岳也不好过，他原本派兵与魏博将领孟希祐一起在束鹿（今河北辛集市）驻防，组成了第二道防线，心里还指望这道防线能够在张孝忠后面起到防护作用，但张孝忠竟然直接归降了朝廷，还跟朱滔一起杀奔束鹿。在张孝忠和朱滔的攻击下，没有丝毫防备的束鹿很快就丢了，朱滔等人乘胜围住了深州（治今河北安平县一带）。此时的深州刺史是李惟岳的姐夫杨荣国，他当然不可能置之不理，很快便再次纠集了一万多军队与孟希祐一起北上，妄图一举收复束鹿，以救援深州。

为了一举获胜，李惟岳这一次还带上了成德军中的著名猛将王武俊。王武俊果然不负所托，开战后不久，他就率领精锐骑兵出击，将张孝忠和朱滔打得节节败退。朱滔见抵挡不了王武俊的骑兵，便想了个主意。他派人在绢帛上绘制出神兽狻猊，然后挑选了一百多个勇士，让他们蒙上这些绘制了狻猊的绢帛杀向成德军队。成德军一直以骑兵居多，作战也主要靠骑兵，这时战马看到面前出现了前所未见的凶恶怪兽，都害怕得四处乱窜，成德大军的阵型瞬间被自家的战马搞得七零八落。张孝忠和朱滔等人抓住时机率领大军出击，最终再次将李惟岳打得大败。此次战败后李惟岳都没敢停一下，当天夜里就烧营逃回了恒州。这下只苦了深州的杨荣国，外面援军没了，他自己也快撑不住了。

逃回去的李惟岳此时也慌了神，他本就没经历过什么大事，接二连三的惨败竟然让他不知道该怎么办了。邵真敏锐地察觉到了李惟岳心理的变化，于是再次劝他派弟弟李惟简先前往长安向唐德宗投降，然后杀掉手下不服从朝廷命令的将领，再亲自去长安请罪，成德则先交给他岳父、冀州刺史郑洗管理，等待朝廷接下来的安排。李惟岳慌乱之下也没有别的主意，立刻同意了这一主意，并派李惟简前往长安。

不过李惟岳办事实在是不靠谱，消息竟然很快让孟希祐知道了。孟希祐自然是一心为魏博着想，一旦李惟岳归降，魏博根本就没有活路，孟希祐惊慌之下赶紧派人回魏州报告田悦。这下可把田悦气坏了，他立刻派衙官扈岌去见李惟岳，并带话说："我们这次起兵，本就是为了替你讨得节度使的位置，并不是为了我们自己。现在你居然听信邵真的话要向朝廷投降，把反叛的罪名全部推给我们。如此一来就算你保全了自己，难道你不觉得对不起我们吗？还是说我们做了什么对不起你的事，才让你这么陷害我们？如果你现在把邵真杀了，魏博依然和你交好，不然的话我们就绝交吧。"

李惟岳还是不能做出决断，毕华趁机劝道："田悦是因为您现在才身陷重围，要是现在弃他而去确实太不地道。再说我们虽然败了几场，但魏博和淄青兵强马壮，粮食充足，足以与朝廷抗衡。眼下还没有分出成败，不见得就是朝廷获胜，您怎么忽然临危自悔呢？万一到时魏博获胜，我们又该怎么办呢？"

李惟岳这人本来就没什么主见，被两人一通忽悠后立刻又改了主意。不但如此，为了向田悦赔罪，李惟岳还把邵真叫来，当着扈岌的面将之杀掉。随后李惟岳再次派出大军与孟希祐一起攻打束鹿，结果很快再次被朱滔、张孝忠两人打得丢盔弃甲，只得狼狈撤走。

随着李惟岳的败退，张孝忠打起了自己的算盘。原本朱滔想乘胜进攻恒州，但没想到张孝忠不但不前进，反而率军前往西北，然后驻扎在义丰（今河北安国市）。张孝忠手下的将领不明白，跑到西北不参战又是想干什么？张孝忠解释道："恒州还有很多兵将不能够太过小看，他们目前只是上下离心发挥不出战斗力，一旦我们追击紧了，他们必定会联合起来，一心对抗我们，到那时我们的处境就危险了；但如果我们停下来，他们就会自相图谋。你们等着看吧，我现在驻扎在义丰，很快就能坐看李惟岳灭亡。再说了，朱滔这个人喜欢说大话，而且目光短浅，可以和他共患难，只怕不能共富贵，不得不防着他一些。"

朱滔见张孝忠溜到义丰去后大为惊慌，他还记得当年在板桥被偷袭的事，于是也不再前进，就在束鹿停了下来。

虽然唐军没有追击，但还真让张孝忠猜对了，此刻的成德就在相互猜疑之中，而被李惟岳猜忌的对象正是成德大将王武俊。

王武俊，字元英，本是契丹人，祖上在开元年间内附入唐，因此他自小在幽州长大。王武俊继承了少数民族善于骑射的优点，十五岁时就因为优秀的骑射功夫名扬幽燕地区，因此被李宝臣纳入麾下。

宝应元年，唐军从井陉口东出，想攻入河北，李宝臣惊慌之下便找王武俊商量对策，王武俊说道："如果我们现在对抗朝廷，那就是以少对多，以曲对直，不太可能是唐军的对手。如果您要为史朝义坚守城池的话，只怕一开战守军就会崩溃，根本没有一丝机会。依我之见，我们不如顺势归降朝廷，如此方能保全家族。"

最终李宝臣听从了王武俊的话，打开井陉口归降了唐军。此后，王武俊屡次为李宝臣出谋划策，逐渐成了他最信任的人。李宝臣死前诛杀成德宿将时，王武俊是除了张孝忠以外唯一幸免于难的人。一是因为官职太低，虽然是兵马使，但终究不如张孝忠等坐镇一方之人那么引人注意；二是因为他一直深得李宝臣信任，李宝臣甚至将女儿嫁给了他的儿子王士真。王士真也非常会做人，他收买了李宝臣、李惟岳父子身边的很多亲信帮王武俊说话，最终把王武俊保了下来。

然而等到李惟岳上位后，王武俊和他的关系再次出现了危机。因为王武俊和李惟岳手下那帮亲信关系非常不好，所以他们总是在李惟岳面前说王武俊坏话，久而久之，李惟岳对王武俊没了好感，只不过因为自己还用得上王武俊的才智才没有杀掉他。

王武俊当然知道李惟岳猜忌自己。束鹿之战时，王武俊本是成德军的先锋，但他觉得如果打败了朱滔，李惟岳声势大涨之后肯定会杀了自己，所以在交战时并不出力，使得成德军很快就败退了，不久后守卫赵州（今河北赵县）的康日知也归降了朝廷。因为康日知和王武俊平日里关系比较好，李惟岳就更加猜忌王武俊了，甚至打算直接动手杀了他。

这下王武俊慌了，冥思苦想之后终于想到了一个办法，他派人去告诉李惟岳："以前你父亲将王武俊当成亲信，所以留下他辅佐你。你们本来就是亲戚，他儿子王士真是你的妹夫，王武俊本人勇冠三军，在成德深得人心，眼下成德正在危难之中，如果现在因为猜忌他而杀了他，到时候没了王武俊，谁来替你退敌呢？"李惟岳听后觉得很有道理，于是打消了杀王武俊的念头，并派他和步兵使卫常宁一起率军前往收复赵州，又让妹夫王士真率军驻扎在城内保护自己。

王武俊得到命令后，立马出了城，然后对同行的卫常宁叹息道："李惟岳听信谗言，一直想杀我，我好不容易逃出虎口，再也不想回去了。我打算去北面归降张孝忠，你觉得怎么样？"

卫常宁表示反对，他认为："李惟岳向来软弱无能，只信任自己那几个亲信，成德早已上下离心，这么下去迟早会被朱滔吞并。现在朝廷下了诏书，谁能取下李惟岳的人头，就将李惟岳的官职封给他。您在成德·直深得人心，与其逃亡在外，不如趁机杀回城里抓住李惟岳，到时候想求取富贵还不容易吗？如果这计划不成功，再去投奔张孝忠也还不迟。"王武俊一时间还是拿不定主意，依然率领大军赶到了赵州城下。

康日知毕竟是成德老将，他大致了解王武俊的尴尬处境，于是也派人前去劝说："李惟岳这个人软弱无能又没有什么智谋，一看也成不了大事，你怎么能跟这种人一起造反、自寻死路呢？更何况就算你想攻下赵州城，也不是那么容易的。我在城中经营已久，现在城高墙厚，城内粮草也充足，将士们上下一心，你就算打上一年也不见得能攻下来。你也知道，李惟岳之所以有胆量造反，很大程度上是因为有田悦这个外援。但之前田悦打临洺又如何？他率领几万人打一个小城，结果还是没能攻下，反而在朝廷援军的打击下尸横遍野，你想重蹈覆辙吗？只要你开始攻城，张孝忠和朱滔肯定会来增援，你又有什么胜算呢？不如干脆跟我们一起归降朝廷。"为了增强说服效果，康日知还偷偷伪造了一份朝廷招降王武俊的诏书给他，并表示要封他为节度使。这下总算让王武俊下定了决心，准备回师攻取恒州。正巧这时李惟岳派了个叫谢遵的使者来到了赵州城下，王武俊和卫常宁又趁机把谢遵拉入了伙，谢遵回去后立刻就通知了王士真计划。

不久后王武俊和卫常宁忽然率军杀了回来，谢遵和王士真也假借李惟岳的名义打开城门将王武俊等放入。天刚亮，王武俊就带着几百人杀入李惟岳家中，王士真在里面做内应，守卫府衙的成德士兵顿时大乱。王武俊又趁机喊道："李惟岳背叛朝廷，现在我打算率军归降朝廷，谁敢违抗，满门抄斩。"这下府衙中的李惟岳部下都不敢再反抗了。

随后王武俊又派人告诉李惟岳："你与李纳、田悦一起造反对抗朝廷，如今田悦被困于魏州自身难保，李纳在濮州更是朝不保夕，随时会归降朝廷，就连我们自家的张孝忠、康日知也归降了朝廷，再打下去又有什么用呢？更何况自从束鹿数败以后，成德将士士气低落，根本无力再战。如今朱滔率领大军在攻打深州，张孝忠更是已经取得了定州，这还怎么打下去？我听说朝廷下了诏书召你前往长安入朝，你应该赶快听命入朝才对，不然只怕性命就在顷刻之间。"

李惟岳当然不愿意入朝，但此时他也毫无办法，不入朝肯定要被王武俊杀，入朝好歹还能留下一条命，李惟岳想通之后，很快就带着手下亲信向王武俊缴械投降了。王武俊跟李惟岳的党羽郑洗、毕华、王他奴一向有过节，这时候自然是杀之而后快。

本来王武俊想按照之前所说，让李惟岳入朝，毕竟李惟岳是老上司李宝臣的儿子，还是想留他一条活路。卫常宁不同意，他认为："现在千万不能让李惟岳去长安，本就是我们背叛了他，他心里肯定很痛恨我们，只怕到了长安会在陛下面前将反叛的罪名全推给我们，我们不但没有赏赐，反而可能因此送命。"王武俊一听，觉得是这个道理，于是让人将李惟岳缢杀，然后派部下孟华将李惟岳的头颅送去长安，就此归降了朝廷。李惟岳死后，坚守深州的杨荣国投降了朱滔，李惟岳任命的定州刺史杨政义也很快归降了朝廷，成德就此平定。

随着王武俊的归降，整个河北基本被平定，只有田悦所在的魏州还在坚持，但形势也越来越危险。一切都预示着四镇武力对抗朝廷的失败，唐德宗也仿佛看到自己将要恢复曾祖时代的荣光。而就在这时，一场突如其来的意外将他的幻梦击得粉碎。

战火复燃——河朔三镇共抗朝廷

建中三年（782年），距离唐德宗下诏讨伐魏博、成德、淄青、山南四镇刚刚过去大半年时间，南面的淮西节度使李希烈便斩杀了山南东道节度使梁崇义；河南各军在永平军节度使李勉的率领下，也逼得淄青节度使李纳向朝廷归降；北面各路唐军先在洹水大破田悦，又在束鹿两破李惟岳，最终成德大将王武俊杀死李惟岳向朝廷投降，一切都预示着这场地方藩镇武力对抗朝廷行动的失败。

唐德宗接到陆续传来的捷报后，大喜过望，虽然还有一个田悦在负隅顽抗，但在唐德宗看来，魏州一个孤城早晚要被各路唐军灭掉，完全不是问题，于是他迫不及待地开始了对平定李惟岳这场战争中有功之臣的奖赏。李惟岳刚死去不到半个月，唐德宗便任命张孝忠为易、定、沧三州节度使，王武俊为恒、冀都团练观察使，康日知为深、赵都团练观察使，至于最早出兵的朱滔，则送给他德、棣两州，然后让他先带兵回幽州。

在唐德宗看来，这道诏书已经是对四位有功之臣最大的褒奖了。张孝忠最先投入朝廷的怀抱，又在束鹿主动出击击败了李惟岳，再加上朱滔举荐，自然要担任节度使，分到成德三州合情合理；康日知主动归降朝廷，又说服了王武俊归降，做两州的团练使也很合理；王武俊虽然有杀死李惟岳之功，但之前带军队和朝廷为敌，再加上他此前只是一个兵马使，两州团练使算是高升；朱滔此战不但主动为朝廷分忧，而且还说降了张孝忠，朝廷将原属淄青的两州划给他也对得起这份功劳。

对于朝廷来说，将成德一分为三，可以让它们都没有威胁朝廷的能力，更何况这次的三分计划唐德宗还耍了个小手段。成德三人组中以王武俊和张孝忠最有才能，手下军队也最多，所以在划分时将两人的地盘分割开了，张孝忠的易、定两州与沧州不接壤，王武俊的恒州和冀州也不接壤，朱滔得到的德州、棣州与卢龙之间隔着王武俊的冀州和张孝忠的沧州，这样一来，就算他们对朝廷有什么不轨举动也很容易镇压。

唐德宗本想靠着一通奖赏让河北安定下来，他满心以为受封赏的四个人都应该感恩戴德，没想到最终效果非常差，因为这四个人中有人对这个封赏非常不满。

第一个不满的就是朱滔，他认为自己最先出兵，又帮助朝廷策反了张孝忠，可谓是劳苦功高，两个州的奖赏实在是太少了。而且德州、棣州离自己的卢龙太远，他更想要的还是旁边的深州。更何况，早在出兵之时唐德宗便有过承诺，谁攻下的州县就归谁所有。深州虽然没被攻下，但刺史杨荣国是朱滔招降的，朱滔自然认为深州应该归自己所有。

唐德宗却不这么想，他认为按朱滔的功劳给两个州已经足够，杨荣国实际上投降的是朝廷，朱滔不过是朝廷的代表，所以他坚决不肯给深州。再三请求无果后，朱滔干脆自己占了深州，直接赖着不走了。

另一个不满的人就是王武俊，他认为自己杀死了李惟岳，应该是头功，现在居然和康日知这种没什么功劳的人一样，仅仅是一个观察使。再加上王武俊虽然一向和张孝忠齐名，但他心里非常看不上张孝忠，现在张孝忠成了三州的节度使，自己却只得了个团练使，王武俊心里哪咽得下这口气。偏偏在这时，唐德宗又下了道命令，让王武俊分给朱滔三千石粮食，再给马燧五百匹战马。王武俊第一反应就是朝廷不打算真的接纳自己，打完魏博后就准备调转矛头攻打恒州和冀州，所以现在才要把他的粮食和战马分出去，以便削弱他的力量。有了这种想法，王武俊干脆不接受朝廷的任命，自己占着恒州、冀州开始观望形势。

朱滔等人对朝廷不满的消息很快就传到了田悦的耳朵里，他意识到这是一个好机会，赶紧派判官王侑和许士则从小路前去深州劝说朱滔："您奉命讨伐李惟岳，短短一个月就攻下了束鹿，不久后又拿下深州，这才给了王武俊杀死李惟岳的机会，所以首功应该是您的啊！更何况陛下以前下旨说过，谁打下的州县就归谁所有，现在却反悔把深州给康日知，这完全就是背信弃义。当今天子一心想做秦始皇、汉武帝那样的帝王，本就想荡平河朔藩镇，把节度使全部换成朝廷的人，怎么可能允许卢龙一镇世袭节度使？您再看看昔日为朝廷立下大功的刘晏，仅仅因为一些莫须有的罪名，陛下就将他赐死，连妻儿也被流放到了岭南；梁崇义自己被杀了不说，还牵连了全家三百余口全部被杀，流出的鲜血连汉江都染红了，这样心狠的皇帝难道不值得我们警惕吗？如果魏博完蛋了，陛下再想攻取燕赵地区就如同牵着拉车的马匹一样容易，只有魏博保全了，燕赵地区才能够保全，唇亡齿寒的道理您应该明白。您不如出兵与魏博一起对抗朝廷，到那时河朔三镇连成一体，谁又能奈何得了我们？这才是万全之策。如果您肯出兵帮助魏博，田尚书也有重谢，他会将贝州割让给您，您早上到魏州，晚上贝州就归卢龙所有，希望您能够仔细考虑。"

朱滔心里本就对朝廷不满，又很有野心，听了王侑等人的话后立刻就心动了，再加上他早就想要贝州这块地盘，所以立马就同意了与魏博联手。随后朱滔先将王侑打发回魏州，好让田悦知道事情成了，一定要牢牢守住魏州以便等他领大军南下。朱滔知道光靠自己和田悦的力量肯定不够，所以他还要争取到成德的张孝忠和王武俊的支持，至少不能让他们与自己为敌。这里面最容易争取的自然是不接受朝廷官职的王武俊了，于是朱滔便让自己的判官王郅与许士则一起前去劝说王武俊。

"王大夫冒着九死一生的危险为朝廷诛杀了李惟岳，是此次平叛的头号功臣。康日知连赵州的门都没出过，有什么资格与您相提并论？但现在朝廷给你们的赏赐居然差不多，这简直就是在侮辱您，天下人都为这件事替您感到愤慨！现在又听说朝廷下诏让您拿出粮食和马匹给别人，估计朝廷是觉得您善于打仗，天下罕有能匹敌者，怕留着您会有后患，所以想先削弱您。等朝廷灭掉魏博之后，再让马仆射率军北上，朱司徒率军南下，一起将您灭掉。朱司徒因为担心朝廷以后也会这样对付自己，所以派我们二人来与您结盟，希望大家可以一同自保。光靠我们两家不够，还需要把魏博救下来，朱司徒希望能够与您一起去救援田尚书。这样做对您也是有好处的，朝廷让您拿出的粮食和马匹可以全部留下来自己用，朱司徒也不打算把深州交给康日知，而是想送给您，希望您快点派刺史前去接管。等救出田尚书以后，我们幽州、恒冀、魏博三家一起联手，互帮互助，那样朝廷也拿我们没办法了。"

王武俊此时本来就非常怀疑朝廷的用心，现在看朱滔要送深州给自己，于是立刻答应与幽州、魏博一起联合对抗朝廷。随后他让判官王巨源前去接管深州，并与朱滔一起约定出兵南下的时间。一时间河北的军阀们又开始蠢蠢欲动，只有张孝忠率军留在自己的地盘上观望局势。

唐德宗此时又犯了个错误。原本李纳已经答应投降朝廷，并派判官房说带着他弟弟李经和儿子李成务一起入朝请罪，只需要唐德宗走个过场接受李纳的投降，淄青便可以就此重归朝廷。但偏偏太监宋奉朝忽然跳出来表示反对，他声称李纳已经是强弩之末，朝廷不应该接受李纳的投降。唐德宗听了之后，觉得反正濮州很快就要拿下了，于是囚禁了房说等人，不接受李纳的投降。李纳收到消息后，知道投降无望，干脆再次扯起反旗，与田悦等人一起对抗朝廷。

这一来可就苦了此前投降朝廷的淄青将领。在李纳造反时，他任命的德州刺史李西华非常善于守城，都虞侯李士真就找准机会诋毁李西华，说他想投降朝廷，李纳信以为真，便将李西华召了回去，转而任命李士真为刺史。可惜李纳没想到，真正想投降朝廷的人是李士真。李士真很快就以议事为由召来了邻居棣州刺史李长卿，然后劫持他一起归降朝廷，德、棣两州因此回归了朝廷。然而在李纳再次反叛时，原先的各路唐军早已经撤了，只剩下李士真还留在德州，他深知自己抵挡不住李纳，只好对外寻求援助，而最好的求援对象自然是刚得到德州的朱滔。

朱滔得到李士真的求救后很快就派大将李济时带着三千人前往德州救援，声称要帮助防守德州，并召李士真前往深州商议军情。李士真本来就是朱滔名义上的下属，他做梦都没想到朱滔也想叛乱，所以毫无防备地去了深州，结果被朱滔扣押了下来，德州就给李济时了。

唐德宗此时还没有意识到河北的局势早已经发生了天翻地覆的变化，他见魏州久攻不下甚至还下令让朱滔、王武俊、张孝忠等人各出兵一万帮朝廷一起攻打魏州。王武俊见到使者后，二话不说就把人抓起来送给了朱滔，朱滔也明白王武俊的意思是该行动了，于是立刻召集全军说道："我一直在向朝廷请求为有功的将士进行赏赐，但朝廷不同意，现在我打算跟你们一起前往魏州，联合田悦一起打败马燧等人，然后占据河北自守，你们觉得怎么样？"

幽州众将闻言色变，他们哪里知道朱滔竟然是想叛乱，所以迟迟不敢答应，一直等到朱滔问了三次后，才有人站出来劝道："以前幽州将士跟随安禄山、史思明南下，历次大战后没有一个人能活着回来，他们亲人的悲泣声至今还在幽州城内回荡，我们叛乱只怕难有好下场。更何况您和您哥哥深受国家大恩，将士们也都获得过朝廷的封赏，现在大家觉得还算满意，不想再叛乱了。"朱滔怒火中烧，但也无可奈何，只好暂时打消出兵的念头。

朱滔的表弟刘怦，时任涿州刺史，听到消息后，也写了封信劝朱滔："司徒您现在为朝廷镇守一方，您哥哥朱泚在朝中的地位和宰相差不多，朝廷实在是待你们不薄。今日在你们的家乡昌平还有太尉乡、司徒里，这都是万世不朽的功业啊，我们应该以忠顺之心对待朝廷，那样子孙后代方可保全。看看当年造反的安禄山、史思明，他们不顾生死要反抗朝廷，现在身死族灭，这难道不是教训吗？还希望司徒您多加考虑，不然将来后悔恐怕就来不及了。"虽然朱滔一向很信任刘怦，但这件事却死活不愿意听他的，可怜刘怦一番良言全成了耳旁风。

随后几天，朱滔偷偷地将此前劝谏的几十位将领全部杀死，对士兵又厚加安抚，军心这才慢慢稳定下来。只不过这样下来时间就耽误了，加上朱滔杀的人太多，动静太大，他想叛乱的消息很快就传到了康日知的耳朵里。康日知立刻将得到的消息告知马燧，马燧不敢怠慢，马上上奏唐德宗，希望能尽快采取措施。

唐德宗却认为魏州久攻不下，王武俊又反了，朝廷根本没有足够的力量对付朱滔，于是封了朱滔一个通义郡王的爵位，希望能就此稳住他。遗憾的是，朱滔并不买账，反而抓住机会稳定了军心，又将深州交给王巨源，然后派兵前往赵州攻打向朝廷通风报信的康日知，王武俊很快也派儿子王士真带着人马一起围攻赵州。康日知通风报信不但没有得到赏赐，反而使他成了第一个挨打的。

朱滔想率军南下，但张孝忠兵强马壮，又不肯合作，想打他也不容易，于是派了蔡雄再次前去劝说张孝忠，希望他能与自己一起南下。张孝忠却是一笑："以前朱司徒劝我归降时可是说李惟岳是逆贼，而我归降朝廷就是忠臣，我这个人比较耿直，朱司徒的话我一直都记在心里，现在既然已经做了朝廷的忠臣，也就不想再去帮助逆贼。更何况我了解王武俊，他为人反复无常，不值得信任，还是请朱司徒先小心他吧。"蔡雄无奈下只得回报朱滔，朱滔听后好不尴尬，也不好意思再派人去劝说张孝忠了。再三思考后，朱滔将不同意自己起兵的刘怦扔在后面，让他驻军防备张孝忠的突袭。

以为一切问题都解决后，朱滔就带着两万五千名步骑兵从深州出发南下，结果当天晚上在束鹿驻扎时，军内却发生了动乱。为祸八年的安史之乱起于幽州，安禄山、史思明都是先在幽州起兵，然后率军南下。然而几年的征战下来，随他们一同南下的将士往往都战死沙场，没有几个人能活着返回幽州，所以幽州将士对反叛这件事非常抵制。士兵们得知要南下救援田悦后，立刻就吵了起来："皇上下令让司徒率军回到幽州去，为什么现在忽然要违背朝廷的命令，南下救援田悦这个反贼？"这让朱滔大为意外，他没想到将反对的将领杀光后士兵又跳了出来，惊慌之下只得躲到驿站后面不敢出来。

这种情况下，蔡雄只好跟兵马使宗顼一起站出来忽悠大家："以前司徒接受诏命讨伐李惟岳时，皇上曾许诺谁能攻下成德的州县就归谁所有。司徒想到我们幽州缺乏丝帛，于是带着你们一路浴血奋战攻下深州，希望得到那里的丝帛来减轻你们缴纳赋税的负担。没想到李惟岳被灭之后，皇上竟然反悔了，他转手就把深州交给了康日知。再说朝廷为了奖赏你们的功劳，曾赐给你们每人十匹绢帛，但刚运到魏州附近就被马燧带人抢了。就司徒个人而言，他只要待在范阳就可以尽享富贵了，但你们不一样啊！司徒这次南下，只是想替你们索取财物，如果你们不想南下就返回幽州好了，何必在军中无故喧哗呢？"众人听了蔡雄这番话后不好再说什么，只好把蔡雄口中让马燧抢走赏赐的敕使杀死泄愤。

看到众人把矛头转向敕使，蔡雄刚松了一口气，没想到士兵们马上又吵起来了："虽然我们知道司徒这次率军南下是为我们做打算，但我们不想帮助叛贼，还是按皇上的旨意回幽州去为好。"蔡雄只好再次骗道："既然这样，司徒肯定听你们的，明天我们就回深州，休息几天再回幽州。"士兵们听后放下心来，这才各自散去。

朱滔第二天果真带着军队返回深州，但他显然不是要就此回幽州，而是暗中把之前带头闹事的两百多个士兵全部抓起来杀掉，吓得剩下的士兵们两腿发抖，威慑效果达到后，朱滔再次率军南下。这一次终于没人敢阻止朱滔了，他一路南下，顺利到达了宁晋（今河北宁晋县），等待王武俊的到来。

王武俊之所以还没有到达，也是因为有人劝阻。而劝阻他的不是别人，正是他的老部下孟华。孟华原本是成德的节度判官，在李惟岳被杀后奉命带着李惟岳的人头前往长安朝见天子。孟华为人忠厚耿直，又颇有才华谋略，到长安后的一番问答让唐德宗非常高兴，被直接任命为恒冀团练副使。正好此时王武俊和朱滔造反的消息传到了长安，唐德宗赶紧让孟华带着圣旨赶回恒州，希望能够劝阻王武俊。只可惜孟华还是晚了一步，等他到达恒州时，王武俊的部队已经出发了。

孟华依然没有忘记自己的使命，他快马加鞭追赶上王武俊，然后劝道："我这次从长安回来，知道陛下对王大夫寄予了很深的期望，把您视为朝廷的股肱之臣，只要您能够效忠朝廷，官职爵位和土地哪还需要担心呢？现在康中丞虽然还在河北，但不久的将来陛下肯定要把他调去别的军镇，到那时深州和赵州肯定不可能给张孝忠，那就只能交给您了。既然迟早都会得到深州和赵州，现在何必为了区区一个深州背叛朝廷呢？如果没成功，将来想后悔也来不及了，还请您仔细考虑。"

孟华曾经担任过李宝臣的幕僚，因为为人太过正直，得罪过很多同僚，再加上他又被唐德宗任命为恒冀团练副使，很多人都非常嫉恨他。还不等王武俊说什么，立刻就有人跳出来诬陷孟华："孟华这次去长安，肯定将我军中的底细全部报告给了朝廷，所以才会被破格升官，现在他又不停帮着朝廷说话，这次回来就是做卧底的，留着他迟早要害我们兵败身亡，还请您赶快把他杀掉以振军心。"王武俊虽然也对孟华不满，但念在他跟随自己已久，实在是下不了杀手，最终只是削去他的官职，让他回家反省。

处置完孟华后，王武俊便亲率一万五千名步骑兵南下攻取元氏（今河北元氏县），然后向东进军到宁晋与朱滔会合。田悦得知朱滔和王武俊南下救援后非常兴奋，坚守的心更加坚定了，还派大将康愔率领一万多人出击，企图一举击败唐军，用一场胜利迎接朱滔等人。不过田悦显然想多了，康愔在御河附近被马燧打得落花流水，只得再次溜回魏州。

唐军虽然获胜，危机依然非常严重。朱滔等人越来越接近，唐军却依然无法团结起来，内部各路人马矛盾重重，主要矛盾还是集中在马燧和李抱真两人身上。此前就是因为两人的矛盾才导致洹水之战进军迟缓，给了田悦喘息的机会。在这之后他们两人还是没有一点改变，不但不配合，反而经常吵架，事事推诿指责。结果两人矛盾越来越深，每天连面都不见了，其他各路人马也因此跟着停顿不前。远在长安的唐德宗知道马燧和李抱真两人不和之后，甚至派了使者去做调解，结果两人依然不买账。

唐军到达魏州之后，田悦曾在夜间派人出来劫营，被攻击的正是马燧所部，李芃等人都率军前去支援了，只有李抱真守在自己营中，死活不肯出战。因为攻城器械大多在昭义军那里，马燧为了攻打魏州就去请求李抱真把攻城器械拿出来大家分了，然后一起攻城，功劳大家一起平分。没想到李抱真竟然拒绝了，他表示自己要独当一面，大家各自前去攻城，谁能打下各凭本事。这么一来唐军根本无法集中全力攻城，破城之日更是遥遥无期。

王武俊攻打康日知时，李抱真又派了两千人回去守卫邢州。这下把马燧惹怒了，他当场大骂道："现在敌人都没有消灭掉，大家应该齐心合力才对，李抱真这时候居然还想派人回去守卫自己的地盘，到底想做什么？既然这样，那大家就都别干了。"打算就此率领河东军撤回太原。

关键时刻，还是李晟站出来做了和事佬，他劝马燧说："李尚书是因为邢州和康日知的赵州接壤，不得不分兵回去邢州防守，这是职责所在，而且也没有什么坏处。但你在军中这么大吵大嚷又要领兵走人，这像什么话？"马燧渐渐冷静下来，意识到李抱真的做法没有问题，是自己太过小人之心了。

马燧是一个正直的人，他意识到自己错怪李抱真以后便独自一人骑马前往李抱真营中致歉，李抱真非常感动，两人就此修好。刚好这时洺州刺史田昂请求入朝，马燧就上奏请求把洺州交给李抱真管辖，并让卢玄卿担任刺史兼魏博招讨副使。李抱真随后也投桃报李，请求让原先隶属于自己的李晟所部神策军也同时隶属于马燧，以示两人之间坦诚相待。随着马燧和李抱真的修好，唐军终于有了和叛军一较高下的资本。

战争仍在继续，最急的是不是朱滔、王武俊，也不是困守魏州的田悦，更不是马燧、李抱真等人，而是长安的唐德宗。唐德宗之所以着急，是因为打仗实在是太费钱了。

自从唐军出师以来，每个月都要消耗一百多万缗钱，此时国库只够支撑数月。曾经的理财专家刘晏早已经作古，善于理财的宰相杨炎也在一年前被赐死，此时掌权的宰相卢杞只会玩玩排除异己的手段，哪会管什么钱财。病急乱投医的唐德宗在太常博士韦都宾、陈京的建议下打了商人的主意，他派人在长安城里向富商们征借钱财，结果到实际执行时往往变成了强行索取，闹得长安城里大家都惶惶不可终日，即使是这样，征集到的钱财也不够一个月的军费。无奈之下唐德宗只能把希望寄托于河北众将快点击败叛军，为此他再次从西线战场调来一员大将前往河北，这位大将就是时任朔方节度使的李怀光。

李怀光是渤海国的粟末靺鞨族人，本姓为茹，父亲在世时全家移居到幽州，因为父亲在朔方军中屡立战功，所以被赐姓为李。李怀光年少时就加入了朔方军，以勇猛善战著称，当时的朔方节度使郭子仪非常看重他。郭子仪为人比较宽厚，管理部队比较松散，军纪方面就全部落在了李怀光身上。李怀光出手狠辣又冷酷无情，全军上下对他都非常惧怕。

唐德宗即位后，为了分散郭子仪的兵权，就将他手下的各州分给了几个部将，李怀光也在这时担任了邠宁节度使。正是因为有李怀光在西线镇守，吐蕃很多年都不敢入侵，李怀光也因功调任朔方节度使。眼看河北的局面越来越恶劣，唐德宗不得不打出李怀光这张牌。

这一年五月，李怀光正式率领朔方军和神策军的一万五千名步骑兵前往河北平叛，王武俊和朱滔得到消息后也从宁晋南下。在朱滔南下的路上，他的女婿郑云逵因为不看好他，走到宗城时竟然跟田景仙两个人脱离了大部队，跑去投降了唐军。

郑云逵可不是个让人省心的主，此前在幽州就和卢龙节度行军司马蔡廷玉闹得鸡飞狗跳，朱滔为了帮女婿，开始在幽州针对蔡廷玉。蔡廷玉是朱泚的人，他伙同朱体微在朱泚面前诬陷朱滔，朱泚和朱滔为了这事闹得不可开交，最后，唐德宗为了讨好朱滔，将蔡廷玉和朱体微两人贬了官，这事情才算过去。没想到到头来，好女婿郑云逵却依然抛弃了岳父，投入了唐朝的怀抱。

当然，这只是个小插曲，阻碍不了朱滔南下，不久后朱滔就和王武俊到达了魏州城下。田悦得到消息后，立刻率领魏博军开城出迎，大备酒食宴请朱滔等人。魏州军民看到援军到达，欢声雷动。朱滔随即在惬山修筑营垒，准备在此驻扎下来。

说来也巧，就在这一天，李怀光刚好也率军到达，马燧等人全军出动，以盛大的军容迎接李怀光。大概是唐军的动静太大，朱滔马上就得到了唐军出营的消息，吓得他以为唐军要来攻打自己了，这时候他连营垒都还没建好，但也不敢耽搁，只好先带着军队列阵防备唐军进攻，没想到这样一来反倒被唐军盯上了。

李怀光这人一贯有勇无谋，他见朱滔也是刚到，还在忙着建营垒，就想趁机先把朱滔干掉。马燧听到后连忙阻止，觉得他奔波劳碌，可以休整一下，先观察出敌人的破绽后再出击。李怀光听了不高兴了，他认为："如果等朱滔把营垒修筑完成，那将后患无穷，我们再想打他就不容易了，眼下正是好机会，绝对不能错过。"说完后也不顾马燧阻拦，直接率军从惬山西面向朱滔发起了进攻。

幽州军远道而来，又建了半天的营地，根本没有力气抵挡唐军，很快就全部崩溃，丢下一千多具尸体后四散而逃。田悦看到幽州军被击败，也吓得不得了，他想带着魏博军队前去救援，但魏博军队最近屡战屡败，士气低落到极点，一时半会儿竟然连列阵出战都做不到。李怀光见魏博军这么不顶事，大喜过望，立即下令让士兵杀入朱滔营中。朱滔营中有很多财物珍宝，这些士兵进去后不再追击幽州败兵，转而一起抢夺朱滔营中的财宝。

此时，王武俊拍马赶到，他本来是来救援朱滔的，现在见唐军已经乱成一团，立刻派部将赵万敌率领手下两千骑兵从中间将唐军截为两段，分散后的唐军一时间更为混乱了。朱滔也趁机组织起军队重新发起反击，唐军顿时大败，只得疯狂后退逃跑，结果很多人都被挤下永济渠淹死，士兵们自相践踏，死伤无数，尸体堆积如山，连河流都因此无法流动，李怀光、马燧等人只好带着余部回营防守。

当天夜里，朱滔等人再次出动，他们在永济渠上游筑起了堤坝拦截，然后将水导入王莽故河，以断绝官军的粮道和退路。马燧等人第二天醒来才发现，退路已经完全被大水淹没，水深达三尺，根本就没办法通行。这下轮到马燧着急了，他带的粮食本就不多，如果退路被阻断，又没有粮食后勤支援，全军覆没是迟早的事，他苦思冥想之后终于想出了个办法。

第二天，马燧仗着自己与朱滔有姻亲关系，派人给朱滔送了一封信，信上写着："我此前不自量力前来讨伐魏州，结果在这里与你们相遇了。王大夫勇猛善战，天下罕有能匹敌之人，我战败也是理所应当。只希望朱公念在我俩姻亲情分上能放我一马，让我率军返回河东，其余各位将军也会跟我各自撤军回镇，等我回去后一定禀告陛下，请他将河北的事情全部交给朱公决断。"

朱滔看完信后大喜，再加上他本就忌惮王武俊功劳太大，怕以后控制不了他，所以立刻就答应了。随后他告诉王武俊："现在朝廷的军队已经败了，马公都这么卑躬屈膝写信向我求和了，我们也不应该逼人太甚，还是放他们离开吧。"

王武俊不同意："马燧等人都是当朝名将，现在率领十万大军前来讨伐我们，结果竟然一战就败，朝廷的脸面都让他们丢尽了，他们还怎么好意思回去见天子？我打赌他们写信求和只是权宜之计，他们离开这里不出五十里，绝对会再次与我们交战，所以千万不能答应他们。"朱滔不以为然，执意要放唐军离开。

马燧得到消息后，怕朱滔等人反悔，立刻与各军一起蹚水渡河向西而行，一路跑到魏县（今河北魏县），重新驻扎下来对抗朱滔等人。这时朱滔也发觉自己上当了，赶紧向王武俊认错，王武俊表面上虽然没说什么，心里却已经扎下了一根刺，这件事也为两人日后的翻脸埋下伏笔。不久后朱滔等人也率军在魏县东南扎营，与马燧等人隔河对峙。

朱滔等人大获全胜，李纳却在南边被刘洽打得节节败退，无奈之下只好向北面的几位同盟求援，朱滔等人立刻派遣魏博兵马使信都承庆前去救援，将围攻濮州的宣武军击退。随后李纳乘胜进攻宋州，在刘洽等人的坚守下，未能攻克，于是他只得让兵马使李克信和李钦遥分别驻守濮阳（今河南濮阳市）和南华（今山东东明县），与刘洽隔河对峙。

战局逐渐相持，几位反叛的节度使又有了新的想法。田悦因为感激朱滔前来救援自己的恩情，就和王武俊商量想拥立朱滔为王，他们都做朱滔的臣子。朱滔深知自己的实力并不能使田悦和王武俊信服，赶紧劝阻道："惬山之战获胜，你们两位也是出了大力气的，我怎么好意思因为这个功劳而独自称王呢？"

一番推让，幽州判官李子千、恒冀判官郑濡等人想出了一个办法："既然拥立一个王谁做都不合适，干脆连同淄青的李纳一起建立四个国家，大家全部称王，但是年号不变。我们这就好比春秋战国时诸侯侍奉周朝一样侍奉唐朝，然后筑坛结盟，谁不履行盟约，大家就一起讨伐他。现在如果不这样做的话，那我们永远都只是叛臣，手下的将士们也会觉得无所适从，对朝廷开战既没有名义，将士们也得不到封赏，他们之后还能有什么指望呢？”

朱滔等人听后觉得在理，于是各自称王，朱滔称冀王、田悦称魏王、王武俊称赵王、李纳称齐王。随后朱滔等人设坛盟誓，自封王位，并推举朱滔为盟主，自称“孤”，王武俊、田悦、李纳自称“寡人”，他们居住的房屋改称“殿”，下达命令称“令”，手下的上书称“笺”；四人的妻子改称“妃”，长子改称“世子”。四人又将各自管辖的州改称“府”，并分别设置留守和将军加以管辖，其余一切官职制度全部模仿朝廷的规矩，只是换了个名字，比如中央的中书省和门下省，到他们这里成了东西两曹，侍中和中书令就成了左右内史。

唐德宗还没来得及对付这四位“大王”，南面就发生了更大的叛乱——平定梁崇义的功臣李希烈起兵造反。为了镇压李希烈，唐德宗不得不从关中调兵，结果却引发了泾原军的叛乱，最终唐德宗不得不狼狈逃往奉天。

原本此时李晟已经在北面与王武俊等人再次交锋，马燧、李抱真等人也准备重整旗鼓与叛军再度决战，但当泾原兵变的消息传来时，这一切都落空了。

长安失陷的消息传到魏县的唐军大营，众将听后无不齐声大哭，此时的首要任务已经不是对付河朔的藩镇了，而是前往奉天救援唐德宗。一番合计以后，李怀光当先率领朔方军前往关中救援，马燧和李芃也各自率军返回本镇，只留下李抱真退到临洺驻扎。

唐军主力的撤退，意味着唐德宗的削藩计划就此失败。

大局初定——成德魏博复归中央

建中四年（783 年），这一年对大唐王朝而言无疑是惨痛的一年，唐军不但在南面被李希烈打得节节败退，还引发了泾原兵变，唐德宗不得不逃往奉天避难，关中的大片土地都被朱泚占据。为了救援天子，留在河北的唐军众将也不得不各自返回，只留下李抱真独自在临洺防备朱滔等人。

李抱真敢于留在临洺，不是因为他有把握独自对抗魏博、恒冀、幽州三方的兵力，而是因为他已经说动了王武俊。王武俊之所以心动，很大一部分原因是他和朱滔不和。

在魏州的时候，就是因为朱滔一意孤行才放走了马燧等人，结果反而让王武俊等人陷入了被动。当时唐军与魏博等三镇联军谁也不能击败谁，只能相互对峙，但官军有度支使专门运送粮食，有作为替补的士兵，朱滔和王武俊却是孤军深入，什么补充都没有，全部依靠田悦供给。正所谓三个和尚没水吃，更何况是已经沦落为穷和尚的田悦，很快田悦就负担不起了，三家也因此越来越困顿。王武俊认为这一切都是朱滔惹出来的祸事，所以内心对朱滔很是痛恨，尽管朱滔道了歉，但他依然心存芥蒂。

正巧在这时，李晟觉得魏县这边没什么进展，便上奏请求独自率军北上救援被攻打的赵州，以便之后与张孝忠一起进攻幽州。唐德宗答应后，李晟率军赶到赵州，对攻城的王士真所部发起突袭，王士真猝不及防，只得狼狈而逃，手下大将张钟葵也被康日知斩杀。在赵州休整三天之后，李晟又有了新的作战计划，他想攻下涿州和莫州，以便断绝幽州和魏州之间的通道。张孝忠也赞同这个计划，便让儿子张茂昭率军与李晟一起出击，将朱滔任命的易州刺史郑景济围困在了清苑（今河北保定市清苑区）。

朱滔很快得到了消息，他当然不可能放任不理，于是与王武俊一起派兵北上救援，结果在白楼（今河北白楼乡）败在了李晟手下。这下朱滔再也坐不住了，他下令让部将马寔率领一万步骑兵留在魏县，与王武俊等人继续与唐军对峙，自己则亲率一万五千名步骑兵前往清苑救援。朱滔北上以后，双方在清苑大战一场，这次轮到李晟大败了。此战后朱滔撤回瀛州驻扎，张茂昭也退到满城，神策军则因为李晟得病而退回定州（今河北定州市）。

王武俊见朱滔打败了唐军，居然没有回魏县，反而去了北面的瀛州，内心觉得奇怪，于是派他手下的给事中宋端去瀛州催促朱滔。宋端见到朱滔后，言辞上有些无礼，惹得朱滔非常不痛快，他派人告诉王武俊："我暂时还没有回魏县，是因为最近患上了热病，需要在北面疗养，没想到赵王你竟然因此对我说三道四，实在是太伤我心了。想我朱滔为了救援魏博，背叛自己的君王，抛弃自己的兄弟，做得就好像脱去没有跟的鞋子一样容易，这一切不过是为了全我河朔三镇的义气。现在因为这点小事你竟然就怀疑我，我也没办法，你爱怎么想就怎么想吧。"

这番话让王武俊大吃一惊，他当然不愿意开罪朱滔，便立刻找到马寔为自己辩解。马寔派使者报告朱滔："赵王知道宋端对大王无礼，已经狠狠责备过他了，赵王自己并没有别的意思，还请大王不要多想。"王武俊随后也派承令官郑和跟随马寔的使者一起前往瀛州拜见朱滔，就之前的事情向他道歉。朱滔见王武俊向自己道歉，心里颇为得意，也就原谅了他，此后对待王武俊一如既往。

事实证明，朱滔终究不如张孝忠了解王武俊。虽然这只是一件小事，王武俊却记在了心里，他虽然主动道了歉，但实际上心里对朱滔更加怨恨。

也就在这时，李抱真觉得与河朔三镇正面交锋实在占不了便宜，便打算试探能否招降对方，于是他派了门客贾林前去面见王武俊。贾林知道直接去求见肯定不可能，连对方军营都进不去，便假装是逃去投降的唐军，王武俊果然接见了他。贾林见到王武俊后，一开口便语不惊人死不休："我这次其实并不是前来投降的，而是奉了陛下的诏命。"

王武俊一听脸色都变了，但他还是让贾林继续说下去，贾林便说道："陛下一直都知道王大夫是个忠义之人，在与朱滔等人登坛称王时，您还捶着自己胸口对左右随从说，'我本来是想效忠朝廷的，只是无奈天子不能明白我的用心，逼得我不得不背叛朝廷。'马燧、李抱真等将领知道这件事后，派使者将此事上奏给了陛下，陛下听后非常感动，他还告诉使者，'以前的事全是我的错，现在我后悔不已，朋友之间有了错误都可以道歉，我作为四海之主，又怎么会因为这一点小事介怀呢？王大夫如此忠义之人竟然被迫投身于贼，这是我的过失啊！只是不知道他是否愿意重新归降朝廷？'这就是我如今到来的原因，还请王大夫多加考虑。"

王武俊听后沉默良久，回答道："我一个胡人将领，都懂得治理天下需要安抚百姓，天子当然更不可能依靠杀人来平定天下。现在我们四镇虽已结盟称王，但形势也并不好，太行山以东至少有五路朝廷大军，就算我们能击败他们，等获胜以后我们的人只怕也剩不了多少了。到那时百姓曝尸荒野，我们又靠谁来守卫土地呢？我现在之所以不愿意归降朝廷，并不是因为害怕，而是因为我已经和朱滔、田悦他们订立了盟约。你也知道我们胡人素来性情耿直，实在不愿意做这种违背盟约的事。不过我可以向你保证，如果朝廷能够赦免我们几人的罪名，我愿意带头说服他们一起取消王号，重新归顺朝廷。如果他们有人不愿意的话，我一定拼死力劝。这样一来我上不负天子的看重，下也不负朋友之间的情义。如果陛下愿意按照我说的这样做，我可以保证，河朔地区用不了五十天就可以完全平定。"

贾林当然做不了这个主，他本就只是来试探情况的。王武俊实际上也是在试探朝廷的态度，毕竟割据为王就像他自己说的，实在是不太靠谱，更何况还有朱滔那样的盟友，还不如做唐朝的节度使。

贾林此次出使虽然没取得什么实际的成果，但也成功地为王武俊和李抱真搭上了线，此后两人之间的联系不断。

在马燧等人退走以后，田悦还是不忘临洺这个眼中钉，他便劝王武俊与马寔一起率军去攻打李抱真，王武俊刚跟李抱真搭上线，哪肯同意出兵。李抱真也知道王武俊等人可能会来进攻，便再次派贾林去见王武俊，然后告诉他："临洺虽然小，但易守难攻，现在城里士卒精锐，粮草辎重储备丰富，不是你们能轻易打下的。再说就算您攻下了临洺，又有什么好处呢？这里距离您的地盘那么远，您怎么占据得了？到时候得利的只是魏博。要是您不能获胜，手下的兵马恐怕会遭受重大损失，实在是得不偿失。易州、定州、沧州、赵州以前都是成德的故地，这些地方才是您现在应该攻取的。"

王武俊原本就不想打李抱真，现在听了贾林的一番话后自然更不愿意了，他很快就以军队需要休整为由，拒绝了田悦的出兵计划，并且与马寔一起率军向北返回。田悦见王武俊要走也没有办法，只好在馆陶（今河北馆陶县）为王武俊一行人饯行，然后送给恒州、冀州、幽州众将士大批的礼物，让他们与王武俊、马寔一起向北而去。

与马燧等人的黯然离去不同，朱滔这一阵子宛如阪上走丸。泾原士兵因为赏赐太少，一怒之下攻入长安将唐德宗赶走了。事后众人总算想起来要推举一个领头人，他们推举的领头人不是别人，正是朱滔的哥哥朱泚。

泾原将士推举朱泚这事还得算在杨炎头上。杨炎赶走段秀实后便将李怀光调为泾原节度使，但李怀光做邠宁节度使时曾把手底下的一干老将全杀了，这样的坏名声传出来之后，刘文喜等泾原将领哪还敢让李怀光前来，只好上奏唐德宗说希望让朱泚来担任节度使，朱泚出此被封为泾原节度使。虽然后来刘文喜还是叛变了，但因为形势所迫以及这段担任节帅的感情，此时泾原将士就将朱泚推了出来。这时候的朱泚失势已久，长安的困顿日子让他对朝廷早已不再怀有忠诚，他很快就在源休等人的劝说下登基称帝，并率领大军将唐德宗重重围困在奉天城内。

河北方面，朱泚也给朱滔写了一封信过去："三秦之地，我指日便可以平定，河北就交给你了，我们俩在洛阳会师。"朱滔收到信后喜不自胜，举手投足间都是一副"皇太弟"的做派。

如果朱滔自己在幽州做"皇太弟"也就算了，偏偏他不知道收敛，拿着信对王武俊、田悦等人炫耀，言语间更是自吹自擂，这就让王武俊等人心里不舒服了。要知道，之前四人商议一起称王时明确约定过，大家都是诸侯王，平起平坐，但现在因为朱泚称帝了，朱滔便处处以"皇太弟"自居，弄得其他三王好像低他一等一样。就连因朱滔救援才活下来的田悦都对此非常不满，他私下对王武俊说："我觉得朱滔为人奸邪险恶，我们一定要小心提防，免得他到时连我们也一起吞并了。"

王武俊等人对朱滔的态度变化李抱真自然看在眼里，他又一次派贾林前去游说王武俊。因为奉天的形势越来越危险，贾林这一次也不再多绕圈子，一见面就直接点出了朝廷现在的局势："自古以来国家遭受祸乱都是很正常的事，但这并不代表国家不能因为祸事而再度兴盛，昔年少康中兴大夏、光武中兴汉室，都是可以看到的事实。当今天子是我大唐第九任皇帝，聪慧过人而又英武非凡，这样的人谁敢说他不能复兴祖上基业？天下又有谁肯舍弃如此圣明的天子而去侍奉朱泚这个逆贼呢？"

说完朝廷的局面后，贾林话锋一转，开始说朱滔这个人："我再说朱滔，自从他担任盟主以后是什么样子，王大夫您比我更清楚，他对你们几位一起称王的人都非常瞧不起。自古以来河朔地区就只有一个冀州，还是王大夫您的地盘。现在朱滔号称冀王，西面依靠哥哥朱泚，北面又拉拢回纥人做盟友，他想吞并整个河朔地区的野心昭然若揭，如果您不早做打算，只怕以后想做他的臣子都不可能。"

最后贾林又说王武俊："王大夫您勇猛过人，又善于打仗，在天下都罕有敌手，朱滔又哪有资格与您相比？您与朱滔本来就不一样，您原先就是因为心怀忠义，亲手杀死了李惟岳，然后投降了朝廷，只不过因为宰相处理不当让您与朝廷产生了误会，再加上朱滔挑拨离间，这才闹到今天这种地步。现在既然误会已经说清楚了，不如就此与昭义军联合攻打朱滔，我们两军只要合力，必定能够成功。等朱滔灭亡后，朱泚也就掀不起什么风浪了，到那时王大夫您就是本朝的再造功臣，这种功业可不是什么时候都能有的！有了这等功业，还怕不能转祸为福吗？现在天下各镇兵马都像车的辐条集中于车毂一般合力攻打朱泚，他肯定撑不了多久就会被灭掉。如果等到天下已经平定，王大夫才悔改，想重新归降朝廷，那就已经太晚了。"

不得不说，贾林的嘴皮实在是太厉害了，一番话说得王武俊一愣一愣的，他沉思良久，终于一撸袖子，一拍桌子下了决断："我连拥有二百年国祚的大唐天子都不侍奉，又怎么能给朱滔这个乡间来的小子做臣子呢？！"贾林听后大喜过望，知道事情已经成了，立刻回去告诉李抱真。不久后，王武俊就偷偷与李抱真、马燧等人结盟，互相之间以兄弟相称，约定一起把朱滔收拾掉。

不过这时候朱滔兄弟势头正盛，王武俊也不敢直接跳出来与他们为敌，表面上依然尊朱滔为盟友，就连对他的使者也没有丝毫不敬。不但如此，王武俊还与田悦一起派遣使者到瀛州去拜见朱滔，祝贺他朱家出了一个"皇帝"。随后王武俊请求朱滔派马寔率领军队与他一起攻打康日知的赵州。攻打赵州实际上就是装装样子麻痹朱滔，哪能有什么结果，攻打几天之后就各自散去。

王武俊等人之所以还不动作，其实也是在观望形势，所谓的形势就是指奉天之战的胜负。如果唐朝获胜，为朝廷立功自然希望大增；如果唐朝失败，恐怕连唐德宗都难逃一劫，想再整山河完全就是一场空谈。

幸好，没让大家等太久，奉天之战的结果就出来了。虽然朱泚几度差点攻下奉天城，最接近时箭矢甚至就落在离唐德宗三步远的地方，但最后终究没能攻下。最早从河北撤军的李怀光率领朔方大军赶到，朱泚不得不狼狈退回长安。

随着奉天之战的结束，王武俊等人也坚定了倒向朝廷的心。唐德宗为了集中力量对付朱泚，派人去劝说王武俊、李纳、田悦等人，答应赦免他们的罪行，并许诺给他们高官厚禄。田悦和李纳也都暗中向朝廷表示归降的想法，只是表面上没有和朱滔绝交，大家依然一样称王。

朱滔还不知道其他三个王已经倒向了朝廷，他正打算率军入关支援朱泚，于是派虎牙将军王郅前去劝田悦："以前你遇到危险时，是我和赵王不惜冒着生命危险赶去救助你的，最终你才侥幸逃过一劫。现在我三哥在关中称帝，我想和回纥人一起去增援他，希望你也能率军与我一起渡过黄河攻取大梁。"

这下田悦犯了难，他当然不想去，但也找不到借口推辞，只好一直拖着，迟迟没给朱滔答复。朱滔对这样的结果自然不满意，他很快就派了中书舍人李琯去见田悦，直接问他到底要不要出兵。

田悦再也拖不下去了，只好召集扈崿等心腹商议。许士则当先发言："朱滔这个人反复无常又心狠手辣，实在不是可以一起共事的人。以前他在李怀仙手下担任牙将，后来却和哥哥朱泚以及朱希彩一起杀掉了李怀仙，转而拥立朱希彩为节度使，朱希彩因此十分宠信朱滔兄弟。结果朱滔又和判官李瑗一起谋杀了朱希彩，拥立哥哥朱泚做了节度使。朱泚当上节帅后，朱滔又劝朱泚入朝为官，让自己担任留后。虽说他是以忠义做借口劝告朱泚，实际却是想夺取朱泚手中的权力。最终朱滔成功了，以前替他出谋划策的李瑗等人却全部被杀掉。如今虽然朱滔与朱泚相互勾结，一旦成功，只怕他连朱泚也容不下，更何况我们这种盟友？朱滔这样的人，大王您还跟他讲什么信义呢？等他带着幽州和回纥的十万军队南下驻扎到郊外，如果大王您亲自出去迎接，很可能会被他擒住。等他囚禁了大王，兼并了我魏国的大军，然后再向南渡过黄河，与关中遥相呼应，那天下还有谁能够阻挡他？到那时大王就算后悔也已经来不及了。依我之见，不如先假装答应朱滔，但同时也要做好防备。等朱滔到达后，对他的迎接和犒赏一定要盛大丰厚，同行一事则找其他理由推脱，只派出部将率领一些兵马随他南下就是了。这样一来，大王对外不会得到忘恩负义的骂名，对内也可以避免发生祸事。"扈崿等人也认为这个办法可行，计划便这么定了下来。

与此同时，王武俊也听说了李琯到达魏州的消息，于是派司刑员外郎田秀赶来劝说田悦："我以前反叛只不过是因为宰相给的封赏太少，有损自己的利益，再加上你遇到危险，所以才与朱滔一起出兵攻打朝廷军队。现在圣上因为内外交困，愿意就此赦免我们，我们为什么不趁此机会重新归顺朝廷呢？难道放着历经九世的天子不去侍奉，而去侍奉朱滔兄弟吗？再说，我们以前称王时说好了大家平起平坐，但朱泚称帝后就轻视我们了，要是等他攻下了汴州和洛阳与朱泚会师，我们恐怕都只能做他的俘虏了。你千万要小心，不要跟随他南下，只需要关闭城门坚守不出就行了，等着看我和昭义军如何灭了他。到那时候我和你一起扫平河朔，然后再重新给天子当节度使，在一方逍遥自在不也很好吗？"田悦听后更加坚定了要站在朝廷一边的想法，只是表面上答应朱滔出兵。

不久，朱滔率领幽州五万步骑兵、一万私兵、三千回纥兵从瀛州南下，带的辎重首尾相连长达四十多里。路过王武俊的地盘时，王武俊犒赏了幽州军队。进入魏博境内时，田悦送来的犒赏更是丰厚。

不过朱滔没想到的是，等他走到永济（今河北馆陶县）时，再次派王郅前去约田悦前来相会，希望等他到来再一起渡河南下，田悦却很为难地拒绝了："我是想跟你一起率军南下，但昨天要出兵时，将士们都不肯行动，他们都说，'魏国军队此前被马燧等人打败过，后来又在魏州打了一年时间的攻防战，物资储备早就用光了，现在我们连饥寒都不能避免，又怎么能全军远征呢？大王每天亲自安抚，我们尚且不能让魏州安定，只怕大王早上离开魏州，晚上就会发生变故。'我现在真的拿将士们没有办法，实在无法离开魏州，最多只能派孟希祐带五千人跟你去一趟，想来也能替你干一些喂马之类的杂活。"随后田悦又派司礼侍郎裴抗与王郅一起去向朱滔请罪。

田悦这种鬼话当然骗不了朱滔，气得他大骂："田悦这个叛贼，以前你在魏州深陷重围时，是我背叛国君抛弃兄弟前去救你才让你侥幸存活了下来。原本你要让给我的贝州我推辞不肯要，后来你要尊奉我为皇帝，我也没有接受。现在你忘恩负义，骗我远道而来，自己却只说一些漂亮话，不肯率军与我一同南下。"

气愤之下，朱滔立刻让马寔前去攻打宗城（今河北广宗县）和经城（治今河北威县北五十里经镇）、杨荣国前去攻打冠氏（今山东冠县），随后又让回纥人在馆陶狠狠抢掠了一番，自己则率军北上围攻贝州，企图把当年田悦许诺的贝州要回来。可惜贝州刺史是魏博老将邢曹俊，在他的坚守下，朱滔无计可施。无奈之下朱滔只好放纵手下在魏博境内大肆抢掠，并派马寔率领步骑兵五千人驻扎到冠氏，向南威逼魏州。

田悦宁愿与朱滔翻脸也不肯发兵南下，当然不是因为士兵不愿意，而是因为唐德宗已经对除朱泚、朱滔兄弟外的四路反贼都许了诺，答应赦免他们的一切罪行，并封他们为节度使，王武俊如愿以偿地当上了恒州、冀州、深州、赵州的节度使，原先想要深州、赵州观察使的康日知则被调任同州刺史、奉诚军节度使，李纳得到了自己想要的郓州刺史和淄青平卢节度使，就连田悦都得到了一个尚书左仆射的虚衔，李抱真和张孝忠两人被加封为同平章事。这样一来皆大欢喜，人人都得到了自己想要的，田悦、王武俊、李纳三人立刻去掉王号归降了朝廷，当然再也不肯跟朱滔一起干了。

随着田悦、王武俊、李纳的归降，河朔地区大体上已经稳固了下来，朝廷形式上重新拥有了河朔地区，只剩下一个一心想做"皇太弟"的朱滔。在河朔诸镇的围剿下，他的末日也快来了。

洛阳之约——朱滔梦醒河朔

兴元元年（784年），刚刚改元的大唐王朝仿佛迎来了一个好兆头，一洗前一年的耻辱。先是奉天苦战击败朱滔，而后又有王武俊、田悦、李纳的归降，虽然叛乱还没有完全平定，但已经可以看到曙光了。

与此相反，朱家兄弟可谓是异常不痛快，尤其是朱滔。在朱滔心目中，自己可以说是河朔的救世主，他曾经说降过张孝忠、王武俊，但这些人现在都为了朝廷背弃他。最让他气愤的是，曾经被他救过的田悦，现在居然也站到了朝廷那边，还生生戏耍了他一通。

在田悦归降朝廷的情况下，朱滔本应该撤军回幽州，以免后路被王武俊、李抱真等人切断，但朱滔没有这样做。一方面是因为气不过，想给田悦一点教训；另一方面则是因为忘不了朱泚许下相会洛阳的约定，心里还做着当"皇太弟"的美梦。只可惜现实是残酷的，在魏博名将邢曹俊的坚守下，朱滔始终难以前进一步，他能做的就是不断咒骂田悦这个叛徒。

朱滔的嘴仿佛开了光，田悦竟然真的死了。田悦的死自然不是因为幽州军忽然小宇宙爆发攻下了魏州，与朱滔的咒骂也没有任何关系，只不过是因为魏博出了个"内鬼"。这个"内鬼"不是别人，正是田承嗣的第六子田绪。

田承嗣去世时，田绪年龄还非常小，田承嗣觉得儿子们都没有执掌军政的能耐，只有侄子田悦有这个本事，就将节度使的位置传给了田悦。田悦做节度使后也没有亏待堂弟们，他把这些堂弟当成自己的亲弟弟一样对待，为他们在魏博安排了要职，田绪长大后也被田悦安排负责执掌牙兵。牙兵一直是魏博军的精锐亲兵，田悦如此安排，足见他对田绪的看重。

不过田绪和其他兄弟不一样，他为人凶狠阴险，经常在外面闯祸，田悦不忍心杀他，遇到大错最多打他一顿板子就算了，但田绪却因此对田悦颇有怨言。再加上田悦生活节俭，平时的衣食十分俭朴，他对其他兄弟也如此要求，给他们的零用钱非常少，而田绪又喜欢乱花钱，因此老是不够用。这些原因导致他十分想把田悦除掉，只是一直没有机会。

随着河北战事的持续，魏博的将士们越来越反感打仗，再加上田悦的战绩也拿不出手，几乎可以说是屡战屡败，战亡比竟然高达十分之六七，魏博士兵怨声载道。魏博归降后，唐德宗便派给事中孔巢父作为魏博宣慰使，前往魏州抚慰。

孔巢父是孔子的第三十七世孙，年轻的时候与李白等人并称为"竹溪六逸"，非常有才华，多才善辩。孔巢父到达魏州后，田悦想折辱一下朝廷使者，举着拳头在酒席上炫耀道："凭我这一身本事，如果能得到重用，那所在之处必将坚不可摧。"孔巢父却是一声冷笑："你如果没有归降朝廷，就算有你所说的本事，也不过是一个厉害的贼寇罢了。"一番话说得田悦好不尴尬，只好自我解嘲："我做贼既然是厉害的贼，那做臣子肯定会是中兴功臣。"孔巢父这时方才说道："国家现在正好有危险，就看你如何做了。"随后孔巢父又向魏博的将士们陈述了一番叛逆朝廷招祸和顺承朝廷得福的道理，魏博众将士听后非常感动，纷纷大喊："没想到今天我等也能得沐天子教化。"在这一派喜气洋洋的景象中，田悦放松了戒备，他让侍卫们都下去喝酒庆祝，不再做任何防备。很快，田悦和很多将领都喝醉了。

当天夜里，田绪也喝多了酒，开始胡言乱语，他对几个侄子说："田仆射妄自起兵对抗朝廷，结果害得我们田家差点被族灭，他倒好，有了好处全部给外人，一点儿也没给过本家兄弟。"这几个侄子听了赶紧出来劝阻，但田绪喝多了酒哪里听得进去，他直接拔出刀把几个侄子砍了。杀了人之后，田绪的酒也醒了，他一时间慌了神，心里明白只怕这一次田悦不会轻易放过他了，索性带着人直奔田悦家中，想先下手为强，直接把田悦除掉。

等田绪翻过后院墙进入田悦家中时，田悦已经喝醉了，正躺在床上睡觉。田绪一看这么好的机会在眼前，丝毫没有犹豫，直接上前把田悦给砍了。可怜田悦就这么不明不白地死在了堂弟的手里，年仅三十四岁。随后田绪又将田悦的妻子高氏以及母亲马氏全部杀死。

虽然杀掉了田悦，但魏博还有很多田悦的亲信在，田绪便安置人手拿着刀在中门附近埋伏起来。等快要天亮时，田绪便假传田悦的命令，让许士则、扈崿、蒋济等田悦的亲信前来议事。

当时外面的人都还不知道节度使府上发生的变故，许士则和蒋济没有怀疑就来了，结果走到中门时就被埋伏的刀手乱刀砍死。田绪又等了一阵，扈崿还是没有来，他害怕再发生什么变故，干脆就带着手下人杀了出去，结果在门口正好遇到田悦的另一个亲信刘忠信正在打点仪仗，安排属官稍后进去参见节度使。田绪一看就急了，干脆大喊："刘忠信和扈崿两人密谋造反，昨天夜里已经将田仆射杀了。"门外的魏博众将一片哗然，纷纷拔刀去杀刘忠信。刘忠信还没来得及辩解一声就死在了乱刀之下。

就在这时，扈崿终于来了，不过他一个人来的，手下还带着大批士兵。这下田绪害怕了，他怕其他魏博将士不肯听自己的，光靠他一个人对付不了扈崿，便趁着扈崿还没搞清楚状况，带着几百个手下一溜烟逃了出去。

这一跑可急坏了魏博众将，他们已经知道田悦被杀的消息了，哪肯放田绪走，于是在孟希祐等人的率领下追了出去。田绪见后面有人追，跑得更快了，竟然直接跑出了魏州北门，这时候他才渐渐听到后面的喊声："你别跑了，节度使还需要你回去做，其他人做不了，赶快跟我们回去吧。"田绪这才反应过来，孟希祐等人还不知道真相，根本不是来杀自己的，而是要让自己回去做节度使。

一行人回到节度使府时，扈崿已经知道了真相，正带着人准备找田绪算账。田绪不愧是田承嗣的儿子，天生的"好演员"，他一边哭一边对着众人喊道："我是先节度使的儿子，你们都受过我父亲的恩惠，为什么现在要帮助扈崿这个叛贼对付我呢？只要你们能帮助我对付叛贼，兵马使赏钱两千，大将赏钱一千，其余士兵每人赏钱一百。扈崿死后，我一定拿出所有钱财，在五天之内如数付给你们。"

众将士一听有钱可拿，哪还需要犹豫，立刻转头杀了扈峍。

随后田绪带着众人去见孔巢父，向他请示魏博接下来由谁管理。孔巢父只好顺势让田绪担任魏博节度留后，代理魏博的一切事务，然后返回长安向唐德宗报告情况。几天之后，魏博众将士才发现被田绪耍了，田悦根本就是他亲手所杀，但木已成舟，众人也没办法，只好将错就错认田悦做了留后。

魏博发生变故时，李抱真和王武俊已经准备南下救援贝州，结果半路上接到田绪杀死田悦的消息，只好暂时按兵不动。朱滔倒是非常高兴，逢人便说："田悦忘恩负义辜负了我，果然遭报应了。"他随即让执宪大夫郑景济和大将马寔率领一万两千人南下驻扎王莽河威逼魏州，然后又让手下骑兵和回纥人一起四处抢掠。与此同时，朱滔又派人去劝田绪归降自己，表示愿意封他为自家的节度使。田绪此时内忧外患正值狼狈，于是立刻答应了，并派侯臧前往贝州城外回报朱滔。朱滔知晓后大喜过望，立刻让侯臧回去叫田绪约定双方结盟时间，大家赶快订下盟约。就在这时，李抱真、王武俊也派人前来找田绪，答应按照以前和田悦的约定，大家相互救援。

田绪发现自己竟然成了大家争抢的香饽饽，简直是又惊又喜，心想节度使旌节哪有其他人想要时那么难得到。不过面对两边伸过来的橄榄枝，田绪犹豫了，他不知道应该靠向哪边，只好召集部下商量。

他手下的幕僚曾穆和卢南史认为："用兵虽说是比谁更能打，但也要遵循仁义道德才能取得成功，不然迟早都会失败。朱滔此时还在劫掠魏州百姓，哀鸿遍野。虽说这是因为以前田悦有负于他，但这和老百姓又有什么关系？我们如果归降于他，只怕很容易就会失去人心。更何况朱滔本就是一个叛贼，眼下虽然强盛，但灭亡的时间已经快来了，昭义、恒冀的大军马上就要南下，他怎么抵挡得住？况且朱滔还在攻打我们，我们怎能跟随他一起叛乱呢？与其投降叛贼，还不如归降朝廷。天子现在还在外面流浪，只要派一个使者前去朝见，让他知道魏博的忠心，他肯定会马上派人来封赏。"田绪细想之下也认为归降朝廷更靠谱，于是赶紧派人去向唐德宗报告情况，果然被封为魏博节度使，此后他就坚守魏州，专心抵挡马寔的进攻。

时间飞快流逝，不知不觉朱滔进攻贝州已经有一百多天了，马寔攻打魏州也超过了四十天。李抱真觉得已经到出兵的时候了，于是再次派贾林前去劝说王武俊："朱滔现在是想吞并贝州和魏州。眼下田悦被杀不久，魏州还不稳定，如果十天之内再不去救援，魏州肯定守不住，魏博全境就归朱滔所有了。魏博一旦失陷，张孝忠见形势不对也会投降朱滔。到那时朱滔纠集幽州、易定、魏博三镇的兵马，再加上回纥兵一起南下常山，常山郡肯定保不住，昭义军只能西撤，仅凭您一己之力如何抵挡朱滔？不如趁眼下魏州和贝州还没有失陷，与我们一起南下救援他们，我们两军齐出肯定可以击败朱滔。朱滔一旦败了，那关中的朱泚所部也会因此士气大跌，这样一来朱泚就撑不了多久。到那时，陛下拨乱反正，肯定会大封功臣，您也能拿到朝廷平叛的首功。"王武俊觉得非常有道理，当即就下定决心与李抱真一同南下。

几天后，王武俊便与李抱真在南宫县东南会合，此时两军还互相有猜忌，连营帐都相隔了十里。李抱真想到当年与马燧攻打魏州就是因为不合而错失了战机，决定效法马燧当年，只带着几个随从前往王武俊军中。这可把昭义军众将士吓得不轻，他们赶紧站出来阻拦，李抱真却不理会，只让行军司马卢玄卿代替自己统率军队，并留下遗言："我这次的行动关乎天下安危，因此必须走这一趟。如果我回不来了，统领昭义军队、听候朝廷调遣的事就指望你了，勉励士卒、将来替我报仇雪耻也指望你了。"说完后李抱真便头也不回地出发了王武俊军中。

王武俊知道李抱真要来，原本还命令手下人严加防备，结果一看对方就带了几个随从，自己竟然摆了这么大阵势，尴尬不已。李抱真没有计较王武俊的防范，只是向他和将士们陈述当今国家的祸乱以及天子在外流亡的屈辱，说到动情处甚至还流下了眼泪，王武俊和众将士听后也深受感染。随后李抱真又与王武俊结为兄弟，王武俊颇为激动，当场表示："您的名声一直传扬于四海之内，以前就是因为您的劝导，我才归降了朝廷，让我到现在还享受着功臣一样的荣耀。如今您又不嫌弃我是一个胡人，屈尊与我结为兄弟，我无以为报。朱滔现在不过就是倚仗手底下的回纥兵，这没什么可怕的。等到开战的时候，您只管驻马观看就行了，我一定要为您打败他们。"

当天夜里，李抱真也没有回去，而是放心地在他营中住了下来。这下可把王武俊感动坏了，他从未遇到对自己这么推心置腹的人，于是在心中暗暗起誓要拼死为李抱真破敌。此事过后，王武俊和李抱真两军齐心协力，一起向朱滔逼近。

李抱真和王武俊一路南下到距离贝州三十里的地方驻扎下来，朱滔听说后，立刻让马寔赶来与自己会合。有人向朱滔建议："王武俊非常擅长野战，我军不应该和他正面交锋，不如向前移动营垒逼近他，然后再让回纥兵抄略他的粮道，我军则坐守营中，有机会就进攻，没机会就全力防守。等王武俊军队没了粮食，我们自然可以击败他们。"朱滔虽然觉得主意不错，但一时间却难以做出决断。刚好这时马寔率军到达，朱滔一看兵力多了，立刻打定主意，不玩什么抄略粮道浪费时间，直接让马寔第二天出兵迎战。马寔却认为他所部人马都是远道而来，现在非常疲惫，不如休整几天再说，朱滔同意了。

恰巧这时常侍杨布和大将蔡雄带着回纥将领达干前来拜见朱滔，达干一来就开始吹牛："我们回纥人以前与别国作战时，经常用五百人就能击败敌人几千人，简直跟狂风扫落叶一样轻松。现在接受了大王那么多钱财，我们也想为您立点功劳。明天请您骑马站在附近的高坡上，观看我们回纥人是怎么打败王武俊的骑兵的，只怕他到时一匹马都跑不回去。"杨布和蔡雄也劝道："大王雄才大略，盖世无双，现在带着大军南下扫荡河南肃清关中，如今遇到这么点人就迟疑不前，不免让想来投奔的人们失望，这样还怎么完成霸业？不如让达干出战一举破敌！"朱滔大喜，以为胜利就在眼前了，于是不顾马寔此前的请求，下令第二天全军出战。

说起朱滔手底下的回纥兵，其实和王武俊有些关系，事情还得从魏州之战说起。当时虽然王武俊和朱滔一起出兵了，但朝廷也派了李怀光率领大军前去增援，弄得王武俊心里非常没底，就派人去塞外找来了回纥人帮忙，想让他们断绝李怀光的粮道。后来因为泾原兵变，李怀光等人都先后离去，回纥人没派上用场就回去了，只有达干带着一千回纥人和两千其他各族混编的人马滞留在幽州附近。朱滔顺势娶了个回纥女子做老婆，又答应将来攻下洛阳等地后放任回纥人抢掠，达干等人贪图财物，便留下来帮助朱滔。王武俊对这帮回纥人可谓是知根知底，自然也有对付这些人的办法。

第二天一大早，王武俊便集合兵马，让他们饱餐一顿后告诉他们："今天是关键的一战，没有我的命令，谁都不要轻举妄动。"随后王武俊让兵马使赵琳和赵万敌两人率领五百精锐骑兵埋伏在附近的桑林里，又让李抱真率领昭义军列成方阵在后面接应，自己则和儿子王士清率领骑兵站在最前方迎战。

朱滔看到唐军出战后也立刻出营迎战，他让马寔等人率领幽州军在西面列阵，李少成率领回纥骑兵作为侧翼准备突击。虽然此前达干曾拍胸脯保证让朱滔在旁边观战就行了，但朱滔显然不可能就这么闲着，他一开始就派出两百名幽州骑兵绕到王武俊东南方向，并不断大声鼓噪，妄图诱使王武俊先行出击。王武俊久经沙场，哪会看不出朱滔的意图，他对幽州骑兵毫无兴趣，只让手下步兵前去阻拦。

不久之后，果然还是达干率领回纥骑兵先行向王武俊发起冲锋，企图先击垮唐军的骑兵。接下来的一幕就让达干目瞪口呆了，在他冲近时，王武俊却忽然下令让手下的骑兵向两侧散开，放回纥人冲到阵后。等达干准备带人调转马头时，王武俊才带人从回纥骑兵的后方发起突袭，赵琳等人也趁机冲出来将敌军阵型截为两段。达干简直傻了眼，在王武俊这种奇特的骑兵战术下败得一塌糊涂，只好带着残部狂奔回朱滔军阵，一下子把幽州军的阵型冲乱了，幽州军也只得跟着回纥人一起逃跑。朱滔见阻止不住，干脆自己也跟着跑了，这一跑就让幽州军彻底乱套了，他们自相践踏，死伤无数，最终朱滔只得带着残部逃回营中。

虽然击败了朱滔，但唐军损失也不小，连王武俊也中了箭。王武俊意识到此刻是一举击败朱滔的关键时刻，也顾不得自己有伤，骑马来到李抱真阵中，告诉他："朱滔现在刚吃了败仗，正是士气低落的时候，你赶快下令让昭义军出击，肯定能将他的营垒一举击破。"李抱真也知道这是个好机会，立刻让部将来希皓率领昭义骑兵正面冲击幽州军的营垒，卢玄卿则率领步兵在后面继进。

朱滔看到唐军又杀了过来，哪还敢抵挡，只好再次匆忙带人逃跑，李抱真和王武俊趁机继续追击。幽州军一路上死伤无数，朱滔原本带了三万人，结果死了一万多人、逃了一万多人，等他晚上再次停下来驻营时只剩下八千人。这点人马连营地都守不住，朱滔简直欲哭无泪，只好杀了杨布和蔡雄泄愤。

当天夜里，李抱真和王武俊率军赶到，王武俊在朱滔营地东北面驻军，李抱真在朱滔营地西北面驻军，就等着第二天围歼朱滔。命运对朱滔还算眷顾，正好当天起了大雾，李抱真和王武俊一时不敢进逼。于是朱滔连夜烧毁粮草辎重，一路逃到了德州。李抱真原本打算继续追击，但因为山东地区那段时间一直在闹蝗灾，很难找到粮食，无奈之下他只好越过太行山回到潞州。王武俊见李抱真撤退，也跟着撤回了恒州。

朱滔虽然逃过了一死，但幽州军元气大伤，他连德州也不敢待，一路逃回了幽州。看到幽州近在眼前，朱滔心中既惭愧又害怕，他怕留守幽州的刘怦趁机加害自己。不过朱滔显然想多了，刘怦并没有这样的想法，他知道朱滔回来后，立刻亲自带着人马，将朱滔接回了幽州城内。

梦想落空的朱滔终究没有活太久，他很快就在忧惧中病死，幽州转而由刘怦担任节度使。朱滔的死，意味着唐德宗讨伐河北的最终结束，河朔地区再次恢复了安定。

元和中兴

虎头蛇尾——唐军讨伐成德

自从兴元元年河朔各镇相继归附以后，朝廷对河朔各镇的态度转而以安抚为主，河朔各镇也都对朝廷表示恭顺，就此形成了一种稳定的局面。元和四年（809年），成德节度使王士真的去世打破了这一切，已经沉寂二十多年的河朔地区再度掀起风浪。

这时候的河朔诸镇跟建中年间相比，早已发生了天翻地覆的变化。除了卢龙保持不变外，魏博丢了洺州，淄青丢掉了德、棣两个州。成德则被一分为三，原张孝忠所有的易州、定州变为义武军，王武俊则拥有恒、冀、深、赵、德、棣六州，并继承了原先成德军的军号，剩下一州则是多出来的横海军。

横海军的由来与张孝忠、王武俊两人有很大的关系，它的治所沧州原本是被划给张孝忠的地盘。李惟岳死后，沧州刺史由他妻子的哥哥李固烈担任，张孝忠派部将程日华前去劝降。李固烈知道自己抵挡不了朝廷大军，便准备离开沧州去恒州讨生活。但就在他出发前，军队发生了内讧，李固烈被杀，程日华被拥立为刺史。张孝忠认为程日华一贯忠厚，就顺势上奏朝廷让他做了沧州刺史。

不久之后，朱滔、王武俊等人叛乱，沧州因为孤悬在外，程日华一直为朝廷坚守沧州。因为沧州以前设置过横海军，唐德宗便顺势在沧州设置了新的横海军，以程日华为横海军使。王武俊屡次招降程日华，程日华始终不肯屈服，甚至还从王武俊手里骗了两百匹马，气得王武俊几乎要吐血。一直到王武俊归降朝廷后，程日华才将马匹送还，两家就此和好如初。

程日华死后，他的儿子程怀直不但擅自继承了沧州刺史、横海军使的位置，还上奏朝廷请求将东光（今河北沧州南）、景城（今河北沧州景城村）两座县城升级为景州，并让朝廷派遣刺史。因为河朔地区已经三十多年没有让朝廷派遣过刺史了，唐德宗认为程怀直非常忠心，最后不但设置了景州，还以沧州、景州为新的节镇，由程怀直担任横海节度使。

贞元年间，因为唐德宗对河朔地区的姑息态度，张孝忠、王武俊、刘怦、李纳等人死后，他们的儿子张茂昭、王士真、刘济、李师古都顺利继承了节度使的位置。河朔地区甚至因此养成了习惯，即他们自己在各镇设置节度副使，由自己嫡长子担任，等自己死后便由嫡长子统领军中事务。

唐宪宗即位以后，他对这一切非常不满，立志要打破河朔这一恶习。早在元和元年（806年）淄青节度使李师古去世时，唐宪宗就不愿意让他弟弟李师道继承节度使，只不过因为西川节度使刘辟和夏绥留后杨惠琳先后跳出来闹事，唐宪宗又刚即位，才不得不答应下来，但心里对此是憋屈到了极点。

王士真死后，他的儿子王承宗便按照惯例，自己担任成德留后，然后上奏朝廷，希望朝廷能赐给他旌节，正式任命他为节度使。王承宗显然没有看到朝廷的变化，唐宪宗哪会轻易让他承袭节度使的位置，他早就想打破河朔各镇世袭节度使的弊病了，王承宗此时送上门来正好给了他一个开刀的机会。

在收到王承宗的上书以后，唐宪宗便召集大臣廷议，他自己首先发言："河朔地区世袭已久，我早已经深恶痛绝，现在想趁王士真去世的机会，由朝廷派任节度使，如果王承宗不同意，我们就出兵讨伐他。"宰相裴垍却不同意，他认为："说起淄青、成德两镇的先辈，李纳骄横不法，对朝廷多有不敬，王武俊曾为国家立过大功，以前陛下允许李师道承袭节度使，现在却要剥夺王承宗的继承权。这样既有碍朝廷对有功藩镇的勉励，又违背了事情的常理，王承宗肯定不会服气。"

唐宪宗对这样的回答当然不满意，他又去询问翰林学士们，结果翰林学士李绛也认为："河朔藩镇一直不肯尊奉王化，这让天下人都愤恨不已，但现在想攻取他们，朝廷还没有这个能力。我这么说也是有理由的。第一，成德一镇，自从王武俊以来，父死子继承袭了四十多年，当地人早就习以为常，不会觉得有什么不妥。更何况王承宗现在已经掌控了成德的军队，贸然派人代替他，他不见得会接受诏命。第二，卢龙、魏博、义武、淄青等镇也都是父死子继，他们实际上跟成德是一体的，如果他们知道朝廷要给成德任命新的节度使，自己也会惶恐不安，到时必定会和建中年间一样联合起来对抗朝廷。第三，我知道陛下对收拾成德有把握，很大一个原因是以前张茂昭答应过要为朝廷扫清河朔，但我怕他只是说说而已，并没有什么诚意。如果朝廷派人取代了王承宗，张茂昭必定以为这是自己的功劳，以后肯定更加横行无忌；如果王承宗起兵反抗，他又很可能暗中和王承宗勾结，实在是不能对他抱有太大期望。第四，如果王承宗反抗，朝廷必定要出兵讨伐，到那时征集四方军队，不但要给主帅和将领们授予官职，还要给出征的士兵们准备衣服、粮食等物资。就算这样还不能保证一定能取胜，他们拿着国家的钱财裹足不前观望成败也是常有的事。现在江淮地区刚发生过水灾，百姓极为困苦，我认为现在出兵实在是不明智。"

就在唐宪宗对朝臣们的看法失望不已的时候，终于有人站出来支持讨伐王承宗，这个人就是左神策军中尉吐突承璀。吐突承璀，字仁贞，唐宪宗即位之前，他就在唐宪宗宫中做太监，因为有一些才干，所以深得唐宪宗信任。唐宪宗即位以后，便让深受自己信任的吐突承璀做了左神策军中尉，负责掌控神策军。吐突承璀此时上奏请求率领大军前往讨伐王承宗，当然不是因为自己能拿下成德，只不过是善于揣测圣意，知道唐宪宗心里想出兵，便顺势上奏支持，以便能和受唐宪宗信任的宰相裴垍争宠。

唐宪宗收到吐突承璀的上书后大喜过望，当即就决定让吐突承璀率领大军前去讨伐王承宗。不过唐朝已经很多年没有出现过让太监担任主帅的情况了，就连当年的鱼朝恩等人也不过是挂着监军的头衔，太监做主帅还得追溯到开元年间的杨思勖，所以他一时也拿不准大臣们会不会反对。恰好在这时，唐宪宗收到了一封奏疏："王承宗自立为留后，朝廷不得不讨伐他。我请求陛下任命吐突承璀为主帅，他是陛下最信任的近臣，由他统率各军前去讨伐，没有谁敢不服从。"

这封奏疏来自宗正少卿李拭，他也是看准了势头，想趁机推荐吐突承璀拍一下马屁。可李拭没想到的是，马屁没拍成，反而拍在了马腿上，唐宪宗正愁没机会试探大臣的态度，他就送上门来了。第二天唐宪宗拿着奏疏告诉李绛等人："你们仔细看看，这个人肯定是个奸臣，他知道我想任命吐突承璀担任主帅，所以趁机上奏以博取好感，你们要记住他的名字，以后不要提拔任用这个人。"唐宪宗成功试探出了大臣们对于让吐突承璀做主帅这件事的态度，只是可怜李拭的前途就这么没了。

就在这时，又有一个人站出来请求为朝廷讨伐王承宗，这个人就是以前的昭义军节度使卢从史。卢从史当然也不是为了朝廷着想，纯粹是为自己考虑。他以前在昭义军担任节度使，但是很不凑巧，没多久父亲就病死了。按照当时的惯例，他不得不去职回家为父亲守丧。守丧期满以后，朝廷却一直没有重新起用卢从史的想法，这让他非常着急，于是想通过朝廷讨伐王承宗的时机重新获取官职。因此他便通过吐突承璀上奏唐宪宗，请求率领昭义军前往讨伐王承宗。唐宪宗得报后大喜，立刻将卢从史任命为左金吾大将军，并让他重新担任昭义军节度使。

虽然决定了要讨伐王承宗，但毕竟大臣们都反对，唐宪宗最终还是决定来一出先礼后兵。他告诉李绛等人："我决定让王承宗担任留后，但成德必须割让德、棣两州出来，重新设置一个新的军镇，以此来削弱成德的实力，并且让王承宗向国家缴纳两税，以后由朝廷任免成德官吏，就和我之前给李师道的条件一样，你们觉得怎么样？"

李绛等人都认为："德州和棣州已经归属成德很多年了，现在贸然分割的话不但会让王承宗和成德的将士们心生不满，还可能让河朔其他藩镇产生别的想法，他们害怕以后自己也会被分割，从而与王承宗相互勾结，甚至一起起兵对抗朝廷，到那时处理起来就更加困难了。要处理这件事最好趁着吊唁王士真的机会派使者过去，以使者个人的名义开导王承宗，让他自己上表请求按照当年李师道的办法处理，不要让他知道这是陛下的意思。这样一来王承宗听命固然是好，不听从命令也不会损害朝廷的颜面。"

就在唐宪宗准备派遣使者的时候，又发生了变故。卢龙节度使刘济、魏博节度使田季安、淮西节度使吴少诚跟约好了一样，竟然在这段时间都病倒了，这让唐宪宗对于王承宗的处置又犹豫了。他的理由很简单：假如现在允许王承宗继承节度使的位置，等刘济、田季安、吴少诚都去世了，他们的儿子也要继承，那怎么办？总不能还是一样让他们做节度使吧？

李绛等人则认为，对于这些藩镇应该区别对待。河朔各镇割据已久，彼此又连接为一体，如果轻易剥夺其中一镇的世袭，很可能导致河朔地区联合起来进行武装对抗，所以必须徐徐图之。对于淮西这种相对孤立的节镇，它四周都是听从朝廷指挥的军队，所以可以采取强硬的态度，不允许它世袭。而且就算它反抗，也不过是一镇而已，掀不起太大的风浪。先搞定这种孤立的节镇，盘根错节的河朔地区就好对付了。就这样，唐宪宗终于打消了心头的顾虑，他很快就派遣京兆少尹裴武作为使者前往恒州吊唁王士真。

就在唐宪宗犹豫不决的这段时间，王承宗已经快疯掉了。他当然没有对抗朝廷的心思，但屡屡上书请求赐给旌节却迟迟没有得到回应，这让他心里万分忐忑，不知道朝廷到底是什么想法。裴武这次来得正是时候，当他以自己的立场委婉劝说王承宗上书请求按照当初李师道的条件处理时，急疯了的王承宗还以为裴武是在帮自己,万分感动,于是立马就答应了下来,他向裴武承诺:"我此前是因为受到手底下将士们的逼迫才不得不暂领留后,实在来不及等待朝廷的任命,这并不是我本身所愿,我希望能向朝廷献出德州、棣州,以示我对朝廷的诚意。"

等到裴武回长安复命以后,唐宪宗便任命王承宗为成德节度使兼恒、冀、深、赵州观察使,分割出来的德、棣二州则新设立一个保信军,节度使由德州刺史薛昌朝担任。薛昌朝是以前昭义军节度使薛嵩的儿子,一直以来都心向朝廷,同时他又是王武俊的女婿、王承宗的姑父,自然容易得到王承宗的认可。唐宪宗这个方案可谓是两全其美,既分割了成德,又让王承宗觉得德、棣两州还是自己人掌控,不会因此产生任何抵制情绪。可惜,这个方案依然有人不满意,准确来说还是与此事毫无关系的人,这个人就是魏博节度使田季安。

当时朝廷的任命还没有到达成德,但因为田季安在长安有眼线,得到了一手消息,竟然先一步知道了朝廷的任命。这个方案让田季安大吃一惊。虽然分割成德的地盘与自己没有什么关系,但以前李师道这么做过,现在要是王承宗也这么做,那以后只怕会形成惯例,等自己死后魏博也免不了要被分割,所以必须阻止这个方案。

田季安也知道此时王承宗等人还没得到正式的诏书,还有机会阻止,于是他立刻派使者前去恒州告诉王承宗:"你姑父薛昌朝与朝廷暗中勾结,现在已经被朝廷任命担任德州和棣州的节度使了。"同时田季安为了避免在王承宗动手前薛昌朝先得到任命,所以在朝廷使者路过魏州时假装设宴犒赏使者,让使者多留了几天。这么一耽搁,王承宗先一步得到了消息,他又惊又惧,立刻派了几百个骑兵前往德州,将没有丝毫防备的薛昌朝绑回了恒州。等朝廷使者到达时,人已经被抓走好几天了。

薛昌朝被抓的消息传到长安后,唐宪宗第一反应不是要收拾王承宗,而是觉得自己被裴武骗了,他根本没有说服王承宗就回来谎报功劳。正好这时又有人诬陷裴武:"裴武出使回来后先去了裴垍家里,第二天才入朝晋见,明显是认为看裴垍比看陛下还重要。"唐宪宗一怒之下甚至打算将裴武贬到岭南。

关键时刻还是李绛看得清楚,他认为:"王承宗害怕朝廷讨伐所以答应献出两州应该确有其事,现在之所以反悔应该是受了周围其他藩镇的蛊惑。河朔其他各镇不愿意成德开割让地盘献给朝廷的先例,自然会拼命阻止。在他们的劝说、引诱,甚至胁迫下,王承宗才反悔了,这并不是裴武的问题。"

李绛的这番话正好猜中了实情，唐宪宗也反应过来，这才没有治裴武的罪。随后唐宪宗又让棣州刺史田涣担任德、棣二州团练守捉使，希望能够离间成德众将；同时让宦官景忠信出使恒州，下令让王承宗将薛昌朝放回去。王承宗此时一心怨恨朝廷收买姑父对付自己，哪肯听朝廷的命令，所以毫不犹豫就拒绝了。

既然谈不拢，那就只能打了。这一年十月，唐宪宗下诏削去王承宗一切官职，然后让左神策中尉吐突承璀担任左右神策、河中、河阳、浙西、宣歙等道行营兵马使、招讨处置使等职，正式出兵讨伐王承宗。

此诏书一出立刻就招致一片反对之声，大诗人白居易首先上书："自古以来国家出兵讨伐敌人都是用将帅，这些年用宦官做监军已经很过分了，现在还要用宦官做主帅。从来没有征发全国兵力让一个太监统率的先例，只怕周边各族听说了都要笑话我朝无人。再说这次还有张茂昭、刘济等节度使奉命出征，让他们受一个太监指挥只怕也会觉得丢人。"白居易过后，御史、谏官们一个接一个上书反对。到最后度支使李元素、御史中丞李夷简、给事中吕元膺等人也都表示反对，这下唐宪宗撑不住了，只好削去吐突承璀四道兵马使的职务，将处置使改为宣慰使，事情才就此作罢。

十月二十七日，吐突承璀正式率领神策军从长安出发，此次跟随吐突承璀一起讨伐王承宗的还有一位深悉成德情况的老将——昔日的成德猛将赵万敌。赵万敌以勇猛闻名于燕赵地区，在王武俊击破李怀光、朱滔的战斗中，赵万敌屡次作为先锋，立下了很多战功。在王武俊儿子王士真担任节度使后，赵万敌入朝为官，此时正担任神策兵马使。唐宪宗派他一起出征就是为了保证此战必胜。但王武俊毕竟是功臣，唐宪宗也不能太过分，他特意告诉吐突承璀："王武俊有功于国，这次获胜后也会让他儿子王士则担任节度使，你此行千万不要毁坏了他的墓地。"与此同时，唐宪宗还下令让成德四周的藩镇各自出兵讨伐王承宗。

当时成德周围主要有河东、昭义、义武、卢龙、魏博、横海六个节镇，这六镇因为立场不同，对朝廷下达的命令的反应也各不相同。昭义节度使卢从史、河东节度使范希朝都是唐宪宗此前一手提拔起来的，自然是听从朝廷的命令率军出击。

河朔各镇中表现最积极的是义武军节度使张茂昭，张茂昭之所以如此积极，除了因为义武一向忠于朝廷外，很大一部分原因在于义武和成德之间一直有矛盾。

两家的第一任节度使张孝忠和王武俊两人虽然齐名，但互相瞧不起对方，自然难有好脸色看。等张孝忠死后，张茂昭的弟弟张升璘因为瞧不上王武俊，在酒席上多喝了两杯，将王武俊祖宗十八代骂了个遍。王武俊一向自诩天下第一猛将，哪肯吃这个亏，他立刻就率领大军攻入义武境内，抢掠了一万多人。此事后来虽然以张茂昭主动道歉求和结束，但双方的梁子也结下了。唐宪宗即位后，张茂昭、王士真、刘济三人还因为彼此之间的私怨互相攻击，最后闹到上书朝廷请求治对方的罪。唐宪宗当然也知道这帮人是彼此诬告，但不理会也不行，只得派给事中房式作为宣慰使前去调解他们之间的矛盾，这事儿才压了下来。这一次朝廷主动要求各镇讨伐成德，张茂昭自然得抓紧机会报仇。

其他藩镇可就没义武那么积极了，其中又以魏博节度使田季安为代表。此前就是因为他挑事才让王承宗拒绝了朝廷的旨意，这一次听说吐突承璀要带着人去讨伐王承宗后，他立刻把手下的将士全部集中起来商量："朝廷的军队不渡过黄河出击河朔，到现在已经长达二十五年了，现在出兵讨伐成德，必然要从我魏博路过，我看这就是假道伐虢之计。假如朝廷攻下了成德，下一步肯定会顺带将魏博一起收拾掉，我们现在应该怎么办呢？"话音刚落，立刻就有魏博将领站出来喊道："请您给我五千兵马，我一定为您搞定朝廷大军。"田季安听后大喜过望，立刻大喊起来："我魏博大军威武雄壮，朝廷也没什么好怕的！我已经决定出兵与朝廷干上一场，谁敢阻止我，立斩不赦。"

巧的是，此时幽州牙将谭忠正好到达了魏州。他此行是奉了刘济的命令前来魏博探探田季安的想法，以便卢龙及时站队。不过刘济也没想到，谭忠是一个忠于朝廷的人，虽然此行他只是替刘济探底，但他依然希望能够帮助朝廷平叛。

在得知田季安打算出兵与朝廷对抗时，谭忠顾不上自己已经完成了任务，只想替朝廷解决掉田季安这个绊脚石，于是立刻找到田季安问道："我听说您准备出兵对抗朝廷？"

田季安一愣："难道卢龙这次要站在朝廷一边，让你来做说客？"

谭忠却是一笑："我是为魏博考虑的，您且先听我说。根据我的推算，魏博这次出兵其实是在替成德吸引火力，可能还会把天下的军队全部引到魏博来，您这么做可谓是引火烧身啊！"

田季安一听就不淡定了："你凭什么这么说呢？"

谭忠回答道："现在朝廷的军队越过魏博去攻打成德，却没有用老臣宿将，只用了一个太监做主帅，也没征调全国的军队，反而将大批关中的神策军派了出来，您觉得这些都是谁的主意？很明显只有天子自己才能做得出来。陛下是想以此向臣子们炫耀自己的英明神武，让他们感到畏服。假如朝廷的军队在还没有打成德之前就在魏博先吃了败仗，那不就是告诉天下人，天子的谋划还比不上自己手下的臣子们吗？这就等于是让陛下在天下人面前出了一个大丑。他在愤怒之下肯定会任用朝中善于谋划的人重新制订长远的计划，再征调天下的精兵猛将一起出师，然后让他们一起渡过黄河。到那时您觉得他们还会犯以前越过魏博攻打成德的错误吗？他们必定是集中全力先打魏博，拿下魏博之后才会考虑成德，这不就等于是把天下的精兵全部招惹到魏博来了吗？"

谭忠的一席话听得田季安冷汗直冒，他仔细想了一下，自己出兵确实是等于替成德挡刀，不仅捞不着好处反而还会吃亏，这显然是他不愿意看到的。但出兵帮助朝廷打成德，这也不是他想看到的。田季安想了很久都没想到一个两全其美的办法，只好虚心向谭忠请教："按照你说的，那魏博到底应该怎么办才好呢？"

谭忠既然敢来，自然早已经有了主意，他告诉田季安："等朝廷大军进入魏博境内时，您不但不能攻打，反而要大加犒赏，让天子看到您的忠心。与此同时，您要率领魏博全军越过边境，对外号称是为天子攻打成德，但实际上您要暗中给王承宗写封信商量，'现在天子下诏要求魏博出兵攻打成德，如果魏博出兵攻打的话，河北地区的侠义之士肯定会说我魏博出卖朋友讨好朝廷；但如果魏博帮助成德的话，河南的忠义之臣肯定又会说我魏博背叛君主。出卖朋友和背叛君主的名头都不是魏博可以接受的。假如你能暗中解除城防，象征性地送魏博一座城池，魏博拿着这个城池就可以向朝廷表示自己按天子的命令出兵了。对于成德来说，用一座城池换取魏博和成德的和平，这是笔划算的买卖，希望你能仔细考虑。'只要王承宗能答应这个办法，那魏博的霸主基业就奠定了。依我想来，王承宗应该不会拒绝这个办法。"

田季安听完也觉得是个好办法，不由得感叹道："真是老天爷眷顾魏博，才让先生在这时候前来替我魏博排忧解难啊！"此后田季安果然采纳了谭忠的计划，与王承宗商量后，出兵攻下了成德的堂阳县（治今河北新河县）。有了交代之后，田季安便率领魏博军队停了下来，再也不往前一步了。

说服了田季安之后，谭忠便马不停蹄地赶回了幽州，他不但想说服刘济不帮成德，还想让刘济直接出兵帮助朝廷攻打成德。这显然是一个非常艰难的任务，但谭忠非常有信心，给他信心的人就是昭义节度使卢从史。

按理说卢从史是最早支持唐宪宗出兵讨伐成德的人之一，在接到朝廷命令后进军应该最积极才对，事实却刚好相反，卢从史是最不积极的人。他此前支持出兵不过是为了重新获取节度使的位置，并非是为朝廷着想，现在既然已经当上了节度使，出兵这事儿就与他无关了。对卢从史来说，讨伐王承宗正好给了他一个做生意的好机会。他到达前线后不但没有进攻，反而和王承宗暗中勾结，将朝廷送到军中的粮食、辎重全部倒卖给了成德，以此来牟取暴利。

大概是卢从史闹出的动静太大，谭忠在路上就听说了这个消息。等谭忠赶回幽州时，正好赶上刘济召集众将商量幽州应该如何自处，刘济首先说出了眼前的局势："天子知道我一向怨恨成德，所以现在才下令让我出兵讨伐成德；王承宗肯定也知道我会出兵打他，一定会在北面极力防备我，如果强行攻打必定伤亡惨重。我实在是有些犹豫，出兵讨伐和不出兵讨伐，到底哪种对我幽州更有利呢？"谭忠听后赶紧答道："您只管放宽心，陛下最终肯定不会让我们出兵去讨伐成德，成德也一定不会在北面防备我们。"这话非但没有让刘济高兴起来，反而让他异常气愤："你这话是什么意思？天子不让我出兵讨伐成德，成德也不防备我，你直接说我和王承宗一起谋反算了。"说完他也不等谭忠辩解，直接命人将谭忠关进牢房。

谭忠被关押后，刘济让人去成德的边境探查情况，得到的消息却让他大吃一惊：成德果然没有丝毫防备。仅仅一天之后，长安就发来了诏书："你只需要专心防守北部边境，不要让朝廷为北面的胡人担忧，以便朝廷能一心一意对付王承宗。"这道命令让刘济坐不住了，朝廷不让自己出兵，这不是摆明了不信任自己吗？只怕真如谭忠所说，是在怀疑自己与王承宗勾结造反呢。刘济怎么也没想通这是怎么回事，只好从牢房里把谭忠请了出来，然后提出了自己的疑问："我这几天观察了一下，事情果然和你之前说的一模一样，你是怎么提前知道的呢？"

谭忠回答道："这一切都是因为卢从史这个人。卢从史虽然表面上与卢龙亲近，实际上却非常嫉恨卢龙；表面上和成德势不两立，实际上却在大发战争财，私底下不断支援着成德。依我看来，他是这样为成德谋划的，'卢龙虽然和成德有很深的矛盾，但实际上也是把成德作为自己的屏障，所以肯定不会前来攻打，在北面没必要对卢龙进行防备。'这么做的好处有两个，一是向卢龙表示，成德不敢抗拒卢龙；二则是想让朝廷猜忌卢龙。既然王承宗不防备卢龙，卢从史肯定就会报告天子，'卢龙和成德之间有很深的仇怨，但现在成德却不防备卢龙进攻，只能说明卢龙暗地里和成德有所勾结。'这就是为什么我知道天子不会让您去攻打成德，而成德也不会防备您的原因。"

刘济听完后简直是又惊又怒，他做梦也没想到自己竟然会被卢从史这么摆了一道，于是赶紧问谭忠："那依你之见，我们现在应该怎么办呢？"谭忠说出了自己准备已久的说辞："全天下都知道卢龙和成德有过节，现在天子都出兵讨伐成德了，卢龙却连一个渡过易水南下的人都没有，这正好坐实了卢从史的诬告，把卢龙在朝廷的忠义名声败了个干净。如此一来，我们卢龙明明是忠于朝廷的，反而会被人说成是成德的帮凶，从而招致天下人的辱骂，我实在看不出这样对卢龙有什么好处，希望您能够仔细考虑。"刘济一听也想明白了，自己必须得向朝廷证明卢龙并没有和成德勾结，于是他很快就集结士兵，然后宣布："五天之内，全体卢龙将士一起出动，谁要是敢落后一步，我就将他剁成肉酱示众。"

元和五年（810年），刚刚过完新年的刘济便迫不及待地率领七万大军南下讨伐王承宗，一举攻下了饶阳（今河北饶阳县）和束鹿两地，而这时其他各路人马都还没有出发。不久后，河东、河中、振武三路大军也相继北上，他们在与义武军会合后便作为北路军，从北面向成德发起了攻击。随后，张茂昭和范希朝等人一起率军南下，很快河东将领王荣就攻下了成德的洄湟镇（今河北新乐市西南），为北路军打了个开门红。然而没想到的是，这竟然成了之后几个月里各路讨伐军的唯一一场胜利。

各军没有进展的原因各不相同：以张茂昭、范希朝等人为首的北路军在新市镇一带遭遇了成德军队的重重阻拦，因此很难有所突破；以刘济的幽州军为主的东路军虽然打得很卖力，但是乐寿（今河北献县）久攻不下，也无法再向前一步；以魏博和淄青两军为主的南路军，纯粹就是装样子，田季安和李师道各自攻下了一座县城后就不动了；而以昭义军和神策军组成的西路军就更无能了，在成德境内滞留不前，迟迟没有战果；这里面最尴尬的当属神策军。

神策军是中央的禁军，一直以来待遇最好，装备也最精良，然而这支曾经有过无数光辉历史的军队进入成德后非但没有取得一丝一毫的战果，反而屡战屡败，就连猛将郦定进也在攻打成德的战役中战死。郦定进是神策军中著名骁将，曾经在西川生擒过刘辟，他的死亡让神策军大受打击，因此士气十分低落。神策军屡战屡败的原因也不难猜测，自然是因为吐突承璀无能。让他在宫中揣摩皇帝的心思还可以，指挥打仗实在是过于勉强了，因此自从他到达前线后，神策军竟然一次都没赢过。

除了吐突承璀外，西路军的另一位重要人物卢从史也是罪魁祸首。他此前就一直和王承宗勾结，到后来更是变本加厉，甚至让自己的手下冒充成德士兵暗中搞破坏。不但如此，卢从史还请求唐宪宗给自己加封一个中书门下平章事的官职。在唐朝，中书门下平章事就相当于宰相了，他一次胜仗没打，暗中勾结叛贼，居然想做宰相，简直是白日做梦，结果自然是被拒绝了。卢从史没做成宰相，便来了一记狠招，他上奏唐宪宗，说各路人马之所以进军缓慢是因为他们和王承宗暗中勾结，因此现在不适合进兵，请朝廷停止征伐。卢从史的报告让唐宪宗忧虑不已，全军一直没有进展，他也搞不清楚前线到底出了什么问题。

但卢从史终究还是暴露了。当时他派了一个叫王翊元的人入朝上奏，对卢从史早已有所怀疑的裴垍便趁机用君臣忠义之道说服了王翊元。王翊元是个热心的人，他立刻就把卢从史勾结王承宗的事抖了出来，随后他还返回昭义军中，说服了昭义都知兵马使乌重胤等人。

一切准备好后，裴垍便面见唐宪宗，请求处置卢从史。对于如何处置卢从史，裴垍有自己的想法，他认为："卢从史这人诡诈多变，以后肯定是要叛乱的，听说他现在就在吐突承璀对面扎营，把吐突承璀当成婴儿，没有丝毫防备，不如让吐突承璀找机会抓住他。如果现在不收拾他，他叛乱以后再出动大军前去讨伐，就不是短时间能做到的了。"唐宪宗最终同意了裴垍的想法，下令让吐突承璀想办法拿下卢从史。

吐突承璀虽然打仗不行，但玩阴谋诡计还是有一套的。他知道卢从史非常贪财，就经常邀请他来军营中观看自己收藏的奇珍异宝，一旦卢从史有什么喜欢的，他就立刻奉送。一来二去，卢从史觉得每次都能赚上一笔，所以往吐突承璀营中跑得特别勤。不久后吐突承璀就再次邀请卢从史来军营中赏玩珍奇，卢从史以为又能赚上一笔，自然很快就来了。结果他刚到，就被早已埋伏在外的神策军兵马使李听等人抓住，然后立刻押上囚车送往长安。

卢从史随行的人员本来想阻拦，但被吐突承璀连续斩杀十多人后也不敢再动。随后吐突承璀又宣读圣旨公布卢从史的罪状，其余人都只能放下武器投降了。昭义军看到节度使被抓了，也不知道出了什么事，全副武装准备冲出军营救人。关键时刻乌重胤独自站在军营门前大声呵斥道："天子已经下了圣旨，听令的将会受赏，胆敢叛乱的一概处死。"这才让昭义众将士安定下来。

吐突承璀搞定卢从史后不久，北面战场终于有了重大进展。范希朝和张茂昭在新市镇进展不利后，便准备从木刀沟一带渡河南下，结果他们在这里正好遇到了王承宗率领的两万骑兵。成德一镇一向以骑兵称雄天下，当年王武俊还用骑兵打败过回纥人，到此时成德骑兵余威犹在，唐军先锋在与成德军交手后败得一塌糊涂。王承宗趁机率军渡过木刀沟，直逼唐军本阵。关键时刻还是张茂昭站了出来，他亲自率军作为先锋，在正面奋力阻挡成德军队，同时又让儿子张克让和侄子张克俭一起率领其余各路唐军分别从左右两翼绕到成德军队的后方。

因为张茂昭的表率作用，义武军将士人人都跟着主帅奋力搏杀，一时间竟然阻挡住了成德军队的攻势。随着时间的推移，成德的骑兵们渐渐疲惫，张克让等人趁机从后方发起了突袭。前有狼，后有虎，猝不及防的成德军被打得大败，纷纷四散而逃，就连王承宗也几乎做了俘虏。范希朝虽然是一位屡立战功的名将，被时人比作西汉名将赵充国，但他毕竟已经年迈，关键时刻竟然犯了一个大错，那就是没有继续向前追击，结果让王承宗成功逃脱。更令人遗憾的是，木刀沟之战竟然是唐军的最后一场胜利，因为唐军再也打不下去了。

之所以无法再打下去，主要有两方面原因。

一方面是唐宪宗的心态变化，长期无功，朝中大臣纷纷上书请求唐宪宗停止进兵，特别是以白居易为首的翰林学士们，这让唐宪宗的内心逐渐开始动摇。而对唐宪宗打击更大的是，在讨伐王承宗时，吴少诚病死了，他认的干弟弟吴少阳自立为留后。原本李绛等人计划应该先攻取的淮西，却因为此时在讨伐成德，实在是分不出力气，计划只能搁浅，最终朝廷不得不承认吴少阳节度使的位置，这让唐宪宗倍感窝囊。

另一方面则是主战派吐突承璀的放弃。久战无功，吐突承璀已经不想打仗了，他一边开始劝唐宪宗罢兵和解，另一边则偷偷派人前去通知王承宗，让他上书请罪，大家趁机罢兵。

王承宗早就不想打了，特别是木刀沟之战后成德也是伤亡惨重，所以在接到吐突承璀的传信后，他立刻上书朝廷，表示自己此前闹事是因为卢从史挑拨离间，希望能向朝廷缴纳赋税，同时请朝廷任命官员，允许自己改过自新。李师道等人也纷纷上书请求朝廷为王承宗平反。

最终唐宪宗在内外朝臣的不断劝说下决定放弃讨伐成德，除此之外，他还下诏书将王承宗正式任命为成德军节度使，并且将此前要分割的德州、棣州重新还给了王承宗。这场虎头蛇尾的讨伐行动就这么结束了，而卢从史作为罪魁祸首则被贬为骦州司马。

父子相残——卢龙节帅之争

元和五年，唐宪宗讨伐成德的军事行动最终以王承宗一道假惺惺上奏请罪的奏疏宣告结束。虽然表面上是王承宗向朝廷屈服了，但实际上朝廷什么好处都没有得到。成德的地盘毫发无损，不过因为讨伐王承宗的军事行动，河朔地区的另外两镇却发生了重大变化。

发生变化的两镇正好是此次讨伐成德行动最积极的两镇——义武与卢龙，两镇发生变动的原因各不相同。首先是义武，它发生变动的原因很简单：节度使张茂昭自己不想干了。

张茂昭本名张升云，是义武军节度使张孝忠的长子。义武一镇从张孝忠归降唐朝以后就对朝廷异常恭顺，从小就喜欢学习儒家经典的张茂昭担任节度使后更是如此。他早在年轻时就跟随李晟一起讨伐过反叛朝廷的朱滔，而等他接任节度使后，更是屡屡前往长安朝见天子。这在当时河朔各镇中是非常罕见的，就连号称最听朝廷指令、力量也最弱的横海节度使程家父子都没有入过一次朝。

在初次入朝时，张茂昭就针对当时河北藩镇和边境各少数民族的情况向唐德宗提出了自己的看法和意见，唐德宗只叹相见恨晚。最后，唐德宗不但重赏了张茂昭，还把晋康郡主嫁给了张茂昭的儿子张克礼。遗憾的是，就在唐德宗打算进一步任用张茂昭时，唐德宗便因病去世了，张茂昭为此再次亲自入朝，前往太极殿吊唁天子，每当朝时、晡时祭奠的时候，他都会失声痛哭，很多朝臣都对他的忠诚感叹不已。

唐顺宗即位后，给张茂昭加封了同中书门下平章事的职位，还赐给他了两个歌姬。由皇帝赐给歌姬可以说是莫大的殊荣，可令人意外的是，张茂昭接到圣旨后竟然再三上奏表示拒绝。当唐顺宗派人亲自把歌姬送上门的时候，张茂昭又一次拒绝了，他拒绝的理由非常简单："这些歌姬都出自皇宫，并不是我一个做臣子的所能占有的。郭子仪、浑瑊、李晟、马燧等人也曾受过这等殊荣，那是因为他们对朝廷立有大功，应该受到这样的奖赏。我现在不过是到京城来述职而已，又没有立下什么功劳，如果接受了赏赐，只怕其他人会非议天子赏赐太过随意。如果以后再有人立下大功，陛下又拿什么赏赐呢？"在张茂昭的再三请求下，唐顺宗最终答应了他的请求，收回了两个歌姬，但又赐了一座安仁里的宅院给他，张茂昭还是没有接受。

张茂昭有彻底离开义武的想法已经很久了，尤其是在唐宪宗即位以后。在目睹唐宪宗对西川、镇海等节度使的雷霆手腕后，张茂昭内心非常不安，他在元和二年（807年）就主动上奏请求再次入朝，唐宪宗没有同意，为此张茂昭连续五次上书，唐宪宗才答应下来。这一次入朝，张茂昭就不打算走了，他不断请求留在长安，但唐宪宗考虑到河朔地区的局势可能发生变化，朝廷还需要张茂昭这样一个忠于朝廷的节度使留在河朔，所以没有同意。经过几个月的"拉锯战"之后，张茂昭没有得到唐宪宗的允许，只得再次返回定州。

后来的事情果然如唐宪宗所料，河朔地区的局势再次发生大变，逼得朝廷不得不以武力来对付王承宗。张茂昭在其中的表现尤为抢眼。按照最初的战略构想，河东、河中、振武三镇军队需要与义武军在定州会师后，作为北路军从南面对成德发起进攻。

三镇军队到达定州时，时间颇为凑巧，正好是正月十五，在当时被称为"上元节"，按照惯例要连续举办三天的灯会。定州的将官认为现在定州城里驻扎有外来的军队，建议张茂昭取消晚上的灯会。张茂昭却不同意："来的三镇军队都是朝廷的官军，与我们是一样的，怎么能叫外来的军队呢？"于是下令灯会照常举办，晚上也不禁止人们外出，市坊的大门也不关闭，一连三天都和平日里一模一样。在其后的木刀沟之战中，张茂昭又亲自率领义武军队作为先锋奋勇出击，最终大败王承宗。

此战之后，张茂昭再次下定决心一定要离开义武，重新归属朝廷，以免未来家族与王承宗一样沦为朝廷讨伐的对象。这次张茂昭并不仅仅想要一个还朝，而是要把整个宗族全部迁到长安。为此他请求唐宪宗赶快派一个节度使来接替自己。

这个消息传出之后，整个河朔地区一下子就沸腾了。自从安史之乱以后，河朔藩镇一直都只是表面上尊奉朝廷，实际上节度使的继承依然是父子相传，根本不受朝廷的指派。张茂昭忽然主动请求全家一起还朝，无疑是给河朔地区开了一个坏的先例，要是以后朝廷用张茂昭的例子来收拾其他节镇，那让其他节度使怎么办？所以在得到消息后，河朔各镇都不断派遣使者去见张茂昭，希望他能够就此打消还朝的念头。只可惜张茂昭这次是铁了心了，谁劝都没用。就连唐宪宗接到消息后，也再三派出使者，希望能劝张茂昭打消这个念头，张茂昭依然没有听从，反而屡次上书请朝廷赶快派人过去交接工作。最终唐宪宗还是答应了张茂昭，派了左庶子任迪简前往定州担任义武行军司马。

任迪简的名声虽然不怎么响亮，但他仁爱士卒却是出了名的，早年间曾在天德军都防御团练使李景略手下担任判官。有一次李景略宴请手下将官时，负责巡行劝酒的士兵一不小心竟然将醋当成酒倒给了任迪简。如果换了其他人，不说发怒斥责那个士兵，至少也会将醋倒掉重新换酒，但任迪简深知李景略为人严苛，如果知道了这件事，肯定要重罚倒酒的士兵，于是他就装作不知道，勉强将一大碗醋全部喝下去了。结果任迪简回去后，因为喝了太多醋吐血病倒了。这件事传开之后，天德军众将士无不为之落泪。

李景略死后，天德军将士们便决定拥立任迪简担任防御使，理由非常简单——他们认为任迪简是一个仁厚的长者。不过这种随意拥立主帅的事情在当时也就河朔地区干得出来，其他地方显然是不合法的，监军怕产生变故甚至将任迪简关了起来。不过这位监军显然是小看了士兵们的决心，他们竟然一起将任迪简救了出来。这下监军没办法了，只得据实上奏唐德宗。唐德宗考虑到任迪简深得人心，最终还是下了诏书让任迪简接替李景略。

唐宪宗这一次之所以让任迪简接管义武军，也是看中他善于安抚士兵的能力，希望能顺利实现权力的交接。任迪简到达后，张茂昭便将易州、定州的账簿文书，以及库房钥匙、印信等全部交接给了他，然后便打发妻子和儿子们先行上路前往长安。临行前，张茂昭还特意对妻儿们说明他这么做的原因："我之所以让你们离开易州前往长安，就是不想我的子孙后代沾染上河朔地区的恶习，现在能够离开这里，我就算死也没有遗憾了。"不久后，唐宪宗又下令，让张茂昭转任河中节度使，不过张茂昭却坚持在长安留了下来，一直到死都没有前往河中上任。

自安史之乱以后，河朔地区还从来没有过朝廷空降节度使的先例，当年派去卢龙的王缙留了几天发现控制不了局面便直接回了长安；后来担任义武军节度使的邕王李謜更是只挂了个名，根本未曾到任，实际掌权的依然是当时的义武留后张茂昭，唐宪宗空降一个人就想彻底控制住义武军显然是不可能的。

张茂昭走后没几天，义武将领杨伯玉就发动叛乱，他将任迪简囚禁起来，然后自封留后。不过杨伯玉高估了自己的影响力，他在留后的位置上仅仅待了三天就被义武军其他将士干掉，大家又重新将任迪简请了出来。

任迪简的运气也实在是不好，他脱困后不久，又有人发动兵变了。这一次发动兵变的人职位更高，是义武兵马使张佐元，他再次将任迪简囚禁起来。眼看义武就快控制不住了，任迪简便请求放自己回长安，但张佐元害怕朝廷再派人来，哪肯同意就这么放他走。张佐元也没能闹腾几天，不久后便被义武军将士杀掉，众人又把任迪简拉了出来，请他主持军务。

经过这两次变乱之后，定州、易州长期以来的库存为之一空，很多老百姓也因为动乱逃往外地，一时间任迪简竟然拿不出东西来犒赏将士。不过任迪简当年在天德军深得军心自然还是有一套办法，拿不出东西，他便与士兵们一起每天吃粗米饭，晚上就直接在大门下面住下来，也不回节度使府。就这么过了一个月，义武军将士们都被任迪简与他们同甘共苦的决心打动，便一起将任迪简请回府中睡觉。从此以后，任迪简在义武军的位置稳固了下来，唐宪宗也派人送来绫绢十万匹赏赐给了义武的将士们，并正式任命任迪简为义武军节度使。

幽州变乱的情况与义武军不一样，它是因为内部发生了动乱，导致节度使之位不得不易主。幽州刘氏第一任节度使是朱滔的表弟刘怦，因为非常有才能并且对朱滔非常忠心，所以在幽州非常得人心。朱滔南下洛阳的美梦成空以后，回到幽州不久就病死了，众将便推举刘怦为卢龙节度使。

刘济是刘怦的长子，他出生时母亲难产，好不容易才生下来。婢女见刘济竟然像是一条大蛇，浑身上下还冒着黑气，吓得四散而逃。大概因为出生时就已经不凡，稍微大一点就能看出刘济与其他小孩不一样。有一次刘济住的房间忽然着了火，众人惊慌失措地前去救火，结果令人目瞪口呆的是，刘济跟个没事人似的从房间里平静地走了出来，仿佛房间没有着火一样。

刘怦死后，幽州将士们就按照河朔地区的惯例推举刘济为留后，然后上奏朝廷请求赐给旌节。当时的皇帝还是唐德宗，他从泾原兵变之后就不想再折腾了，于是很痛快地赐了旌节让刘济担任幽州节度使。刘济也没有让唐德宗失望，在担任节度使期间屡立战功。

安史之乱后，曾经主要用于防备北面少数民族的卢龙军因为经常参与河北地区的内战，所以对外防御能力不免有些减弱，北面的奚族抓住了这个机会，屡次派人劫掠边境。刘济上任后，奚族依然寇边不断，屡次南下。只可惜奚族人没想到，刘济实在不是他们能招惹的。他不但击退了奚族人的入侵，还率军深入塞外一千多里，一直追到青都山才返回。奚族人光被斩杀的就有两万多人，俘虏的人口、牛、羊更是不计其数，一时间吓得北面的各少数民族再也不敢打幽州的主意。

更为难得的是，刘济虽然战功赫赫，但他对朝廷异常恭顺，大约是早年曾去长安游学的缘故。贞元年间，因为唐德宗对河朔藩镇的姑息，所以各镇擅自接任节度使后都骄纵不法，根本不听朝廷的指令。只有刘济每年按时给朝廷献上贡品，因此深受唐德宗赞赏。

唐宪宗讨伐王承宗时，刘济虽然是被谭忠说服，但他打得极为卖力，唐军此战最初的战果几乎是他一个人拿下的。为了向朝廷表示忠心，刘济不但将俘虏的三百多名成德士兵全部献给朝廷，还特意写了几首诗给唐宪宗，以此表明自己的忠心。可惜刘济再卖力也没能改变唐军整体不利的局面，最终讨伐成德还是不了了之。而刘济更想不到的是，有人已经将主意打到他头上了，这个人就是刘济的次子刘总。

刘总为人狡诈异常，但打仗却非常勇猛，所以一直被放在幽州南面的战略要地瀛州担任刺史。此次讨伐王承宗，他被任命为行营都知兵马使，率领军队作为先锋出击。安平（今河北安平县）一战中，卢龙军久攻不下，便是刘总率领八千精兵当先登城，最终攻下城池，因此深受刘济赞赏。只可惜他这个儿子竟然已经在想办法对付他了。

自从刘怦担任节度使后，卢龙军一直有一个非常突出的特点，那就是喜欢让自己的儿子担任各州刺史，就好像分封制一样，让他们散布四方守卫节镇，既可以防止其他人兵变夺权，又可以为本镇抵挡外敌。但也正如分封制的弊病一样，儿子们担任刺史后，一旦有了野心，很可能就会用手里的兵权先与做节度使的兄弟打起来。这样的事在刘济时期就已经有两例了，还都是他的弟弟。

一个是涿州刺史刘源，他与哥哥刘济的关系不大好，在刘济做节度使后屡屡不听号令，惹得刘济非常不快，干脆上奏朝廷将刘源贬为莫州参军。没想到刘源竟然不听调令，直接带着手下的兵马占据涿州企图用武力抵抗。单靠一个涿州对抗整个卢龙显然是自不量力，刘济亲自率军讨伐，刘源很快就兵败被擒。刘济没有杀这个弟弟，只是将他一脚踢到了长安做官，眼不见为净。

另一个是刘澭，与刘源不一样，刘澭非常有才华，从小喜欢读书，又擅长骑射，加上为人轻财重义，非常得人心。刘怦病死时，只有刘澭一个人在身边，他并没有抓住机会自立为留后，而是以父亲的名义派人将哥哥刘济从莫州请来，让刘济做了节度使。也因为这个原因，刘济对刘澭非常感激，还许诺等自己死后让刘澭做节度使。然而刘济却食言了，他转头就任命儿子刘绲为卢龙节度副使。

按照河朔地区的惯例，节度副使就是未来节度使的接班人，这样一来当然让刘澭愤怒不已。气愤至极的刘澭也不愿意在幽州与哥哥刘济闹起来，于是上奏朝廷，请求让自己带着手下军队前去陇右为天子守边。唐德宗同意后，刘澭便带着手下一千五百名士兵和男女一万多口人上路了。但他这种没经过自己同意带着人跑路的行为显然不能让刘济接受，刘济很快就率领大军前去追击，最终在半路上将刘滩打得落花流水，手下折损过半。但就算是这样也没能打消刘滩离去的决心，他还是带着剩余的部下去了长安，从此再也没有回来过。

刘济做节度使后，依然没吸取当年的教训，他重用的还是自己的儿子。这次讨伐王承宗，他将担任卢龙节度副使的长子刘绲留在幽州，让他掌管一切事务，自己则率军进驻到前线的瀛州，担任瀛州刺史的儿子刘总则被踢到了饶阳。

就在唐宪宗下诏赦免王承宗后不久，忽然有一个自称是从长安来的人前来拜见刘济，他说："我从长安得到了消息，因为您之前一直滞留不前，毫无建树，所以朝廷决定罢免你节度使的职位，让节度副使刘绲担任节度使。"一番话说得刘济又惊又怒，他没想到朝廷竟然这么过分，自己拼死拼活不但没有奖赏，反而连节度使的位置都要丢了。还没等刘济反应过来，第二天又来了一个长安人，他告诉刘济："朝廷派人赐给旌节、任命副使担任节度使的使者已经到太原了。"不久后，又有人在军中大喊："赐给节度使旌节的使者已经过了代州（今山西代县）了。"

刘济原本就有病，在这些消息的连番打击下竟然一病不起。不过病重的刘济这时候却反应过来了，他得到的消息肯定是假的，是有人故意想吓死自己。原因很简单，这次讨伐成德，自己的战功绝对是最多的，还因此得到过唐宪宗的褒奖，就算要找人为战败背锅也不可能找到自己头上，连主帅吐突承璀都没事，自己怎么可能突然被罢免？再说，就算唐宪宗要罢免自己，又怎么会那么巧一路都有人来通风报信？既然不可能是朝廷派的人，那就只有一种可能了——卢龙镇内有人要害自己。幕后主使也不难推断，自己一死，最有可能接班的就是刘绲，而这次在军中散布的消息中，朝廷要任命的节度使也是刘绲，那刘绲的嫌疑自然是最大的。刘济以为自己已经得到了真相，二话不说就将军中平日里与刘绲交好的几十个大将全部杀死，然后让判官张玘的哥哥张皋掌管幽州的事务，让刘绲来瀛州待命。

遗憾的是，刘济的推论不是事实，真正在幕后搞事的不是刘绲而是刘总，所有的一切都是他与张玘还有孔目官、成国宝等人策划出来的，真实目的自然也不是想吓死刘济，只是想趁机扳倒刘绲。现在既然刘绲已经倒台了，刘济也没有用处了，刘总怕父亲反应过来，决定干脆趁机将父亲也一块儿除掉。第二天，刘济因为生病从早上到中午一直吃不下东西，只好要水来喝，刘总便趁机让刘济的亲信唐弘实在水中下毒。可怜刘济纵横幽州几十年，竟然就这么被一碗水毒死了，年仅五十四岁。刘济死后，刘绲也没能活下去，他刚到涿州，刘总便以父亲的名义，派人用乱棍将他打死了。

刘济和刘绲父子死后，刘总便自称留后掌管了军中的事务，同时对外宣布刘济的丧事，并派人到长安向唐宪宗请求旌节。唐宪宗并不知道刘总毒害父亲的真相，他这时候也实在没有精力与刘总再打一场，于是任命刘总为节度使，并封他为楚国公，幽州至此进入了刘总时代。

魏博归来——田弘正归降中央

元和七年（812年），河朔地区又发生了一件大事，曾经撺掇王承宗反叛朝廷的魏博节度使田季安一命归天了。

田季安是田绪的儿子，他父亲田绪在干掉堂兄田悦成功上位后便开始"放飞自我"，每天过着酒色无度的生活，结果才三十三岁就死了。田季安本来是田绪最小的儿子，母亲的地位很低，按理说他没有资格继承节度使的位置，但没想到他却因为这个出身得了个好处。田绪的妻子是唐代宗的女儿嘉诚公主，嘉诚公主因为自己没有子女，就收养了当时还年幼的田季安做儿子，他因此一下子变成了嫡子，所以才能够在父亲死后继承节度使的位置。

嘉诚公主还活着的时候，对田季安管教颇为严格，那时候的田季安虽然没有表现出什么才能，但好歹做节度使也算中规中矩。没想到嘉诚公主刚死，田季安的本性就暴露了，他跟父亲田绪一样喜欢声色犬马，整天忙着进行打马球、斗鸡等娱乐活动。如此一来，魏博的军政事务他自然就很少管理了，处理事情也很随意，并且由于他为人残暴，手下将佐官吏没一个人敢劝。

当时有一个叫丘绛的进士在魏博担任从事，因为与田季安的亲信侯臧不和，彼此之间经常争权，田季安便将丘绛踢到外面担任县尉。但丘绛连去上任的机会都没有，在半道上就被田季安埋伏的人挖坑活埋了。田季安自以为这事做得天衣无缝，但实际上很多人都知道了，因此魏博镇内自然没有人敢再招惹他。大概因为太过凶残，田季安三十二岁就得了疯病，每天动不动就随意杀人，搞得魏博军民人心惶惶，每个人都担心会被田季安杀掉。

田季安的妻子元氏是以前洺州刺史元谊的女儿。元谊本来是昭义行军司马，昭义军节度使李抱真死时，他正代理洺州刺史的职务，听说唐德宗将昭义步军都虞侯王虔休任命为留后之后非常不满，便请求朝廷将太行山以东的磁州、邢州、洺州另外设置一个节镇。

当时昭义的精兵大多在山东三州防御河朔藩镇，元谊这么一分家就等于把昭义完全掏空了，唐德宗哪里肯答应。元谊眼看坐不上节度使的位置，一怒之下干脆占据洺州反叛了朝廷。在王虔休的讨伐下，元谊跟朝廷硬抗了一年多都没能讨到好处，只好和部将石定蕃等人带着洺州五千名士兵和一万多名百姓前往魏博投奔田绪。唐德宗一看人被田绪接走了，也就不管了，干脆让这伙人就此跟了田绪。

元氏有这样一个父亲，自然也不是什么省油的灯。她害怕被田季安杀死，于是假传田季安的命令，让众将拥立她的儿子、魏博节度副使田怀谏为节度使。魏博众将早就被田季安杀怕了，根本不敢违抗他的命令，便就此拥立田怀谏做了节度使，让他掌管军中一切事务。至于发了疯的田季安，就没什么好下场了，他很快被迁移到别的地方关押了起来，过了一个多月竟然莫名其妙地死了，死时才三十二岁，还没有父亲田绪活得长。

因为田怀谏只有十一岁，唐宪宗意识到自己想要的机会来了，此时正是收拾魏博的好机会，于是任命左龙武大将军薛平为郑滑节度使，并让他随时准备东进控制魏博。随后唐宪宗把宰相们召集起来，商量对付魏博的方法。李吉甫第一个站出来，表示朝廷应该抓住田怀谏年龄小的机会出兵，将魏博一举荡平。他的建议正中唐宪宗下怀。

魏博可谓是河朔地区对抗朝廷的中流砥柱了，次次都冲在最前面，从田承嗣到田悦，其间朝廷虽然屡屡派兵讨伐，但从来没占到过便宜，反而让魏博越来越强大，甚至像田季安那样，表面上忠心朝廷，暗地里却和王承宗狼狈为奸。唐宪宗早就想拔掉这根刺了，只是一直没有合适的机会，眼下机会既然来了，他哪里肯错过，于是当即表示："我与吉甫的看法一样，此时必须出兵。"

关键时刻，另一位宰相李绛站了出来，他表示反对出兵："据我长期以来的观察，河朔骄横跋扈的藩镇都有一个特点，那就是节度使会把手里的士兵分配给各个将领，让他们之间互相制约，这样做是为了不让兵力集中在一个人手里，因为他们也害怕掌握兵权的将领发起兵变取代他们的位置。在各个将领都有兵权，而且谁也不能制服谁的情况下，他们之间肯定会互相牵制，就算想联合起来也很难做到，因为人太多，思想不能完全统一。这正是骄横的藩镇节度使们控制手下的办法。不过这样一来也有一个问题，那就是必须要有一个能够控制众将的节度使才行，不然这帮将领之间就能先打个你死我活。现在魏博就面临着这样的问题，田怀谏才十一岁，肯定不能亲自处理军务，这些事情就得落到某个人身上，不管这个人是谁，只要无法得到魏博将领们的拥戴，他对待各位将领又不能做到平衡，那必然会有人发难，到那时田氏一族就算不被灭门，在魏博肯定也是混不下去的，这样的话又何必劳烦陛下出兵呢？这个人出自魏博众将，河朔诸镇现在都是世袭，他们肯定不会支持这个人做节度使，那这个人就只能依靠朝廷，否则河朔诸镇肯定会群起而攻之，所以他只能归顺朝廷。眼下我只希望陛下让魏博周围的军队集结待命，但不要动手，等魏博发生变故后，控制魏博的人必定会向朝廷投诚，到那时再派出军队前去接应他，并且赏赐他高官厚禄，以此来告诉其他人，朝廷绝不会亏待效忠之人。如此一来，河南、河北其他藩镇听到消息后，也会担心自己的部下效法魏博夺权，以便换取朝廷的奖赏，因此他们肯定会害怕被朝廷针对，必定争着向朝廷表示忠顺之心，这就是所谓的'不战而屈人之兵'。"李绛的一番话说得唐宪宗热血沸腾，也不再提出兵的事了。

自唐德宗时期以来，朝廷对藩镇一直持姑息态度，李吉甫对此非常不满，他一贯主张对不臣服的藩镇强势用兵，忽然被李绛堵了路，他哪咽得下这口气。没过几天，李吉甫再次找到唐宪宗，表示自己把粮食、军械都准备好了，就等唐宪宗一声令下就可以向魏博进军，同时他还不断向唐宪宗说明出兵的好处。

这一次唐宪宗虽然动心，但是没有轻易答应出兵，而是找来李绛询问意见。李绛依然反对，他的理由很简单："前年朝廷出兵讨伐成德时，先后集结了各镇总共二十多万兵马，甚至连中央的神策军都出动了，结果如何呢？只不过白白耗费了无数钱财，连成德一点皮毛都没伤到，这事让天下人都看了笑话，难道现在还要再闹一次笑话吗？再说之前战争的创伤还没恢复，河北的百姓都非常害怕打仗，这时候下令让他们支援前线，不但不能取得成功，还可能发生别的变故。眼下本就不是非要攻打魏博才行，只要等待一段时间，魏博内部必定会发生变故，又何必非要出兵呢？还请陛下多加考虑。"

唐宪宗听了觉得有道理，再加上之前讨伐成德虎头蛇尾太过尴尬，他立刻决定不采取军事行动了。李绛怕李吉甫再次生事，便又加了一句："陛下虽然现在说不出兵了，但我怕退朝以后又有人来迷惑陛下出兵。"唐宪宗自然知道李绛说的是谁，当场表示："我现在已经下定决心了，谁也迷惑不了我。"就这样，唐宪宗终于决定不再用武力对付魏博。

事实证明，李绛所料果然不差，魏博真的发生变故了。因为田怀谏太过年幼，一切军政事务的处理都落到家仆蒋士则的身上。蒋士则只是一个家仆，哪里控制得了魏博众将，他只能依靠个人的爱憎频繁调动诸将，一时间惹得军中天怒人怨。再加上朝廷也一直没有赐给节度使旌节，魏博众将士逐渐有了另立新主的想法。被他们挑中的新主就是时任魏博步射都知兵马使的田兴。

田兴字安道，他的父亲是田承嗣的堂弟田庭玠。田庭玠喜欢读书，非常善于治理地方。当年唐代宗讨伐田承嗣时，田庭玠独自据守沧州，面对李宝臣、朱滔两路大军的围攻，孤立无援，一直坚守了好几年，哪怕粮食吃完了手下也没有背叛的人。后来因为田承嗣将沧州让给李宝臣，他才率领残部退出。也正因为沧州之战的表现，田庭玠得到了田承嗣的重用，到田悦继承节度使时已经升任魏博节度副使。然而因为反对田悦对抗朝廷，田悦对他颇有微词，田庭玠一怒之下称病回家，从此以后闭门不出，很快就郁郁而终。

田兴很小的时候就擅长骑射，而且喜欢研读各类兵书，因此深受伯父田承嗣的赞赏，就连他名字中的"兴"字都是田承嗣所取，因为田承嗣认为他将来必定能让田氏兴盛。有了田承嗣的夸赞，田兴在魏博的成长自然是一帆风顺。到田季安担任节度使时，他已经是魏博衙内兵马使了。

田兴的才能也让他遭到了田季安的忌惮，就连田兴的哥哥田融都看出来了。田庭玠死得比较早，田兴一直是由哥哥带大的，所以田融对这个弟弟也异常看重。有一次，田兴在军中和其他将士比试射箭，夺得了第一名，结果回去之后，田融把他痛打了一顿，并告诫他："你明知道田季安的为人，怎么还不知道收敛自己的锋芒？你遭殃的日子很快也会来了。"这次被教育后，田兴才开始收敛自己锋芒，再也不敢展露什么了。

然而田季安的所作所为让田兴非常不满。在看到田季安在军中滥杀无辜后，他几度没忍住出言规劝，结果便犯了田季安的忌讳。田季安认为田兴是想收买人心，直接将他踢到临清（今山东临清市）去担任守将。所谓的调任也只是田季安的幌子，他其实是想找机会杀掉田兴。有了丘绛的例子，田兴哪还不知道自己要大祸临头了，无奈之下他只好用艾草炙灼全身，假装得了风寒。田季安看田兴有病在身，便放了他一马。直到田季安死后，田怀谏才重新将田兴召回来担任兵马使。

因为对蒋士则不满，众将士首先就想到让田兴来做主帅，于是他们派人前往田兴家中请他前来担任节帅。没想到田兴竟然拒绝了，他直接将大门关了起来，不让其他人进去。魏博众将却不肯这么放过他，他们立刻带了几千个士兵跑到田兴家门口闹了起来。这下田兴没办法了，只好打开门接见众将。众将见田兴出来，立刻要田兴跟随他们一起前往节度使府，田兴却怎么也不肯依从。双方争执了许久，田兴见无法说服众人，只好站出来说："你们既然认为我有几分才能，想让我统率你们，我可以答应，但是有一个条件，那就是我的命令你们必须听从，不然我死都无法从命。"

魏博众将士见田兴答应下来，立刻就同意了他的要求，纷纷高喊："我们都听你的命令。"田兴这时才说出自己心中的想法："我想奉行朝廷的法纪，率领魏博六州的土地归附天子，如果天子没有下令让我担任节度使，有谁敢替我向朝廷请求旌节或者杀人抢劫的，全部斩首。"众人答应了下来，田兴这才率领众人赶到节度使府，杀死蒋士则等十多人，并将田怀谏迁居到外地。随后田兴将魏、博、相、卫、贝、澶六州的土地，户籍等信息登记造册，然后派人送往长安，自己也不称留后，就这么等待朝廷的任命。

唐宪宗接到田兴送来的奏报后大喜过望，立刻召集宰相们商议如何处理魏博，李吉甫首先发言："既然田兴上表归附，那就应该立即派使者前去安抚，观望事态变化再做决定，如果魏博将士们拥戴田兴，那就顺势任命他为节度使。"

李绛连忙表示反对："不行，田兴既然主动献出魏博的土地和兵马前来归降，那必须现在就任命他为节度使，那样才能让他对朝廷感恩戴德。假如等使者去了魏博收集众将的请求回来之后再任命他为节度使，这样一来就会显得魏博将士作用大而朝廷作用小，田兴必定会更感激魏博众将士而非朝廷，到那时他对朝廷的忠诚肯定还不如现在。此时正是收服他的好时机，千万要抓住，否则悔之晚矣。"

枢密使梁守谦因为和李吉甫关系比较好，也出言帮忙："按照朝廷惯例，这种情况都是要先派遣使者前去慰劳。如果现在偏偏不向魏博派出使者，只怕田兴反而会误会。"听了梁守谦的话，唐宪宗决定还是先派太监张忠顺去魏博安抚众将士，一切等张忠顺回来后再做决断。

李绛不甘心就这么失败，第二天再次劝唐宪宗："朝廷施加恩威的成败就在此一举，好不容易出现的时机千万要抓住才行，怎么能够放弃呢？我相信陛下心里对哪种做法有利也有决断，怎么能因惯例而犹豫呢？眼下张忠顺应该才到陕州，如果陛下现在下诏任命田兴担任节度使还来得及，否则一切都迟了。"

唐宪宗听了李绛一席话后也不再犹豫，打算就此下诏让田兴担任留后。李绛又添了一把火："河朔还是第一次出现像田兴这么恭顺朝廷的人，要是这都不能让他直接做节度使，他肯定不能感受到朝廷对他的特殊待遇。"

唐宪宗一想，反正田兴迟早会做节度使，不如跳过留后直接让他担任节度使，田兴必会更加感恩，于是同意了李绛的请求。不出李绛所料，张忠顺还没有返回长安，任命田兴担任魏博节度使的诏书就到了，田兴因为感受到唐宪宗的恩遇当场落泪，从此在心中发誓效忠朝廷，魏博将士们也为之雀跃。

不久后，李绛再次上书："魏博一镇已经有五十多年未沾王化了，现在田兴忽然带着魏、博、贝、卫、澶、相六州的土地前来归降，等于是挖空了河朔地区的中心，以后河朔地区再想联合对抗朝廷就不可能了。我们现在如果不给予魏博将士重赏的话，肯定无法安抚他们的心，也不能让周围各镇受到感染而羡慕他们，希望陛下可以下拨内库钱一百五十万缗赏赐给魏博将士。"

唐宪宗有些犹豫："给魏博的赏赐是不是太多了？如果以后再发生这种情况，难道也要再给他们这么多钱吗？"李绛立刻反驳道："田兴没有贪图割据一方，也没有在意周围其他藩镇的反对，一心带着魏博归附朝廷，陛下怎么能够因为想节省这么一点小钱而丢掉重大的战略谋划呢？钱财用光了还可以重新聚敛，但机会一旦错过就再也找不回来了。陛下且想一想，如果国家派遣十五万军队前去攻打魏博，用整整一年才攻下，军费开销是一百五十万缗钱就够的吗？"唐宪宗这才下定决心，他心想："我省吃俭用，本就是想用这些钱来平定各地藩镇，不然把钱白白存在仓库里干什么？"不久后他就正式派名臣裴度带着一百五十万缗钱前往魏州安抚魏博将士。

裴度到达魏州后，立刻将钱全部用于犒赏魏博众将士，并传达唐宪宗的诏书，免除魏博六州百姓一年的赋税。众将士得到赏赐后，欢声雷动，他们纷纷跑到街上大喊："我们今天终于重新做天子的臣子了。"当时正好有正德、淄青派来的使者，他们见了这种场景相顾失色，叹道："我们对抗朝廷究竟能得到什么好处？还不如魏博归降朝廷呢。"

随后裴度又向田兴讲述君臣之间的道理，田兴非常受用，他对待裴度也完全按照天子使者一样的待遇，并带着裴度一起走遍魏博各州县，与他一起向各地宣布朝廷的诏令。不久后田兴又请求唐宪宗任命一位节度副使，唐宪宗便派了户部郎中胡证前往担任。从此以后，魏博一旦有官职缺额，田兴都向朝廷请求任命，魏博的一切法度全部按朝廷的法度施行，每年也按时向朝廷缴纳赋税。在一切处置妥当以后，田兴安葬了田季安，并将田怀谏送去了长安。

魏博的归降无异于是河朔诸镇头顶的一记惊雷，李师道、王承宗等人哪敢让河朔的核心是朝廷的一个藩镇。他们不断派人前去游说田兴，希望他能够按照河朔惯例，大家一起互帮互助，别再想着投降朝廷。可惜田兴是铁了心要归附朝廷，无论谁来劝说都没有用。气愤之下的李师道甚至打算动用武力，不过他却害怕另一个人的干预，那就是宣武军节度使韩弘。

当时韩弘有割据宣武的想法，李师道满以为能说服韩弘，便派人前去劝说："我家世代都与田家有协定，一旦有事一定要互相援助。现在占据魏博的田兴并不是田承嗣的后代，他又第一个打破河南、河北藩镇的惯例，如此之人想来也是你所厌恶的。我想和成德军队一起去收拾他，希望你能够支持。"

哪知道韩弘也只是想长期占有宣武，心里并不想与朝廷作对，他立刻派人回信："我不清楚你说的什么惯例，我只知道按照朝廷的诏书办事。只要你敢向北渡过黄河，我立刻就率军向东攻打曹州。"在韩弘时代，宣武军是河南首屈一指的强镇，李师道哪敢去招惹，出兵之事只好不了了之。

不久后，唐宪宗又亲自为田兴赐名为弘正。从此以后，田弘正便一心效忠朝廷。在之后的数十年里，田弘正都率领魏博将士为朝廷奋战在第一线，为元和的平叛立下了无数战功。

祸从天降——王承宗再战唐军

元和十年（815年）六月三日，天还没有亮，宰相武元衡就匆匆从他居住的靖安坊东门走出，如往常一样前往宫城去上早朝。这原本是很平常的一天，武元衡也没有太过在意，然而就在他刚刚骑马走上大街的那一刻，忽然从暗处射出了几支箭，惊得众随从纷纷逃散躲避。武元衡还没来得及反应，几道黑影跳了出来，拉着他坐骑的缰绳前行十多步，避开重新追过来的随从后，将他从马上拉下一刀砍死，然后拿着头颅飞快逃走。众随从赶到时，地上只剩下一具无头尸体。

就在武元衡遇刺后不久，御史中丞裴度在通化坊门口也遭到了袭击。不过裴度反应比较快，抢在刺客近身前跳下了马，只是摔到大街旁的水沟里，撞伤了头部，因为他帽子比较厚实，所以没有受到什么致命创伤。刺客原本想趁机砍死裴度，幸好裴度的随从王义非常忠心，他从背后拼死抱住刺客大喊大叫，最终引来了金吾卫才吓跑了刺客，王义还因此被刺客砍断了一只手。

武元衡和裴度遇刺的消息传到朝廷后，唐宪宗大吃一惊，他怎么也想不到自己的宰相居然会在家门口被人刺杀，这实在是骇人听闻。无奈之下唐宪宗只好下令宰相出行时，全程由金吾卫骑士护送，所有骑士都弓上弦、刀出鞘，以防备刺客再来，经过坊市时也要先派人严密排查。不过能享受这种待遇的也只有宰相，一般的大臣可没有这种待遇，他们也害怕自己出门被人杀，每天天没亮根本不敢出门，因此往往唐宪宗都已经登殿准备早朝了，大臣都还没有到齐。唐宪宗对这种情况也非常气愤，只得严令京兆府、金吾卫及以长安、万年两县严密搜查。

没想到的是，刺客竟然猖獗到看到朝廷派人来搜捕后，连夜派人在金吾卫、京兆府、长安县和万年县贴上纸条，上面写着："你们千万不要来捉拿我，否则我就先杀了你们。"一时间竟然吓得捉拿贼人的官兵不敢再严密搜捕。

这下有一个人怒了，那就是兵部侍郎许孟容，他得知消息后对唐宪宗说："宰相当街被人刺杀，不仅抓不到刺客还反被威胁，这等荒谬之事自古以来还从未发生过，如果传出去，必定是朝廷巨大的耻辱啊！"说着他还哭了起来。随后许孟容又跑到中书省门口流着泪请求："希望中书省能够上奏陛下请求任用御史中丞裴度做宰相，然后再派人全力搜捕刺客，务必要查清刺客背后的主使之人。"

不久后，唐宪宗果然任命裴度为宰相，并下令在长安城内大肆搜捕刺客，谁能抓到刺客就能得到一万缗赏钱，并赐以五品官衔，谁敢包庇贼人则全家族诛。此令一出，长安城内的搜捕再次严密起来，就连公卿家中的夹墙、复壁也要一一排查。

其实唐宪宗心里一直都有怀疑对象，那就是成德节度使王承宗和淄青节度使李师道。就在此前一年，唐宪宗下诏讨伐割据淮西的淮西节度使吴元济。面对从四面八方攻来的唐军，吴元济压力剧增，无奈之下只得向王承宗、李师道两人求援。

本着唇亡齿寒的心理，王承宗和李师道都拼命向朝廷上书，请求唐宪宗赦免吴元济，李师道更是派了两千人打着帮朝廷平叛的旗号前往寿州，意图在关键时刻帮吴元济一把。只是很遗憾，无论他们怎么说，唐宪宗始终不为所动。自从李吉甫死后，武元衡就是唐宪宗最依赖的心腹大臣，他也是铁杆的主战派。所以为了帮助吴元济，王承宗等人攻击的矛头逐渐指向了武元衡。

就在武元衡遇刺前不久，王承宗和武元衡发生了一次冲突。当时王承宗派遣的部将尹少卿到长安，自称有事奏报，实际上则是到处游说大臣们为吴元济求情。这件事很快被武元衡知道了，所以尹少卿在中书省出言不逊时被他直接赶了出去。这下王承宗就更加气愤了，他干脆与李师道联合起来，将目标对准了朝廷在江淮赋税重要的转运点河阴仓。

王承宗的做法也很简单，他直接派了几十个人埋伏在外面，等到天黑时突袭河阴仓，杀死守仓的士兵后，放火把仓库点燃。结果总共有十多个士兵被杀，三十万缗钱、数万斛粮食被烧毁。虽然最终并没有抓到行凶之人，但唐宪宗大概也知道是王承宗和李师道干的好事。不但如此，王承宗还屡次上书恶意诋毁污蔑武元衡。正因为有了这些事，再加上王承宗一直以来都不太安分，所以唐宪宗的重点怀疑对象就是王承宗，于是他不断派人在成德驻京城的进奏院附近查探情况。结果这一查还真查出了一点眉目。

有人发现成德进奏院里的恒州士卒张晏等人每天鬼鬼祟祟，行为举止都非常怪异，大家都觉得这伙人就是刺客。不久后，神策军将领王士则又跳了出来，告发张晏等人是王承宗派来长安刺杀武元衡的。王士则是王武俊的儿子，也是王承宗的叔叔，他对成德的情况自然很了解，所以他的话显得非常有说服力。唐宪宗知道后大喜，立刻派人抓住了张晏等八人，然后派京兆尹裴武与监察御史陈中师去审问他们。

在裴武等人的审问下，张晏等人最终承认自己就是杀害武元衡的凶手。查出了凶手，朝中大臣无不拍手称快。只有张弘靖认为张晏等人并不是凶手，他们之所以承认完全是屈打成招，虽然有王士则作证，但王士则当年就是因为与王承宗不和才被迫跑到长安混饭吃，谁知道他会不会故意陷害王承宗。于是他屡屡进言请求复审，可惜唐宪宗不肯听从。

不久后唐宪宗就下令将张晏等八人全部处斩，并把他们的同伙五十四人一起杀掉，之后又拿出王承宗此前为吴元济辩护以及污蔑武元衡的奏疏，请大臣们当庭议罪。不过此时因为朝廷正好陷入了与淮西的苦战之中，唐宪宗也不想两线作战，所以只是下了一道诏书历数王承宗的罪过，不允许他再入朝进贡，希望他能够认识到自己的错误，主动投案认错，至于出兵一事准备以后再说。

唐宪宗想要王承宗自己悔过，显然是想多了。自从元和五年朝廷那次虎头蛇尾的讨伐行动失败后，王承宗的尾巴早就翘上了天，他认为朝廷拿自己毫无办法，行事越发肆无忌惮，哪会因为一道诏书就主动认罪。不但如此，王承宗甚至还主动出击，将驻扎在魏博成德边境上防守的魏博军队打得溃不成军。这下可惹怒了魏博节度使田弘正，他立刻上奏朝廷，请求允许他亲率大军前往贝州收拾王承宗。

唐宪宗接到田弘正的请求后就有些尴尬了。虽然王承宗还沉浸在自己杀死武元衡的美梦中，但唐宪宗此时已经知道这事不是张晏等人干的，尽管他们的目的也是杀死武元衡，可还没来得及动手就让李师道的人捷足先登了。虽然知道了真相，但唐宪宗此前刚下过让王承宗认错的诏书，现在也不好意思承认是自己搞错了，所以只能让知道真相的吕元膺等人不要泄露出去，讨伐王承宗的事也就这么僵着了。只可惜唐宪宗也没想到，王承宗竟然狂妄到主动进攻，直接让他陷入了进退两难的境地。最终在田弘正连续上了十余次奏疏后，唐宪宗才勉强同意让田弘正率领大军驻扎到贝州进行防御。

没想到的是，唐宪宗这边不吭声，竟然让王承宗产生了朝廷不敢对付自己的错觉，他竟然带着人杀入北面的卢龙、义武、横海三镇境内大肆烧杀抢掠。这下好了，王承宗一口气把河朔的各藩镇都得罪了。卢龙节度使刘总、义武节度使浑镐、横海节度使程权一起上奏朝廷，请求唐宪宗下诏让他们出兵收拾王承宗。唐宪宗一看这么多人要求收拾王承宗，便不再犹豫，准备召集各路人马一起灭了成德。

宰相张弘靖得到消息后，立刻站出来反对，他认为："我们现在正在讨伐吴元济，如果同时再讨伐王承宗，恐怕朝廷各方面都难以支撑，最好还是等灭了吴元济后，再集中全力对付王承宗。"但唐宪宗早已被王承宗惹怒，哪听得进张弘靖的劝说，甚至还把张弘靖踢到了前线的河东担任节度使。

元和十一年（816年）刚过完新年，唐宪宗就迫不及待地下达了讨伐王承宗的诏书。他下令削去王承宗的一切官职，并让成德周围的河东、幽州、义武、横海、魏博、昭义六镇一起出兵讨伐。宰相韦贯之与张弘靖一样，也认为这时候不适合与王承宗开战，他得到消息后立刻入宫劝谏道："陛下难道不记得建中年间讨伐河北的事情了吗？德宗皇帝一开始想讨伐的只是田悦和李纳两个人，但李希烈、朱滔、王武俊等人却先后起来响应，最后酿成了朱泚之乱，之所以会发生这一切，正是因为德宗皇帝想尽快收复河北藩镇，不能够多忍耐几年。现在陛下如此冒进地讨伐王承宗，恐怕会酿成大祸啊！"唐宪宗对韦贯之的话依然置之不理，照常要求各路快速进兵。

这一次讨伐成德，唐宪宗吸取了上一次的教训，没有设置主帅，也没有派遣神策军前往。可惜这一次的场面比上一次还要难看，表面上虽然有六镇兵马，实际上却互不统辖，出征之后迟迟没有什么重大突破。六镇进展迟缓的原因也各不相同。

前一次表现最积极的卢龙这一次反而成了最不积极的。刘总取代父亲以后，虽然表面上也效忠于朝廷，但实际上依然对朝廷有很深的戒心，不愿意与成德开战，他出兵以后很快就攻下了武强县（今河北武强县），斩杀了一千多名成德士兵，这竟然也是卢龙这次讨伐成德取得的唯一一次战功。攻下武强县后，刘总就逗留不前，拖了很长时间才到达乐寿，却依然只是包围乐寿做做样子，自然难有进度。虽然没有战功，但刘总向朝廷要的钱可一分不少，这些钱自然全部流入了幽州。

前一次讨伐成德时，另一个表现出众的藩镇义武，这一次场面上就更难看了。此时的义武军节度使已经不是替代张茂昭的任迪简了，而是浑镐。浑镐本人名气不大，可他的父亲是唐德宗时期的名将浑瑊。浑瑊曾经在奉天一战力保唐德宗，为唐朝复兴立下了赫赫战功，浑镐却没有父亲这种本事。浑镐为人谦虚，喜欢与士大夫交流，在治理地方、编练士卒方面确实是一把好手，在唐军之中也颇有威望。但最大的问题是，他不会打仗，上了战场抓不住一举破敌的战机。

在得到唐宪宗的诏书后，浑镐便率领义武的全部军队直接攻入成德境内，一直杀到了距离恒州只有三十里的地方，准备与王承宗来一场正面对决。只可惜浑镐光顾着往前冲炫耀武力，却忽略了一个很大的问题，那就是定州与恒州之间相距九十里，军队一股脑拉到了前面，如果后面的粮道被人截断了怎么办？

浑镐没想到的问题，王承宗却想到了，他一面组织军队正面防备义武军，一面则派出军队从其他道路杀入义武境内，一路烧杀抢掠进入了定州。这下义武众将士不干了，自己的亲人在后方面临危险，他们哪还肯继续向前，纷纷请求撤军回定州。不巧的是，这时候刚好有唐宪宗派来的使者前来督战，浑镐愤怒之下也听不进众将的意见，坚持率领大军向前直抵恒州城下。

这样一支军心涣散的部队跑到别人家门口惹事，结果自然可以想象，浑镐大败，手下军队阵亡过半，剩下的人也不再听浑镐的命令，直接跑回了定州，在城中四处抢掠。眼看义武出兵不成，反而就要发生兵变了，唐宪宗也是惊骇莫名，他赶紧下令将浑镐免职，然后让易州刺史陈楚前往定州接任义武军节度使。

陈楚是以前义武节度使张茂昭的外甥，因为勇猛过人，所以每次都是率领义武的精兵跟随张茂昭一起出战，为朝廷立下了很多战功。后来张茂昭入朝时，陈楚也跟着一起去了长安，这一次为讨伐王承宗才被外派担任易州刺史，现在正好派上用场。陈楚接到任命后，立刻带人连夜从易州赶到定州，结果到了定州城外，发现一个迎接他的人都没有。随行的其他人看到这种情况都非常害怕，赶紧劝陈楚不要进城，先观望一下形势再说。陈楚却是一声冷笑："定州将士不派人出来迎接我，只不过是想试探我罢了，如果我不进城，正好就中了他们的计。"说完也不顾其他人的反对，坚持连夜进入了定州城内。

此时定州的局面不但没有好转，反而更加恶劣了，浑镐和家人的衣服甚至都被抢了个干净，陈楚来得正是时候。他是定州本地人，家中世代都在义武军中任职，加上他以前又多次统率义武军出战，所以军中很多人都是他的旧部，这些人一见他入城就立刻前往归附。定州的乱局很快就被陈楚平定了，浑镐也拿回了自己家的衣服财产，但经过这么一闹腾，义武军再也无力出兵对付王承宗了。

上一次与义武一起出击的河东军，这一次更是毫无存在感。原本为了讨伐吴元济，河东抽调了不少精兵猛将前往淮西战场，现在的节度使张弘靖是文人出身，本就反对出兵，结果一番折腾下来，其他各路都已经偃旗息鼓了，河东军还没出门。

与河东情况相似的还有魏博。魏博节度使田弘正虽然忠于朝廷，这次却是有心无力。早在讨伐吴元济时，田弘正就派了儿子田布率领部分魏博军队去了淮西战场，但魏博南面还有一个心怀叵测的淄青。淄青节度使李师道一直想出兵支援吴元济，但害怕被隔壁的田弘正抄家，一直不敢动手。同样，田弘正想打王承宗，也得提防李师道在背后点火，所以魏博军队根本不敢全力进攻，最后只在南宫击败了一次成德军队，斩杀了两千多人，顺便拿下了固城和鸦城（都在今河北南宫市境内）两个小地方。

横海节度使程权倒是出兵了，也曾一度在长河（今山东德州市东）击败成德军队，斩杀了一千多人，但随后王承宗就派军队攻占了东光县（今河北东光县），切断了长河与白桥之间的路。白桥位于永济渠上，一旦被切断，横海军想回沧州都不行了。无奈之下程权只好先行撤退，带着人马返回了沧州。

其他五路都没什么出色的表现，倒是前一次混日子的昭义军在这一次表现得非常抢眼，此时的昭义节度使是郗士美。

郗士美，字和夫，高平金乡人，他的父亲郗纯是当时闻名天下的清高名士，曾官至太子左庶子。郗士美出生于这样的家庭，从小就非常喜欢读书，因博闻强识而受到颜真卿、萧颖士等人的赏识。到李抱真担任昭义军节度使时，郗士美做了李抱真的从事。此后他又在昭义军先后辅佐过王虔休、李元淳两任节度使，因功转任坊州刺史，不久后调任黔州刺史。在黔州刺史任上，郗士美出奇兵平定了割据溪州叛乱的向子琪等人，深受唐德宗赞赏。到了元和六年（811年），唐宪宗才将郗士美重新调回了昭义军担任节度使。

接到唐宪宗讨伐成德的命令后，其他各路人马都还在迁延观望，郗士美首先派昭义兵马使王献率领一万人作为先锋出击。没想到的是，王献跟随卢从史久了，也学会了他那套逗留不前的手段，整天在边境上瞎晃悠，郗士美一怒之下就让人将王献砍了，然后下令："谁再敢逗留不前，一律斩首示众。"这下昭义众将士不敢再拖延了，一举进入成德境内，很快昭义军就在柏乡（今河北柏乡县）与成德大军遇上了。两军交战时，郗士美亲自擂鼓助威，昭义军军心大振，众将士奋勇向前，最终一举大破成德军，并乘胜包围了柏乡。柏乡之战，两河为之震撼，就连王承宗都惧怕不已，生怕昭义军什么时候就打到恒州来了。遗憾的是，随着其他各路人马的先后败退，王承宗再次集中全力向郗士美发起了反击，郗士美未能抵挡得住成德的进攻，只得从柏乡撤围而去。

郗士美的败退，基本意味着唐宪宗第二次讨伐成德的失败，失败的原因是多方面的。

首先，大军缺乏统一的主帅。河东、幽州、义武、横海、魏博、昭义六镇兵马加起来有十多万人，整个战线长达几千里，这些军队之间的距离又远，没有一个统一的主帅全面调控，根本无法约定时间一起行动，给了王承宗频繁调动主力，各个击破唐军的机会。

其次，朝廷早前将大量精兵猛将投入了淮西战场，导致河北战场上既缺精兵又无良将。主帅张弘靖、郗士美都是文人出身，张弘靖、程权、浑镐甚至几乎没有打过大仗，刘总、田弘正这种久在军旅的人又因为各种原因无法与王承宗全力交战，这样的军队想打赢成德简直是天方夜谭。如果淮西战场上的李愬、李光颜、乌重胤等名将在河北战场上，情况将会有很大的不同。

最后，河北战场上的消耗太大。原本朝廷已经投入了大量人力物力在淮西战场上，现在还要长途运送物资到河北地区，光运输线路就长达千里，讨伐成德两年间，运送物资的牛、驴都死了接近一半。河北战场上的各路人马虽然进展不大，消耗的钱财却不少，就拿刘总来说，他到达武强县就停滞不前，这里离卢龙本镇就五里，他每个月却向朝廷要十五万缗钱充作军费，如此下来唐宪宗自然撑不住。

在这种情况下，李逢吉等人再次劝说唐宪宗先攻打淮西，等拿下淮西之后再全力攻打成德。这一次唐宪宗终于同意了，他下令暂时停止讨伐成德，让六镇的兵马都各自返回。不过唐宪宗再也没有讨伐成德的机会了。在得知吴元济覆灭后，猖獗一时的王承宗终于吓破了胆，他再也不敢与朝廷硬碰硬了。

王承宗也知道唐宪宗肯定不愿意就此放过自己，只好向邻居田弘正求助，希望田弘正能帮他向朝廷说情，他愿意送两个儿子去长安做人质，并将德、棣两州的土地献给朝廷，同时表示此后也跟魏博一样按时向朝廷交税，相关官吏也由朝廷任命。不出王承宗所料，田弘正上书以后，唐宪宗果然不肯答应，他依然想收拾王承宗。田弘正没有放弃，连续上书十多次，最终唐宪宗碍于田弘正的情面答应了下来。

不久后，王承宗便派部将石泛带着儿子王知感、王知信以及德、棣两州的图籍、印信前往魏博，由田弘正转送给唐宪宗。唐宪宗得到好处后，这才下诏"昭雪"王承宗及成德众将士。所谓的"昭雪"便是此前杀武元衡的事其实跟王承宗没有关系，结果在王承宗自己跳出来顶雷的情况下才打了两年。解决掉王承宗后，唐宪宗就准备为武元衡报仇了。

三分淄青——李师道的末日

元和十三年（818年），随着割据淮西的吴元济覆灭，河朔地区的局势也发生了翻天覆地的变化。原本不服朝廷的各镇节度使们怕朝廷将矛头对准自己，纷纷选择了向朝廷臣服，第一个做出表率的就是淄青节度使李师道。

李师道是李纳的儿子，前任淄青节度使李师古同父异母的弟弟，他的外祖父是昔日割据成德的李宝臣。元和元年，李师古因病去世，高沐、李公度等人和李师古的家奴一起私自拥立李师道为节度使，然后向朝廷请求赐给旌节。结果等了很久朝廷都没有给出任命，李师道便打算反叛朝廷，幸好被高沐劝阻了。随后在高沐的建议下，李师道上书请求以向朝廷交税和让朝廷任免官员为条件，换取节度使的位置。当时唐宪宗刚即位不久，又需要对付南面的西川节度使刘辟，实在腾不出手对付李师道，便顺势答应了他的请求。

唐宪宗没想到的是，李师道上任后却专门喜欢与朝廷对着干。唐宪宗第一次讨伐成德时他按兵不动，田弘正归降时他又企图撺掇宣武节度使韩弘一起收拾田弘正，而到了朝廷讨伐吴元济时就更加过分了。因为吴元济的求助，李师道与王承宗一起屡屡向朝廷上书，请求赦免吴元济，但都被唐宪宗拒绝了。气愤之下的李师道干脆派了两千士兵前往寿州（今安徽寿县），表面上是听从唐宪宗的旨意，出兵帮助朝廷平叛，实际上却是想找机会帮助吴元济。

此后又有人向李师道献计："河阴仓是朝廷用来转输江淮赋税的重要仓库，洛阳是朝廷的东都，都是朝廷的心腹之地。我们只要能烧毁河阴仓，然后招募壮士攻打洛阳，朝廷为了救自己的心腹，必然会从淮西撤兵，这可是帮吴元济脱困的机会啊！"于是有了李师道伙同王承宗焚烧河阴仓一事。

不久后又有人向李师道建议："天子虽然一直都有讨伐淮西的想法，但所有谋划都出自宰相，宰相里面最重要的就是武元衡，我们不如效法西汉时梁孝王刘武派人刺杀袁盎，把武元衡给杀了，到那时剩下的宰相在惊惧之下必定会请求天子罢兵。如此一来，不用费一兵一卒就可以帮吴元济解围了。"李师道听从了这个主意，派人刺杀武元衡，又重伤了裴度。李师道运气好，王承宗刚好也派人去杀武元衡，帮他顶了雷，李师道因而一点儿事都没有。

武元衡死后，唐宪宗依然没有退兵的打算，李师道便打算招募人手袭击洛阳，然而一件小事却让他的计划提前曝光了。当时李师道在洛阳建有自己的留后院，淄青往来路过洛阳的人都在这里居住，人员非常杂乱，地方官员也不敢管。因为淮西兵一度进犯到洛阳一带，东都留守吕元膺就将洛阳的军队全部派到伊阙驻扎，以防叛军入侵。李师道抓住了这个机会，将一百多号勇士暗中安排到留后院中，计划让他们纵火烧了洛阳的宫殿，然后在城里四处抢掠，逼唐宪宗停战。为此他特意设下酒宴宴请犒赏这些勇士。

当天夜里，淄青众人入睡后，杨进、李再兴两位小将因为不满这次行动，便偷偷溜了出去，一路跑到吕元膺处告发了李师道想作乱的消息。吕元膺听后一惊，这事可非同小可，他赶紧连夜派人把伊阙的军队召了回来，让他们把留后院包围起来。吕元膺没想到的是，这帮淄青士兵确实勇猛过人，他们居然从重重包围中一路杀向了城门口。因为这帮人太过强悍，东都防御使的军队竟然都不敢靠近，眼睁睁地看着这帮贼人从长夏门杀出，然后逃向西南面的山林。

当时洛阳西南面与邓州、虢州接壤，沿线都是高山密林，当地的居民无法耕种，以打猎为生，所以都异常勇猛，被人称为"山棚"。就在吕元膺设下重赏搜捕逃出的贼人后不久，一个山棚带着一头鹿准备去洛阳售卖，结果在半路上碰见了那帮淄青士兵，这帮人二话不说就把鹿夺了去。这下将那个山棚惹怒了，他虽然孤身一人不敢反抗，但他却暗自跟踪这帮贼人到了他们躲藏的山谷。知道地点后，这个山棚就回去召集关系好的其他山棚，又找来了官军，然后一起突入山谷将贼人全部生擒。审讯过这帮淄青贼人后，吕元膺才知道这帮人的头领竟然是嵩山上佛光寺的僧人圆净。

圆净表面上是一个有道高僧，实际上却是一个野心勃勃的人。他本是史思明的部将，作战勇猛过人，史思明死后，他无处容身，因此不得不在洛阳找了个寺庙出家。后来圆净又勾搭上同样有野心的李师道，他便献计让李师道在伊阙、陆浑这两地多多购买土地，然后将山棚们全部安置在这些土地上，并给他们提供食物和衣服，以便收服山棚们为己所用。就这样，山棚里的訾嘉珍和门察两人带着部分山棚归降圆净，圆净趁机向李师道请求拨款一千万缗，然后拿着这些钱重新修缮佛光寺，把它变成了同伙们往来的基地。

依照原本的计划，訾嘉珍等人趁着洛阳守备空虚的机会从留后院杀出，在洛阳城内起事，圆净则在山上点火响应，纠集伊阙、陆浑两地的山棚一起攻打洛阳。没想到的是，訾嘉珍等人还没来得及起事就被官军生擒，圆净猝不及防，也被突然杀来的官军擒住。

当时圆净已经八十多岁了，依然非常勇猛，官军好不容易擒住他后，想用锤子敲断他的小腿，敲了好一会儿却始终没能打断，惹得圆净大骂道："你们这些鼠辈，连一个老人的腿都打不断，怎么敢称为勇士？"说完后他自己将小腿安放好，官军这才得以将其打断。在被杀时，圆净还叹息道："你们这是耽误了我的大事，只恨我没有让洛阳城血流成河。"圆净死后，受他牵连被处死的党羽就有数千人，其中还有东都留守和防御使手下的将士。

李师道做梦也没想到，自己袭击洛阳的计划非但没有成功，反而把杀死武元衡的事暴露了。吕元膺在审讯訾嘉珍、门察两人后他才知道原来刺杀武元衡的不是王承宗，而是李师道。吕元膺知道真相后不敢怠慢，立刻派人将訾嘉珍、门察押送去长安，并附了一封奏疏向唐宪宗说明真相。唐宪宗因为已经把罪名推给了王承宗，所以暂时容忍了李师道。谁知道唐宪宗不计较，李师道反而闹腾得越发厉害，他竟然主动出兵攻打邻近的萧县、沛县等地。此时驻守徐州的是中唐名将李晟的儿子，武宁节度使李愿，他用兵很有一套，多次打败李师道，随后更是派大将王智兴追击淄青军一直到了平阴才返回，李师道屡败之下终于安分了。

吴元济被平定后，李师道更加惊慌失措，他非常害怕唐宪宗会秋后算账，却又不知道应该和谁商量。原本在他想与朝廷对着干时，判官高沐和郭昈、李公度等人就曾屡次劝谏，李师道一时间也犹豫不定，不知该如何处理。

李师道的亲信判官李文会和孔目官林英流着泪对李师道说："我们尽心竭力为您的家事考虑，没想到反而遭到高沐等人的嫉恨，您如果听了他们的，只怕淄青以后就是朝廷的了，您怎么能不爱惜淄青这十二州的土地，而要去成就高沐等人的功名呢？"

李师道以为李文会等人是为他考虑，从此便疏远了高沐等人，还将高沐赶到莱州担任刺史。即使这样，李文会等人还是没有放过高沐，因为他们的构陷，李师道以为高沐真的勾结朝廷要对付自己，就将高沐杀掉，又将郭昈囚禁起来。从此以后，只要淄青有人劝李师道归降朝廷，李文会等人必定会指认对方是高沐的同党，然后将他们囚禁起来。因此此时李师道想与朝廷讲和都找不到人商议。

最后还是李公度站了出来，他发觉李师道现在的担忧后，就和淄青将领李英昙一起劝说李师道归降朝廷，让他向朝廷交送人质、进献土地，以此向朝廷赎罪。李师道没有其他办法，便派使者前往长安，请求让长子李弘方前往长安做人质，并且将沂、密、海三州的土地献给朝廷，唐宪宗很快就答应了，他马上派了比部员外郎张宿前往郓州抚慰李师道。

张宿到达郓州后，首先对李师道进行了一番劝慰，并开导他："你千万不要觉得现在归降朝廷是你的耻辱，我有三点理由，第一，你与陛下本就是同宗，按辈分陛下还是你的叔父，你归降长辈不能算是屈膝投降；第二，你才十二州的土地，而天子有三百多个州，以小事大，作为藩臣也合理；第三，在淄青，你家虽然父子相承了五十多年，但跟已经拥有天下两百多年的天子比起来还差得远，称臣也不为过。如今你的不臣之心已经暴露无遗，陛下却依然愿意原谅你，你还有什么不满意的呢？"一番话说得李师道心服口服，下定决心就此归降朝廷。

在李师道的带动下，河朔地区其他藩镇也纷纷改变以前的态度。在李师道之后，横海节度使程权马上跟进了。横海虽然与成德、卢龙等镇不一样，一直以来都效忠于朝廷，但程权觉得自己一家一直世袭横海节度使的位置，和河朔诸镇也没什么区别。再加上此前讨伐王承宗失败，他也开始为家族的前途担忧。于是他便效法以前的张茂昭，派使者前往长安，请求唐宪宗允许他率领全家入朝。

唐宪宗倒是答应了，没想到横海众将士却不同意，他们已经习惯了在一方逍遥自在，当然不乐意朝廷派遣官员加以管辖，便拦住程权，不允许他离开。幸好关键时刻掌书记林蕴站出来说服了众将士，程权才得以离开，唐宪宗则另派华州刺史郑权前往担任横海节度使。在程权之后，刘总、王承宗等人也纷纷向朝廷服软，一时间河北各藩镇都归降了朝廷。

令人错愕的是，在这个时候，第一个归附朝廷的李师道竟然反悔了。李师道这个人一向昏庸且懦弱，遇到事情往往没有主见，只是与妻子魏氏，家奴胡惟堪、杨自温、婢女蒲大姐、袁七娘以及孔目官王再升等人商议，从来不让将领和幕僚们参加。张宿刚刚离开，魏氏因为不愿意让儿子去长安做人质，就联合蒲大姐、袁七娘等人一起劝李师道："自你父亲司徒大人开始，我们淄青就一直占有十二州的土地，怎么能无缘无故就将土地割让给朝廷呢？现在我们境内有几十万将士，就算不献三州，朝廷也不过发兵讨伐，我们可以拼死抵抗，如果打不过，到时候再献土地也不迟。"李师道听后便后悔了，觉得自己被李公度等人耍了，于是将李英昙杀死，将李公度囚禁了起来。

随后李师道又召集众将，商量下一步应该如何对付朝廷。不少将领认为："蔡州才那么几个州，朝廷都要三四年才能打下来，我们淄青有十二个州，还怕朝廷来攻打吗？"只有大将崔承度提出了意见："您以前商量事情时从来不告诉手下的将领，现在却要把兵权交给他们，这些人居然还盲目应和，我看只怕都是一些唯利是图的人，朝廷拿一杯酒、十个饼就能把他们引诱走，还谈什么守城？"

这番话不但说得李师道又羞又恼，还把淄青的将领都得罪了，在这些人的撺掇下，李师道干脆让崔承度去长安探查情况。崔承度走后，李师道越想越气，便偷偷在路上埋伏了人手，准备等崔承度回来就除掉他。崔承度在淄青也有眼线，他很快就得到了李师道准备杀他的消息，于是干脆就在长安不回去了，随后更是跑到唐宪宗面前把李师道想反悔的事捅了出来。

唐宪宗得知李师道要反悔后异常气愤，他再次派左散骑常侍李逊前往郓州，想看看李师道到底是什么打算。李逊到达郓州后,李师道立刻率领全军出迎。李逊一看这阵势就知道李师道是在示威,只怕根本就没有履行承诺的想法,于是他再三劝说,希望李师道能够遵守承诺。李师道自己当然拿不定主意,敷衍几句后就回到城内和蒲大姐、袁七娘等人商量对策,结果这帮人都认为可以先随便答应,大不了最后找借口推脱。

第二天李师道去见李逊,然后告诉他:"我之前因为父子之间的私情以及将士们的反对才把事情拖延了下来,没有派儿子尽快入朝,现在又麻烦使者亲自前来,实在是不好意思。您请放心回去,我绝不会做这种反复无常的事。"李逊一听李师道满口空话,知道他根本没有任何诚意,于是回到朝廷就告诉唐宪宗李师道这人反复无常,只能用武力解决。不久后,李师道果然借口说军中将士不同意他割让土地和送人质,所以只能请唐宪宗谅解了。

唐宪宗当然不能谅解李师道,他心中恼怒异常,当即就任命忠武节度使李光颜为义成节度使,淮西节度使马总为忠武节度使和陈、许、溵、蔡各州观察使,让李愬代替哥哥李愿担任武宁节度使,然后命宣武、魏博、义成、武宁、横海五路人马共同讨伐李师道,又任命宣歙观察使王遂为供军使,专门负责前线各路的后勤补给。这一次为了对付李师道,唐宪宗可谓是派了强阵,数位平定淮西的名将都被调到了战场上。

李光颜本名阿跌光颜,突厥人,早年在河东军中就以勇猛著称,曾先后参与讨伐李怀光、杨惠琳等许多战役。在平定刘辟时,他更是多次斩将夺旗,在唐军中有着赫赫威名。唐宪宗第一次讨伐王承宗时,李光颜也曾奉命前往,木刀沟之战中正是他与哥哥李光进等人跟着张茂昭一起拼死力战才击破了成德军。淮西战场上,很多人都观望不前,只有李光颜甘愿在前线拼死作战。当时节制各军的宣武军节度使韩弘为阻挠官军平叛,特意送了一个美女给李光颜,希望能够消磨他的斗志,被李光颜拒绝了。

李愬是中唐名将李晟的儿子,虽然没有李光颜那么多的作战经历,但正是他一举改变了淮西战场的局势。原本淮西战场上各路唐军观望不前,西线的主将高霞寓、袁滋等人屡屡战败,李愬上任后一举改变了西线屡弱的局面,他率领唐军先后招降了丁士良、吴秀琳、李祐等淮西大将,其后又率领大军雪夜袭蔡州,生擒吴元济，就此终结了淮西割据三十多年的历史。

马总虽然不如李愬、李光颜那么战功赫赫，但他非常善于治理地方，在担任岭南都护时深得人心，吴元济被平定后，也是他坐镇蔡州，将淮西的局势稳定了下来。唐宪宗一次派出了三位平定淮西的重将，可以看出他对这次攻打淄青是志在必得。

对于以武力对抗朝廷，淄青军中大多数人都是反对的。李公度和李英昙被收拾后，贾直言甚至提着刀、抬着棺材前去规劝，还送了一张李师道被绑在囚车里、妻儿也全部被绑的画给李师道，可惜李师道不仅不予理会，还把贾直言给囚禁了。解决了贾直言之后，李师道竟然抢先发动了攻击，他攻击的目标就是离自己最近、朝廷刚刚得到的德州和棣州。幸好唐宪宗任命的棣州刺史曹华已经到了附近，因为他之前担任的是河阳都知兵马使，所以唐宪宗派了河阳军护送他前往上任。在发现淄青军的进攻后，曹华果断率领河阳军发起了反击，成功将敌人击退。

李师道的猖獗行为给了很多人向朝廷表忠心的机会。当初在淮西前线观望不前的忠武军节度使韩弘这一次表现尤为积极，他因为吴元济的死早已经吓破了胆，这个向唐宪宗表忠心的机会自然要抓住。在韩弘的亲自率领下，宣武军一路东进包围了曹州（今山东菏泽）。随后淮南节度使李夷简也出来凑热闹，他派部将李听率领淮南军攻打海州（今江苏连云港市），一连攻下沭阳、朐山，进驻到东海。不久后，横海节度使郑权在齐州（今山东济南市）的福城县大破淄青军队，斩杀了五百多人。李愬与兵马使李祐在兖州（今山东济宁市）的鱼台县大破淄青军三千多人。李光颜也在濮州大破叛军，一连夺取了斗门、杜庄等战略要地。为了一举击破李师道，唐宪宗再调遣重将，他将郑权调离，转而任命名将乌重胤担任横海节度使，让他率军南下直击淄青。

准备已久的魏博节度使田弘正此时也率领魏博大军出发了，魏博军之所以这么晚才有动作，倒不是因为故意拖延，而是因为进军计划改变了。按原本的计划，田弘正应该先从黎阳（今河南浚县）渡过黄河，到滑州（今河南滑县）与义成军会合后再一起向东进攻。

这个计划上奏朝廷后，裴度却不同意，他认为："魏博军如果渡过了黄河，那肯定不能再后退了，必须立刻出击才能取得成功。但要是现在魏博军从黎阳渡河的话，有两点坏处：第一是到滑州后魏博自己的补给线就断了，一切供给都必须依赖朝廷，到时很可能会出现朝廷给粮饷，魏博军却观望不前的情况；第二是田弘正与李光颜之前没有一起合作过，现在一起进军很可能会互相猜忌，这更有可能延误战机。我觉得与其让魏博军渡过黄河后观望，还不如让他们暂时留在黄河北岸养精蓄锐，等霜降过后黄河水位下降之时，再让田弘正率军从杨刘（今山东东阿杨柳）横渡黄河，然后直奔郓州。直指敌人的腹心，这样才更能让淄青军心动摇。"唐宪宗听从了裴度的建议，让田弘正驻军在黄河北岸休整后才进军。

田弘正依照裴度的部署，从杨刘渡过黄河后，一直前进到距离郓州四十里的地方安营扎寨，这让郓州军民大为惊骇。李师道当然不愿意家门口放这么一个钉子，赶紧派出军队进行反击，企图击退田弘正，结果却让李师道失望了。淄青军连续与田弘正交战两次，皆大败而回，三万军队被击溃，还有三千人做了俘虏。随后田弘正又在东阿大破五万淄青军，斩俘无数。不久后田弘正和李光颜将生擒的淄青都知兵马使夏侯澄等四十七人全部送到长安，让朝廷处置这些人。唐宪宗将这些人全部释放，并表示自己此次只诛李师道一个人，其他人都不问罪。这消息传出之后，每天都有人到唐军营中请降。

就在唐军从四面八方围攻而来时，郓州城内也发生了变故。此前因为劝李师道归降朝廷，结果高沐被李文会等人诬陷而死，郭昈、李存被囚禁。这时郓州四面楚歌，士兵们便纷纷闹腾起来："高沐、郭昈、李存都是淄青的忠臣，李文会才是个奸险的小人，正是他杀死高沐并囚禁郭昈、李存两人，这才引来了朝廷的进攻。"李师道害怕士兵们哗变，只得把李文会贬为登州刺史，又将郭昈、李存放出来担任幕僚。但就算这样也挽回不了郓州的人心，连他的侄女婿王承庆都有了别的想法。王承庆是成德节度使王承宗的弟弟，哥哥都归降了朝廷，他当然不愿意跟着李师道造反，甚至想找机会将李师道干掉然后投降朝廷。连王承庆都是这种想法，其他人自然更不用说了。

郓州内部纷争不休的时候，李愬已经连续十一次击破淄青叛军，并率军攻克了兖州重镇金乡（今山东金乡县）。李师道这人生性胆小，每次听到小败或者小地方丢失的消息都会被吓得生病，所以身边人都不敢告诉他战败的消息。因为金乡的位置太过重要，兖州刺史屡次派人告急都被他身边人拦住不予通报，李师道一直到死都还不知道金乡丢了。

李师道在郓州其实也没有闲着，他主要忙着做两件事。第一件是抓紧时间抢修郓州城防，随着官军越来越近，李师道觉得郓州不安全，就征召民夫疯狂修筑城墙。因为时间太赶，民夫不够用，他竟然把女人也全部拉出来修城，结果闹得郓州百姓怨声载道。失了民心还不足以置李师道于死地，他做的另一件事才是真要了他的命，那就是他想除掉淄青都知兵马使刘悟。

刘悟是唐肃宗年间平卢节度使刘正臣的孙子，他原本在叔叔——宣武军节度使刘逸准麾下效力，因为犯罪不得不逃到潞州投入昭义军节度使王虔休手下担任将领，但不久后因为生病而被免职，只得前往洛阳谋生。在洛阳，刘悟又私自盗窃了叔叔存放的几百万缗钱，然后再次跑到淄青。到了淄青以后，刘悟依然没有丝毫收敛，他在与李师古打马球时纵马撞伤了李师古的仆人，为此差点送了命，只不过李师古爱惜他的才能，刘悟最终逃过了一死。李师古在死前还特意留下了一句话："刘悟这个人以后肯定会大富大贵，但败坏我家的肯定也是他。"李师古的用意自然是让继任者提防刘悟这个人，但他没想到刘悟已经搭上了别的关系——刘悟与李师道的妻子魏氏有奸情。在魏氏的帮助下，自然没有人动得了刘悟。

然而刘悟在淄青军任职时间越来越久，威望越来越高，再加上他治军宽厚，士卒都乐意为他所用，军中称他为"刘父"，这下终于引起了李师道的嫉恨。在官军讨伐淄青以后，李师道派刘悟带着一万多军队驻守在阳谷（今山东阳谷县）防备官军，结果田弘正率领魏博大军渡河后，刘悟完全抵挡不住，屡战屡败。有平时嫉恨刘悟的人去李师道面前编排道："我听说刘悟在前线从来不认真备战，每天都想着如何收买军心，只怕他有反叛之心，我们应该提早防备这个人才对。"李师道认为这人所说有理，于是打算以商议军情为借口把刘悟召到郓州来，准备趁机把他杀掉。

没想到李师道把这个计划跟幕僚们一说，立马就有人反对，这个人认为："现在朝廷大军正从四面八方攻击淄青，刘悟现在又没有什么谋反的迹象，如果仅凭几句猜测就杀了他，到时诸将肯定都不肯再为您效力了。"李师道本来就没有什么主见，此时又觉得不能杀刘悟了，留他在郓州住了十天便让他返回阳谷。李师道以为自己的谋划刘悟还不知道，其实刘悟早就知道了，因为李师道算漏了一个人，这个人就是刘悟的儿子刘从谏。

早在李师道派刘悟率军前往阳谷时，因为怕刘悟倒戈，所以就将刘从谏任命为门下别奏，留在郓州做人质。刘从谏这人颇有心计，他在郓州整天和李师道的家奴们鬼混，很快就从这些家奴口中得知了李师道的计划，吓得他赶紧就告诉了父亲。刘悟回到阳谷后表面上虽然没有什么动作，但暗地里却已经做起了对付李师道的准备。

刘悟回到阳谷后不久，又有人跳出来劝李师道："刘悟这个人狼子野心，早晚都会造反，不趁现在杀了他，以后肯定会后悔莫及。"李师道听后又一次动摇了，他赶紧派了两个亲信带着手令前往阳谷，命令行营兵马副使张暹杀死刘悟，然后由张暹暂时代替刘悟领兵。

李师道的运气也是好，他的两个使者到达阳谷军营时，刘悟正在离军营两三里外的一处高山上饮酒作乐，方便了使者传信，他们赶紧叫来张暹传达李师道的命令。可惜李师道的情报工作做得实在是太差，他竟然不知道张暹是刘悟的好友。

张暹接到命令后假装和使者商量："自从刘悟从郓州回来后，已经有所防备，现在想对付他不容易。我看不如这样，你们先在营中休息，我赶去报告刘悟，就说李司空派人来慰问将士，要大赏部下，请他回军营来一起受赏。刘悟听后肯定会跟着一起回来，到那时我们再找机会杀了他。"两个使者也没有别的办法，就同意了张暹的建议。张暹拿着李师道的手令，立马赶去面见刘悟，不过不是说什么假话，而是把李师道的阴谋和盘托出。刘悟大惊失色，他没想到李师道这么快就要动手了，于是趁着其他人还不知道，抢先派人赶回军营把两个使者斩杀了。

等到天快黑的时候，刘悟才骑马缓缓回到军营，然后坐在中军帐中并在四周埋伏下重兵，召集众将前来议事。众将到达后，刘悟立刻声色俱厉地说："我和你们不顾死活在前线抵挡官军，自问没有什么对不起李师道的地方，现在他却听信谗言，派人前来杀我。我死了不要紧，只怕到时候牵连你们一起被杀。再说了，当今天子现在正大举进攻淄青，李师道败亡是早晚的事。天子有言在先，此行只诛杀李师道一人，我们又何必陪他一起等着被灭族呢？现在我打算连夜带人返回郓州，听从天子的命令，杀死李师道归降朝廷，这样我们不但可以避免灭族，还可以获得富贵，你们觉得怎么样？"

淄青兵马使赵垂棘此时也在军中，他思考了很久，觉得家人都在郓州，不知道此行胜算如何，就站出来问道："不知道我们此行能不能成功呢？"刘悟一听就不高兴了，劈头盖脸地骂道："你不想跟我们一起行动，难道是想和李师道做同谋吗？"说完就让人把赵垂棘拖下去砍了。随后刘悟又挨个询问了其他将领，只要有迟疑的，统统被拖出去斩首。接着刘悟把军中平素被士兵们讨厌的几个将领也全杀了，一共三十多人。这下其余的将领再也不敢多说什么了，纷纷表示愿意跟随刘悟一起行动。

为了防止被离得不远的魏博节度使田弘正误会，刘悟特意让人带了一封信给田弘正，向他详细说明了自己的计划，并且约定道："如果我此行事成，就在城里燃起烽火告知。如果城中有防备让我不能成功，还希望您能够出兵相助。事成之后，功劳全部算您的，我只求活命，不敢要任何功劳。"田弘正想着自己也没什么损失，没准还能白白得一个大功，就答应了下来。

刘悟得到田弘正的承诺后也就放了心，他连夜召集士卒下令："此行如果能攻入郓州，每人赏钱一百缗，除了不能抢夺军需府库之外，李师道以及其他逆党家中的财产，随便你们抢掠，有仇的也可以趁机报仇。"众将士听后大喜，欣然应诺。随后刘悟下令让士兵们饱餐一顿，在半夜三通鼓后便悄悄出发上路了。一路上人衔枚、马缚口，遇到行人也都抓住带着一起上路，沿途的淄青军队没有听到任何动静。等刘悟率军到达离郓州城只有几里的地方时，天还没有亮，他觉得夜袭强攻郓州很难攻下，就想通过别的办法智取。

刘悟思前想后，最后想出了一个办法，他先派了十个人到郓州城下，声称"刘都头奉李司空手令入城"，守城的士兵听后自然不敢怠慢，见城下确实是刘悟的士兵，赶紧打开了城门。哪知道这十个人等城门一开，突然就拔刀乱砍，一连杀死了好几个守城门的士兵，其他人被这突如其来的攻击吓得一哄而散。刘悟一看前方得手了，赶紧带着人马杀入城中。郓州城中的人听说有敌军入城后早就陷入了一片混乱之中，刘悟很轻松地就攻入了内城，只有李师道所在的牙城还在坚守。牙城毕竟很小，里面军队也少，刘悟仗着人多，直接下令纵火焚烧城门，然后让勇士手持大斧将城门劈开，大军跟着一拥而入。牙城里就几百个李师道的亲兵，刚开始还有人放箭抵抗，后来看对方人数实在是太多，知道抵抗也没有意义，干脆直接放弃武器投降了。

刘悟找了一圈，最终手下从床底将李师道及其两个儿子抓了出来。随后刘悟让人将李师道父子押到节度使府前的空地上，然后让人告诉他："刘都头奉了天子密诏，打算送您去长安面见天子，不过您现在有什么脸面去见天子呢？"李师道此时已经被吓得说不出话了，只是不停磕头希望刘悟能够留他一命。倒是他的儿子李弘方颇为硬气，大声喊道："事已至此，求饶有什么用？只希望能死得痛快。"杀死李师道父子三人之后，刘悟又把与李师道一起叛乱的二十多个家人杀了，让左右都虞侯带人在城中巡逻，严禁士兵们抢掠，城内这才安定下来。刘悟又将李公度和贾直言放了出来，然后派人将李师道的首级送给田弘正，并正式请求归降。

田弘正白捡了一个大功当然高兴，但也怕上了刘悟的当，便叫此前归降的夏侯澄前来辨认。夏侯澄也是一个忠义之人，他看清真是李师道的头颅后，不由得大哭起来。不但如此，他还用舌头仔细地将李师道眼睛里的灰尘舔干净，让一旁的田弘正感动不已。随后田弘正便将李师道的人头送到了长安，唐宪宗看到李师道人头后大喜过望，当即下令将李师道的族人全部流放，只有魏氏得以幸免。魏氏之所以被免罪自然是因为刘悟出力，刘悟谎称她是魏征的后人，这样一来唐宪宗自然不好处罚得太过严厉，只是将她收入掖庭做了婢女。至此，唐代宗以来割据淄青长达五十多年的李氏一族宣告覆灭，十二州的土地再次归于朝廷。

解决完李师道，摆在唐宪宗面前最大的问题就是如何处置刘悟。按照此前的诏书，谁杀死了李师道并投降，谁就能够得到李师道的官职爵位。刘悟也认为自己应该做淄青节度使，他甚至已经开始任命淄青的文武官员了。唐宪宗却不这么想，因为刘悟毕竟是淄青旧将，在淄青的势力早已根深蒂固，留在淄青没准会成为第二个李师道，所以就想将他调到别的地方担任节度使。不过唐宪宗也害怕刘悟不接受任命，再次起兵反叛，于是派人给田弘正送了一封信，让田弘正观察一下刘悟的言行举止，看看这个人到底会不会拒绝移镇。

田弘正接到命令后不敢怠慢，他打着友好往来的旗号每天派人到郓州城里观察刘悟的一举一动。刘悟的力气很大，非常喜欢摔跤，在攻下郓州三天后，就照常到军中叫士兵们练习摔跤。魏博的使者到达后，他便带着魏博的使者一起到军中观看摔跤，一边看还一边挽起袖子准备亲自下场，甚至在别人表现好时还离开座位呐喊助威。田弘正接到使者回报的消息后，立刻断言："就刘悟这个样子还敢拒绝移镇反叛朝廷吗？郓州久历战火，将士十分厌战，至今还有很多人都还带着伤，这时候刘悟不抚恤救助伤亡将士，安定郓州军民之心，却天天玩摔跤，怎么可能有作为？只要调动的诏书一下，他肯定只能马上走人。"

唐宪宗接到田弘正的回报后，便下诏书让刘悟担任义成军节度使。刘悟接到诏书后大惊失色，但他也不敢反对，第二天就带着李公度、郭昈、贾直言等人上任去了。李公度等人走之前还假传了刘悟的命令，派人把李文会杀了。李文会原本是祸乱淄青的罪魁祸首之一，但因为与刘悟关系非常好，李师道死了他却一点事没有，这让李公度等人非常不满，于是趁着这次调职的机会先砍了李文会。使者杀了李文会回来报告刘悟时，刘悟等人早已经去了滑州上任，这件事只好就这么不了了之了。

鉴于淄青一镇过于强大，在收复淄青以后，唐宪宗将户部侍郎杨於陵任命为淄青宣抚使，让他根据各州土地的远近、士卒和军马的多少、仓库的虚实将淄青划分为三个部分。不久后，唐宪宗就根据杨於陵的划分将淄、青、齐、登、莱五州划分为一部分，由薛平担任节度使，仍叫淄青镇、平卢军；郓、曹、濮三州划分为一部分，由马总担任节度使，设置新的天平军；剩下的沂、海、兖、密四州则只设置沂海兖密观察使，由王遂担任。三分淄青，意味着原本割据一方的淄青镇就此消失，从此以后再难对中央构成威胁。

河朔复叛

喜从天降——成德卢龙归降中央

元和十五年（820年），创造了"元和中兴"的大唐天子唐宪宗因为长期服食丹药导致精神失常，最终暴死在中和殿中。唐宪宗的死疑点非常多，很有可能是为陈弘志等人所杀，甚至连太子李恒也有可能参与其中，此处暂不做讨论。李恒很快就继承了皇位，也就是唐穆宗。唐穆宗的即位也意味着元和时代的过去。

就在唐宪宗死后不久，曾经两度与他对抗的成德节度使王承宗也病死了。如果说唐宪宗是吃药吃死的，那王承宗八成就是忧郁过度死的。自从李师道死后，王承宗的日子也非常难熬。当初跟他一起与朝廷作对的李师道、田季安、吴元济等人都已经死了，虽然唐宪宗并没有要再次攻打成德的意思，但王承宗心头始终有一根刺，生怕什么时候就被朝廷收拾了，一来二去，竟然就这么郁郁而终了。王承宗这一死倒是轻松了，但是他把一个巨大的难题留给了成德众人，这个大难题就是继承人的问题。

从唐德宗贞元年间开始，河朔地区其实就有自己的一套继承人制度——节度副使制。一般节度使都会将自己的儿子任命为节度副使，以便让他在军中打下基础，提前做好接班的准备。等到父亲死时，儿子在军中也有了不少心腹，这时他就会被这些心腹拥立为留后，然后由这些人联名上奏向朝廷请求旌节，一般在这种情况下皇帝都会赐给旌节，让他从留后转正成为节度使。但到了王承宗这里的问题是，没有节度副使，更准确点说是没有儿子在身边。王承宗的两个儿子王知感、王知信都在当初向朝廷请罪时，被送到长安做人质去了。成德的将领们也知道，现在人在朝廷手里，如果让唐穆宗知道王承宗去世的话，只怕不但不会把王知感、王知信送回来，还会趁机把成德也兼并了。无奈之下，成德的将领们决定按照老办法，先把王承宗死亡的消息隐瞒下来，对外只说王承宗还在养病。

秘不发丧虽然能隐瞒一时，但也不是一个长久的办法，最终还是要找一个人出来继承节度使。按照众将的意思，可以在成德下面各州中选一个刺史做节度使。但这样显然不能服众，因为每个将领支持的刺史都不一样，所以一时间也选不出来。最后还是王承宗的谋士崔燧想出了办法，既然大家推举的人都不能服众，那就让一个德高望重的人出来推举，这样大家自然都会信服。他说的这个德高望重的人就是王武俊的妻子、王承宗的祖母——梁国夫人李氏。

李氏自然不会让成德落到外人的手里，她看上的人选是自己的孙子，也就是王承宗的弟弟王承元。之后崔燧就拿着李氏的命令与成德众将商议，达成一致意见后就召集所有将士宣布由王承元担任留后的消息，成德终于又有了一个新的领路人。原本问题到这里就应该解决了，只可惜崔燧等人还是忽略了一个非常重要的问题，那就是王承元本人到底愿不愿意做这个节度使。

　　很遗憾，王承元还真不愿意做这个节度使。这时候他才十八岁，正好经历过唐宪宗第二次讨伐成德的战乱，看到过哥哥因为不听诏命与朝廷交战时整天焦头烂额，虽然最终成德击退了各路唐军，但自己也元气大伤。正是有这样的惨痛体会，所以在朝廷讨伐李师道时，年仅十六岁的王承元便劝哥哥派两千兵马帮助朝廷平叛，以换取朝廷的好感，只不过王承宗没有听从。而现在众将竟然不经过朝廷允许，擅自拥立他做留后，他哪敢接受。

　　面对众将的拥立，王承元毫无办法，竟然大哭起来，一边哭一边表示自己不愿意做这个节度使。可是不管王承元怎么推辞，成德众将这次是铁了心要他来做这个节度使，到最后实在没有办法，王承元只好把事全部推到监军头上，他告诉众将："天子不是派了监军在成德吗？这就是让我们如果发生了什么大事要先和监军商量。现在遇到这种大事，我们应该先去询问监军的意见。"这下众将也没什么好说的，只好同意先请监军过来征询意见以后再说。

　　可王承元没想到的是，监军竟然也赞同众将的做法。大概是从王承宗手里得到的好处不少，他指着王承元便喊道："我认为我们应该拥立先节度使的弟弟担任留后，这样才能告慰先节度使的在天之灵。"

　　王承元傻眼了，他怎么也没想到监军竟然也支持自己做留后。这下他找不到理由推辞了，只好答应下来。不过王承元同时也表示："我很感谢你们没有忘记我祖上担任成德节度使时对你们的恩德，不仅不认为我年少无知，还愿意拥立我为留后，让我暂时掌管成德的军务。不过我希望你们能允许我先向朝廷尽忠，以便能遵循我祖父以前要求我们效忠朝廷的遗愿，你们能按我说的做吗？如果不能，我宁死也不会做留后的。"此话一出，众将还有什么好说的，只好同意一切按王承元说的办。

　　接下来王承元所做的一切就让成德众将哭笑不得了，他虽然还是像节度使一样办公，但在得到朝廷任命之前，不允许手下人称呼自己为留后，主要军务也全部委托给部下处理，以示自己不擅长接管成德。随后王承元向朝廷上奏，请求唐穆宗赐给旌节，正式任命自己为节度使。成德的监军也非常够意思，他并没有拆穿成德秘不发丧的事，只是向唐穆宗报告王承宗病重，希望朝廷能够暂时让王承元担任留后处理事务。

唐穆宗自然不会轻易相信因为王承宗病重就要弟弟做留后这种理由，因为节度使往往把权力看得比自己的命还重要，怎么可能轻易交给别人？不要说是弟弟，就算是父子，为了争位也免不了自相残杀。既然王承宗不是生病，现在成德却要王承元担任留后，那只能是一个原因——王承宗已经死了。节度使死后继承人秘不发丧，请求朝廷先下诏令的情况已经太多了，李惟岳、李纳、吴元济等人都玩过，对朝廷来说早就不是什么新鲜的招数，自然难以骗过唐穆宗。为了了解成德的具体情况，唐穆宗决定先派一个人前往镇州（即恒州，因唐穆宗名叫李恒，避讳"恒"字而改名镇州）实地考察一下，这个人就是起居舍人柏耆。

柏耆是名将柏良器的儿子，他从小就不走寻常路，没有学儒家学问，也没有像父亲一样从军，而是选择了颇为冷门的纵横家。经过一番苦读，纵横家的学说柏耆也掌握得不错，他志存高远，一心想出名。可惜大一统时期的纵横家学说实在是吃不开，又不能像儒家一样参加科举进入仕途，柏耆空有一身学识却派不上用场，只好赋闲在家。

吴元济被平定之后，柏耆敏锐地意识到自己要的机会来了。眼下吴元济虽然已经被灭，但王承宗还在，朝廷历经几年的战事后肯定不愿意继续打仗，此时正需要一个能够前往成德说服王承宗让他服软的人，柏耆认为自己就是最佳人选。为防止被别人捷足先登，柏耆也顾不得路途遥远来到了蔡州，想先说服颇得唐宪宗重用的宰相裴度，只要裴度愿意推荐，那这份差事就跑不掉了。

想象是美好的，现实是残酷的。柏耆到了蔡州才发现有一个大问题：他只是个平头百姓，公务繁忙的裴度怎么可能会轻易接见自己呢？在蔡州转悠了几天后，柏耆终于找到了一个可以推荐自己的人，那就是此时正在裴度手下担任彰义行军司马和掌书记的唐代著名文学家韩愈。

虽然裴度不好见，但找韩愈却容易得多，柏耆很快就摸上了门，将自己的计划向韩愈和盘托出："朝廷眼下虽然平定了吴元济，但成德的王承宗还没有臣服，让朝廷再耗费兵力前去讨伐也不太实际。但其实吴元济死后王承宗已经吓破了胆，我希望能带着裴丞相的书信前往镇州说服王承宗，这样朝廷不用费一兵一卒就可以让他归服。"

韩愈听后觉得有道理，可以一试，便将这番话转告给了裴度。随后裴度亲自写了封书信，让柏耆带去镇州说服王承宗。柏耆倒也真没吹牛，他学纵横学这么多年还是有点本事的，他到达镇州后的一番演讲把王承宗感动得落下泪来，最终让王承宗答应了向朝廷请罪。

这件事之后，柏耆名声大噪，他也顺利进入了仕途，被唐宪宗任命为左拾遗，唐穆宗即位后转任起居舍人。唐穆宗这次派柏耆前往，自然是想用到他擅长纵横学的长处。不久后，柏耆便打着探望王承宗病情、抚慰成德将士的旗号到达了镇州。这下王承宗的死就瞒不住了，王承元只好向柏耆和盘托出，私下也说出了自己不想留在成德做节度使的想法。柏耆心里有了底，便上书向唐穆宗说明了成德的情况。成德这边知道王承宗的死讯已经瞒不住了，也只好上奏向唐穆宗报告王承宗死亡的消息，请求为他发丧。

唐穆宗接到柏耆的奏报后大喜过望，朝廷对成德不满已经很久了，只不过唐宪宗两次讨伐无果，才不得不与王承宗讲和。眼下既然王承元自己也想走，唐穆宗自然乐得助他一臂之力。想着连父亲都无法收服的成德，现在就要被自己收服，唐穆宗兴奋异常，很快就下达了诏命，他准备玩一次"大搬家"，想将盘踞魏博已久的田氏家族也一并挪走。这道诏命的具体分配如下：魏博节度使田弘正转任成德节度使，王承元任义成节度使，原义成节度使刘悟调任昭义节度使，原昭义节度使李愬改任魏博节度使，河阳节度使则由左金吾将军田布担任。

在唐穆宗看来，这样的任命非常好。首先，既能满足王承元的需求，又可以把王氏家族从成德迁走。其次，调田弘正担任成德节度使，一方面自然是可以把田氏从魏博迁走；另一方面，当年王承宗能与朝廷讲和，主要是由于田弘正从中调和，算是对成德有恩，更容易让成德将士接受。让田布担任河阳节度使，也是出于对田弘正的安抚，虽然丢了魏博，但同时获得两镇，也不算亏。调李愬前往魏博则主要是想凭李愬的声威镇住魏博将士，李愬身为元和时期第一名将，控制魏博也不在话下。至于刘悟的调动就纯粹是给王承元腾地方了，相比义成，昭义的战略位置更加重要，唐穆宗自然更愿意相信臣服已久的刘悟，而非刚归附的王承元。只可惜唐穆宗这一番算盘打得是好，但事实证明这就是一大败笔，此后河朔地区再次失控也是因为这一次"大搬家"。

接到唐穆宗的任命后，其他各镇倒是没有什么异议，成德却一下子炸了锅，他们怎么也没想到王承元居然来了这么一手，这等于是直接将成德献给了朝廷。一时间成德众将都非常后悔当初选错了人，但也没有什么办法，只好不停苦劝王承元，希望他不要听从诏命，就连旁边不愿移镇的田弘正和刘总也派人前来劝说，希望王承元能按河朔的老规矩办事。但王承元这一次是铁了心要去滑州上任，不管众人怎么劝说，他都不肯听从。

不久后，唐穆宗下令让谏议大夫郑覃带着一百万缗钱前往成德抚慰众将士，结果众将士还是不肯听从，他们拦住王承元，死活不让他前往滑州。王承元无奈，只好跟柏耆一起在驿站劝说众将士听从朝廷的命令，结果将士们反而大哭起来。

王承元不得已，只得将家中的钱财拿出来分给众将士，并对有功的将领加以提拔，然后告诉他们："各位都是因为我祖父、父亲、兄长都在成德担任节度使，所以才不想让我走，希望我继承先辈的基业，继续担任成德节度使。你们的好意我心领了，也非常感谢你们对我王家的忠诚，但我实在是不能违抗圣意，抗旨不遵的后果我们谁能承担得了呢？想想几年前的李师道，在他叛乱还没有失败的时候，朝廷曾经赦免过他，希望他能够入朝做官。李师道本来也想就此入朝，但他手下的将士却不同意，他们将李师道留下来不肯让他离去。结果后来杀李师道的人也是他手下的将领。我现在只希望你们不让我做第二个李师道就行了。"王承元边说边留下了泪水，随后他又向众将拜了几拜，希望他们能放自己离去。

这一番动作下来，大多数将领都被王承元感动了，他们也跟着哭了起来，同意让王承元前往滑州上任，只有李寂等十几个将领还执意要留下王承元。王承元无奈之下只好下令将李寂等人斩杀并公布其罪行，以儆效尤，军中这才渐渐安定下来。王承元离开时，手下还有人希望他能够带走一些成德府库中的公用物资和钱财，但王承元只是带着自己家中剩下的财产和家人随从就上路了，从此以后再也没有回过镇州。

王承元走得倒是一身轻松，只苦了卢龙节度使刘总。刘总与朝廷有什么矛盾倒说不上，顶多只是阳奉阴违而已。而且这几年河朔的局势变化实在是太快，快到让他有些应接不暇：义武早就换了主人，横海节度使程权也在吴元济被灭后主动带着家族入朝，淄青更是被分成了三个部分；现在就连成德也变了天，田弘正对朝廷那么忠诚也被换出了魏博；河朔地区还是世袭的节镇竟然只剩下了卢龙一家，想找外援都找不到。这些变化着实让刘总担心不已，生怕朝廷什么时候就来找自己的麻烦。

外部局势已经够他焦虑的了，他自己还有一块儿心病，那就是他为了节度使的位置，杀死了自己的父亲刘济和兄长刘绲。大概是亏心事做太多了，刘总竟然开始梦见自己父亲、哥哥的冤魂前来索命，弄得他整天睡不着觉。无奈之下刘总只得请了几百个和尚，然后让这些和尚在一个房间摆开道场，日夜不停地念经，希望能够超度亡魂。说来也怪，刘总只要在道场里睡觉，睡得就非常安稳，但到了卧室里，就立刻睡不着了，这越发让他相信是有恶鬼作祟。成德归附朝廷后，内外交困的状况让刘总越来越害怕，每日都过得非常惶恐，于是他想完成父亲的遗愿，以便能让父亲安息。

刘总所谓的父亲的遗愿是指元和五年时，因为王承宗对抗朝廷，刘济为了向唐宪宗效忠，首先上奏要求为朝廷出兵，后来又第一个率领大军杀入成德境内，攻下了许多城池，可惜因为生病，最终还是无功而返，还没回到幽州就被刘总送上了西天。现在王承宗都死了，自然不能再把他拉出来打一顿，刘总便将父亲的遗愿自动升华为变更河朔的旧习，让河朔诸镇全部彻底归降朝廷。

幽州将领谭忠原本就对朝廷忠心耿耿，当年正是他劝说田季安不帮助王承宗，又说服刘济替朝廷出兵攻打成德。他在得知刘总的想法后，意识到劝说卢龙就此彻底归降朝廷的机会来了，所以趁机劝说刘总："这天下大势，合久必分，分久必合。河朔与天下分割已经有六十年了，按趋势来说也应该合了。从前朱泚、李希烈自立为帝，王武俊、朱滔、李纳、田悦四人称王，以武力和朝廷对抗，可谓是危险至极，最终因为大势所趋才得以保存。自元和以来，刘辟、李锜、田季安、卢从史、李师道、吴元济等人自恃手中的军队和占据着险要的地方对抗朝廷，以为天下没人能动摇他们的根基。然而就在他们得意忘形之时，或被斩首于市，或被流放他乡，全然不知道这件事是怎么发生的。这应该不是人力所能做到的，大概是上天要诛杀他们，这就是天下大势之合。朝廷讨伐淄青时，成德已经献出了德、棣二州的十二座城池，并帮助魏博讨伐淄青，王承元依旧选择了归降朝廷。河朔诸镇只有卢龙寸功未立，后世难道还能得到保存吗？我也为此替您担忧啊！"刘总听后不由得落下泪来，更加坚定了要归降朝廷的心。

随着时间的推移，刘总做噩梦的时间越来越多，他再也忍不住了，便上书朝廷，表示自己要出家为僧，希望暂时先让判官张皋担任留后，并请求朝廷赐钱一百万缗，赏赐给卢龙将士。

接到刘总的请求后，唐穆宗第一反应不是惊喜，而是不相信。要说别人看破红尘，甘愿放弃一切权势，他可能还会相信，但刘总这人当年为了节度使的位置连父亲、哥哥都能杀，怎么可能突然看破红尘，放弃一切呢？他怎么也想不出来理由，还以为刘总是想通过辞职来威胁朝廷，只好先下诏不允许刘总出家。可这一次刘总却是铁了心要出家，他实在是忍受不了连夜噩梦了，于是再次上书请求出家为僧。

再三接到刘总的上书后，唐穆宗才相信刘总是真想出家。这还真是太阳从西边出来了，他实在搞不明白刘总到底是要唱哪一出，怎么忽然间就要放下屠刀立地成佛了？于是他又进行了一次试探，他一边派人赐给刘总僧侣法衣，并封刘总为大觉禅师，又将刘总的住所改为佛寺，赐名"报恩寺"；另一边又让人带着天平军节度使的符节和侍中的任命书让刘总自己选择。结果刘总毫不犹豫就选择了和尚的袈裟度牒，然后剃度出家，天平军节度使的符节他连看都没看一眼。

刘总当然也知道卢龙割据已久，自己一走了之朝廷也未必能控制得住局面，要实现父亲的心愿，那他还得为朝廷谋划一番。经过一段时间的苦思，刘总终于想出了一个计划：三分卢龙。以幽、涿、营三州为一部分，由张弘靖担任节度使；平、蓟、妫、檀四州为一部分，由平卢节度使薛平担任节度使；瀛州、莫州为一部分，由京兆尹卢士玫担任观察使。

刘总这么安排是有道理的，张弘靖担任河东节度使时深受部下拥戴，所以才推荐他来幽州代替自己；因为担心张弘靖不了解河朔地区的情况，于是由薛嵩的儿子薛平割去幽州一部分州县，协助张弘靖一起安定幽州；至于卢士玫则纯粹是因为他是刘总的亲戚，象征性地领两州是为了安抚刘氏亲族和部属。

随后刘总为了防止幽州的将士闹事，又特意将幽州一些比较骄横的将领挑了出来，将他们全部送去长安，请求唐穆宗给这些人任命官职，给予一定的奖励和提拔，好让幽州人感受到皇恩，从而对朝廷的官职产生羡慕和向往，再也生不出叛乱之心。最后刘总又一次性送了一万五千匹战马给朝廷，以此来削弱卢龙军的战斗力，就算以后有人想割据卢龙对抗朝廷也没有那么容易。做完这一切之后，刘总内心安定了下来，然后便准备独自上路了。

卢龙的将士世代跟随刘家，已经很多年了，自然不愿意刘总就此离开，他们纷纷在路上拦截刘总，不让他去做和尚。事实证明，大觉禅师即使做了和尚也不是什么善男信女，他二话不说就把想让他留下的十多个将领全部杀死，吓得其他人也不敢再阻拦了。为防止发生变故，刘总干脆把卢龙节度使的旌节全部丢给张皋，自己则连夜离开。

大觉禅师虽然走得快，但终究没有做和尚的命，他刚到定州就莫名其妙地死掉了，由谭忠护送他的灵柩一路进京。随着卢龙的归服，安史之乱以后一直割据一方的河朔诸镇终于再次回归唐朝的怀抱。

功亏一篑——幽州战火复燃

唐穆宗即位以后，接连收到了两份大礼：成德的王承元和卢龙的刘总都将自己的地盘献给了朝廷。安史之乱以后就一直割据一方的河朔诸镇至此全部被朝廷掌控，唐穆宗一举实现了祖辈多年以来的心愿。眼看一个比"元和中兴"更为强大的盛世就要来临了，可惜唐穆宗跟他父亲相比实在是差太远了，以他的能力根本创造不出一个盛世。

随着河朔的地区的归降，朝廷出现了一派歌舞升平的景象，唐穆宗并没有想过如何再造一个强大的盛世，而是将精力都放在了饮酒作乐上面，整天忙着派人大搞工程建设，国库很快就消耗一空。对于唐穆宗的行为，自然有很多朝臣站出来劝谏，唐穆宗对劝谏的大臣一一下诏赞赏，并表示自己以后会按他们所说的改正。实际上，唐穆宗转头就忘了，只是口头说说而已，主要原因在于，他认为现在已经到了享乐的时候，接受劝谏不过是为了让那帮朝臣放心。

唐穆宗曾经和给事中丁公著有一番对话，他对丁公著说："我听说外面的士大夫整日忙着饮酒作乐，这是因为现在国泰民安吧？真让人感到欣慰。"丁公著反驳道："这种现象并不是什么好事，希望陛下能够下令杜绝这类事情。"唐穆宗感到奇怪："为什么这样说呢？"丁公著回答道："天宝年间，公卿大夫们整日忙着寻欢作乐，沉湎于酒色，男女甚至经常混在一起游戏跳舞，这才导致朝政废弛，安史之乱也就是这么来的。如今又出现了这样的景象，陛下难道不应该感到忧虑吗？希望陛下能够禁止这类事情，这才是天下的福分。"唐穆宗口头上对此表示赞同，实际上却依旧我行我素，丁公著的话完全被他当成了耳边风。

皇帝耽于享乐，缺乏远大的志向，如果宰辅能力足够强，也还能够匡正，只可惜唐穆宗时期朝堂上没有这样的人。曾经为"元和中兴"立下过赫赫功劳的裴度早已经不在朝堂上了，此时的萧俛、段文昌原本也是非常有才华的人，也很有一番打造盛世的雄心，但可惜他们俩有一个共同的毛病，那就是主张重文轻武。元和年间唐宪宗屡屡征讨各地藩镇都取得了很大的成就，但这一切都是建立在国库严重消耗的基础之上，贞元以来的积累几乎被消耗一空，很多朝臣都主张与藩镇罢兵议和，休养生息。

萧俛、段文昌是此类朝臣的代表。要是在太平盛世，这些主张非常适合，但关键就在于现在根本就不是太平时期，一切只是表面的和平，但萧俛、段文昌却看不到，成德、卢龙归降后，他们认为现在河南、河北都已收复，四方也没有什么大的战争，便向唐穆宗进言："自元和开始，因为频繁用兵，所以天下藩镇招募了很多士兵，现在天下已经太平了，应当逐渐裁减国家的军事武备，还请陛下下令让天下裁军。"两人也考虑到，如果忽然大规模裁军肯定会引起恐慌甚至是兵变，他们对此也有自己的对策："不走明面上的圣旨，只下密诏，让各镇节度使偷偷裁人。裁人也不是直接裁，而是从每一百个人里选八个人裁掉，对外则宣称是逃走或者死亡，再注销他们的军籍，这样一来士兵自然就少了，也不容易引起大规模的恐慌。"

唐穆宗本来就没什么远见，他也认为现在天下太平，这样的做法是可取的，就同意按照萧俛等人说的办。只可惜萧俛等人想法是好，但他们从没考虑过那些被裁的士兵愿不愿意，习惯了当兵的人要他们再重新回去手握锄头种田就太难了，没几个人愿意这样做，因此这些失去军籍的士兵都跑到山林里做了盗贼。而当时天下的藩镇很多，军队也很多，所以裁减下来成为盗贼的士兵也非常多了。

萧俛和段文昌实现了天下罢兵的愿望之后不久就先后离去，接下来上任的崔植和杜元颖比萧俛等人还要差一截。要论家世，崔植和杜元颖都非常不错。崔植出身于博陵崔氏，他的伯父是唐德宗时期的名相崔祐甫。杜元颖出身于京兆杜氏，他的五世祖是贞观年间的名相杜如晦。可惜这两位名相之后比起先辈差得太远，丝毫没有远见，刘总留下的一盘好棋就被他们给下毁了。

原本按照刘总的计划，幽州应该分成三个部分，分别交给张弘靖、薛平和卢士玫三人，其中卢士玫只是因为是刘总妻子一族的亲戚，被拉进来安抚刘氏宗族和亲信部将的人心而已，重心还是在张弘靖和薛平两人身上。

张弘靖字元理，是唐玄宗时期名相张嘉贞之孙，唐德宗时期的名相张延赏之子，以正直敢言闻名天下。唐宪宗第二次讨伐王承宗时，因为他站出来大力反对，被外派到河东担任河东节度使。在河东节度使任上，他因为对部下宽容大度，又非常善于安抚士卒，所以很受河东将士的拥护。后来转任宣武军节度使时，他一改前任韩弘主政时期的严苛，遇事以宽容为主，因此再次让宣武军士兵信服。刘总之所以推荐张弘靖替代自己，也是考虑到幽州割据已久，将士都非常桀骜不驯，很容易犯事，因此正需要一个对待士兵宽容而又善于安抚人心的主帅。

刘总推荐的另一人薛平，字坦途，他是唐高宗时期的名将薛仁贵的后人，父亲薛嵩曾经担任过昭义军节度使，那时候的昭义军主要还在相州、卫州等地，属于最早的河朔藩镇之一。薛嵩死后，他的部下们就按照河朔地区的传统，想拥立薛平担任节度使留后。十二岁的薛平非常聪明，他深知自己年龄还小，控制不住手底下的将领，再加上邻居田承嗣非常有野心，自己根本不是对手，便以护送父亲的灵柩回长安为借口，让叔父薛崿暂时代替自己担任节度使。古人崇尚以孝为先，薛平这么说了，昭义众将自然也不好再多说什么，结果薛平这一去就再也没回来，留在朝廷担任右卫将军。

薛平的曾祖薛仁贵在辽东战场上成名之后，曾在宫中担任宿卫多年，薛平担任宿卫的时间更久，长达三十年。后来薛平被名相杜黄裳推荐前往汝州担任刺史，做出了不少成绩。在淮西之战中，薛平又作为义成军节度使率领义成军立下了许多战功。唐宪宗灭掉李师道后，便任命薛平为新的平卢节度使，由他负责治理新平定的淄青等地。

刘总挑上薛平，一方面是因为薛平忠于朝廷，既有治理藩镇的经验，又久在军旅，深谙军事，正好可以弥补张弘靖军事经验不足的缺点；另一方面则是因为薛平出身于河朔，深悉河朔地区的一些风俗习惯，再加上薛平的伯祖父薛讷曾经在幽州担任长史（当时幽州为大都督府，最高军事长官为大都督府长史）多年，祖父薛楚玉也曾担任过幽州节度使，薛平自然更容易被当地人接纳。

刘总选中张弘靖以及薛平，正是基于幽州的实际情况考虑的，只可惜他做梦也没想到，他为朝廷的这一番苦心谋划竟然是白费功夫。崔植、杜元颖根本没考虑过刘总这样安排的深意，也不知道幽州到底是什么情况，只不过因为张弘靖以前做过宰相，是他们的老前辈，为了表示对老前辈的尊重，张弘靖便直接被任命为幽州卢龙军节度使，除了瀛州和莫州两地被交给了卢士玫，其余各州全部归张弘靖所有。而原本在刘总计划中占有重要地位的薛平则压根儿没被安排到幽州。

事实证明，这个安排实在是错得离谱。张弘靖虽然有治理河东、宣武两镇的经验，但这两镇原本就忠于朝廷，当地军民对朝廷非常拥护。河东根本就没有过兵变自立的事，宣武虽然有过骄兵悍将，但早就让韩弘给杀了，张弘靖到任后，手底下也都是一些顺服朝廷的人。幽州就不一样了，作为安史之乱的爆发源头，幽州人一直以勇猛彪悍著称，之前也从来没有真正归服过朝廷。要知道哪怕是朱滔这种在幽州土生土长的节度使，在违背将士意愿对抗朝廷时，都被众将士的怒火吓得躲着不敢出来。如果没有强悍的能力，想震慑住幽州军民是绝对不可能的，但张弘靖偏偏是文人出身，本就没有这种能力，更别提他之前从未到过河朔地区，对这里的情况一无所知。崔植等人仅仅为了尊重老前辈就拿掉薛平，实在是一个错误的决定。

张弘靖接到任命后，没有丝毫迟疑就上路了。在他看来，只要有皇命让他做事，哪怕是刀山火海也照样该去，就像当年他本不同意出兵，但被唐宪宗派到前线担任河东节度使后，却愿意亲自率领河东军为朝廷建功，最后还是唐宪宗怕他出事，再三下旨才打消他亲自出征的念头。

对于张弘靖的到来，幽州的军民更多的是好奇。上一个由朝廷派到幽州的节度使还得追溯到大历三年（768 年）的王缙，到现在已经过去了五十多年，幽州人几乎都没见过朝廷派来的节度使，所以在张弘靖到达幽州时，人们纷纷跑到路上观看，想看看朝廷的节度使是什么样子的。

张弘靖也没让专门前来看他的幽州军民失望，一出场就赚足了风头。坐着八抬大轿、在手下人的前簇后拥进入幽州城的张弘靖，把幽州军民看得目瞪口呆。这也不能怪幽州军民没见识，河朔地区原本就靠近塞外，经常与外族作战，一直以来更崇尚武力，再加上安史之乱以后河朔地区一直都不太平，藩镇与藩镇之间、朝廷与藩镇之间经常打仗，节度使又都是武将，他们根本不会坐什么轿子。而且为了收获将士们的好感，一般河朔的节度使无论寒暑，都是与其他将士同甘共苦，待遇也和士兵们差不多，自然没有张弘靖这种习惯。张弘靖则不一样，他本就出身于官宦世家，一直以来也是在比较富庶的长安、太原等地任职，对河朔的情况一无所知，便按照他的习惯坐轿子来了，只是这样一来让士兵们非常看不顺眼，觉得新任节度使是在摆官威。接下来，张弘靖又做了一件大失人心的事。

安禄山和史思明两人是安史之乱的罪魁祸首，对朝廷而言这两个人是彻头彻尾的反贼，但对幽州军民来说则有些不一样。安禄山和史思明长期在幽州做官，在当地人心中有一定威望，再加上幽州人桀骜不驯，跟朝廷对着干也不是一两次了，对安史二人头上的"反贼"称号也没有那么深的认识。更何况幽州最初的几任节度使都是安史旧将出身，他们便在幽州为安禄山和史思明修建了陵墓祭奠，后来幽州军民甚至将安史二人称为"二圣"。

张弘靖到幽州上任后，听闻幽州有安禄山和史思明的陵墓后大吃一惊，从来没听说过朝廷的地盘上还允许给反贼修建陵墓的。对张弘靖而言，要让幽州人忠于朝廷，就必须要改变幽州人对反贼的认识。张弘靖做的改变幽州人认识的第一件事，就是让人把安禄山和史思明的墓挖了，然后把棺材扔出来示众。这件事在张弘靖看来当然没错，但他却没有考虑过幽州人的感受，幽州军民见"二圣"的墓没了，心里都对张弘靖痛恨不已。

更让幽州军民有意见的是张弘靖的作息时间。因为一直都在朝廷做官，所以张弘靖处理政务也按照朝廷每十天办一次公的时间来安排，这在幽州是从来没有过的。此前的节度使都是久在军中，每天都需要处理事务，根本不会像张弘靖这样经常休假。这样做的直接后果，就是手下的将领想找张弘靖办事时，根本找不到人，甚至很多人连张弘靖的面都没见过，长此以往，上下关系自然也就不和睦了。

张弘靖办公时间少，手上的事情便都丢给了他带去的幕僚韦雍和张宗厚两人。偏偏这两人也是没什么才能的轻浮之人，每天饮酒作乐，行为极其放纵。他们进出官府时都要随从前簇后拥，大声传唤，搞得十分隆重，让幽州人很看不惯。再加上韦雍、张宗厚后经常回来得很晚，回府时还要沿途在街上到处燃放烛火，让幽州人更加不适应。

如果仅仅是行为习惯的问题也就算了，张弘靖等人还把主意打到了幽州将士们身上，严重侵犯了他们的利益。原本在刘总离开之前，为了防止幽州将士闹事，曾经请求唐穆宗拿出一百万缗钱赏赐给幽州将士。朝廷发放这笔钱之后，到张弘靖这里却打了个折扣，他大概觉得自己也需要用钱，就从里面扣下了二十万缗钱作为节度使府的日常开销经费。这样一来士兵拿到手里的钱就少了，那自然是非常不乐意。不光是赏赐，韦雍和张宗厚等人还喜欢克扣士兵的粮饷，士兵一旦表现出不满，他们就会虐待责罚士兵。

韦雍等人对幽州将士的打击不只是肉体上，他们还经常嘲笑辱骂幽州的将领和士兵是反贼，为此专门称他们为"反虏"，幽州将士们精神上也长期受到伤害。有一个成语叫作"目不识丁"，用来嘲笑人没有文化、不认识字，这个成语最早就是韦雍等人用来嘲笑幽州将士的，用他的原话来说："现在天下太平，你们就算能拉开两石弓又有什么用？还比不过认识一个'丁'字有用呢。"这些都让幽州将士异常气愤，只需要一根小小的"导火索"就会引爆他们的怒火，而很快韦雍就亲自点燃了这根"导火索"。

长庆元年（821年）七月十日，原本只是普普通通的一天，可一件小事却引发了整个河朔地区的大战。那天韦雍像往常一样外出办事，也如同以前一样前簇后拥。当时一个幽州小将正好因为有急事在街上骑马疾驰，不小心冲撞了韦雍的仪仗队伍。韦雍非常生气，他认为这个小将不尊重自己，就让随从将对方从马上拉下来，然后准备直接在大街上杖责以示惩戒。可河朔地区的将士从来没受过杖责，他们觉得这么挨打很丢人，所以拒不从命，坚决不执行杖责。韦雍见幽州士兵不听话了，立刻将这件事报告给了张弘靖。张弘靖也没有意识到幽州士兵们的抵制情绪，只是让自己手下的亲信虞侯将那个小将逮捕治罪。这下可算是捅了马蜂窝，幽州将士长期以来积蓄的不满情绪就此爆发。

当天夜里，幽州士兵们便在军营中鼓噪呼喊，将校们制止不住，只得任由士兵们杀出军营，直奔节度使府而去。张弘靖没想过士兵们会作乱，丝毫没有防备，他和他的妻妾很快就被杀进来的幽州士兵生擒，财产也被洗劫一空。不过幽州士兵们倒是没有为难张弘靖，只是把他囚禁在了蓟门馆中。至于张弘靖带来的其他人就没这么好运了，他带去的幕僚韦雍、张宗厚、崔仲卿、郑埙、都虞侯刘操、张抱元等人全部被杀，甚至韦雍的妻子萧氏因为阻拦乱兵们杀死丈夫，也被砍断了一只手，当天夜里就死了。唯一幸免于难的只有节度判官张彻，他刚到任不久，没有欺辱过幽州士兵，所以没有被杀，只是与张弘靖囚禁在一起。

可惜，张彻也没能活多久。就在幽州兵变时，刚好有从朝廷来的使者到达了幽州，张彻便对张弘靖说："您没有做过对不起幽州将士的事，现在正好有天子使者来此，我们可以到使者面前陈说事实，这样应该就可以平安脱身。"不过两人都被关着，想见使者自然没那么容易，张彻便敲门大喊自己要出去拜见使者。这一闹把看守的士兵惊动了，他们怕张彻和张弘靖合计了什么阴谋，就想把张彻单独关到别的地方。张彻火冒三丈："你们怎么敢反呢？吴元济反叛被斩杀于长安东市，李师道反叛被斩于军中，与他们一起造反的人，父母妻儿的肉喂饱了狗和老鼠，这就是你们的下场，你们就等着被族灭吧。"这下可算是惹怒了士兵们，他们直接乱刀把张彻砍死了。

张彻虽然死了，但他的话却让士兵们逐渐冷静了下来。第二天，士兵们渐渐有些后悔，觉得昨天做得确实有点过分，就全体跑到蓟门馆去向张弘靖请罪，并表示只要张弘靖肯原谅他们，他们愿意从此洗心革面，重新跟随张弘靖，以后一心一意做他的部属。如果这时候张弘靖原谅了幽州的士兵们，这件事也就到此为止了，他也能继续做幽州节度使。但偏偏张弘靖这个人太过正直，他认为幽州士兵们不仅叛乱杀了自己的幕僚，还囚禁自己，肯定不能轻易原谅，于是干脆闭口不言。幽州众将士再三请罪，张弘靖依然一言不发，这下众人没办法了，商议了一下："看张相公的意思，肯定是不想原谅我们了，但是军中不可一日没有主帅，我们必须找一个人出来担任主帅才行。"众人最后终于找到了一个人，这个人就是幽州老将朱洄。

朱洄本人没什么名气，但他的父亲可是曾经的卢龙节度使、一度自封为冀王的朱滔。朱滔死后，节度使的位置就落在了刘怦手里。朱洄因为智谋过人，在卢龙军中也还混得不错，有一定的声望。可他因为年老生病，早已离开军中，在家里休养。幽州众将士推举他，自然是看中了朱氏在幽州长期以来的声望。没想到朱洄却拒绝了众人的请求，他觉得自己年迈多病，实在无法担此重任。一番推辞后，朱洄只好推举自己的儿子朱克融，让他担任留后，幽州众将士也都表示赞同。

朱克融虽然年少的时候就已经在刘总手下担任将校了，但此时他原本不应该出现在幽州的。在刘总决定离开之时，为了防止幽州军中生变，特意将军中一些勇猛而又桀骜不驯的将领选出来送到长安，朱克融就在这批人里面。原本按照刘总的意思，是希望朝廷赐给这些人官职或者爵位，将他们养在长安，一来可以防止这些人在幽州闹事，二来这些人既然得了高官厚禄，其他幽州将领看到后也会觉得跟随朝廷有好处，自然会一心一意忠于朝廷。

遗憾的是，这件事又让崔植和杜元颖两位搞砸了，他们对从幽州来的这批将领，不要说安排官职了，就连日常生活都没有给对方解决。朱克融等人到长安后生活全靠自己，居住的时间久了，带的钱也渐渐用光了，甚至到了需要到处借衣讨食的地步。他们每天能做的就是不断前往中书省面见宰相们，希望能够快点授予他们官职，但崔植等人对他们却是爱搭不理，惹得朱克融等人愤怒不已。张弘靖前往幽州担任节度使之后，崔植和杜元颖觉得河朔地区从此太平了，他们又看朱克融等人每天前来比较碍眼，干脆下令让朱克融等人重新回幽州去做张弘靖的下属。这么一来一回白跑了一趟，自然让朱克融等人心里憋了一口气，对朝廷也越来越痛恨，刘总的一番苦心算是白费了。

事实证明，刘总预料得没错，这帮人在幽州果然闹事了。朱克融被众人推举后大喜过望，立刻接任了留后一职，再次带领幽州与朝廷对抗起来。

朱克融手底下的卢龙军，比起刘总时代也就少了瀛州、莫州两个地方，而这两个地方甚至都没等到朱克融发起进攻，很快就自己回来了。其实原因非常简单，瀛州、莫州现在虽然独立了，但里面守城的将士都还隶属卢龙军，家属大都在幽州，自然不愿意与朱克融对抗。没过几天，莫州都虞侯张良佐暗中通知朱克融派军队前来，然后偷偷打开城门将人放入，莫州就此落入朱克融手中。莫州刺史吴晖倒是反应及时，直接跑了个无影无踪。在莫州之后，瀛州也发生了兵变，城中士兵直接绑了卢士玫以及他手下的监军、幕僚等人，然后将这些人全部送到幽州。至此，朱克融再次占据了卢龙全境。

幽州兵变多少让唐穆宗有些猝不及防，他接到消息后，立刻下令将昭义军节度使刘悟调任卢龙节度使，张弘靖则直接贬为吉州刺史。可惜还是晚了一步。朱克融已经就任留后，刘悟哪还敢去送死，他向唐穆宗上奏："朱克融现在势力正强，不是轻易能够解决的，不如先暂时任命他为卢龙节度使，然后再慢慢想办法除掉他。"唐穆宗当然知道刘悟的话纯粹是不想上任的推脱之词，他还没来得及进行下一步动作，成德也乱了。

旗帜倒下——田弘正之死

长庆元年，唐穆宗天下太平的美梦还没做多久就被惊醒了。幽州再次发生兵变，拥立朱克融担任留后，朝廷刚刚收服的河朔地区再一次陷入了分裂。而很快，更大的惊雷炸响在大唐帝国的上空——成德发生兵变，节度使田弘正被杀。

唐穆宗得到消息后久久不能平静，其他人死掉也没什么，偏偏死的人是田弘正。田弘正是河朔地区归服朝廷的标志性人物，他对于大唐帝国的重要性不言而喻。河朔诸镇的相继臣服正是从田弘正开始的，唐宪宗也一直把他当作朝廷树立在河朔的标杆，因此只要田弘正有所请求，他都会答应。成德归降时，唐宪宗原本不打算接受王承宗的请罪，但在田弘正的再三请求下依然答应了下来。李师道被灭后，需要有人去探查刘悟是否会有反心，唐宪宗想到的人也是田弘正，而非直接从朝廷派出使者，足见他对田弘正的信任。而田弘正也没有辜负过唐宪宗的信任，元和年间几次平定藩镇的大战中都能找到他和魏博军队的身影。然而这样一个旗帜性的人物，竟然也没能逃过一死。

田弘正之死还得从元和十五年那次"大搬家"说起。原本只是王承元想移镇别的地方，结果在唐穆宗君臣的策划下变成了成德、魏博、义成、昭义四镇节度使大搬家。这一次乾坤大挪移看似让朝廷一次性搞定了割据河朔已久的田氏、王氏两大家族，一举切断了节度使与藩镇将士之间的紧密联系，斩断了田氏、王氏再次割据的可能，实际上这次"搬家"却是大错特错。

首先，河朔局势的安稳只是表面上的，内里依然暗流涌动。成德、魏博两地割据已久，虽然现在节度使归服了朝廷，但军中的骄兵悍将一时半会儿很难转变心态，他们对朝廷并没有太高的忠诚度，就好比魏博将士拥戴朝廷，很大程度上是被朝廷所给的丰厚赏赐收买的。只要利益受到威胁，又有人带头反抗，他们依旧会跟朝廷对着干。

其次，田弘正本就一直忠于朝廷，他知道朝廷才是自己安身立命的根本，从来没有过任何反叛的念头，连他的儿子田布也没有任何对朝廷不忠的地方。这就意味着未来几十年魏博都不太可能背叛朝廷，仅仅为了强行分割田氏与魏博的关系，就将效忠朝廷的田氏父子调走，实在是让其他忠于朝廷的节度使太过心寒了。

最后，唐穆宗并没有看到田弘正在河朔地区的震慑力。有田弘正在魏博时，魏博就是朝廷在河朔地区最有力的强助。唐宪宗与成德的王承宗、淮西的吴元济打得水深火热时，与两人勾结的淄青节度使李师道却一直只是小打小闹，没有大举出兵增援，很大程度上就是因为有田弘正的魏博军在旁边盯着，让他不敢轻举妄动。唐穆宗将田弘正调离魏博，等于是将自己的强助给拆掉了。当然，这并不是不行，但对于唐朝来说还太早，如果河朔地区已经彻底臣服了，再将田弘正等人调离就不会有多大影响，唐穆宗终究是太心急了。

田弘正对于自己一直在魏博做节度使也心有不安，特别是看到义武的张茂昭、横海的程权先后入朝，他也动了心思。元和十四年（819年），田弘正在平定李师道后再次入朝，与之前几次不一样的是，这一次他不打算再回去了。他再三上书唐宪宗，希望在朝中任职，让朝廷重新派人去魏博担任节度使。

那时候河朔地区虽然已经没人敢出来闹事，但唐宪宗对于河朔的形势认知还是很清醒的，他毫不犹豫就拒绝了田弘正的请求，不过他也知道这些节度使忽然间都想入朝是什么心态，安慰道："之前宣武节度使韩弘来长安入朝时，住了没几天就自称生病要辞去节度使的职务，我不得不答应。现在你也请求要留在朝廷，不想再回魏博了，你的诚意和忠心我都清楚，但现在魏博军民都安于你的治理，河朔其他藩镇也畏惧你的威势，你现在就等于是我留在河朔地区的长城，不合适入朝，希望你能赶紧回去。"

天子都这么说了，田弘正还能说什么，只好再回魏博。田弘正也考虑过，自己死后，继承人很可能再次按照河朔惯例割据一方，为此他特意将自己的兄弟子侄全部派到长安去做官，以此减小未来魏博背叛朝廷的可能，同时也能消除朝廷的戒心。

遗憾的是，田弘正的努力终究是白费了，他最终虽然真的离开了魏博，但抽中的实在是下下签。王承宗第二次向朝廷请罪时，得力于田弘正从中斡旋，最终才让唐宪宗赦免了成德将士，从这方面来说田弘正对成德算是有恩情，这也是唐穆宗让田弘正镇守成德时考虑的。然而唐穆宗忽略了一个大问题，魏博和成德是邻居，多年以来一直战争不断，田弘正曾亲率大军攻打过成德，无数成德将士的亲人都死在了魏博人的手里，他们对魏博人的仇恨并不是一个赦免的恩情就能轻易化解的。更何况唐宪宗第二次讨伐成德，最开始就是因为田弘正的请求，从这个角度上来说，成德将士也很难会感恩田弘正。

得知田弘正调往成德担任节度使之后，还真有人动了取而代之的念头，这个人就是成德将领王庭凑。王庭凑原本是回纥阿布思一族的，家族世代都在安东都护府的管辖之下，到了王庭凑曾祖五哥之的时候才迁入内地，投入了当时的成德节度使李宝臣麾下。五哥之这个人骁勇善战，深得王武俊的喜欢，还因此被王武俊收为养子。从此以后，五哥之的后人都改姓王，世代都在成德担任骑将。

王庭凑生下来身上就有一个异于常人的地方，那就是"骈胁"。什么叫"骈胁"呢？"胁"就是肋骨，"骈胁"的意思就是肋骨是连在一起的整块骨头。这虽然是一种生理畸形，但古人不明白这些，他们认为这是大富大贵的预兆。历史上最著名的骈胁之人就是晋文公，他还没有做国君时流亡曹国，甚至让曹共公因为好奇不顾礼数偷看他洗澡。因为这一点，王庭凑颇为自许，同时他也非常喜欢读书，除了一般武将喜欢读的各类兵书之外，他还喜欢读《鬼谷子》。《鬼谷子》里面讲的都是一些权谋策略、纵横捭阖的手段，读这种书的人野心自然非比寻常，只是不知道柏耆两次去成德有没有和王庭凑交流交流纵横学的心得。

王庭凑虽然为人沉默寡言，但一直都非常有野心，再加上勇猛过人，到王承宗担任节度使时他已经官至衙内兵马使。对于王承元将成德让给朝廷这件事，王庭凑当然非常不赞同，他认为成德一镇是王家的基业，凭什么交给外人来掌控，并且还是与成德有世仇的田家人。既然王承元不要父祖基业，那就由他这个王家人来掌控好了。朝廷派来的人办事不力，很快就给了王庭凑机会。

早在唐穆宗下达移镇诏书时，为了安抚成德将士，曾经答应过要赏赐成德将士一百万缗钱，结果因为度支办事不力，没能按时送达，这让成德将士们都非常不满。而更让成德将士不满的是，田弘正还整天在他们眼前送大量的钱财去长安、洛阳。

其实这也不怪田弘正，主要是他的兄弟子侄有几十个人在长安、洛阳做官，而他们的生活异常铺张浪费，奢侈华丽的程度堪比朝廷公卿，每天差不多都要花二十万缗钱，自己的俸禄承担不了，那就只能找田弘正要钱了。田弘正为人孝顺又宽容，对待自己亲戚尤其宽厚，既然亲戚要钱，他自然没有不给的道理。就这样，田弘正只得将他在魏州、镇州的钱财运往长安、洛阳支援兄弟子侄，但这落在河朔将士眼里就是每天运送钱财前往朝廷的车辆不绝于途，他们自己却没拿到什么钱，因此对田弘正更加不满。

王庭凑自然不会错过这些机会，他开始不断在军中生事，经常拿田弘正的一些小事来激怒士兵，惹得成德将士对田弘正越来越不满。就算是这样，王庭凑依然不敢动手，因为田弘正早有所防备。

田弘正被调往成德时，就对他自己的处境有很深的认识。他心知自己与成德将士之间的仇恨不是短时间内可以化解的，为了防止发生变故，他去镇州时特意带了两千魏博士兵随行。有了这两千魏博兵的护卫，王庭凑想打什么主意自然是难上加难。就在王庭凑快绝望时，朝廷再次送来了一记助攻。

田弘正虽然带去了两千魏博兵，但有一个很严重的问题，那就是这两千魏博兵属于魏博编制，没有办法为他们发放成德军的粮饷，田弘正就上书请求朝廷开个绿灯，希望能给自己这两千人特殊待遇，以防止成德再生变故。

唐穆宗接到田弘正的奏疏后，一时间也不能决断，就召集朝臣们商议。当时的户部侍郎、判度支崔倰第一个站出来反对，他是个死脑筋，没有一点远见，只单纯认为魏博、成德都有自己的兵，朝廷从来没有过发放粮饷给外镇兵的先例，如果开了这个先例，那以后其他人效法又怎么办？便劝唐穆宗回绝了田弘正。

田弘正自然不甘心就这么失败了，他又连续几次上书请求，希望能得到朝廷的同意，可惜他遇到的是崔倰，这个人是宰相崔植的堂兄，出了名的刚愎自用，只要他认为是对的就听不进去别的意见，田弘正的屡次上书自然就此石沉大海。无奈之下田弘正最后只得将这两千魏博士兵全部送回了魏博，而崔倰为了省粮饷造成的恶果很快就出现了。

魏博兵走后不到一个月，王庭凑就迫不及待地行动了。他连夜召集心腹士兵集结在节度使府门口，等到天快亮时一举杀入府中，将猝不及防的田弘正及其幕僚、心腹共三百多人全部斩杀，然后自称留后，并派人逼迫监军宋惟澄上奏朝廷，为他请求节度使的旌节。宋惟澄趁机将整个事情的经过全部上奏给唐穆宗，一时间震惊了整个朝野，罪魁祸首崔倰却因为崔植的关系，没有人敢指责他。

王庭凑砍了朝廷在河朔地区的旗帜，还想要节度使旌节，显然是在做梦，唐穆宗毫不犹豫就拒绝了，并且准备动用武力教训王庭凑。田弘正被害的消息传出后，还不待唐穆宗下达诏书，他镇守多年的魏博就已经打算行动了。虽然田氏家族大多已经离开了魏博，但还好有名将李愬在。

李愬得知田弘正遇害的消息后，立刻身穿丧服告诉众将士："魏博人之所以有现在安定的生活，得力于田公归降朝廷。陛下因为田公仁义而又善于抚慰士卒，才将他调到成德，没想到竟然遭人杀害。更何况田公曾在魏博执掌节钺长达七年，现在成德人居然杀了他，这就是在轻视我们魏博，以为我们没有人才可用。各位都是深受田公大恩的人，难道不该以死相报吗？"众将士听后感动得痛哭流涕，纷纷表示愿意拼死为田弘正报仇。

这时候王庭凑已经杀死了冀州刺史王进岌，占据了冀州，李愬就将目标定在成德其他各州。经过一番观察，李愬发现深州刺史牛元翼有忠义之心，就派人给他送去了宝剑、玉带，并告诉他："我的父亲李晟曾经用这把宝剑平定了朱泚之乱，我也用它平定了吴元济的叛乱，现在镇州兵变，我把它送给你，希望你能用它灭掉王庭凑。"这可把牛元翼感动坏了，李愬竟然拿自己与他还有李晟相比，这实在是太抬爱了。牛元翼当天就拿着剑和玉带在军中展示，并表示："我愿意率领众将士跟随李仆射，以死为其效力。"

关键时刻，老天爷帮了王庭凑一把，他的运气实在是太好了。就在出兵前夕，李愬忽然病倒了，不久之后就于洛阳病逝，年仅四十九岁。李愬的死无疑是唐朝最大的损失，不仅意味着河朔地区局面的彻底失控，还标志着元和以来的赫赫武功不复存在。

唐穆宗已经顾不得悼念死去的李愬了，此时最重要的事情是给魏博找一个新的节帅，但此时都知道魏博已经是一个火坑，谁还愿意进去？更别提这人还必须要让魏博将士听从指挥。找来找去始终没有找到合适的人选，唐穆宗只好把田弘正的儿子田布拉了出来。

田布字敦礼，田弘正的第三子，他年龄很小时就已经非常聪明了。在田弘正受到田季安猜忌，被外派到临清担任镇将时，年龄还小的田布就已经察觉到父亲面临的危机，建议父亲直接带着临清投奔朝廷，虽然最后没有成功，但田弘正却从此高看他一眼，在儿子里面也开始重点培养他。淮西之战中，田布作为参战的将领之一，率领魏博军队为朝廷立下了很多战功，凌云栅、郾城等大战中，他都起到了关键性的作用。裴度前往沱口修筑营垒时，淮西将领董重质率领淮西最精锐的骡军杀到，正是靠田布的奋力突击，最终才击退了敌军。唐穆宗即位后，为了安抚移镇的田弘正，便将田布升为河阳节度使，不久后转为泾原节度使。

唐穆宗之所以一开始没有考虑这样一位既有军事作战能力，又在魏博拥有广泛基础的将领，主要是因为田布此时已经不在节度使任上，而是在洛阳家中为死去的父亲守丧。

田布接到魏博节度使的任命后也大吃一惊，他第一反应就是上奏拒绝，这不光是因为他需要为父亲守丧，更主要的原因是他知道河朔现在的局势，自己这一去搞不好就陷在里面了。唐穆宗只看到魏博将士是田氏旧部，但魏博现在的情形已经和田氏割据时大不相同了。田弘正这么多年以来派田氏子弟入朝，魏博已经不像以前那样由田氏控制着各州及军中要职。田布如果回到魏博，能凭借的只有田氏多年积累下的声望，但光靠这一点在河朔的乱局之中也未必能让魏博军队如臂使指。唐穆宗也不管田布如何想，田布几次推辞他都没有允许，无奈之下田布只好接受任命。

田布自己也知道此行的危险，但长久以来忠于朝廷的心让他不得不前往，临行前他特意交代自己的妻子、宾客："我此行不打算生还了。"为了重新收获魏博的人心，田布没有拿出节度使旌节，也没有要前导随行人员便上路了。等走到距离魏州三十里的地方，田布便散发赤脚，大哭着跑进魏州城，一边哭一边喊着父亲的名字，魏州军民见状无不感动落泪。进城以后田布也没有住到节度使府上，而是住进垩室为父服丧。

当时担任节度使一个月的俸禄是一千缗，田布一分钱都不要，反而将田家留在魏州的产业全部变卖，卖得的十几万缗钱也全部用于赏赐魏博将士。对于田弘正以前在魏博的部将和军中年龄比较大的将领，田布也把他们当成兄弟一样对待。经过这番努力，田布终于换取了魏博将士们的支持。

就在魏博走马换将之时，王庭凑已经迫不及待地派部将王立向深州发起了进攻。牛元翼也确实有本事，在他的坚守下，王立一点便宜也没捞到，反而被击退。唐穆宗肯定不可能眼看着忠于朝廷的牛元翼独自在深州挨打，王立等人进攻深州后，他便正式下诏让魏博、横海、昭义、河东、义武五镇一起出兵压到成德边境，如果王庭凑还执迷不悟要闹事，就一起进攻收拾他。同时唐穆宗为了激励牛元翼，还任命他为成德节度使。为了能一举战胜敌人，唐穆宗还特意将起居舍人温造派到前线担任镇州四面诸军宣慰使，负责向出兵的各镇传达进攻的命令，随后他又将老臣裴度请了出来。

裴度字中立，出身于河东裴氏，唐宪宗正是在他的辅佐下开创了元和中兴的局面。在淮西之战的关键时刻，几乎所有大臣都请求唐宪宗罢兵，只有裴度力主平叛，并亲自赶往淮西前线督促各军进击，最终平定了吴元济。然而这样一位有功之臣，在唐宪宗在位后期却受到排挤，被外派到河东担任节度使。此次出兵，裴度所部河东军原本就在作战序列里，唐穆宗却觉得不够，又给裴度加了幽州、镇州两道招抚使的职位。这一年的十月十四日，裴度正式率领大军经过娘子关，穿越太行山进入河北境内，唐军讨伐王庭凑、朱克融二人的军事行动正式开始。

王庭凑此时遭遇了一场飞来横祸。原本他杀田弘正反叛朝廷这件事成德军中就有很多人不赞同，很多成德将士对于元和年间朝廷两次讨伐成德记忆犹新，虽然朝廷都没有获胜，但成德也因此元气大伤，很多人的父兄都战死在沙场上，他们自然不愿意再和朝廷对抗。

就在唐穆宗下令让五路大军共同讨伐成德后不久，对王庭凑早有不满的成德大将王俭等人就凑到了一起，准备找机会干掉王庭凑，再重新归降朝廷。遗憾的是，王俭等人保密工作做得实在是太差，还没等他们开始行动，计划就已经被王庭凑知道了。王庭凑索性先发制人，将王俭等人全部杀死，他们的五千多名部下也全部被杀。

王俭等人的行动虽然没能杀死王庭凑，但也把他吓出了一身冷汗，他意识到成德军中也许还有像王俭等人这样忠于朝廷的人，此时的成德已经不比王承宗时代，单靠他自己想对抗朝廷还是有困难的。于是王庭凑便派人前往幽州拉拢朱克融，约定双方一起与朝廷抗衡到底。朱克融对于送上门的盟友自然不会拒绝，两人一拍即合，他们的第一个目标是深州。

王庭凑之所以要攻打深州，倒不是因为牛元翼抢了自己成德节度使的位置，想教训牛元翼，而是因为深州的地理位置。深州正好卡在王庭凑的镇、冀两州与朱克融的卢龙各州之间，若两人想联军，那首先就得把深州拿下，否则两军难以连成一片。

朱克融和王庭凑的联合只苦了牛元翼，他虽然已经升任成德节度使，但受他管辖的还是只有深州一地，得到的也只有一纸文书，手下的兵马粮草一点也没有增加。原本对抗王庭凑已经非常困难了，现在的深州还必须同时面对朱克融，所以牛元翼只能一边坚守，一边等待朝廷各路援兵的到来。

唐穆宗虽然派出了五路大军，但五路大军这时候都觉得朱克融和王庭凑两人势力太强，不敢直面其锋，所以都在观望形势。王庭凑和朱克融二人见朝廷兵马不敢动，就更加猖獗了，更何况此时他们手下又得到了兵力补充。说起来，王庭凑他们能得到这些新的兵力补充，还多亏了唐穆宗刚即位时的那次裁军。

当时被裁的人很多，这些士兵失去军籍以后，又不愿意重新回家务农，就聚集起来跑到山林做强盗。但做强盗终究还是没有当兵自在，这些人还是想重新回到军中，王庭凑、朱克融二人叛乱正好给了他们机会，他们便纷纷投入了王庭凑和朱克融的麾下。王庭凑和朱克融二人白白得到了一大批训练有素的士兵后，气焰更加嚣张了。

谁也没有想到，这一次河朔藩镇与朝廷的大战，竟然是王庭凑和朱克融二人抢先发起进攻。眼看朝廷各路人马一直不动手，朱克融就率领大军杀入了易州境内，在涞水（今河北涞水县）、遂城（今河北遂城镇）、满城（今河北保定市满城区）城内烧杀抢掠。随后他又与王庭凑联手，一起攻打蔚州（今河北蔚县）。蔚州隶属河东道，是河东军的势力范围，他们这样做的目的自然是想给最早主动的河东军一点颜色瞧瞧。此前河朔诸镇就算主动出击也还是在河北道里面闹腾，这两人倒好，直接杀进了河东道，足见他们猖獗到了什么地步。就在王庭凑、朱克融二人得意忘形之时，朝廷的各路大军也终于行动了。

田氏移位——魏博再入河朔阵营

长庆元年，朝廷讨伐河北的战争以朱克融和王庭凑二人抢先进攻拉开了序幕。面对两人的猖獗举动，唐穆宗所派出的各路大军也发起了反攻。

最先发起反击的是义武军。义武军原本在成德和卢龙之间，刚好被两家夹着，它首先要考虑的不是进攻而是防守。但朱克融实在是太狂妄了，不但跑到易州境内烧杀抢掠，甚至还无视义武军一路打到了蔚州，简直太小看义武军了。最终这一场大战最先交手的是义武和卢龙。

朱克融自从担任留后以后，一直都是无往不利，可他竟然将卢龙军队分成多个部分，在各条战线同时开打，这很快就让他在义武军手下吃了大亏。易州刺史柳公济首先在白石岭下设下埋伏，一举大破入寇易州的卢龙军，被斩首的卢龙军多达三千人。朱克融不信邪，又派了两万军队去打义武军的首府定州。坐镇定州的义武军节度使陈楚也不是好惹的，他果断率领部下出击，大破卢龙军，打得朱克融只能退回卢龙境内。

在义武军之后，坐镇沧州的横海军节度使、名将乌重胤也出发了。这一次出兵的各路节度使中，乌重胤算得上是一位老将了。

乌重胤，字保君，是昔年幽州将领乌承玼的儿子。乌承玼曾在幽州多次击败契丹，立下了许多战功，后来因为哥哥乌承恩想收拾史思明被杀，乌承玼只能逃往河东投奔河东节度使李光弼。作为乌承玼的儿子，乌重胤从小一直在河东长大，年龄稍大就加入了昭义军，担任左司马一职。元和五年，唐宪宗第一次讨伐王承宗时，时任昭义军节度使的卢从史因为暗中与王承宗勾结，不但不进兵反而还搞破坏，唐宪宗便下令让吐突承璀想办法收拾掉卢从史。卢从史被擒后，昭义军曾一度想冲出军营去救人，关键时刻还是乌重胤独自站在军营门口阻拦众人，并历数卢从史的罪行，劝他们听从皇帝的旨意，这才免去了一场兵变。

这件事情之后，唐宪宗准备让乌重胤担任昭义军节度使，但遭到了李绛的反对，主要有两方面的原因，一方面是乌重胤如果被提拔为节度使，那昭义军中以前和他地位差不多的将领肯定会不服气，有兵变的风险。李绛这么说也是有根据的，贞元年间昭义军节度使李抱真死时，唐德宗就地任命王虔休接任节度使，结果和王虔休地位差不多的元谊因为不服气就占据洺州对抗朝廷，为此打了两年时间，李绛自然不希望这种悲剧重演。另一方面则是因为让乌重胤担任昭义节度使是吐突承璀保荐的，两人容易相互勾结，昭义军距离长安太近，吐突承璀又手握神策军，两人一起威胁太大。唐宪宗最终接受了李绛的劝说，改任乌重胤为河阳节度使。

虽然没有做成昭义军节度使，乌重胤也没有什么怨念，依然对朝廷尽心尽力。唐宪宗讨伐淮西时，乌重胤率领河阳军作为最早参战的部队之一，与另一位名将、忠武军节度使李光颜一起打了整整三年，前后历经大大小小一百多次战斗，为平定吴元济立下了汗马功劳。在讨伐李师道时，因为横海节度使郑权和沧州刺史李宗奭不和，乌重胤又被调任横海节度使，任上参加了平定李师道的大战。

乌重胤可以说是一位久经沙场、战功赫赫的将领，这一次，他也没有让人失望。横海军出战后不久，乌重胤就在饶阳大破成德军，逼得王庭凑不得不抽调兵力加强东面的防御。

其后不久，准备完毕的田布也率领三万魏博军队出发，连续攻克了王庭凑两座营垒，最后驻扎在了南宫县南面。

就在各路大军奋力向叛军发起进攻时，最先出发的河东军主帅裴度却还没工夫对付王庭凑等人，他正忙着跟朝臣干架呢。这事倒不是裴度自己挑起的，而是有人主动找上了门，这个主动找事的人就是大诗人元稹。

作为唐代著名诗人之一，元稹一生留下了很多诗作，他与白居易并称为"元白"，两人一起倡导的新乐府运动对后世影响极深。在为官方面，早年的元稹也是一心报国的有志青年，为此得罪过许多人，导致多次被贬，后来经段文昌推荐才重新回到长安，但他的心态发生了变化，开始更热衷于升职了。这时候元稹正担任翰林学士，因为想做宰相，就和枢密使魏弘简勾结上了。在魏弘简的推荐下，元稹果然受到唐穆宗的宠信，很多国家大事他都会咨询元稹。

按理说裴度现在已经离开了长安，跟元稹可以说是八竿子打不到一块，应该不存在什么过节才对，可元稹心里却不这么想。因为裴度在元和年间就担任过宰相，在朝中威望很高，如果这次讨伐镇州、幽州叛乱再立下大功的话，很可能再次被唐穆宗任命为宰相，这么一来，元稹自己的宰相梦只怕就要落空了。正是由于这种心态，元稹便和魏弘简两人疯狂搞破坏，只要是裴度上奏的军事谋划，他们俩便坚决反对，最后裴度什么军事计划都执行不了。

这下裴度被元稹和魏弘简惹怒了，他直接大骂元稹和魏弘简两人朋比为奸，还特意写了一封奏疏给唐穆宗："王庭凑和朱克融二人造反为祸河北只能算是小事，朝中奸臣结党营私扰乱朝政才是大事，因为叛贼只能祸乱河北一个地方，奸臣在朝中必将祸乱天下，相比起来还是先处置奸臣更加重要。陛下如果想平定幽州、镇州的叛乱，就必须先把朝中的奸党肃清了。河朔的几个叛臣，我和诸将就可以搞定，但朝中的奸党却要陛下自己清理才行。现在天下忠于朝廷的人里，没有不对朝中奸党表示愤慨的，只不过因为陛下宠信他们，所以没有人敢说话，他们害怕奸党的报复。"

骂完奸党之后，裴度又指出这帮奸党对自己军事行动的破坏："自从我出兵以来，向朝廷陈述的军事方略很多，这些都非常重要，结果收到的朝廷诏书却指令不一，这让我们如何打仗呢？我深受陛下重托，指挥诸军讨伐叛贼，责任重大，结果还要遭受奸党的阻挠。我和这些奸党本来也没有什么死仇，只不过我前段时间请求亲自上京当面向陛下陈述用兵方略，奸党害怕我向陛下揭发他们的罪行，一再阻拦我入京。我此前本来上奏朝廷，请陛下准许我率军与其他各路大军一起进攻，从各个方向击破叛贼，但这帮奸党怕我成功，一直以各种理由加以阻拦，结果弄得我军这么久都停滞不前，各路人马进退失据，不知道下一步该如何做。我向朝廷提的一些建议，也被他们拦着，他们这么做的目的就是想让我兵败，这些人只在乎自己的利益，对于前线的战局完全不顾。我只能这么说，如果朝中的奸党被肃清，那河朔地区的叛贼就算不讨伐也会自己平定；如果朝中的奸党依然存在，就算平定了河朔乱党，对朝廷也没有什么好处。"

唐穆宗自然知道裴度口中的奸党是谁，他虽然不高兴裴度屡次上奏指责元稹等人，但毕竟此时裴度手握大军在前线平叛，再加上他又是朝中威望很高的老臣，唐穆宗只好将魏弘简贬为弓箭库使，元稹贬为工部侍郎。

裴度在与元稹的战斗中取得了胜利，但河朔前线却没能像他所说的那样迅速平定。在裴度忙着和元稹打嘴仗时，除乌重胤所部外，其他各路唐军都在前线磨洋工，一点进展都没有。各路人马之所以没有进展，主要有三方面的原因。

第一是诸军看到王庭凑和朱克融势大，害怕吃败仗，不敢与他们正面冲突。虽然看似有好几路救援深州的人马，但只有乌重胤是拼尽全力在前进，其他各路人马都停滞不前，希望能靠乌重胤一个人击破王庭凑和朱克融两路大军。

第二则是此前唐宪宗讨伐成德时的老毛病。派到前线的节度使太多，又互不统属，再加上元稹在里面搅事，结果弄得前线指挥系统异常混乱，各军进攻的步调根本无法保持一致。

第三则是因为监军问题。监军们把控着各路唐军的兵权，他们将骁勇的士兵全部挑选出来保护自己，留在前线的全是老弱病残。这帮监军还特别喜欢指手画脚，随意指定方略，唐穆宗自己也喜欢在后面瞎指挥，根本不顾前线的实际情况。这还不算，这些监军太监还特别喜欢抢功，有了一点小的战功，就立刻派人报告给朝廷，将战功据为己有；而一旦吃了败仗，他们就会把责任全部推到参战的将领头上，搞得众将都不愿意打仗。

这样的军队怎么可能打胜仗？！很快，就连唯一一个敢于作战的乌重胤也出事了。

当时深州正被叛军重重围困，乌重胤率领全军从东南面前去救援，结果惹来了叛军的主力。而令乌重胤错愕的是，其他各路人马居然就这么看着他独自抵挡叛军，也不肯派人过来帮忙。乌重胤久经沙场，一看就知道自己一支人马不可能打赢成德、幽州两路大军，于是也停下来观望形势。这一停就出事了，有人向朝廷告发乌重胤逗留不前，唐穆宗一怒之下将乌重胤踢到山南西道担任节度使，转而让深州诸道行营节度使杜叔良担任横海节度使。

杜叔良这个人本就没什么本事，以前做朔方节度使时，吐蕃派出十五万大军进攻盐州，盐州刺史李文悦独自守城二十七天，一直没有让吐蕃攻下城池，杜叔良手握大军却不敢去增援。最后还是朔方将领史奉敬看不下去，请求杜叔良给他三千兵马前去救援，杜叔良最终只给了二千五百人。没想到的是，史奉敬竟然靠着这两千五百人击退了吐蕃，这之后杜叔良就被征召到长安担任左领军大将军。这次讨伐幽州和镇州，他是靠巴结宫中掌权的太监，才被推举为深州诸道行营节度使。指望杜叔良击破叛军完全是异想天开，唐穆宗也只能说是病急乱投医。

杜叔良本来就是因为前任乌重胤逗留不前才得以上任，他自然不敢犯跟前任一样的错误，从他到任开始就率领大军向前进攻，结果却惨不忍睹，与王庭凑交战可以说是屡战屡败，从来没有取得过胜利。到后来就连镇州的士兵都知道杜叔良没什么本事，打仗时专打杜叔良。不久后，杜叔良大军被王庭凑在博野（今河北博野县）打得大败，这一次更惨，全军阵亡七千多人，杜叔良连节度使符节都丢了才逃回来。这一次，唐穆宗总算知道杜叔良没本事了，他赶紧将时任凤翔节度使的李光颜召了回来，让他担任忠武军节度使兼深州诸道行营节度使，至于横海节度使则由成德旧将、时任德州刺史的王日简担任。

博野之战带来的最严重的恶果就是镇州的叛军乘胜杀到了横海军辖区的棣州，唐穆宗无奈之下只好让淄青节度使薛平派人前往救援，结果这一救连淄青也差点出了事。薛平得到诏命后，立刻派部将李叔佐率领五百人前往棣州。李叔佐这一去倒是击退了镇州军队，但棣州刺史王稹却非常不厚道，明明非常有钱，给淄青士兵的赏赐却非常少，惹得淄青士兵当天连夜就跑了，把李叔佐一个人扔在了棣州。这些士兵跑出来以后，就推举猛将马狼儿做了主帅，然后在他的带领下裹挟了青城、博昌两地的兵马，人数总共达到七千，一路杀到了青州城下。当时青州城里没有多少士兵，但幸好薛平在城里，他拿出家财招募了两千精兵，然后突袭击败了马狼儿等人，这一场叛乱才落下帷幕。

久战无功，朝廷的国库已经撑不住了。原本在唐宪宗时期，因为四处讨伐各地藩镇，国库就已经非常空虚了，唐穆宗即位后也没有一点节制，经常大搞工程建设，弄得国库更加空虚。随着与幽州、镇州的作战越来越久，国库已经空虚到难以支撑的地步了。唐穆宗无奈之下只得把崔植、杜元颖找来商量办法，几人商量到最后只想出了一个主意，那就是赦免朱克融，只讨伐王庭凑，因为朱克融没有杀张弘靖，而王庭凑杀了田弘正，相比起来王庭凑的罪名更大。理由实在是荒唐至极。

就在朝廷刚商量出结果时，河北战场上的局势再度发生变化，位于朝廷向河北前线输送粮食物资的路线上的弓高县（今河北东光县）被幽州兵攻陷了，它这一丢，问题就严重了。唐军也知道弓高县的重要性，对这里的防守非常严密，这次之所以出事还是太监惹出来的。

有一次，一个太监出使路过弓高县，因为当时已经是半夜了，根据军法，守城将领没有开城放他进去，等天亮后这个太监进了城，不但把守将骂了一顿，还扬言要收拾这个守将，弄得对方惊惶不已。而这个消息被幽州人探听到了，他们就派人伪装成太监，然后半夜到弓高城下要求守将开门，这一次守将自然不敢再阻拦，打开城门将这个假太监放了进去。就在这时，埋伏在外面的幽州军队也杀了出来，抓住开城门的空隙一举夺下了弓高。弓高失陷后，幽州军队又顺势攻打下博城（今河北下博镇），一举切断了河北前线唐军的补给线。

到了这时，就连大诗人白居易也看出局势不妙了，他上奏请求唐穆宗裁撤前线军队，只保留裴度和李光颜两路人马以减少开支，让李光颜挑选精兵，裁汰老弱病残，然后率军先打通下博一线的补给线，再全力救援深州。唐穆宗对此却毫不理会，根本没把白居易的话当回事，结果很快就真的出事了——往沧州运粮草的六百辆粮车走到下博附近就被成德军抢了个干净。这下前线就更困难了，各路兵马都缺乏军需粮草，只得到处抢掠，供军院运送的粮草军需往往还没有送到就在半路被各路军队哄抢一空，凡是孤军深入的部队，都饥寒交迫得不到补给。在这种艰难的条件下，魏博也出事了。

魏博自从田承嗣以来，一直都是和成德、幽州同一战线、相互依存。自从成德、幽州相继兵变后，魏博人也动了心思。田布率领三万大军讨伐成德后，一直驻扎在南宫县，很长时间都没有动静，田布之所以没有动作也是无奈之举。

魏博归降朝廷后，以往出兵时朝廷都会负责后勤补给并给予赏赐，这一次出兵却什么都没有，魏博士兵自然不肯卖力。偏偏唐穆宗还多次派太监前往南宫催魏博兵前进，弄得魏博众将士都非常不满，越来越没有斗志。更糟糕的是，当时刚好下了一场大雪，朝廷的补给完全跟不上了，田布无奈之下只得征收魏博六州的赋税用作军需，希望能暂时解决眼前的困难。结果魏博士兵不干了，他们都认为：

"按照以往的惯例，我们出境讨伐敌人，补给应该全部由朝廷提供，现在田尚书却要搜刮我六州的财富来供给军需，虽说是克己奉公，但我们六州百姓凭什么要遭这份罪？朝廷要打仗和他们有什么关系？"

当时田布有一个叫史宪诚的部将，一直以来野心勃勃，他看到魏博将士产生情绪后，意识到自己的机会来了。史宪诚本来只是魏博一个普通的将领，因为勇猛过人而受到田布的赏识，将他推荐给了父亲田弘正。后来讨伐李师道时，史宪诚作为魏博军的先锋当先渡河，在此战中立下了赫赫战功，由此在魏博军中声名鹊起。到田布做节度使时，他认为史宪诚是自己的亲信，就将史宪诚一手提拔到先锋兵马使的位置上，手下也都是魏博精锐。

可惜田布实在是识人不清，史宪诚岂是一个甘于屈居人下之人，他得知军中不满情绪后就偷偷煽风点火，引得这些人对田布非常不满。恰好在这时，唐穆宗又下令让田布分出魏博部分军队给李光颜，以便李光颜能集中全力救援深州。这下魏博士兵彻底不陪朝廷玩了，纷纷四散而逃，这些人后来大都归附了史宪诚。田布这下子也傻眼了，只得带着八千中军返回魏州。

回到魏州后，田布依然想出兵为国效力，他再次召集部将，商讨继续出兵，魏博诸将却不同意，他们表示："田尚书如果依照以前河朔的惯例割据的话，我们肯定舍生忘死愿意跟随；但如果要我们为朝廷讨伐成德，那绝对不能服从。"田布见事不可为，只得叹息道："我一心想为国立功，只可惜无法实现这个愿望了。"

当天夜里，田布写下了一封遗书，把现在的情况向唐穆宗做了报告，大致意思是，"我观察魏博众将士现在的情况，他们肯定会背叛朝廷，我辜负了陛下的期望，既然无法建立功勋，就只好一死以报了。希望陛下能尽快出兵救援李光颜、牛元翼，不然这些忠臣义士就要被河朔的叛党屠杀殆尽了"。写完之后，田布想到魏博的将来，不由得捧着遗书失声痛哭起来。良久之后，田布才将遗书交给幕僚李石，让他转呈朝廷，自己则走到父亲的灵位前，拔出刀大喊道："我以一死对上向皇上和父亲承担我未能建功报国的责任，对下向魏博三军将士表示我忠君爱国的决心。"说完之后，田布就自杀了。

随着田布的去世，魏博田氏成了过去。田布一死，史宪诚立刻宣布自己将遵循河朔旧例，再次割据一方，魏博兵都非常高兴，推举他为留后。

唐穆宗很快就接到了消息，但他对此没有办法，只得把史宪诚任命为魏博节度使。史宪诚虽然表面上归附朝廷，但实际上依然和成德、幽州连成一体，对朝廷的出兵命令充耳不闻。

就在魏博兵变之时，深州的局面也越来越危险了，牛元翼已经坚守了很久，但始终等不到援兵，城内的士兵和粮草都越来越少了。各路唐军其实也并不是不想救牛元翼，只是实在有心无力。当时唐军分别从东、北、西三面出兵救援，但每一路都缺乏粮草，根本没办法前进，哪怕是李光颜这种名将，此时能做的也只是闭营防守。士兵们每天都要自己出去打柴草，而每天能领到的粮食竟然只有一勺陈米，这还怎么打仗？

随着时间的推移，朝廷已经撑不住了，就连嫉恨裴度的元稹都屡次劝说唐穆宗罢兵议和，最终唐穆宗只得下诏赦免朱克融和王庭凑二人，任命他们为节度使。朱克融得到节度使的旌节后倒是立即就放了张弘靖和卢士玫，但王庭凑得了节度使的职位之后竟然还是不肯退兵，坚持要打下深州，杀死牛元翼泄愤，唐穆宗无奈下只得将牛元翼调任山南东道节度使，裴度又亲自写信责备王庭凑，王庭凑才勉强后撤了一点，牛元翼这才带着十多个部下突围。

王庭凑进入深州后并没有放过牛元翼留下的部属，他将这些跟自己对抗过的将领全部杀死。牛元翼得到部将被屠杀的消息后一怒之下病死了，他这一死让王庭凑再也没有什么顾忌，直接将牛元翼的家人全部杀光了。可怜牛元翼一心忠于朝廷，最后却落得如此下场，而朝廷竟然一句话都不敢说。

随着河朔三镇的再次背叛，元和中兴以来的统一局面再次沦为泡影，造成这种局面的原因是多方面的，从唐朝自身分析，有两个方面：一方面固然是因为唐穆宗操作不当，频繁的昏着给了朱克融等人可乘之机；另一方面是从唐宪宗后期开始就一直存在的国库空虚问题。

元和时期能收服诸多藩镇，本就建立在朝廷赏赐的基础上，这就是李绛说的"不有重赏过其所望，则无以慰士卒之心，使四邻劝慕"。长庆年间，国库空虚让朝廷在支出方面越来越困难，野心家趁机钻了空子，成德、魏博莫不如此。随着讨伐朱克融、王庭凑的失败，唐朝一直到最终灭亡都没有再得到收服河朔地区的机会。

和平共处

横海覆灭——李同捷的取死之道

太和元年（827年），唐文宗李昂刚刚即位，长安就迎来了两位非常特别的客人——前横海节度使李全略的儿子李同志和李同巽，他们当然不是自愿前来，而是被自己的哥哥李同捷派掌书记崔从长送到长安做人质的。李同捷希望借此和朝廷达成和解，以换取自己节度使的任命。

实际上到太和元年时，李同捷已经自立为横海留后将近一年了。但自从唐穆宗长庆年间失去卢龙、成德、魏博三镇之后，河朔的局势早已脱离了朝廷的掌控，再加上国库空虚，所以哪怕是朱克融扣押使者，对朝廷异常无礼，朝廷也没能出兵讨伐。

唐穆宗大概是因为吃喝玩乐太多，在位仅仅五年就病倒了，他也学父亲吃起了丹药，企图长生不老，结果不但没有得到长生，反而加速了他的死亡，年仅二十九岁就病死了。他死后，年仅十六岁的皇太子李湛即位，这就是唐敬宗。

如果说唐穆宗在位时好歹还能和地方藩镇打上几个回合，到了唐敬宗时期完全没法打。唐敬宗即位时年龄还小，但跟他父亲一样，也是个吃喝玩乐的主，每天都要玩到深夜。第二天起不了床，上朝都差不多得到中午，因此每次朝会都要让大臣们在紫宸门外等候许久，一些年老的大臣站得腿脚麻木，几乎要摔倒。对于唐敬宗这种不良习惯，也不是没有大臣劝谏过，但是毫无作用。时任谏议大夫的李渤就曾因唐敬宗上朝太晚而上书劝谏过，结果第二天唐敬宗上朝反而更晚了，弄得李渤都不知道该说什么好。

相比唐穆宗只喜欢吃喝玩乐和工程建设，唐敬宗在此基础上还多了一些兴趣爱好，他非常喜欢踢球和摔跤，所以他身边都是一些擅长踢球和摔跤的小人，跟这些人玩在一起，自然是越来越糟糕。禁军和各地藩镇知道唐敬宗这些爱好后，争相进献踢球高手和大力士，以换取唐敬宗的赏赐。唐敬宗甚至还设置了"专项基金"，专门用来招募大力士陪自己练武。

除了这些比较正常的爱好以外，唐敬宗还有一项非常特殊的爱好：打夜狐。所谓"打夜狐"，其实就是半夜出去打狐狸，也不知道唐敬宗为什么会有这么一个特殊爱好，每天都得外出打到深夜才回来，第二天自然就起不了床了，而他最终也死在了这一爱好上。

唐敬宗每天忙着进行自己的娱乐活动，自然没工夫管地方藩镇的事，无论是刘悟死后儿子刘从谏接替昭义军节度使的位置，还是幽州朱克融父子相继被杀的混乱局面，唐敬宗都只负责赐节度使旌节。到了横海这里，唐敬宗倒是难得硬气了一回，没有赐给李同捷节度使旌节。

李同捷自立为留后以后，唐敬宗对此非常不满，他想讨伐却又没有这个能耐，只好装了一回鸵鸟，对李同捷自封的留后既不承认也不否认。唐敬宗可以装作看不见，李同捷却不能。横海军地处河朔地区，周围都是河朔藩镇，没有朝廷册封的名号，搞不好哪天就被人拿来当借口打了，更何况李同捷一家在横海的履历实在是浅了点。

李同捷的父亲李全略，原名王日简，是成德节度使王武俊手下的一个小将。唐宪宗讨伐王承宗时，王日简因为不看好王承宗，害怕以后被株连，就直接跑到长安归降了朝廷，因此被任命为代州刺史。后来田弘正在成德遇害，唐穆宗觉得王日简以前是镇州将领，对当地的形势比较了解，就特地召他来询问平叛对策。王日简抓住机会，一番胡侃，弄得唐穆宗也觉得平定王庭凑只是举手之劳，就将他调任德州刺史参与平叛。

王日简的运气也实在是好，当时的横海节度使乌重胤因为逗留不前惹怒了唐穆宗，被踢到了山南西道，横海节度使改由杜叔良担任；杜叔良又太过无能，博野一战被打得仅以身免，被唐穆宗免了职。唐穆宗想了想，干脆把王日简提拔上来担任节度使，并赐名李全略。原本在河北停战以后，唐穆宗考虑到忠武军节度使李光颜在河北地区孤军深入，就将沧州和景州划给了李光颜，并任命他为横海军节度使，以便能就地完成军队的补给，李全略则被任命为德棣节度使，只保留了德州和棣州。

老天爷也实在是偏爱李全略，因为李光颜手底下全是忠武军，他们看到河北已经停战，但自己还要留在沧州，都对此表示十分不满，于是开始在军中四处喧哗闹腾，表示一定要回许州。眼看忠武军闹了起来，李光颜惊怒之下竟然病倒了，无奈之下只好上奏唐穆宗，请求让自己率军回到许州，于是沧州、景州以及横海军节度使的位置又落到了李全略头上。

自从得到横海以后，李全略的野心也膨胀了起来。他当上节度使后不久，就请求让儿子李同捷担任沧州长史，负责统率横海亲军。父子掌握藩镇很可能会造成以后的世袭，唐穆宗自然看得出来，所以毫不犹豫就拒绝了李全略的请求。后来在李全略的再三请求之下，唐穆宗想起当年讨伐王庭凑时李全略的计策非常符合他心意，觉得这人不会有二心，于是同意了让李同捷担任沧州长史。

在这之后，李全略虽然表面上依然恭顺朝廷，实际上却在横海军中编练军队，收买将士，以图将来割据。当时横海军下辖的棣州刺史王稷家中非常有钱，李全略竟然为了钱将王稷全家都杀了。王稷当年舍不得钱犒赏前来救援的淄青士兵，差点让淄青闹出乱子，没想到最后还是因为钱财而死。不过不久后李全略也得到了报应，很快就病死了，他刚死，儿子李同捷就赶紧自封为横海留后。

李同捷和父亲一样，也是一个阴险狡诈之人。他之所以敢自立，一方面是看唐敬宗对藩镇的态度比较软弱，昭义比横海的战略位置更重要，刘从谏在父亲死后当上了节度使，旁边卢龙的朱延嗣、李载义直接杀掉了前任，也当上了节度使，他认为自己肯定也没问题。另一方面则是李同捷觉得自己有外援，他本就在成德军中担任过将领，和成德很多人都非常熟，想争取成德非常容易。加上和他家有姻亲关系的魏博节度使史宪诚，只要再拉上卢龙一起为自己说情，朝廷也不敢开罪河朔三镇。于是李同捷便贿赂周围的几个节镇，希望他们能帮自己向朝廷说话。

可惜，李同捷钱也花了，河北的几个节度使也都上书请情了，但唐敬宗却死活不肯给节度使旌节。原因很简单，横海的情况终究和昭义、卢龙不一样。刘从谏是搭上了当时的权宦王守澄的线，所以才能拿到节度使旌节。卢龙的朱克融本就对朝廷不敬，唐敬宗巴不得他早点死，自然很乐意任命新的节度使。横海从建镇以来就一直是朝廷的地盘，历任节度使也没有敢自立为留后的，李同捷却想效法河朔的惯例，唐敬宗实在接受不了，他虽然没有讨伐横海的能力，但终究要顾及朝廷的颜面，肯定不可能承认。

不承认李同捷留后位置的唐敬宗很快就死了，死在了自己"打夜狐"的爱好上。唐敬宗刚即位时发生过一起动乱，朝廷染坊工人张韶和术士苏玄明两个人带着一百多个工匠无赖直接杀入了宫城中，差点将在宫里踢球的唐敬宗砍死。张韶等人的人数终究太少，很快就被镇压了下去。唐敬宗虽然躲过了第一次，却怎么也没能躲过第二次。就在他打夜狐回来的时候，被太监刘克明和苏佐明等人抓住了机会，将他杀死了，时年十七岁。唐敬宗死后，因为儿子太小，王守澄、梁守谦等人就拥立了他弟弟李昂做皇帝，也就是唐文宗。

李同捷好不容易等到唐敬宗死了，新皇即位，他迫不及待地再次上书请求朝廷册封自己为节度使，为此更是不惜把两个弟弟都送去了长安。李同捷敢于此时上书，不过是觉得唐文宗刚刚即位，而且还是被太监拥立的，肯定不敢和自己开战。只可惜李同捷猜错了，唐文宗虽然年轻，但他一向以唐太宗为目标，这就注定了他不可能像父亲、兄长一样软弱，也不可能甘心白白送旌节给李同捷。

唐文宗考虑到自己刚刚即位，李同捷又这么有诚意，所以他没有直接拒绝封李同捷为节度使，只不过把节镇稍微改了下。他很快就下令让天平节度使乌重胤担任横海节度使，李同捷则改任兖海节度使。为了防止河南河北各藩镇与李同捷一起闹事，唐文宗又加封魏博节度使史宪诚为同平章事，加封卢龙节度使李载义、平卢节度使康志睦、成德节度使王庭凑为检校官。

乌重胤以前做过横海节度使，自然愿意重归故地，李同捷可就不愿意了。他一直以来都在横海经营，现在离开老巢只能任人宰割，于是他以横海军将士挽留为借口，上书婉拒了唐文宗的任命。

这样一来可把一个人乐坏了，那就是武宁节度使王智兴，他早就看横海不爽了，只是一直找不到借口出兵，现在机会就在眼前，他当然不会错过。王智兴立即上书请求唐文宗让自己亲率三万武宁军并自备五个月粮草，前去讨伐李同捷。对于送上门的打手，唐文宗当然不会拒绝，不过他也担心一个王智兴搞不定李同捷，又让乌重胤、康志睦、史宪诚、李载义、义成节度使李听和义武节度使柳公济一同出兵。

李同捷看到唐文宗发兵后傻眼了，他没想到朝廷会真的出兵。李同捷无奈之下只好让自己的儿子和侄子等人带着珍宝、歌妓等，去贿赂河北各藩镇，希望他们能和自己一起对抗朝廷。

最先给李同捷反馈的是卢龙节度使李载义，不过不是帮忙，而是把李同捷派去行贿的侄子绑了，连带着礼物一起，送去长安交给唐文宗发落。这也实在不怪李载义，怪只怪李同捷自己没调查清楚。李载义与李同捷几乎同时上位，但相比李同捷，李载义更加名不正言不顺。

李载义虽然是唐太宗儿子李承乾的后人，但家族早已没落，他只是幽州军中的一名普通将领而已。宝历二年（826年），幽州再次发生兵变，朱克融和儿子朱延龄被杀，朱克融的次子朱延嗣被拥立为节度使。不过朱延嗣也实在是不得人心，他经常虐待士卒，闹得幽州军中天怒人怨，李载义就趁机带人杀了朱延嗣，然后上奏唐敬宗报告兵变经过，随后李载义便被任命为卢龙节度使。李载义虽然有朝廷的正式任命，又是李唐宗室，但终究根基不稳，这时候哪肯跟着李同捷一起对抗朝廷。

相比起李载义，魏博节度使史宪诚就尴尬多了，他与李全略本就是姻亲，现在李同捷反抗朝廷，自己却偏偏是朝廷派出的讨伐军中的一员。史宪诚一番思量之后终于想出了个主意，他一面偷偷给李同捷运送粮食物资，一面派人去长安探听情况。

当时重获任用的裴度还不知道史宪诚暗地里干的那些事，直接在唐文宗面前做了担保表示史宪诚绝对不会跟着叛乱。另一位宰相韦处厚的看法就和裴度不大一样，他在中书省见到史宪诚的使者时，特意说了一句："裴度在天子面前以全家百口人的性命为史宪诚做了担保，认为他对朝廷忠心耿耿，我却不这么看。史宪诚对朝廷是不是忠诚，最后还是得看他的所作所为，在这方面朝廷自然有典章法度进行赏罚。"

使者很快就把消息带给了史宪诚，史宪诚听了之后，怕朝廷知道自己做的事之后会连自己一起讨伐，于是再也不敢给李同捷送粮食物资了。同时，史宪诚的儿子、魏博节度副使史唐也哭着劝他为了全家着想，一定要听从朝廷指令发兵讨伐李同捷，千万不要跟朝廷对着干。史宪诚无奈，他再也顾不得什么姻亲，立刻让史唐和魏博都知兵马使亓志绍率领二万五千人前去德州讨伐李同捷。

其他各路对于讨伐李同捷就更没有异议了：李听和柳公济本就是朝廷一手提拔起来的，当然不可能为了李同捷与朝廷对着干；康志睦的父亲康日知虽然出身于河朔，但已经离开河朔多年，对李同捷也没有什么好感。

最尴尬的是成德节度使王庭凑，以前河朔三镇叛乱时他是最后一个被朝廷赦免的，他认为朝廷瞧不上自己，而且之前请求朝廷赐给李同捷旌节又被拒绝，心里对朝廷已是万分不满。再加上王庭凑以前攻打深州时不肯退兵，又不顾朝廷命令杀死了牛元翼全家，朝廷对自己肯定也很不满。

果不其然，等朝廷讨伐李同捷的诏书下来后，更加印证了王庭凑的想法，不说河北的魏博、卢龙，就连更远处的武宁都出兵了，偏偏近在眼前的成德却被排除在外，这不是明摆着不信任自己吗？气愤之下，王庭凑准备真的跟李同捷干上一票，他一边出兵到成德、魏博交界的边境，阻拦魏博讨伐李同捷的军队，一边则派人去贿赂沙陀族，希望能拉拢沙陀人做自己的外援。沙陀首领朱邪执宜对此没什么兴趣，断然拒绝了他的礼物。

对于惹是生非的王庭凑，唐文宗本来想一起打的，但卫尉卿殷侑却不赞同，他认为："王庭凑现在虽然暗地里在支援李同捷兵器、粮草等物资，但他并没有直接跳出来造反，我觉得我们暂时不用管他，先集中兵力将李同捷干掉。到那时如果王庭凑还要闹事，我们再收拾他。"考虑到眼下不适合多线作战，唐文宗也就打消了出兵的念头，只让各路人马暗中防备王庭凑。

就在卢龙、魏博、成德等镇各自打着主意时，唐文宗正式任命的横海节度使乌重胤早就已经上路了，他率军深入横海境内以后，多次击败李同捷的军队。不过可惜的是，大概横海这地方真的和乌重胤犯冲，这时他突然得了急病，很快就在军中病死了。唐文宗无奈之下只得听从王智兴的建议，任命保义节度使李寰为横海节度使。

其后虽然王智兴攻下了棣州，但李寰这人实在是不争气，他从晋州率军出发后，一路上从不约束士兵，放任他们四处抢掠百姓。到前线后，李寰也不进军，只是不断向朝廷索要军饷。其他一同被调派出兵的几路人马情况和李寰差不多，他们进军迟缓却不断向朝廷索要粮饷，每次取得一点小的战功，就向朝廷虚报战功，以求取朝廷的赏赐。朝廷为供应前线各军的粮饷，江淮地区被严重消耗，前线却还是没什么进度。唐文宗见各军都这么拖延，直接拿刚上任的李寰做出气筒，把他踢去担任夏绥节度使，转而让夏绥节度使傅良弼担任横海节度使。

说起来李寰和傅良弼都是靠河北三镇之乱起家的，李寰原本是瀛州博野镇遏使，傅良弼在成德军中则与牛元翼齐名，当时正担任左神策行营乐寿镇兵马使。他们俩面对王庭凑和朱克融的进攻一直坚守不屈，到战争结束后都被唐穆宗任命为神策都知兵马使，后来才先后做了节度使。只可惜李寰在讨伐李同捷这一战中英明尽丧，傅良弼比李寰还惨，他还没到任，在半路上就病死了，唐文宗只好让左金吾大将军李祐担任横海节度使。

要论起资历来，李祐可比李寰和傅良弼二位资历深多了，经历也更为曲折。他本是淮西节度使吴元济的部下，勇猛过人，曾多次击破唐军。李愬到达淮西战场后，使计让史用诚将李祐生擒。李祐平日里杀伤的唐军太多，所以他被擒后唐军众将都要求要把他砍了，李愬却力排众议，坚持收服他为己用，甚至为了免除他的罪名特意向唐宪宗请了圣旨。李愬的推心置腹最终感动了李祐，让他从此死心塌地为朝廷效忠。

雪夜入蔡州那一战中，便是李祐率领精锐的六院兵马作为先锋，当先杀入蔡州城内，为最后的胜利奠定了基础。其后李祐又跟随李愬一起移镇武宁军，并率军多次击破淄青军，打得李师道不敢出战。李愬死后，李祐前往西部边境，为朝廷防备吐蕃、党项等族的进攻。唐文宗挑中这样一位军事经验丰富又非常有能力的将领，实在是挑对了人。

李祐到任后前线情况终于大改，横海军屡屡被击败，不少地方都被官军攻下。义武军节度使柳公济也率军攻占了李同捷设置在沧州西面的重要营垒，对沧州造成了直接威胁。此后柳公济又击败李同捷派出来企图夺回营垒的军队，逼得李同捷不敢将沧州的军队再往外派。王智兴很快也率军攻到了棣州。棣州是横海军在南面的重镇，防守自然非常严密，但王智兴有自己的一套办法。他先放火烧毁棣州的城门，然后引来黄河水灌入城中，逼得棣州刺史张叔连不得不主动投降。

眼看李同捷的局势越来越危险，王庭凑也坐不住了，他自己不敢明着出兵，就偷偷派人前去游说魏博都知兵马使亓志绍，希望他能与自己联手杀死史宪诚父子，并表示如果成功了就让他担任魏博节度使。亓志绍听后马上就动心了，立刻带着手下两万人马回军进攻魏州。

史宪诚哪想得到亓志绍会忽然叛乱，他手下的大军都派出去打李同捷了，魏博境内一时间凑不齐人马前去抵挡，竟然让亓志绍一路畅通无阻地进军到永济一带。无奈之下，史宪诚只得向唐文宗求援。

唐文宗见效忠自己的史宪诚遇到了麻烦，当然不会放任不理，赶紧下令让义成节度使李听率领沧州行营中的各路人马前去讨伐亓志绍，并派谏议大夫柏耆征召义成、河阳两镇军队一起前往。与此同时，史宪诚的儿子史唐听说亓志绍兵变后，也匆忙带着在外的魏博军队赶回来镇压叛乱。

亓志绍虽然发动了叛乱，但实在是太不经打了，在李昕和史唐的夹击下，他很快就被打得落花流水，只得率领残部五千多人投奔王庭凑，剩下的一万五千人全部向朝廷投降。亓志绍兵败后，李同捷就更抵挡不住了，朝廷各路大军一路所向披靡，王智兴派部将李君谋率军连夜偷渡黄河，一直攻到了无棣（今山东无棣县）附近，横海军驻扎在饶安（治今河北盐山县西南千童镇）的五千多人被迫投降。不久后李祐也率军赶到，连续攻下了无棣、平原（今山东平原县）两县，兵锋直指德州，北面的李载义也在长芦附近击破横海军队，率领大军包围了沧州。

李同捷终于撑不住了，先是德州被李祐攻了下来，接着沧州外城也被李载义夺了去，最后连王智兴也率领武宁军赶到了沧州城下。横海军原本只有沧州、景州、德州、棣州四个州的地盘，眼下德州、棣州已经丢了，除了成德军守卫的景州外，李同捷就剩下了一座沧州。

王庭凑自然也看到了李同捷的困难之处，他并非不想救，但实在是无能为力。柳公济在攻到沧州西面后就退了军，转而攻入成德，在新乐（今河北省新乐市）一战中大破成德军，斩杀人数多达三千。进攻成德的还不止柳公济这一路人马，隔壁的昭义军也在节度使刘从谏的率领下杀入了成德境内，一连拿下了好几座城池。这种情况下王庭凑忙着防御还来不及，哪有工夫去支援李同捷，所以他此前才会游说亓志绍反叛攻打魏州，自己却不出一兵一卒。王庭凑甚至还异想天开地写了一封信给李载义，想拉他入伙。李载义也不蠢，现在这种局势怎么可能自己跳进火坑，对于王庭凑的请求，他毫不理会。

外援断绝的情况下，李同捷也知道自己没机会了，赶紧派人去向李祐请降。李祐接到消息后大喜过望，他一面让部将万洪率军进入沧州代替自己受降，一面派人把李同捷的降表送去长安。

原本到这里一切都结束了，李祐拿到了功劳，李同捷也能免于一死，偏偏唐文宗此前派来对付亓志绍的柏耆又生事了。

柏耆这个人好大喜功，当年为了求官可以不远万里前往蔡州，这次抢功的机会他当然不会错过。柏耆本是奉诏前来沧州行营抚慰各路唐军的，结果却拿着鸡毛当令箭，整天对唐军众将呼来喝去，惹得众将都非常讨厌他。李同捷投降后，柏耆怀疑他是故意诈降。李同捷是不是诈降不重要，能抢到功劳对柏耆来说才是头等大事，于是他便带着几百个骑兵闯进了沧州城。

到沧州后不久，柏耆就以万洪收了李同捷的贿赂并且还准备和李同捷一起造反为借口，一刀将万洪砍了，然后带着李同捷及其家属一同前往长安。柏耆想抢功劳但胆子又小，他走到将陵县（治今山东陵县北三十二里赵宅乡）时，接到王庭凑准备派人来抢夺李同捷的消息。柏耆心里害怕，干脆将李同捷一刀杀了，然后将首级送去长安，横海就此平定。

唐文宗派出了几路人马攻打横海，财力人力都耗费不少，可花了差不多三年时间，仅仅打得李同捷开城投降，这个战绩实在是拿不出手。对于大张旗鼓接受魏博、横海叛军的王庭凑，唐文宗也只能假装看不见，表面上说是等王庭凑自己悔改，实际上却是财力人力都无法支撑打另一个藩镇了。

更尴尬的是，因为柏耆的捣乱，唐军各路将领非常不满。柏耆杀死万洪抢夺功劳时，李祐气怒之下病倒了，原本就讨厌柏耆的唐军众将再也忍不住了，争相上奏柏耆此前进去沧州城抢功的事情。唐文宗虽然第一时间把柏耆贬为循州司户，但终究没能救回李祐，他不久后就病死了。李祐死后，柏耆也没能逃过一死，唐文宗很快就下诏让他自杀，给李祐陪葬。

李同捷一死，剩下的王庭凑就更碍眼了，唐文宗打也不是，不打也不是。最后还是王庭凑自己比较识相，他知道光靠自己肯定打不过朝廷，就杀了亓志绍，然后托河朔诸镇替他向唐文宗求情，并表示愿意把手里的景州交出来。王庭凑的服软给了唐文宗台阶下，他赶紧下诏赦免王庭凑及成德众将士的罪名，讨伐横海之战到此结束。

经过这次战争后，横海军境内遭受了前所未有的重创，仅仅它的治所沧州一带就是遍地尸骸。城里城外都少有人烟，大量人口要么死于战乱，要么逃往他乡，剩下的竟然只有原来的十分之三四。在平定李同捷后，唐文宗便将殷侑任命为新的节度使。殷侑到任后与士卒同甘共苦，并招抚百姓，劝课农桑，横海渐渐稳定了下来，逃亡在外的百姓们也渐渐回来了。在殷侑的治理下，短短三年之后横海军就更甚从前。

魏博再变——平叛功臣不得善终

太和三年（829年），正当唐文宗君臣还沉浸在李同捷被杀的喜悦中时，河朔地区传来了一个惊天噩耗——史宪诚被杀了，就连对史宪诚没有什么好感的唐文宗对此也感到颇为讶异。

史宪诚是奚族人，后来祖上迁移到了灵武才开始辗转进入中原，在史宪诚之前，他家连续三代人都在魏博军中担任将领。因为父亲的关系，史宪诚年少时就加入了魏博军，以勇猛著称。后来因为田布的推荐，史宪诚逐渐被田弘正重用，并在唐军讨伐李师道的战斗中立下了不少战功，从此以后便声名鹊起。

虽然田布对史宪诚有知遇之恩，但史宪诚却从来没有报恩的想法。田布讨伐朱克融、王庭凑进退失据时，就是史宪诚煽动魏博将士反对田布，最终逼得田布不得不自杀。随后史宪诚被魏博将士拥立为留后，重新按照河朔惯例与成德、卢龙联手对抗朝廷。因为唐穆宗当时需要对付王庭凑和朱克融，所以逼死田布的史宪诚非但没有受到任何处罚，反而很顺利地拿到了节度使的旌节。史宪诚虽然得到了朝廷的正式任命，但他非常不安分，经常跟朝廷对着干。

长庆二年（822年）七月，汴州发生了一件大事——宣武军节度使李愿被部下驱逐了。李愿的父亲是中唐名将李晟，哥哥是元和时代名将李愬，他本人也非常有才能，担任武宁军节度使时曾多次击败李师道。就在唐军讨伐李师道的前夕，李愿忽然得了病，唐宪宗便让李愬代替他担任武宁军节度使。没想到，这一场病竟然彻底改变了李愿。李愿病愈后不久就被唐宪宗任命为凤翔节度使，但从此以后他就好像丧失了斗志，每天只注重声色犬马，精力再也没有用到治理节镇上。李愿的这些喜好在凤翔节度使任上还没有出现问题，结果到宣武军节度使任上便出事了。

原本张弘靖在担任宣武军节度使时，对士兵非常宽容，而且给予的赏赐非常丰厚，因此很受宣武军众将士的拥护。李愿到任时，府库本来就有些不足了，而他又是个注重享乐的人，给宣武将士的赏赐自然就少了。再加上李愿又不怎么理事，弄得宣武军将士都对他非常不满。

当时李愿还带了妻弟窦缓一起去汴州，还让他统率自己的亲兵。没想窦缓这个人不仅没什么才能，还动不动就喜欢殴打士兵，一时间闹得群情激愤。宣武将领李臣则、薛志忠、秦邻三人趁着晚上宿卫的机会带人杀入窦缓营中，斩杀了窦缓。李愿听说发生兵变以后仓皇逃跑，甚至连妻子都来不及带。随后宣武叛军在汴州城里大肆抢掠了两天，推举宣武将领李絺为留后，并上奏朝廷请求唐穆宗赐给旌节。

宣武军与魏博军相隔十万八千里，原本与史宪诚一点关系都没有，但李絺为了拿到旌节，写信给魏博、成德、卢龙三镇的老前辈，希望他们能够拉自己一把，出面为自己向朝廷请求旌节。王庭凑和朱克融对此毫不理会，根本没当一回事，只有史宪诚答应了下来，他不但亲自上奏请求唐穆宗赐给旌节，还在黎阳部署军队船只，表示自己准备渡河支援李絺。

看到史宪诚都开始武力威胁了，唐穆宗怒火中烧，毫不犹豫地拒绝了史宪诚的请求。不过唐穆宗虽然对史宪诚不满，但也不能派兵去收拾他，所以只派了司门郎中韦文恪前往魏州抚慰，希望史宪诚能见好就收。史宪诚一看朝廷没有派兵，只派了一个使者来，也知道唐穆宗奈何不了自己，于是更加猖獗了。他见到韦文恪时，不光举止傲慢，而且言语间对朝廷也非常不恭敬，丝毫没把唐穆宗放在眼里。

可惜史宪诚没想到的是，李絺竟然那么不经打，只闹腾了一个多月就被人砍了。这下史宪诚傻眼了，他开始害怕朝廷会攻打自己，于是上书请求唐穆宗允许自己改过自新。随后还跑到韦文恪面前说：“我史宪诚是胡人，不懂朝廷的礼节，所以言语上有所冒犯，但我像狗一样忠诚，只认自己的主人，哪怕主人拿着棍棒打我，我也不敢背叛。”唐穆宗自然不可能相信这一番鬼话，但实在是无力讨伐史宪诚，最后只好不了了之。

到李同捷自立为留后时，史宪诚学乖了，因为和李全略有姻亲关系，他虽然一直支持李同捷，但表面上也不再和朝廷撕破脸。早在李同捷刚担任留后时，为了试探朝廷对于李同捷的态度，史宪诚便给朝廷报告假消息，说李同捷被横海军将士驱逐了，眼下已经逃到了魏博，他希望能够入朝。唐敬宗那时候大概忙着每天打夜狐，对史宪诚的假消息根本不予理会。史宪诚见试探无果，只好再次上奏说李同捷已经被横海军将士接回沧州了。

虽然唐敬宗没有理会史宪诚，但他鬼话连篇却让很多朝臣看在了眼里，所以后来韦处厚才会严斥史宪诚派去的使者。自从在长安碰了一鼻子灰后，史宪诚因为不看好李同捷，也不敢再骑墙了，他甚至派出儿子史唐和部将亓志绍前往攻打德州，在此期间还遭到了亓志绍的背叛。如果不是李听救援及时的话，史宪诚恐怕那时就已经死在亓志绍手里了。

李同捷被平定以后，史宪诚想到自己一直以来的所作所为，终于感到害怕了，他怕自己将来也像李全略、李同捷父子一样家破人亡，一时间慌得不知道该怎么办。最后史唐想出了办法，他劝父亲就此入朝，以避免将来发生惨剧。史宪诚听后也觉得只有这个办法可行，于是趁着去长安请功的机会，派史唐入朝觐见，并请求将魏博六镇之地献给朝廷。对于送上门来的土地，唐文宗当然没有拒绝的道理，他立刻封史宪诚为侍中和河中节度使，并让他赶快搬家。

原本史宪诚安安分分走人的话可能什么事都没有，但他害怕自己带着全族人入朝，可能会被魏博军强行留下，到那时候想走也走不掉。史宪诚左思右想还是没有想出一个妥善的解决办法，只好去找弟弟史宪忠帮忙。

史宪忠还真给他出了一个主意，那就是上奏朝廷，先将相州、卫州分出来另外设置一个新的节镇，到那时魏博军队分成了两镇，实力自然就弱了，他们想对抗朝廷也就难了，自然也不敢阻拦带着诏命去河中上任的史宪诚。史宪诚听了这个主意之后大喜过望，立刻上奏唐文宗请求下旨分割魏博。

拆分掉实力强横又对朝廷桀骜不驯的魏博，对朝廷自然是件好事，唐文宗立刻答应了下来，他下旨让义成军节度使李听兼任魏博节度使，不过下辖只有魏州、博州、贝州三州，另外的相州、卫州、澶州则分出来另设一个新的节镇，节度使由史孝章担任。史孝章其实就是史宪诚的儿子史唐，他在入朝后就上奏请求改名为史孝章，唐文宗任命他为节度使自然也是为了安抚史宪诚。

拆分完魏博之后，似乎一切都解决了，史宪诚可以安心上路，唐文宗也不用再担心受魏博威胁，可惜这个拆分计划完全就是一个馊主意。八十多年后的后梁乾化五年（915年），梁末帝朱友贞趁着魏博节度使杨师厚死去的机会，想削弱强大的魏博，也来了个拆分魏博的计划，这个拆分计划与史宪诚这套一模一样，连拆分的州都一样，结果惨不忍睹。虽然那时候纵横河朔一百多年的魏博牙兵早已灰飞烟灭，但在新组建的银枪效节军的反击下，连后梁名将王彦章等人都被打得大败而逃，最终魏博倒向了河东的李存勖，也就此拉开了后梁灭亡的序幕。这时候的魏博虽然还没有后世割据那么长时间，但也是不能轻易分割的，这还得从魏博的军事制度说起。

魏博的军队可以说是由第一代魏博节度使田承嗣一手创建的，从一开始就和成德、卢龙有最本质的区别。成德的李宝臣和卢龙的李怀仙在投奔朝廷时，原有的军队基本没有遭受损伤，所以担任节度使后也是原先的军队和地盘，并不需要做任何改变。

田承嗣不一样，他本就是从河南的睢阳率军追上史朝义的，中间与史朝义连续两次反击都被仆固瑒打败，之后又困守了莫州一段时间才投降，此时他手中的兵早已不是最初带出来的睢阳军队了，而是史朝义手下各支人马的残余部分组成的。再加上史朝义突围时还带走了五千精兵，剩下的自然都是没多少战斗力的杂牌军。归降朝廷之后，田承嗣在相对比较熟悉的莫州还没当几天的刺史，莫州就被划给了卢龙，而田承嗣则被迁到南面的魏州、博州等地担任防御使。魏博地区本就是安史之乱中后期唐军与燕军交战的主要战场，当地的生产力遭到了严重破坏。在这种形势下，田承嗣为了编练出一支强大的军队，便招募当地的青壮年入伍，组成了一支新的军队。正是靠着强大的魏博军队，田承嗣才得以在后来吞并相州、卫州等地，获得相卫军的精兵良马，魏博也从河朔四镇中最弱一跃变为最强。随着魏博军队的发展越来越快，原本属于魏博精锐的牙兵也越来越强大。

所谓"牙兵"，又被称为衙兵，说白了也就是亲兵或者卫兵，这在我国自古有之。唐代的节度使因为持有旌节，按照建节的说法，节度使居住的内城叫牙城，所立的帅旗就叫牙旗，因此他手下的亲卫将领叫牙将，亲兵就叫牙兵。牙兵是唐代节镇的一种固有兵种，所有的节镇都有牙将、牙兵，有点类似于唐中央的神策军这种禁军。牙兵在各个藩镇都是最核心的军队，他们负责守卫牙城内外和各州县的险要之地，并非魏博独有的兵种。魏博牙兵之所以特别，主要在于其人数特别多，与众不同的特点也最为突出。

魏博牙兵最初就是田承嗣在魏博军中挑选的精锐部队，而且人数超过了一万，这已经比其他节镇的牙兵数量多出许多了。对于这样的一支军队，田承嗣自然特别重视，给出的待遇也异常丰厚，结果就造成了牙兵的两个突出特点：一是因为牙兵待遇比其他部队好，于是开始变得骄横；另一个特点则是牙兵逐渐也变成了世袭制，父死子继、兄终弟及，再加上牙兵之间互相联姻，使得军队内部关系盘根错节，很多士兵彼此之间都有姻亲关系。魏博能从河朔四强最弱的一镇逐渐变为拥有河朔最强的军队，与牙兵的强大有很大的关系。然而牙兵越来越强大，随之而来的问题则是牙兵越来越骄横不法，经常会干一些违背法令的事情，就连节度使本人都不敢管，所以才有了"长安天子，魏府牙军"的说法，魏博牙兵的凶悍程度可见一斑。

早在田氏当政时期，魏博牙兵就已经参与到了节度使的争斗中，无论是田绪杀田悦，还是田弘正驱逐田怀谏，里面都能找到魏博牙兵的身影。不过田氏时期的魏博牙兵虽然已经进化成了一头可怕的野兽，但始终被田氏牢牢控制在手里，依然只是作为田氏的私兵存在，并不敢有太过分的举动。这主要有两方面的原因：一是由于田氏主政时期，很多重要的岗位如刺史、兵马使等职位都掌握在田氏子弟手里，如果牙兵想拥立外姓将领担任节度使，那首先就得跟田氏的刺史、兵马使先打上一架，不论胜负都逃不过被朝廷收编的命运，这显然有损牙兵的利益；另一个原因则是田氏在魏博多年，在当地早已积累了很高的声望，而魏博牙兵是田氏一手创立的，他们大都是魏博六州子弟，深受田氏恩德，所以即使与田氏节度使有利益冲突时，牙兵始终也是有所克制的。比较明显的就是魏博牙兵杀死蒋士则后，并没有杀死田怀谏。

到了田弘正时期，为了防止田氏被朝廷猜疑，更为了替以后入朝做铺垫，田弘正从一开始就把自己的兄弟子侄派到朝廷去任职。等到比较有能力的田融、田布相继离开后，魏博内部已经没有田氏子弟担任要职了。田弘正自己在魏博时，还能够靠长期以来的声望镇住魏博，但他一死，魏博就开始控制不住了。其后因为一些利益上的冲突，魏博军队甚至背弃了田布，而田布对此却毫无办法，只得在田弘正灵位前自杀。

就算到了这时，田氏对于魏博的影响力依然存在，哪怕是田布从南宫前线逃回魏州之后，魏博的将领们也没有放弃田布。他们根本没有将靠搞阴谋手段取得大部分军队控制权的史宪诚放在眼里，表示只要田布愿意重新按河朔老规矩办事，与成德、卢龙联合，他们依然愿意跟随田布，只不过最后田布因为不能为朝廷尽忠而自杀了。

史宪诚上位之后，一切都变了。虽然看似是他玩手段控制了魏博军队，但实际上还不如说是魏博牙兵选择了他做代理人。史宪诚一直等到田布死后才当上留后，他靠着宣布魏博以后都按河朔的老规矩办事才得到了魏博军队的拥护。也正是从史宪诚开始，魏博牙兵真正开始起主导作用，它仿佛一头失去了主人的野兽，随时都会择人而噬，它自身也没有什么忠义可言，在乎的只有利益。史宪诚这样的节度使不过是因为他能为魏博牙兵带来利益才会被推举出来。一旦这个节度使损害了它的利益，它就会选择重新换一个新的节度使。

再看史宪诚拆分魏博的计划，拆分州县出去的同时意味着魏博军队也会被拆分。但魏博牙兵一直都是父死子继，内部关系盘根错节，要拆分这样一支军队显然不现实，而且魏博士兵也不愿意和亲人分到两个不同的节镇。从田承嗣割据魏博开始，虽然早期也有被人夺去州县的经历，但那是建镇早期。到史宪诚时代，魏博六镇已经稳定了差不多半个世纪，无论是魏博军队还是百姓，都不可能愿意接受这种拆分，这也是唐文宗和梁末帝两次拆分失败的主要原因之一。

拆分魏博的消息传出后，原本魏博士兵就对史宪诚非常不满了，偏偏史宪诚自己又干出了出格的事。如果史宪诚只是去上任还好说，可他竟然把魏博府库里的钱财全部拿出来替自己打点行装。这下魏博士兵就更生气了：你史宪诚要走自己走就是了，把魏博府库的东西一起打包带走算什么意思？更不幸的是，来接替史宪诚的李听也闹出了事。本来按照史宪诚的计划，为防止魏博军队哗变，所以特意告诉唐文宗让李听带着义成军前往魏州上任，以震慑魏博将士。

为了不让魏博将士起疑，史宪诚与唐文宗一起撒了个谎，假称李听是要率领义成军借道清河（今河北清河县）北上攻打亓志绍。等李听走到清河时，因为魏博将士已经听说了拆分魏博的消息，他们都非常惊慌，害怕李听是来对付他们的。史宪诚看到这种情况后赶紧站出来解释："义成军只是借道清河前去攻打亓志绍的，我们魏博又没有什么对不起朝廷的地方，有什么好怕的？"听到史宪诚这么说，魏博将士也就渐渐安定了下来。

因为清河是重镇，所以魏博此前就一直有在这里驻扎军队的习惯，等李听到达时，魏博军队因为害怕，于是全副武装，对义成军多有防备。如果李听此时以迅雷不及掩耳之势进军魏博，还是有机会拉史宪诚一把的，毕竟魏博军队根本还没有做好武力对抗的准备，只是习惯性地加强戒备而已。偏偏李听还以为魏博军要对付自己，于是直接驻扎到馆陶（今河北馆陶县）不前进了。

这下李听借道北上平叛的谎言彻底被揭穿了，魏博将士都知道义成军是来对付自己的，他们惊慌之下便开始组织起来，准备以武力对抗朝廷。这时候有人想起史宪诚之前替李听掩盖的事，在军中大声呼喊："史宪诚出卖了我们，他想用我们的人头向朝廷邀功请赏。"气愤的魏博士兵们马上鼓噪起来，他们连夜冲进节度使府，将没有防备的史宪诚斩杀了，一起被砍的还有监军史良佐。

史宪诚的死说到底还是因为触犯了魏博牙兵的根本利益。在他死后，魏博牙兵拥立了一个新的留后，这个人就是何进滔。跟史宪诚比起来，何进滔的根基更薄弱。何进滔本是灵武人，少年时迁居到魏州投入了田弘正麾下，后来在田弘正讨伐王承宗时，曾一度率军夜袭到镇州城下。王承宗得到消息后派了一个猛将率领一千多精锐骑兵杀出城外，反攻到魏博军营，关键时刻是何进滔率领部下将成德军击退。此战以后，何进滔在魏博也算是有了些名气。

史宪诚死后，军中有传言说："如果能让何公做主帅，那我军自然会安定。"魏博众将士便顺势推举何进滔做了留后。何进滔当然不愿意贸然去做留后，他先试探了一下魏博将士："你们既然想让我做节度使，那就必须要听从我的命令，不然我宁死也不愿意接受。"魏博众将士听后纷纷表示愿意听从命令，何进滔这才接任留后。随后何进滔把带头杀死史宪诚和史良佐的九十多个人全部杀死，并将这些人的人头送到长安，表示魏博犯罪的人已经被杀了，希望唐文宗能就此将他转正为魏博节度使。其实对于魏博牙兵来说，何进滔不过是新换的一个代理人而已，这个代理人首先要做的就是维护魏博的利益。因此对于何进滔来说，他要做的第一件事就是对付李听的义成军。

在馆陶逗留几天之后，李听终于再次率军向魏州进发了，可惜已经太晚了。史宪诚早已被杀，魏博连新留后何进滔都选了出来，李听对这一切还一无所知。等他率军到达魏州城下后，就等着史宪诚率军出迎。结果自然可想而知，迎接他的人没等到，倒是等来了何进滔率领的魏博军队的突袭。李听被打了个措手不及，只得狼狈向南逃亡，等跑到馆陶县时军队已经损失了一大半，辎重兵器丢得一干二净。幸好，昭义军节度使刘从谏听说魏博发生变故，及时派了军队前来接应，李听这才得以顺利逃回义成军的治所滑州。

唐文宗接到史宪诚被杀的消息后也很无奈，此时的朝廷实力已经不足以讨伐藩镇了，他只好任命何进滔为魏博节度使，又把此前分割的相、卫、澶三州全部还给魏博，这一场魏博兵变才算了结。

七世之乱——卢龙牙将的乱局

长庆二年（822年），河朔的魏博、卢龙、成德三镇新一代的节度使相继得到了朝廷赐给的旌节，但三镇却从此走上了不同的道路。此后的十多年里，成德最为稳定，王庭凑父子一直占据着成德节度使的位置；魏博虽有变乱，但也只是从史氏换成了何氏；卢龙最为混乱，没有人在节度使的位置上坐稳过，仿佛陷入了一场无休止的噩梦中。

作为卢龙这场噩梦的开创者，朱克融本就不老实。他因为长久以来骄横惯了，当年又在长安受过崔植、杜元颖等人的气，所以就算是坐上了节度使的位置，他依然对朝廷非常不满，时不时地会找朝廷的麻烦。王庭凑、史宪诚虽然对朝廷也没什么好感，但顶多也就是阳奉阴违，在背后搞点小动作，朱克融不一样，他是直接跳到明面上搞事情。

早在朝廷刚与河北罢兵议和的时候，朱克融就派人给唐穆宗送了一封奏疏，表示希望向朝廷进献一万匹马、十万只羊，以替自己之前的行为赎罪。唐穆宗接到奏疏后，却一点儿也不高兴，甚至非常气愤，因为朱克融这一万匹马、十万只羊不是白献，他希望朝廷能先出钱把这些马和羊买了，然后他再把马和羊献给朝廷，至于这些钱就权当对卢龙将士的犒赏。唐穆宗觉得简直不可思议，给朝廷进献东西还要朝廷出钱买，这分明就是做生意。对于这种敲竹杠的行为，唐穆宗虽然愤怒，但也无可奈何，又不能直接出兵讨伐他，最后还是出钱把这些马和羊买了回来。

唐敬宗即位后，朝廷派遣宦官杨文端出使河朔地区，赐给各军镇新一年的春季军装。这原本只是一项新君登基的例行赏赐，其他各镇都没有什么反应，朱克融又趁机闹事，原因是他认为朝廷这次赐给的春季军装质量不好，肯定是故意偷工减料，于是把杨文端扣押了，然后上奏朝廷："卢龙军今年人数多了，朝廷赐给卢龙将士的春服不够，希望能赐给卢龙三十万匹布帛，我自己给将士们做衣服，如果不给的话只怕卢龙三军将士会作乱生事。"

这明摆着是找朝廷打秋风，卢龙军队再多又能有多少人，还需要三十万匹布帛做衣服？更何况朝廷之前已经按卢龙军的登记人数发过春节军装了。再加上朱克融扣押了朝廷使者再来索取，摆明了就是勒索，所以接到奏疏后唐敬宗非常想拒绝这种无理的要求，但又怕朱克融趁机作乱，一时间有些犹豫不决。

就在唐敬宗还在考虑如何答复时，朱克融又给朝廷送了一封奏疏："我听说陛下一直想去东都洛阳游玩，但因为洛阳宫室残破，一直以来没能出行。我打算率领卢龙的兵马和五千工匠前往洛阳休整宫室，以等待陛下的到来。"

这下连一贯沉湎于打夜狐的敬宗皇帝都愤怒了，哪有节度使带着兵马跑去洛阳的道理，这不明摆着是威胁吗？唐敬宗想讨伐朱克融又没有这个本事，只好召集群臣前来商议，他首先说出了自己的想法："你们觉得此前朱克融上奏的事应该怎么回复？我的想法是派一个朝廷重臣前往幽州抚慰，另外再顺便把杨文端带回来，你们觉得这样可行吗？"

老臣裴度胸有成竹，觉得根本不需要担心朱克融，他认为："朱克融的祖辈就反叛过朝廷，朝廷好心好意封他做了节度使，他现在却又这么无缘无故闹事，这种人只怕早晚都要自取灭亡，陛下根本不需要担心他。这就好像一只老虎，整天在山林里自己跳跃吼叫又不敢出来，我们只要不把它当回事，它自然是无所作为。朱克融现在就跟这只老虎差不多，他只敢在自己幽州老巢叫嚣，根本没有出来的胆量。对于这种人，我们既不需要派遣大臣前往抚慰，也不需要去索要使者，等他自己灭亡就行了。"

裴度的一番话，总算让唐敬宗放下了心中的大石头，但他总归还是得回复朱克融，裴度便又给出了主意："对于第一道奏疏，可以回复说陛下听说使者到幽州之后，行为举止有所不当，等使者回来后，陛下自会对这件事做出处置。至于听说朝廷赐给的春服质量有问题，这大概是有关部门在制作时没有进行严格管控，陛下也想知道实际情况到底是什么样，现在已经派人专门去查这个事了。朱克融所谓的要率领五千工匠和卢龙兵马前往洛阳只不过是在吹牛而已，用意就是威胁朝廷。我敢断言，他根本不敢从幽州出来。要狠挫他的锐气也很简单，可以直接下一道诏书说他的军队就不用来了，不过工匠可以快点派来，陛下已经下令让魏博等镇也全部像他一样表示忠心，派工匠到洛阳去休整宫室。朱克融接到诏书后必定会惊慌失措，因为这样的话，无故被摊派任务的魏博和成德必然会痛恨卢龙，到那时他肯定不敢再提这个事了。"

唐敬宗虽然相信裴度的判断，但他还是担心裴度的主意太过猛烈，没准朱克融会狗急跳墙，一时间还是拿不定主意。裴度明白皇帝在担心什么，便又建议道："如果陛下还想对朱克融的跋扈无礼表示宽容，也可以说东都洛阳需要修整宫殿的事情，朝廷已经专门安排相关的部门去办了，不用劳烦幽州工匠大老远地跑这一趟。至于大军春服，原本就应该由各镇自己解决。朝廷有时候会赏赐军服，也只是因为有了战事需要将士出征，才会格外施恩。如果是平常时节，根本没有赏赐军服的惯例，这一次不过是陛下刚即位，想与将士同庆而已，并不是朝廷今年需要赏赐春季的军服。他说的三十万匹布帛，朝廷不是舍不得，只不过没有这样的惯例，不可能单独给卢龙，不然其他军镇也会不满，希望他能够明白这件事。陛下只要下达这样一封诏书，必定可以搞定朱克融，根本不需要担心。"

唐敬宗很快就按照裴度的主意下达了诏书，非但没有怪罪朱克融，反而封他为吴兴郡王。果然像裴度说的那样，朱克融得了好处，也不再继续闹事了。其后也如裴度所料，朱克融很快就完蛋了。大概是在唐敬宗手里得了好处，朱克融此后越发骄横，动不动就打骂幽州将士，搞得卢龙军中天怒人怨。这一切都落在了朱克融的次子朱延嗣眼里，他开始在军中大肆煽动士兵们对朱克融的不满情绪。同年五月，愤怒的幽州将士终于爆发了，他们在朱延嗣的率领下直接杀入节度使府，将朱克融和朱延龄一举斩杀。随后朱延嗣便顺势坐上了留后的位置，然后派遣使者向朝廷请求赐给旌节。

遗憾的是，朱延嗣还没有得到朝廷的回复，自己就先完蛋了。他本来就是靠煽动士兵杀死父亲才顺势上任的，自己也没什么本事，倒是把朱家的暴虐学了个十足。自从朱延嗣担任留后以后，对待卢龙将士和幽州的百姓非常残暴，动不动就随意杀人，闹得幽州军民怨声载道，很多以前参加过兵变的士兵甚至开始后悔杀死朱克融了。在这种情况下，一个幽州将领抓住机会站了出来，这个幽州将领就是李载义。

李载义，字方谷，要论起来，他和唐敬宗一样，都是唐太宗李世民的后代。他的先祖名叫李承乾，是唐太宗的长子，曾经还当过很长一段时间的太子，但因为与名将侯君集、汉王李元昌等人谋反，结果被废去了太子之位，贬为庶民并流放到黔州（治今重庆市彭水县郁山镇）。经历了这番变故，李承乾很快就郁郁而终，一直到唐玄宗时期因为孙子李适之才被追封为恒山愍王。李载义很小的时候，父亲就去世了，作为李承乾的后人，虽然也是宗室子弟，但早已经没落，只得长期混迹于边塞。正因为如此，李载义父祖都以勇猛过人著称，一直在卢龙军中担任将领。

李载义为人非常豁达，喜欢与同乡的豪杰一起游玩，练就了一身本事，不但能力挽强弓，还非常善于与人搏斗。当时的幽州节度使是刘济，他也听说了李载义的才干，便将他招入军中。此后，李载义跟随历任节度使征战，立下了很多战功，到朱延嗣时已经官至都知兵马使了。见朱延嗣残暴不仁，李载义便有了取而代之的想法。他此时还有一个优势，那就是他弟弟李载宁正担任牙内兵马使，掌控着节度使的亲兵。在李载义兄弟的谋划下，朱延嗣连同朱家三百多口人没有丝毫防备就被杀死了，卢龙朱氏至此从幽州被连根拔起。

解决掉朱延嗣之后，李载义暂时代理了留后的工作，并将朱延嗣的罪行整理成册，然后派人上交给朝廷，意思自然是自己现在迫于无奈才杀了朱延嗣，希望唐敬宗能够让自己转正。唐敬宗对朱家父子不满已久，此刻见李载义砍了朱延嗣，高兴还来不及呢，哪会怪罪什么。再加上李载义又是本家宗室，所以他很爽快就将李载义封为卢龙节度使、武威郡王。李载义没想到这么容易就转正了，大喜过望，从此对朝廷死心塌地。

当初幽州兵变时，张弘靖被囚禁，其手下的幕僚也几乎被斩杀殆尽。朱克融担任节度使以后，虽然将张弘靖放走了，但那些死去的幕僚的妻儿却依然被扣押在幽州，几年来一直不肯将这些人放回去。李载义担任节度使后，他做的第一件事就是派人将死去幕僚的妻儿全部护送到长安，连一个小小的仆人小厮都没有落下。横海节度使李同捷叛乱时，李载义又第一个拒绝了李同捷的贿赂，为河朔诸镇做出了表率。其后李载义更是亲自率领卢龙军讨伐横海，并首先攻破沧州外城，逼得李同捷不得不投降。

遗憾的是，这么一位忠于朝廷又立下过大功的节度使，也没能在卢龙节度使的位置上坐太久。太和五年（831年），为了表彰李载义此前的功劳，唐文宗特意派遣使者前往幽州赐给德政碑的碑文。李载义为了欢迎使者，不但大摆宴席，还准备邀请使者到球场上与卢龙将士一起参加一场马球比赛。没想到的是，在球场上却出问题了。比赛开始后没多久，四周围观的军队便忽然鼓噪起来，似乎想做些什么。李载义自己就是兵变发家的，哪还看不出来这些人想干什么，他趁着还有马，赶紧和儿子李正元一起逃到易州避难。

正如李载义所想，还真是有人搞事了，搞事的人就是李载义的后院副兵马使杨志诚。所谓"后院兵"其实也是牙兵的一种，因为负责节度使府的安全，于是被称为后院兵，在中晚唐时期的藩镇中属于常规配置。杨志诚能当上后院副兵马使，足见李载义对他也是信任有加。可惜杨志诚并不甘心只做一个小小的将领，而是想跟李载义一样爬上节度使的位置，只不过此前一直没有找到机会，这一次的马球比赛正好给了杨志诚机会。因为马球场正好建在节度使府的后院，属于后院兵的负责范围，所以当天球场上主要是后院兵负责防务。杨志诚知道李载义在场上脱不开身，便和他的党羽一起四下鼓噪，煽动士兵哗变。

幽州兵变的消息很快就传到了长安，唐文宗接到消息后大吃一惊，赶紧召集朝臣商量对策。

第一个到达的是宰相牛僧孺，唐文宗迫不及待地询问："幽州这次兵变应该怎么解决？"

牛僧孺不慌不忙："此事不必忧心，我被陛下召见一路急跑过来的，先让我喘下气再说。"

唐文宗耐着性子等了一阵后，忍不住问出了心中的疑惑："你觉得幽州兵变不足以让人担忧，这到底什么意思？"

牛僧孺方才回答："难道陛下以为幽州的得失与国家有什么重大关系吗？自安史之乱以后，幽州就不属于朝廷了，只不过之前因为刘总想出家，所以才将幽州的土地献给朝廷，但这对国家也没有什么好处。朝廷为了安抚幽州用了八十万缗钱，却从来没有得到幽州一匹布一斗粟的上贡。所以现在杨志诚做节度使跟以前李载义做节度使差不多，对朝廷来说没有任何区别。国家一直以来依赖幽州的，不过是幽州刚好可以对北面的突厥、契丹、奚等少数民族起到防备作用，不让这些外族南下而已。此次幽州兵变，我觉得不用计较太多，不如趁此机会赐给杨志诚旌节，他必然会对朝廷感恩戴德，并且继续为朝廷守卫北部疆域。"唐文宗听了牛僧孺的主意，正式将杨志诚任命为节度使。

李载义这时还在易州，知道幽州回不去了，就顺势上奏："我以前在沧州击破李同捷后，就一直请求想入朝，但陛下一直不答应，现在我愿意带着妻儿一起前往长安朝见陛下。"唐文宗也没有亏待这位昔日的功臣，立刻派人将李载义接到了长安，并加封太保。但唐文宗的姑息并没有换来杨志诚的感恩戴德，反而让他越发骄横起来。

太和七年（833 年），唐文宗原本打算将杨志诚由检校工部尚书晋升为检校吏部尚书，没想到杨志诚却并不满足，他要的是尚书仆射，岂是区区一个吏部尚书能满足的。于是杨志诚让幽州派驻到长安的进奏官徐迪去面见宰相，告诉他们："军中将士不懂朝廷的制度，在他们看来由尚书升为仆射那才叫升官，不知道工部尚书改为吏部尚书也是升官。如果朝廷派使者前往幽州宣读任命书，只怕会被扣押起来。"言外之意自然是让朝廷改封杨志诚为尚书仆射。朝廷当然不能接受，所以压根儿没理会徐迪。

杨志诚没有得到尚书仆射的职位果然大怒，他不光将前去封官的官告使魏宝义扣留了，还将路过幽州的春衣使焦奉鸾，送奚、契丹使尹士恭也一起抓了，随后让部将王文颖将吏部尚书的任命诏书带去长安还给唐文宗，表示自己不接受任命。唐文宗不同意做变更，坚持将吏部尚书的任命诏书再次交给王文颖，让他带回幽州。没想到王文颖不但不肯接受，反而直接离开长安返回了幽州。这下唐文宗没办法了，只好将杨志诚任命为尚书右仆射。

杨志诚的骄横也没有让他得意多久，短短一年后幽州就再次发生兵变，转而担任留后的是兵马使史元忠，杨志诚和监军李怀仵两人都被赶了出去。没有容身之地的杨志诚只好前往长安讨生活，不过比较尴尬的是，他走到太原就碰上了老上司、时任河东节度使的李载义。李载义早就想收拾杨志诚了，倒不是因为他抢了节度使的位置，而是杨志诚做得实在是太过分了。

赶走了李载义之后，杨志诚不知道出于什么心态，竟然把李载义母亲在幽州的坟墓挖了。现在报应来了。李载义看到杨志诚后，立刻上奏请求将他的心脏挖出来，以告慰自己母亲的在天之灵。杨志诚是去投奔朝廷的，唐文宗当然不能允许李载义将他砍了，于是拒绝了李载义的请求。在众人的劝说下，李载义最终放弃了杀杨志诚，但把他带的妻儿和部下全部杀了。杨志诚还来不及为死去的妻儿悲伤，更倒霉的事情就来了。

杨志诚在幽州时实在太过狂妄骄横，竟然擅自做了龙袍和许多其他皇帝的用品，这时候被史元忠找了出来，然后全部献给朝廷。这下杨志诚算是完了，他立刻被流放岭南，刚到商州（今陕西省商洛市）就被赐死。解决了杨志诚，史元忠如愿坐上了节度使的位置。史元忠在卢龙节度使任上还算比较老实，可惜他还没能坐稳几年，就再次发生了兵变。比李载义、杨志诚更惨的是，史元忠连逃走的机会都没有，就被部下陈行泰杀死了。陈行泰自封为留后之后，按照惯例前往长安向朝廷请求赐给旌节。

可惜此时坐在皇位上的已经不是软弱的唐文宗，而是以性格强势著称的唐武宗，宰相也不再是主张姑息藩镇的牛僧孺，而是强硬派的代表李德裕。接到陈行泰的请求后，李德裕第一时间表示不同意赐给旌节，他认为："以我长期以来对河朔藩镇的研究发现，以前幽州只要发生了兵变，朝廷往往会匆忙下旨，将被拥立的将领任命为留后，以求军心能够迅速稳定。但如果朝廷对此置之不理，他们内部肯定会再次发生动乱。因此我建议先不要赐给陈行泰旌节，我们暂时静观其变。"

正如李德裕所料，没有得到朝廷任命的陈行泰很快就混不下去了，转眼就被另一位将领张绛所杀。张绛也按照惯例自立，然后威逼卢龙军将士一起向朝廷请求任命自己为节度使。唐武宗依然没有理会。就在这时，一个叫吴仲舒的幽州小官来到了长安，他并不是来请求旌节的，而是为上司带来了一封奏疏，奏疏上声称张绛此人暴虐无道，对待卢龙将士残忍恣睢，所以想请求朝廷让自己率领本部兵马前去讨伐。

吴仲舒的上司就是时任雄武军使的张仲武。张仲武是幽州本地人，年轻时曾苦读《左氏春秋传》，后来投笔从戎加入了卢龙军，官至雄武军使。见朝廷屡次拒绝陈行泰和张绛，张仲武意识到自己的机会来了，便派吴仲舒前往长安替自己请求讨伐张绛的诏书。

李德裕对张仲武也不怎么了解，于是问吴仲舒："幽州屡次发生变故，张仲武能镇住局面，让幽州不再兵变吗？"

吴仲舒为上司鼓吹了一把："陈行泰和张绛怎么能和张军使相比呢？他们俩虽然都是从外地去到幽州讨生活的，但陈行泰根本得不到幽州军民的拥护。张军使不一样，他是幽州老将张光朝的儿子，自己也在卢龙军中任职多年，不但性情忠义，精通文书，而且还非常熟悉军事，在幽州也颇有声望。陈行泰刚被杀时，张绛就派人去找过张军使，想将留后的位置让给他，只不过张军使手下有一两百个人不同意，所以张军使走到昌平，张绛又让他回去了。我估计现在只要张军使带着雄武军出发，幽州的将士便会自发驱逐张绛。"

李德裕又问道："雄武军有多少士兵？"

吴仲舒老实回答道："总共有八百士卒，另外还有五百土团。"

土团就是由当地人招募起来的非正规武装，和民兵相似，李德裕听完大吃一惊："这点士兵怎么打得下幽州？"

吴仲舒不同意："胜负的关键在于人心，如果人心不附，就算有三万军队又有什么用？"

李德裕坚持问道："万一打不下幽州，你们打算怎么办呢？"

吴仲舒早已经有了主意，回答说："幽州的粮食一直都存放在妫州和北边的七个军镇，要是打不下幽州，我们就据守居庸关，断绝幽州的运粮通道，到时候幽州自然会被困死。"

经过与吴仲舒的一番对答之后，李德裕放下心来，他告诉唐武宗："陈行泰和张绛都是发动兵变之后，让军中大将一起上表，威胁朝廷赐给他们旌节，所以我们不能同意。现在张仲武率先表示愿意为朝廷讨伐叛乱，而且还提前派人到长安来请求讨伐的旨意，我们顺势任命他为留后，也算顺理成章。"唐武宗这才下令任命张仲武为留后，并允许他讨伐张绛。果然如吴仲舒所说，张仲武出发后不久，张绛就被幽州将士驱逐，张仲武顺利进入幽州。

张仲武执掌卢龙后，卢龙军这段不停兵变换帅的风潮终于被遏制住了。此外，张仲武也是一位具有象征意义的卢龙节度使。在他之前，卢龙虽然也一直有兵变，但参与兵变的人员都集中在幽州城内的亲军团体，并没有涉及幽州之外的刺史、军使。从张仲武开始，卢龙节度使的位置逐渐转变为外部的刺史们和军使们争夺的舞台，昔日的卢龙牙将团体就此开始走下坡路了。

出兵塞外——卢龙与中央共击回纥

会昌二年（842年），有一件事情一直以来都让唐武宗君臣头疼不已，那就是他们非常想让一个人"搬家"，但这个人并不是哪个不听话的节度使，而是回鹘汗国的乌介可汗。

回鹘汗国也就是回纥。回纥是铁勒部落的一支，相传是匈奴人的后代，铁勒各部在南北朝时期都还非常弱小，一直被柔然、突厥奴役。一直到唐朝初年，因为东突厥汗国颉利可汗的倒行逆施，铁勒各部才开始反抗突厥的暴政，这里面带头的就是回纥的菩萨和薛延陀的乙失夷男。也就是从菩萨开始，原本弱小的回纥部落开始发展壮大，逐渐成了铁勒九姓部落之一。

唐太宗为了拉拢铁勒对抗东突厥，就册封乙失夷男为真珠可汗，让他建立了薛延陀汗国，回纥也属于薛延陀汗国的一部分。薛延陀汗国被唐朝灭掉后，回纥便跟铁勒各部一起归顺唐朝。

回纥归顺唐朝以后，曾多次出兵帮助唐朝对付外敌，也曾数度起兵反抗，虽然双方时战时和，但整体来看，回纥依然臣服于唐朝。到唐玄宗统治时期，唐朝进入了鼎盛时期，回纥也在同一时间强大起来，渐渐有了称雄漠北的势头，唐玄宗便册封回纥首领骨力裴罗为怀仁可汗，这就是回鹘汗国的开始。

安史之乱的到来，彻底改变了唐朝和回纥的局势。唐朝逐渐开始走下坡路，回纥却变得越来越强大，甚至先后出兵帮唐朝击溃了安庆绪和史朝义，这种出兵建立在回纥大肆掠夺中原财富的基础之上。唐穆宗讨伐王庭凑和朱克融时，回纥也曾提出出兵帮助唐朝平叛，但回纥以前的抢掠给大唐君臣留下的印象太过深刻，所以就算是朝廷的力量不足以平叛，唐穆宗也不愿意动用回纥。

安史之乱以后，回纥人仗着对唐朝有功，越来越横行不法，他们不但在中原强买强卖，还时不时到边境抢掠一番，甚至还支持过仆固怀恩等人的叛乱，回纥可以说一直是让唐朝历代皇帝比较头疼的一个问题。不过到唐武宗时期，乌介可汗的回鹘汗国早已不是昔日强大的回鹘汗国了。

唐文宗在位的开成年间，回鹘汗国当时由萨特勤可汗执掌，随着连年饥荒，瘟疫肆虐，他手下的国相安允合打算和一个叫柴草的特勤（特勤为少数民族特有官职）联手干掉萨特勤可汗，然后自己当可汗。没想到的是，他们还没来得及动手，萨特勤可汗就先知道了消息，他抢先派人将安允合和柴草杀掉了。

可惜回纥的内乱并没有结束。当时还有一个叫掘罗勿的国相，正率领大军驻扎在外，他见安允合和柴草都被杀了，怕萨特勤可汗会把自己一起杀掉，于是干脆先下手为强，率领军队杀回回鹘城（故址在今蒙古国鄂尔浑河上游东岸喀拉和林遗址之北），将萨特勤可汗干掉了，然后改立阖馺特勒为可汗。这样一来又有人不满。回纥当时有一个叫句录莫贺的将领，跟掘罗勿有一些过节，看到掘罗勿掌权后，害怕自己被针对，然而自己手上的军队又不足以对付掘罗勿，便想找外援帮自己除掉掘罗勿。

句录莫贺找的外援就是黠戛斯，这也是唐代西北一个古老的民族，一直以来与回纥大战不断，有非常深的过节，这时候有人主动愿意做内应一起联合攻打回纥，黠戛斯自然没有拒绝的道理。很快句录莫贺就带着十万黠戛斯骑兵杀入回鹘城，一举将阖馺特勒和掘罗勿杀掉，然后在城中大肆劫掠。经此一战，回鹘城被彻底破坏，一时间剩余的回纥人都四散而逃，有些去投奔了葛逻禄，有些去投奔了吐蕃，还有些拥立乌介担任可汗，然后南下依附唐朝。

乌介可汗之所以敢南下到唐朝边境讨生活，一方面是自恃回纥给唐朝立过大功，另一方面则是因为手里有太和公主。回纥一直有和唐朝和亲的习惯，元和三年（808年），因为咸安公主的去世，回纥便请求唐朝再派一个公主前往和亲，结果被唐宪宗拒绝了。此后回纥屡派使者前往长安请求和亲，唐宪宗始终没有答应。一直到唐穆宗在位的长庆年间，唐穆宗才答应回纥的和亲请求，将太和公主嫁给了回纥的崇德可汗。太和公主是唐宪宗的第十女，也就是唐穆宗的妹妹。唐穆宗为了送妹妹出嫁，不但安排了盛大的仪式，还册封妹妹为"仁孝端丽明智上寿可敦"。回鹘城被黠戛斯攻陷以后，太和公主便下落不明，唐武宗甚至派出通事舍人苗缜前往回纥王子嗢没斯处打听姑姑的下落。

其实太和公主在回鹘城被攻破后就落入了黠戛斯人手中。黠戛斯人并没有对太和公主怎么样，原因非常简单。黠戛斯人自认为是西汉名将李陵的后人，李陵是"飞将军"李广的孙子，而唐朝皇帝一贯自称是凉武昭王李暠的后人，李暠又一直认李广是祖先。这样论起来，黠戛斯人和唐朝算得上是同宗。

黠戛斯人早在唐朝建朝时就派使者到长安，和唐太宗攀过亲戚，唐中宗更是说过："你们与我们是同宗，关系远不是其他藩属所能比的。"所以黠戛斯人抓到太和公主后，立刻派都吕施合带着十名达干（少数民族官职），一路护送公主返回长安。结果这一行人的运气实在不好，半路竟然遇到了乌介可汗的人，都吕施合等人全被杀了，太和公主也就此落入了乌介可汗手中。其后，乌介可汗就以太和公主作为人质，率领部落一路向南越过沙漠，驻扎到天德军（治今内蒙古巴彦淖尔市阴山山脉南麓）北面。

看到回纥人南下后，唐朝边境大为惶恐。当时的天德军军使是田弘正的儿子田牟，他与监军韦仲平一起上奏，表示回纥人要进攻天德军，请求唐武宗让他们先行出击进攻回纥。唐武宗接到奏报后也不敢大意，立刻找来宰相商量。李德裕对此首先表示反对，他认为："回纥以前对朝廷立有大功，现在走投无路才南下依附我朝，如果派人去攻打的话不免大失人心，因此千万不能攻打。不但如此，朝廷还应该送运粮食接济回纥，一方面让他们感恩，一方面也能防止他们饥寒交迫攻打天德军。"最终唐武宗采纳了李德裕的建议，他派兵部郎中李拭前去抚慰回纥，并查探回纥现在的情况。

接到朝廷的使者后，乌介可汗也派出使者，以太和公主的名义向唐朝传达自己已经接任可汗的消息，希望唐武宗能够予以册封。不久后，乌介可汗又让他的国相颉干迦斯派出使者，向唐武宗表示现在回纥人没有地方去，希望能够暂时借用一下振武城（今内蒙古和林格尔县），以便让乌介可汗和太和公主居住。

对于回纥人的无理请求，唐武宗毫不犹豫地拒绝了，他亲自给乌介可汗写了封信："你现在应该做的是率领兵马，去收复已经丢失的国土。像现在这样漂泊不定，寄居在边塞，终究不是长久之计。至于你们借振武城的事情，我朝从来没有过借城的先例，实在无法答应。如果你想迁居到其他水草丰美的地方，需要我朝出兵支援，那也必须把牙帐设置在大漠以南才行。我会允许让太和公主到长安来觐见，由她亲自向我说明情况，如果你们确实需要我们支援，我们肯定不会拒绝。"最终唐武宗只是派右金吾大将军王会等人带着二万斛粮食前往赈济回纥。

乌介可汗却不肯就此死心，他再次上奏请求朝廷赈济粮食，并寻找被吐谷浑、党项等族抢掠的人口，同时希望唐武宗能考虑将振武城借他。唐武宗依然没有答应，再次派出使者拒绝了借城的请求。

乌介可汗没办法了，索性带着公主跑到振武军和天德军之间住了下来，并且还不断派人偷偷到唐朝边境抢掠。这下可算把唐武宗惹怒了，他想趁机出兵除掉乌介可汗，碍于太和公主才忍着没有发兵。回纥内部也有人感觉到唐朝对乌介可汗的不满，于是开始策划甩掉乌介可汗自己单干，这个人就是嗢没斯。

嗢没斯是阚馺特勒的弟弟，他早就对乌介可汗不满了，明明自己和乌介可汗都是阚馺特勒的弟弟，凭什么他要做乌介可汗的手下？所以嗢没斯虽然名义上是乌介可汗的部下，但实际上双方貌合神离，彼此之间一直都相互猜忌。嗢没斯看到唐朝也对乌介可汗不满后，便想找机会自己归降唐朝。不光是嗢没斯，回纥的国相赤心、特勒那颉啜也有同样的想法，于是他们打算一起南下归附唐朝，不管乌介可汗的死活了。

这几人带着各自的部属一起到达天德军附近后，却再次发生意外。原因就是嗢没斯觉得赤心这个人太过阴险狡诈，实在难以控制，便想先把赤心除掉。然而赤心也有自己的人马，想除掉他也没那么容易。于是嗢没斯就想了个办法，他派人偷偷告诉田牟，说赤心带着部下是想偷袭天德军，自己打算与田牟一起将他除掉。田牟不知道嗢没斯说的是假话，就答应了下来，然后两人便定下了一个计划，由田牟出面以朝廷的名义在天德军宴请赤心。

赤心南下本就是想投奔唐朝，得到田牟的邀请哪有不去的道理，结果这一去便是有去无回，直接被田牟砍掉了。赤心的死把那颉啜给吓坏了，他连忙带着自己和赤心的部下一起向东逃窜到幽州附近。

对于东逃的那颉啜一行，唐武宗也想给他们点颜色瞧瞧，而这个任务就落在了刚当上卢龙节度使的张仲武身上。卢龙一镇虽然与朝廷关系一直不怎么融洽，但防备塞外各族也还算尽心尽力，而且张仲武本就是唐武宗亲自任命的，自然更加卖力了，更何况幽州本就是他的安身立命之所，绝不可能放任回纥人捣乱。

经过一番侦察之后，张仲武发现来的并不是乌介可汗手下的大队人马，只是那颉啜率领的一部分回纥人，这下他就没什么顾忌了，便派弟弟张仲至和大将游奉寰、王如清等人率领三万卢龙军出击。

那颉啜这时候才刚带人走到张仲武的老家雄武军附近，他做梦也没想到这么快就遇到了卢龙军，被打了个措手不及，手下被杀和被俘虏的人无数，其余人全部投降了张仲武。那颉啜没办法，只好再次逃亡，结果半路上碰到了南下的乌介可汗，就此一命归西。

就在那颉啜败亡时，嗢没斯正式归降唐朝，鸿胪卿张贾奉唐武宗的旨意封他为左金吾大将军、怀化郡王，手下其余人等也各有封赏。唐武宗考虑到回纥人生活困难，又特意赐给嗢没斯五千斛粮食、三千匹绢帛作为赏赐。这一切都让乌介可汗感到非常不满。正好之前派去回纥的使者杨观要返回长安，乌介可汗便让他带了一封信给唐武宗，信上除了照样请求朝廷赈济粮食、牛羊以外，还要求朝廷将嗢没斯抓住送回回纥。

唐武宗当然不能照办，他考虑到此时乌介可汗手底下还有十多万人，正面冲突肯定占不了便宜，于是回了一封信："朝廷允许你们用马换振武军的三千石粮食，但牛是中国百姓耕种的必需品，一直都是不允许宰杀的，更不可能随便送给你们；羊虽然没有相关规定，但中原百姓不怎么养羊，大部分羊都在北面依附朝廷的少数民族部落里，我们也不好随意向他们征调。至于嗢没斯，他自从被黠戛斯击败以后，就跑到了天德军附近，据我所知已经差不多两年没有听从过可汗的命令了，正是因为可汗的猜忌才让他走投无路，不得不归降朝廷。回纥前任可汗就是因为猜忌部下，暴虐无道，才导致最后众叛亲离、家破人亡。现在可汗失去了土地，客居我朝边塞，更应该痛改前非，如果还像以前那样兄弟之间互相残杀，以后恐怕也会重蹈覆辙。眼下我朝已经接受了嗢没斯的归降，实在不便把他送回去。我这样做，可汗不至于兄弟相残，朝廷也不至于失了信义，这是两全其美的好事。"

唐武宗的这番话没让乌介可汗觉得满意，反而让他越发痛恨朝廷，在边塞抢劫党项、吐谷浑等部落越发频繁，随后他更是将牙帐迁到了杷头烽北面。

眼看乌介可汗越发猖獗，唐武宗也对他越来越不满，不断派使者让他返回大漠以南，但乌介可汗就是不听。

最开始李德裕认为乌介可汗之所以南下，是因为那颉啜作乱的事，便让张仲武等人出兵将那颉啜干掉了。没想到那颉啜死了，乌介可汗还是不肯走。朝廷中便有人猜测是不是因为之前朝廷和回纥做马匹交易的钱还没有给，所以等着要钱。唐武宗便下令让度支将朝廷欠回纥的马匹钱一次性结清，结果依然一样，乌介可汗还是不肯走。他不但不肯走，还带着人马越过杷头烽，一直杀入大同川（今内蒙古乌拉特前旗东北大奈太镇北之小河），抢劫了唐朝安置在这一带的部落一番，一次性得到了几万头牛羊。大概是觉得抢劫得到的好处更多，乌介可汗后来更是直接带人杀到了云州（今山西大同市）城下，逼得云州刺史张献节不得不关闭城门严加防守，附近的吐谷浑、党项等族也都跑到了山中避难。

这一次，唐武宗再也不愿意忍受乌介可汗了，决定发兵教训他一番。不过在出兵之前，本着先礼后兵的原则，唐武宗还是派一直留居长安的回纥人石戒直最后一次告诫乌介可汗："你们国家被黠戛斯灭了以后，你就率领残余人马跑到我朝边境避难，朝廷对你们接纳安抚，没有什么不周到的地方，可你是怎么回报我们的呢？一直赖在边塞，不打算回去也就算了，还跑到云州、朔州等地抢劫。我猜你是觉得手里有太和公主做人质，所以才这么横行无忌。眼下朝廷所有大臣一直要求出兵讨伐你们，我不过是看在两国长期以来的友好关系上，宁愿自己受点委屈，也不愿意出兵对付你们。还希望可汗早点做出决断，率领部下返回漠南，以免将来后悔。"

随后唐武宗又让李德裕以河东节度使刘沔的名义写了一封信给颉干迦斯，告诉他："你们回纥既然远道而来投奔我朝，就应该效法当年匈奴的呼韩邪单于投奔汉朝，派遣儿子到长安担任侍卫，并且亲自来京城朝见汉宣帝的故事，这样才能让我们看到诚意。现在我朝也不要求可汗亲自来，只希望能让太和公主到长安来拜见她的母亲郭太皇太后。到那时朝廷救济你们，也就无愧于心了。但你们一直桀骜不驯，瞧不起我朝边境将领，不断提出各种非分要求，还出兵深入到我朝境内，就这样你们还一直向我朝请求援助，我们怎么能给你们呢？以前匈奴的郅支单于不服从汉朝，就算跑到了大宛，还是被汉朝一个叫陈汤的小小校尉斩杀了，前车之鉴不够明显吗？希望你们能够好之为之。"乌介可汗信是收到了，不过还是和以前一样，没有任何改变。

唐武宗见光靠说对回纥已经不起作用了，便开始部署军队准备出击。他任命刘沔兼任招抚回纥使，等到需要出兵时，负责统筹各路人马一起讨伐回纥；任命张仲武为东面招抚回纥使，率领卢龙兵团以及奚族、契丹、室韦等部族一起从东面讨伐回纥；任命李思忠为河西党项都将、回纥西南面招讨使，率领本部人马从西面讨伐回纥。李思忠其实就是嗢没斯，在归降后被唐武宗赐名李思忠。

张仲武手底下的奚族、契丹、室韦等部族原本都听回纥人的，但在张仲武的运作下被拉了过来。原本回纥一直在奚族和契丹派有使者，一方面是监督两族按时朝贡，另一方面则是让使者在两族的掩护下刺探唐朝的情报。知道乌介可汗不肯走之后，张仲武都敏锐地察觉到两国之间早晚会有一战，他为了将奚族和契丹拉回唐朝这边，便派部将石公绪偷偷前往奚族和契丹，拉拢这两族的首领。

契丹和奚族也不傻，以现在的形势来看，回纥已经明显不行了，他们当然不愿意跟回纥一起自取灭亡，于是毫不犹豫地倒向了唐朝。在奚族和契丹的帮助下，张仲武一次性杀掉回纥在南面的八百多名间谍，将回纥的眼线全部"拔"除。相比起奚族和契丹，室韦就显得有些认不清形势了。

早在那颉啜在幽州北面搞事情时，室韦就派了人跟那颉啜一起闹事，结果却在卢龙军团手下败得一塌糊涂，室韦损失惨重，就连首领的妻子也做了卢龙军的俘虏。室韦人没办法，只好派使者带着金银财宝、牛羊马匹到幽州拜见张仲武，希望能赎回首领的妻子。没想到张仲武根本不收，他表示："我不需要你们的钱，只要你们杀了回纥的使者，我就将她送回给你们。"室韦人只好杀了回纥的使者，从此倒向唐朝。

就在唐武宗进行战略部署之时，乌介可汗也没有闲着，他正在准备下一步的抢劫计划，这一次他将目标定在了五原（今内蒙古五原县）。五原因为地处边塞，唐朝一直以来安置了不少投降的部族在这里，这也是乌介可汗打五原主意的原因。乌介可汗在派出军队攻打五原的同时，为了防止卢龙军干预，还特意派了宣门将军等四十七人，打着友好往来的旗号前往幽州窥探情况。

张仲武也知道回纥人不可能没事跑幽州来，就偷偷贿赂了其中几个，一下子就知道了所有的事情。张仲武知道乌介可汗的命令是让军队等这帮使者回报消息后再发动进攻，他便把这四十七人全部扣留了下来。五原城外的回纥军队不知道幽州的变故，还在傻等消息，结果一直没有等到。更糟糕的是，这帮回纥军队竟然遇上了瘟疫，士兵们病死无数，残余人马只得仓皇撤回。经过这一番闹腾后，乌介可汗再也不敢打五原的主意了。

同年冬天，刘沔、张仲武、李思忠等各路唐军都做好了出击准备，只是因为天气的原因暂时没有出击。唐武宗在赐给太和公主冬衣时，还特意写了一封信："父亲当年忍痛将姑姑嫁到回纥，是为了国家的安宁，希望回纥能够替我们保卫边疆。但现在情况已经不一样了，回纥的所作所为根本不可理喻，我们帮了他们，他们竟然还南下侵扰我朝边境，姑姑对这种事情难道不反感吗？您难道不惧怕高祖、太宗在天之灵的责罚，不思念太皇太后对你的疼爱吗？您身为回纥国母，应该指挥他们回到漠南去，如果他们不听您的指令，那就是不顾念两国的友好关系，以后他们再也不必用姑姑的名义和朝廷交往了。"

乌介可汗接到信后，也知道唐朝已经下定决心要出兵了，于是干脆抢先南下攻打唐朝。只可惜乌介可汗的运气实在是太差，李思忠已经在前面等着他了。原本李思忠想趁着冬天北上攻打回纥，但刘沔、张仲武等人都反对，他便被迫暂时屯扎在朔州的保大栅，以等待明年出兵。没想到乌介可汗居然自己送上门来了，李思忠大喜过望，立刻率军出击，打得乌介可汗大败而逃。

会昌三年（843 年），刚刚迎来新的一年，乌介可汗就在云州北面被李弘顺击败了。这位李弘顺也是回纥归降朝廷的降将，乌介可汗竟然连续被两个回纥降将收拾，也是倒了血霉了。无奈之下他只好放弃云州，向北逃窜。此时刘沔已经和天德防御副使石雄、都知兵马使王逢等人率领精锐骑兵以及沙陀、党项、契苾等部的骑兵追击而来，最终双方在安众塞（今山西朔州市北）附近相遇，一场激战之后，乌介可汗再次被打得落花流水，只好转身向振武军方向逃窜。等乌介可汗到达振武军时，石雄也率领精锐骑兵赶到。

石雄赶到振武军后，还没来得及休息，便登城查看回纥还有多少兵马，结果这一看，还真看出了一点门道——回纥的营帐中有几十辆毡车显得与众不同。与众不同的点在于这些毡车附近的随从的穿着不像回纥人，反而更像是汉人。石雄敏锐地感觉到事情不一般，派人偷偷摸到那些毡车附近打听里面到底是什么人。消息很快就回来了，原来毡车里住的就是太和公主，石雄得到消息后简直又惊又喜，赶紧再次派人通知公主和随从："公主到达这里，就已经算回家了，我现在需要确保的是公主能够平安回来。今天晚上我军将夜袭回纥人，希望公主和侍从能够留在毡车附近不要乱动。"

当天夜里，石雄就派人偷偷在城墙上开凿了十多个通道，然后率军从这些通道中杀出，直奔乌介可汗的牙帐。这时候天已经快亮了，回纥人根本没想过唐军会夜袭，因此一点防备都没有，直到唐军到达营地外围才发现。这时候大多数回纥兵都还在睡觉，唐军的突袭使得他们来不及反击便狼狈逃散。很快乌介可汗也得到消息了，他不愧是能从回鹘城逃出来的逃跑高手，知道被唐军夜袭后，第一反应不是组织抵抗，而是先带着少数亲信仓皇逃跑。乌介可汗这一跑，剩下的回纥人也不再组织抵抗了，他们纷纷放下武器向唐军投降。

石雄在发现乌介可汗逃跑后第一时间就带人追了上去，结果在杀胡山再次追上乌介可汗，一番激战之后回纥再度大败，就连乌介可汗本人都受了伤。不过乌介可汗逃跑的本事实在是高，竟然还是跑掉了。石雄见追不上乌介可汗，只得带人护送太和公主返回。此次夜袭石雄总共斩杀了回纥一万多人，除此之外还收降了两万多人，回纥的主力基本被击溃。

对于逃走的乌介可汗，唐武宗也并没有放过，而是派何清朝和李弘顺两人率军追击。这时候的乌介可汗已经率领残部跑到北面，依附了一个叫黑车子的小部落。李弘顺等人便拿钱贿赂黑车子，让他们杀死乌介可汗。黑车子本就是一个小部落，见有钱可赚，自然不愿意和唐军对抗，立马就杀了乌介可汗向唐军投降。

随着乌介可汗的死去，回纥主力基本被歼灭，因为唐武宗此时需要集中全力对付昭义，便将善后的任务交给了张仲武。张仲武也没有辜负唐武宗的期望，他很快就招降了大部分的回纥余部，剩下的人也只能依附奚族，依靠奚族供给粮食勉强存活。但没过多久张仲武就击败了奚族，没有了生活来源的回纥部族死的死、走的走，就这么逐渐瓦解了，到最后只剩下五百多名王公贵族投奔室韦。在张仲武的威逼下，室韦将残余的回纥人分成七个部分，曾经强大的回鹘汗国就此彻底瓦解，只剩下了还在西域的部分人，再也找不回昔日的荣光了。

兵助朝廷——河朔协助朝廷讨伐刘稹

会昌三年（843年），刚刚击破回纥乌介可汗的大唐帝国还来不及扫平北面的回纥残党，北面就再度发生了一件大事——昭义军节度使刘从谏病死了。

刘从谏是昭义军节度使刘悟的儿子，从小就非常狡猾。当年淄青节度使李师道派刘悟出战时，将刘从谏作为人质扣押在郓州。但李师道没想到，刘从谏竟然暗中收买了他的奴仆，成功探听到自己准备杀刘悟的消息，帮刘悟免了祸。刘悟死后，刘从谏便有了效法河朔诸镇来个父死子继的想法，于是自封为留后，然后派人前往长安请求唐敬宗赐给旌节。

唐敬宗接到奏报后，传召朝臣一起商量要不要答应刘从谏。朝堂上一片反对之声，大家都认为昭义军跟河朔诸镇情况不一样，本就是朝廷的地盘，根本没有父死子继的道理。宰相李绛更是进一步指出："刘悟现在刚刚去世，刘从谏自己的威望又不够，昭义军将士肯定不会跟他一条心。我们可以派一位声誉卓著的大将担任昭义节度使，让他直接赶到军中夺取兵权，这样可以一举挫败刘从谏的阴谋。就算刘从谏想反叛，他手下就那么几个州，再加上人心不附，很快也会被击败。"可惜，唐敬宗听信了接受了刘从谏贿赂的李逢吉、王守澄等人的话，在他们的劝说下，刘从谏成功地坐上了昭义军节度使的位置。

刘从谏担任节度使后，对朝廷倒是非常恭顺，在讨伐横海时曾出兵牵制成德节度使王庭凑，后来李听在魏州遇袭，也是他及时派出军队救援，才救下了李听的性命。然而到了唐武宗时期，刘从谏和朝廷的关系早已经恶化，在他死前都抱着自己死后家族无法保全的想法。刘从谏之所以和朝廷闹翻，是因为"甘露之变"。

"甘露之变"是唐文宗为了剪除宦官集团发起的一次政变，在当时的影响非常大。

太和九年（835年）十一月二十一日，左金吾卫大将军韩约忽然奏报，在左金吾衙门后院的石榴树上，前一天晚上发现有甘露降临。甘露忽然降临在古代是祥瑞的征兆，韩约便趁机请求唐文宗率领文武百官前去观看祥瑞。唐文宗以想知道甘露的真伪为借口，让左、右神策军护军中尉仇士良、鱼弘志两人率领宦官们亲自前去查看。

实际上这一切都是唐文宗与李训等人设下的圈套，他们已经在左金吾后院设下了埋伏，目的就是除掉仇士良、鱼弘志等人。遗憾的是，韩约的心理素质不过关，因为紧张竟然冒出了冷汗，狡猾的仇士良因此起了疑心。恰好当时一阵风将院子里的帘幕吹了起来，仇士良看到了埋伏的伏兵，于是最终他与鱼弘志等人成功逃脱。事后仇士良等人不但杀死了李训等人，还污蔑宰相王涯等人谋反，将他们全家诛杀，一时间长安城内血流成河。由于这件事最初是甘露引起的，所以被称为"甘露之变"。

"甘露之变"原本与远在昭义军的刘从谏没有任何关系，但他出于义愤，上奏为王涯等人申冤，并表示愿意率军前往长安清君侧，诛杀仇士良等人。虽然唐文宗最终并没有答应刘从谏的请求，刘从谏却从此得罪了以仇士良为首的太监们，这些太监们也开始叫嚣刘从谏有谋反之心。随着两边的争吵越来越激烈，朝廷与刘从谏的关系就渐渐疏远了。

唐武宗即位后，刘从谏为了缓和与朝廷的关系，特意搜寻了一匹良马献给武宗，结果却被唐武宗拒绝了。刘从谏认为是仇士良在从中作梗，他心知以后的日子只怕不好过了，一气之下便一刀把马杀了，从此对朝廷也有了意见。

刘从谏这一次真误会了仇士良，唐武宗对他有意见，无非是因为当年他靠着贿赂王守澄等人割据昭义。而昭义军就在长安"头顶"上，对唐朝两京的威胁非常大，一旦叛乱马上就可以杀到长安、洛阳，唐武宗哪敢放任这样一个"定时炸弹"的存在。

刘从谏深知自己不能免祸，便在昭义聚敛财富，铸造兵器盔甲以防生变，只可惜还没准备好就病倒了。无奈之下刘从谏只得暗中将他的继子、弟弟刘从素的儿子刘稹任命为牙内都知兵马使，侄子刘匡周任命为中军兵马使，然后把亲信广泛安插在昭义军中，希望能像河北各藩镇一样实现割据。

一切安排好之后，刘从谏就病死了。刘稹立刻封锁了消息，不对外公布刘从谏的死讯，部将王协给刘稹出了个主意："我们不如按照以前刘悟死后刘从谏承袭节度使那样，一边贿赂朝廷使者让他们在天子面前为我们说话，一边在城中严密防备，随时做好动手的准备，这样不出一百天，朝廷便会主动送来节度使旌节。"刘稹听从了他的意见，派人向朝廷上奏，要请宫中御医来为刘从谏治病，并逼迫监军崔士康上奏让刘稹担任昭义留后。

王协的算盘是打得好，但他忽略了最重要的一点，现在当权的已经不是软弱的唐文宗，而是强势的唐武宗，宰相李德裕也是强硬派，他们怎么可能会妥协。对于刘稹的请求，唐武宗的答复非常明确："刘从谏看上去一时半会儿好不了，不如干脆到洛阳来养病，等病好后再另行安排。至于刘稹也不用做留后，一起到朝中任职，朝廷自然会派其他人接管昭义军。"

刘稹傻眼了，在唐武宗派来的使者面前他再也瞒不过，只好承认刘从谏已死。唐武宗得到消息后，立刻让刘稹护送刘从谏的灵柩前往洛阳服丧，又让刘稹的父亲刘从素写信去劝刘稹按皇命办事。但刘稹哪肯放弃昭义节度使的位置甘心去朝中做一个闲官，于是直接拒绝了唐武宗的命令。

刘稹拒绝之后，唐武宗也知道事情难以和平解决，便召集宰相商议应该如何处置昭义自立这件事。结果大多数宰相都认为："虽然回纥现在已经被打败了，但还有许多回纥残党在负隅顽抗，边境依然需要大量军队加强防备，如果此时讨伐昭义，朝廷的财力、军力恐怕都无法支撑。不如先暂时任命刘稹为昭义留后，等彻底荡平回纥以后再说。"

李德裕不同意，他认为："昭义的情况与河朔地区的魏博、成德、卢龙三镇不一样。河朔地区已经割据了很长时间，人心难以被朝廷感化，所以长庆年间失去三镇之后，朝廷才会承认河朔地区的现状，不再出兵讨伐他们。但河朔地区与京城相距甚远，有什么变故也难影响京城。昭义不一样，它就处于国家的腹心地带，而且离两京非常近，一旦发生变故，很容易威胁到京城。更何况昭义将士一贯以忠义闻名，曾击败过朱滔，生擒过卢从史。过去在昭义，朝廷一直多用文臣担任节帅，就是为了防止昭义割据。哪怕是一手创建昭义的李抱真，德宗皇帝也没有允许他儿子李缄接任节度使，而是以护丧的名义将他召到了长安。之前只是因为敬宗皇帝不通政务，那时的宰相们又没有远见，才会在刘悟死后让刘从谏接任节度使。结果刘从谏做了节度使之后，越来越骄横跋扈，经常上表威胁朝廷，现在他死了又想把节度使的位置留给侄子，如果朝廷再同意，那以后各地的藩镇恐怕都会这样。"

唐武宗也赞同李德裕的说法，但有一个问题是，朝廷腾不出多少力量对付昭义，应该如何出兵攻打呢？

李德裕对此早已成竹在胸："刘稹之所以敢自立为留后，无非是因为他自恃能得到魏博、成德、卢龙三镇的支援。眼下卢龙自不必说，只要魏博和成德不帮助他，他就掀不起什么风浪来。假如朝廷能派一位德高望重的大臣前往成德和魏博，向成德节度使王元逵和魏博节度使何弘敬转达陛下的旨意，向他们说明自从安史之乱以后，历代皇帝许可他们传位于子孙，这早已成了惯例，和昭义的情况并不一样。然后再告诉他们，这次朝廷准备出兵攻打昭义，但并不打算攻打太行山以东的邢州、洺州、磁州三地，想让魏博和成德前去攻打，按照老规矩，谁打下来就算谁的。同时再向成德、魏博两镇的将士转达陛下的旨意，如果平定了刘稹，朝廷将会给予有功的将士丰厚的奖赏。我猜成德和魏博看到有好处，肯定会接受朝廷的出兵请求，只要他们不帮助昭义，就能轻而易举地生擒刘稹。"唐武宗听后大喜，下定决心要用武力对付昭义。

不久后，唐武宗就让人传达了他的旨意给王元逵和何弘敬二人："昭义和你们两镇的情况不一样，你们不必因为担心自己的子孙后代而与刘稹勾结。只要这次你们在讨伐刘稹时立下大功，朝廷就承认你们两镇的现状，允许你们传位给子孙。"随后又专门给张仲武下了一道诏书："现在回纥的残党还没完全被消灭，北方的边境还不安定，需要你专门负责北面的防守，昭义的事情就不劳烦幽州了。"

唐德宗最初将相卫镇、昭义军的残余力量与泽潞镇合并为新的泽潞镇、昭义军，目的就是防备河朔三镇。因为昭义军有一半的州都在太行山以东，直插河朔地区腹心，所以朝廷历年来一直对昭义军非常重视，在这里安排了许多精兵。昭义军也没有辜负朝廷的信任，历次讨伐河北都是中流砥柱。没想到此时竟然变成朝廷以允许世袭作为条件，让河朔的成德、魏博反过来攻打昭义，实在是造化弄人。

王元逵的父亲王庭凑、何弘敬的父亲何进滔都是靠兵变起家，好不容易才得到朝廷的承认，但地位一直都不太正。现在唐武宗既然已经允诺他们传位给后世，这两位"藩二代"断然没有拒绝的道理。

与此同时，唐武宗又将忠武节度使王茂元调任河阳节度使，与河东节度使刘沔、河中节度使陈夷行一起出兵讨伐昭义；让武宁节度使李彦佐担任晋绛行营诸军节度招讨使，负责节制诸军；至于忠武节度使，由邠宁节度使王宰担任；王元逵和何弘敬则分别挂了一个北面招讨使和东面招讨使的职务。

为了能够尽快平定昭义，李德裕还给出了自己的建议，他认为："以前朝廷出兵讨伐藩镇时，总喜欢让节度使们自己想攻打什么地方就攻打什么地方，结果很多节度使出兵以后，占据一个县城以后就不进攻了，白白消耗朝廷的补给物资。这次就不准出兵的节度使们攻打县城，让他们直接攻打昭义各州，而且分别摊派任务，王元逵负责攻打邢州，何弘敬负责攻打洺州，王茂元负责攻打泽州，李彦佐、刘沔负责攻打潞州。"唐武宗听后大喜，立刻让各路大军依计而行。

虽然成德和魏博都答应了出兵，但实际上两家的反应又不大一样。王元逵是王庭凑的第二个儿子，他接任节度使后，一改父亲骄横跋扈的风格，对朝廷十分恭顺，每年的贡赋都按时送到长安，因此唐文宗对他很是赞赏。唐文宗甚至还将自己的堂侄女、唐宪宗的孙女、绛王李悟的女儿寿安公主嫁给了王元逵。有了这层关系，王元逵作战自然格外卖力，他在接到诏书的当天就亲自率军出发了，一马当先攻下了昭义军在东面的营地宣务栅，然后直接进攻尧山（今河北省邢台市隆尧县尧山）。

尧山是昭义军在邢州外围的屏障，刘稹当然不可能就此放任尧山不管，他立刻组织人马前往救援，结果援军反而被王元逵打得大败而逃。尧山之战时，朝廷的王茂元、李彦佐、刘沔这三路大军都还没有到达前线，王元逵却抢先来了个开门红，因此深受唐武宗赞赏。

比起王元逵，何弘敬就没那么用心了。何弘敬是何进滔的儿子，本名叫作何重顺，"弘敬"这个名字是唐武宗亲自赐的。何弘敬虽然也接了朝廷出兵的诏书，他却非常不愿意攻打昭义，因为在他看来，魏博与昭义唇亡齿寒，刘稹完蛋了下一个恐怕就轮到自己了，所以一直不肯出兵。唐武宗为此还特意下了道圣旨告诉他："你一直很孝顺自己的母亲，怎么能长久在军中呢？还需要你尽快与叛军决战啊！"何弘敬自然也明白唐武宗这是在催促自己赶快出兵，但他依然不愿意行动。邻居王元逵看不下去了，他向朝廷上奏说何弘敬不出兵是想骑墙观望，建议朝廷连何弘敬也一起收拾掉。

李德裕当然不可能自己把何弘敬赶到叛军一方，于是给唐武宗出了个主意，给何弘敬下令："河阳军、河东军与昭义军之间隔着崇山峻岭，进军十分不方便，导致刘稹屡屡派人抢掠晋州（今山西临汾市）和绛州（治今山西新绛县），所以朝廷想让忠武军节度使王宰率领忠武军经由魏博去攻打磁州，希望你不要介意。"随后唐武宗还亲自给王宰下了一道诏书，让他挑选宣武军的步骑兵精锐，穿过魏州和相州去攻打磁州。

这下还真把何弘敬给唬住了，假道伐虢的故事他听过，哪敢放王宰这种狠人进来，但也不能明着违抗皇命，于是只得硬着头皮出兵攻打昭义。短短一天时间，魏博大军就渡过漳水直奔磁州而去。事实证明，何弘敬只要肯出兵还是能打的，他出发后不久就连续攻下了洺州外围的肥乡、平恩两地，斩杀了不少昭义军。

然而出乎唐武宗君臣意料的是，哪怕成德和魏博反过来帮助朝廷攻打昭义，想平定刘稹依然是困难重重。

原本最被唐武宗看好的李彦佐反而最不争气。按照计划，李彦佐与王元逵、何弘敬、刘沔、王茂元兵分五路，一起在七月份进攻昭义，不料李彦佐从徐州出发后，一路上不但行动迟缓，还不停向朝廷请求赦免刘稹。唐武宗气坏了，干脆让天德防御使石雄前往李彦佐军中担任晋绛行营节度副使，想办法把李彦佐架空。

王茂元一路也不争气。他率军到达天井关南面的科斗店（今山西晋城市南）时，竟然被昭义将领薛茂卿打得大败，河阳大将马科等人全部做了俘虏，叛军一度打到了距离怀州只有十多里的地方。

王茂元兵败后士气低落，再加上他本就有病，只好退到万善防守。这一退就给了刘稹机会，他马上派部将张巨、刘公直率领五千人与薛茂卿会合，一起进攻万善。唐武宗只好再将王宰调回来，先率军去救援万善。令人意外的是，王宰还没赶到，昭义军自己先兵败撤退了。这次兵败纯粹是张巨作死。

原本按照刘稹的计划，张巨和刘公直两人应该从万善南面的雍店经过，与薛茂卿会合后再一起攻打万善。但在经过万善时，张巨却意外得到了一个消息，说万善城内没多少兵马，兵力空虚。张巨内心动了邪念，他想自己攻下万善独占功劳。于是也不等通知刘公直、薛茂卿等人，张巨就直接带领部将去攻打万善。张巨的情报是准确的，万善的确守备空虚。太阳快落山时，万善已经快被攻下了。张巨估计刘公直等人来不及过来抢功了，这才派人去通知刘公直等人。

就在万善最危急的时刻，前来救援的义成军终于赶到，重新稳固了万善的防线。然而令人目瞪口呆的是，身为唐军主帅的王茂元此时撑不住了，他竟然想弃城而逃。都虞侯孟章赶紧拉住他的马劝道："敌人现在来的只是一部分人，另一半还没有来，他们久攻不下肯定要撤退。义成军现在刚刚赶到，他们饭都没吃，您要是跑了，他们肯定也会立刻跟着溃逃，到那时生死难料，还不如留下坚守。"王茂元这才定下心来防守。结果果然如同孟章所料，到了晚上张巨还没有攻下万善，刘公直等人也没有赶来，张巨只好率军沿着太行山撤退。

悲剧的是，在撤退的路上，因为天黑又下着小雨，张巨所部慌乱之中竟然以为是官军追来了，吓得他们夺路而逃。结果因为太过混乱，无数人被挤到山崖下摔死。刘公直等人觉得不可能攻下万善，只得撤回天井关。万善一战后，唐武宗觉得王茂元实在没有指挥打仗的能耐，只得用王宰代替他。

与此同时，石雄已经赶到军中取代李彦佐担任晋绛行营节度使，他到任的第二天就率军从翼城出发，一路越过乌岭，攻破了昭义军五个营垒，斩杀的敌人数以千计。而这时王宰还在万善，刘沔还在石会关，都是观望不前，所以唐武宗接到石雄捷报后立刻给予了优厚的赏赐。石雄将这些赏赐全部放在军营门口，自己先按照普通士兵的待遇拿走了一匹布，其他的都分给众将士，这样一来士兵们都更加拥戴石雄了。

唐军这边越来越融洽，此时昭义军内部却起了变故。原本在科斗店之战中，昭义大将薛茂卿立了大功，他本以为能得到升迁赏赐，结果却什么都没有。而刘稹不给他赏赐的原因就更好笑了，因为有人说朝廷还不肯封刘稹为留后，是因为薛茂卿之前深入朝廷境内，杀死了太多的官军。这么荒谬的理由刘稹居然相信了，但薛茂卿可不愿意做这个冤大头，他气愤之下立刻写信给王宰，密谋归降朝廷。不久后王宰出兵攻打天井关，薛茂卿象征性地打了几轮后就带人一溜烟逃到了泽州，把险地天井关白白送给了王宰。天井关一丢，刘稹驻扎在天井关东西两面的军队也待不住了，只好一起跑路，王宰趁机又拿下了大小箕村。

薛茂卿逃到泽州后，想着故技重施，暗中写信让王宰率军前来攻取泽州。然而薛茂卿没想到的是，这一次王宰居然迟疑了，他担心薛茂卿使诈，所以根本就没有出兵。

这其实也该怪薛茂卿的情报工作做得太差了，王宰的儿子王晏实当时正在刘稹手下做磁州刺史，他哪还敢激怒刘稹。眼看王宰死活不出兵，薛茂卿也没有办法，只气得捶胸顿足。刘稹知道薛茂卿做内应这件事之后，找借口把薛茂卿骗回潞州一刀杀了，然后让刘公直前往泽州防守。

这时王宰才姗姗来迟，结果在泽州城下被刘公直打得大败，这一败就连天井关也守不住了，被刘公直趁机夺了回去。不过刘公直也没快活多久，很快被卷土重来的王宰打败。然而令人错愕的是，王宰获胜后竟然又一次停了下来。

李德裕一眼就看出了其中的关键，他知道王宰之所以不进军，一方面是担心儿子遇害，另一方面则是与石雄不和。王宰的父亲王智兴在世时就与石雄非常合不来，于是想办法把石雄踢出了武宁军，从此以后两家就有了矛盾。现在石雄就在潞州城外一百五十里的地方，王宰要是攻破了泽州，距离潞州就只有二百里，但他担心自己把昭义大军吸引过来，反而便宜了石雄。

李德裕猜到王宰的想法后，又用了之前对付何弘敬那一套来对付王宰，他让唐武宗将刘沔调到河阳担任节度使，并让刘沔率领义成军两千精兵前去万善。这下王宰也担心被刘沔趁机阴了，赶紧带人拼死攻击泽州。

最终战局有所进展，还是在太行山以东，邢、洺、磁三州一下子被魏博、成德都攻了下来。这其实还得感谢昭义的内斗。

刘稹因为年少懦弱，所有的事情都交给王协、李士贵两人处理。这两人掌权后每天忙着聚敛财货，却不肯分出丝毫赏赐给昭义将士们，闹得军中人人怨恨。刘从谏的妻子裴氏知道这一情况后，想让刘稹把她弟弟裴问从邢州召回来执掌昭义军政。李士贵当然不甘心自己的权力被人夺去，于是告诉刘稹："现在太行山以东的军事需要依靠裴问，如果召他回来，邢、洺、磁三州只怕都要丢了。"刘稹不知实情，以为裴问在太行山东面真的这么重要，于是不再提把裴问调回来的事。

刘稹没想到的是，裴问没被调回，反而归降了朝廷。要说起来，这事儿还是王协的责任。他为了敛财，建议刘稹向商人们征税，并且每州派一个军将主持税收工作。名义上是征税，实际上却是把所有百姓的财产登记造册，然后按照估价征收十分之二的税。这些军将贪财，往往高估价值，结果闹得百姓们越来越不满。

当时被派去邢州收税的是一个叫刘溪的将领，此人为人残暴，所以刘从谏从来不用他，但刘从谏死后，他靠贿赂王协等人获得了重用。之所以派刘溪去邢州，主要是因为邢州富商多，能收到的钱也多。刘溪也没有辜负王协的"期望"，他到任以后，便把所有商人抓起来收税。

裴问手下有一支五百人的精兵叫作"夜飞将"，士兵大多是富商子弟，他们一看父兄被抓后，赶紧去向裴问求助。裴问替他们前去向刘溪求情，希望能把富商都放了。哪知道刘溪不但不放人，还对裴问十分不礼貌。这下裴问怒了，干脆回去和邢州刺史崔碬商量，斩杀刘溪，然后开城归降朝廷。

裴问带了头，守卫洺州的王钊也动了心思。要说起来，王钊还是王协推荐的。因为王钊这个人很得人心，他手下的大多数人都不怎么听节度使的话，所以早在王钊背叛前，很多将领都觉得他有二心，让刘积赶紧找人换掉王钊。王钊接到消息后，立刻找借口说自己在洺州还没立功，不好意思回去，希望能多留几个月立点功劳再回去。刘积觉得也不多这几个月，就同意了，结果这一留就出事了。

早在刘积抗命之时，曾赐给洺州将士每人一匹布，但后来又下令说要用这匹布抵销今年的冬赐，这下士兵们就不干了，纷纷闹腾起来。王钊趁机告诉洺州的将士们："留后年龄还小，这些命令肯定不是他下的。据我所知，他的府库中财货充足，足够昭义军十年的用度，他现在却不肯拿出一点来赏赐士兵，我们也不能再听从他的命令了。"说完他还打开仓库，赐给每个士兵一匹绢和十二石谷子，然后带着洺州城投降了何弘敬。磁州守将安玉见太行山东面就剩下了自己一个州，知道肯定守不住，干脆也开城投了降。

接到邢、洺、磁三州归降朝廷的消息后，潞州人心惶惶，不少人都开始准备另谋生路了。大将郭谊和王协商量，想找机会杀掉刘积向朝廷投降。不过他们也面临着一个巨大的障碍，那就是刘积的堂兄刘匡周正担任中军兵马使，手里掌握着重兵，想杀掉刘积就必须先想办法除掉刘匡周。

郭谊苦思冥想，终于想出了一个办法，他跑到刘积面前说："现在刘匡周坐镇帅府，诸将都不敢说话，因为怕开罪刘匡周，这才导致山东三州的丢失。我认为不应该让刘匡周再入帅府，这样诸将就敢说话了，到时候集思广益，肯定能想出好办法来对付官军。"刘积听后居然相信了，立刻让刘匡周称病回家。刘匡周大怒："正是因为有我坐镇，诸将才不敢有别的图谋，如果我离开，刘氏一族必定要完了。"刘积不听，他坚持要刘匡周回家，刘匡周无奈之下只得依从。

郭谊赶走了刘匡周后，又让刘积的亲信董可武劝刘积说："山东三州的叛乱，是您五舅裴问发起的，现在闹得潞州人心惶惶，您打算怎么办呢？"

刘稹回答道："现在潞州还有五万士兵，我肯定只能闭城坚守了。"

董可武不同意："您这样也免不了灭亡，不如把自己捆起来归降朝廷，至少也能做个刺史。至于留后可以暂时让给郭谊，等他得到旌节后，您就可以带着族人和财产去洛阳了，这样大家都可以保全。"

刘稹听完非常感动，还以为董可武是真心为自己谋划，于是马上把郭谊叫来，然后一起约定降唐的相关事宜。也不是没有人怀疑，裴氏认为连自己的弟弟裴问都做了背叛者，外人自然不能再轻易相信，让刘稹多考虑考虑。刘稹却没想这么多，他第二天就召集众将，然后将郭谊任命为都知兵马使掌握兵权，王协也趁机拉拢众将投靠郭谊。只有李士贵看出情况不对，带着几千人想杀了郭谊和王协，结果反被击杀。当天夜里，郭谊就将潞州城内忠于刘稹的将领全部替换了，从此以后完全控制了潞州。

第二天，郭谊再次让董可武邀请刘稹前去赴宴，刘稹没有丝毫防备就欣然答应，结果在宴会上被郭谊的部将崔玄度斩杀。接着，郭谊又派人在城里四处搜捕刘氏宗族并全部杀死，然后带着这些人的头颅向朝廷请降。

刘稹之乱被平定以后，王元逵和何弘敬最终还是将邢、洺、磁三州交还给了朝廷。在这次战争中，两镇出力虽然并不多，但的确是一个非常好的开端，这意味着河朔地区与朝廷之间已经由对抗转为合作。而随着唐朝社会矛盾的日益尖锐，朝廷与藩镇的矛盾已经不再是主流，双方转而走向合作对敌。

鏖战义军——河朔与庞勋、黄巢之间的战争

咸通九年（868年），大唐帝国的南方发生了一件大事，驻守桂州（今广西桂林市）的八百名徐州（今江苏徐州市）、泗州（治今江苏盱眙县）的士兵竟然发动了兵变，一路从桂州杀向徐州。

这场兵变的起因只是一件小事，那就是这八百名徐泗士兵想回家了，这事还得从咸通三年（862年）说起。

当时因为南诏攻陷了安南，唐懿宗不得不从各地调遣军队前往南方戍守，这其中就有徐泗观察使崔彦曾招募的两千人，这两千人中有八百人被安排在桂州戍

守。原本按照最开始的约定，戍守的军队每三年换一次班，只要挨过了三年就可以回家了，但桂州这批人已经戍守六年了，他们再也忍耐不住，纷纷上书请求崔彦曾派人来替换他们，让他们回乡。

崔彦曾出身于清河崔氏，是唐宣宗时宰相崔慎由的侄子，因为是学律法的，所以为人比较严厉刻薄，这也是将他调到徐州担任徐泗观察使的原因。徐泗地区曾经是武宁节度使所在的节镇，但这时早已今非昔比。

武宁军节度使王智兴曾经建立过一支叫作"银刀军"的军队，可以说是堪比魏博牙兵的存在。他们骄横不法，多次驱逐朝廷的节度使，一直到王式担任节度使时，才一次性将银刀军灭掉，朝廷也就此罢除武宁军。因为徐州地区的军队一直以来骄横不法，唐懿宗便派崔彦曾前去收拾这批人。

可惜唐懿宗用错了人，崔彦曾根本不擅长处理军务，事情全由他的亲信尹戡和徐行俭两人处理。不过这两人也不是什么人才，为人十分贪婪，又喜欢欺压士兵，闹得徐州士兵都对他们非常不满。这一次桂林守军提出轮换也是正常的事，崔彦曾原本已经打算同意了，但尹戡却提出了反对意见，他认为："目前徐州库藏空虚，再派军队前往桂州换防的话，花费的钱太多了，不如让桂林士兵再多戍守一年，等明年有钱了再换他们回来。"崔彦曾就听从了尹戡的意见，传信让桂林的守军再守一年。

消息传到桂林后，守军们蓄积已久的不满情绪终于爆发了。守军中的许佶、赵可立、姚周、张行实等人原本都是徐州一带的著名盗匪，因为朝廷拿不下他们，最终才招安他们做了官军。这批人听说不让自己回家，哪还忍得住，当场就准备发动兵变，想自己带人回家。

说来也巧，负责桂州防务的桂管观察使李丛这时候正好被调到了湖南，趁新任观察使还没到，桂州正是守备空虚的时候，许佶等人就趁机发动了兵变，将上司王仲甫杀掉，然后推举粮料判官庞勋担任主帅，准备一路杀回徐州。

桂林守军的忽然反叛让朝廷多少有些猝不及防，沿途的州县防备都十分空虚，庞勋等人竟然屡屡抢掠得手。唐懿宗无奈之下只好派太监张敬思前去宣诏，赦免庞勋等人，并表示由官府出钱护送他们回徐州，庞勋等人这才停止了抢掠。

原本事情到这里就结束了，偏偏沿途各地的官员不信任庞勋等人，担心他们会继续作乱。结果先是湖南的官兵将他们的武器全部收缴，后又遇到山南东道节度使崔铉派兵严加防备，吓得他们根本不敢入境，只得顺长江东下从淮南绕道。经历了这些之后，庞勋、许佶等人开始担心，他们商量着："我们现在犯下的罪行比当年的银刀军大多了，银刀军都被杀光了，何况我们呢？现在朝廷之所以赦免我们，不过是怕我们沿途抢劫或者流窜到山野之中作乱。一旦我们进入徐州，肯定会被剁成肉酱。"于是他们开始偷偷打制兵器、制作军旗，准备用武力杀回徐州。

庞勋等人一路寻找以前的银刀军等徐州逃亡在外的士兵，很快就聚集了一千多人，不久之后到达了距离徐州只有一百二十多里的地方。在这里，庞勋等人提出了自己的两点要求：一是尹戡、杜璋、徐行俭这几个人阴险狡诈，肯定会对他们多有怀疑，因此希望能先将这几个人暂时免职，以安定人心；另一点则是希望能够将这次从桂林回来的将士另外编成两个营，由一位将领单独统率。

崔彦曾接到庞勋等人反馈的信息后犯了难，这两个要求他一个都没法接受，这时候要是放庞勋等人进来，他们肯定会在徐州作乱。但现在唐懿宗已经赦免了他们，进攻的话就是违背圣旨。团练判官温廷皓为崔彦曾总结出了"三大难、五大害"。

"三大难"就是讨伐庞勋等人有三个难以解决的问题：一是唐懿宗已经下诏赦免庞勋等人，现在讨伐他们就是擅自进攻；二是徐州守军也是本地人，不少人的父兄都在庞勋军中，让他们互相攻伐不合情理；三是庞勋等人都是戍卒，他们犯罪必然会牵连到很多人，到时候被判刑和处死的人可能也非常多。

"五大害"则是不讨伐庞勋等人的五大害处：一是庞勋等人戍守边境却擅自返回，如果不加以处罚，以后其他戍边的士兵难免会效法，那朝廷的法度就失效了；二是庞勋等人回来前擅自杀了自己的长官，如果不处罚，以后的将帅难以号令军队；三是庞勋等人擅自打造兵器，又四处抢掠，招亡纳叛，不讨伐他们实在无法惩处这帮恶徒；四是庞勋等人与徐州城内守军都有亲属关系，如果放任他们回来，一旦内外勾结，徐州城会难以掌控；五是庞勋等人现在要挟徐泗军府，如果按他们要求的将尹戡等人免职，会助长他们的嚣张气焰，如果再让他们自己建立新营，那就会让徐州重新回到银刀军时代，但如果不答应他们，他们又会以这个为借口发动叛乱。

崔彦思前想后，觉得害处比难处多，便下定决心以武力对付庞勋等人。当时徐州城里有四千三百人，崔彦曾派都虞侯元密率领三千人出城讨伐庞勋。元密率军出城以后，并没有直接进攻叛军，而是先带人在任山（今江苏铜山区西南）一带设下埋伏，想等叛军进入附近的驿站休息以后再发动进攻。

为了侦察叛军的情况，元密又特意派了一些士兵伪装成附近砍柴的人，在驿站附近观察情况。可惜元密的保密工作做得太差了，驿站里的人提前得知他要发起进攻的消息，竟然提前逃跑了。结果等庞勋等人到达驿站时，发现里面一个人都没有，顿时起了疑心，便开始在附近找人询问情况。这下元密安排的樵夫在这片无人区就显眼了，他们很快就被庞勋等人抓了起来。一番审问之后，庞勋才知道崔彦曾已经派人设下埋伏来打他们了，吓得他们赶紧向南逃跑。直到第二天，元密等人才发现叛军已经向南逃跑了，只能在后面追击。

这时叛军已经跑到了符离（今安徽符离镇）附近，并向宿州（今安徽宿州市）方面进发。原本宿州派了五百个士兵在濉水边上阻挡叛军，结果这帮人一看叛军来势汹汹，没做任何抵抗就逃跑了，叛军顺利渡过濉水来到宿州城下。更糟糕的是，此时宿州城里没有刺史，只有一个观察副使焦璐负责处理事务，可他手下一个兵都没有，无奈之下只得逃走，宿州就这样落入了庞勋手里。

庞勋在宿州自称留后，正式树起了反旗，他随后将城中的财物聚集到一起，让百姓前来随便拿取。当然这也不是白给的，拿的人就必须加入叛军，不然就会被杀。结果一天下来，叛军人数多了好几千。

一直等到第二天晚上，元密等人才率军赶到宿州城下，他们来这么晚倒不是因为不卖力，而是因为焦璐。焦璐此前听说叛军到符离后，就匆忙派人挖开汴水，企图用水淹没道路，阻碍叛军进攻。遗憾的是他的动作实在太慢，水流过来淹路也是需要时间的。叛军到达时水还浅，直接就蹚过去了。反倒是元密等人到达时水已经很深了，根本没法通过，所以只能四处征集船只渡水，浪费了不少时间，而这时叛军已经在城里做好防御准备了。

到达宿州的第二天，元密等人发起了进攻，不过他们运气实在是不好，刚攻城天上就刮起了大风，使得他们的进攻异常艰难。不久后叛军趁着大风射下火箭，引燃了城外的茅草屋，企图用烟阻碍官军的进攻，结果火竟然把官军的帐篷都引燃了。趁着官军阵脚大乱的机会，庞勋率军从城内杀出，一举斩杀官军接近三百人。

庞勋等人虽然取得了小胜，但也知道死守宿州对抗官军终究不现实，便决定弃城而逃。当天夜里，叛军在城中搜集了三百多艘船，将物资粮食全部放在船上，然后顺汴水而下，打算从此流亡山野重做盗贼。在出城前，为了麻痹官军，庞勋特意安排妇女在城上打更，装作他们没有离开的样子，然后才率军离去。既然要做盗贼，那之前朝廷派来的使者张敬思就没有用了。庞勋也没有为难他，反而送了他一千多匹丝绢作为感谢，并派骑兵将他送到汴州东面才让他自己返回长安。

元密等人这时候还不知道庞勋已经跑了，他们原本以为叛军会一直在城里坚守，结果等到第二天才发现城里早就没有叛军了。为了尽快追上庞勋，元密又犯了个错误，他连早饭都没有让士兵吃，就率领全军沿着汴水追击。在元密等人的拼命追赶下，庞勋是追到了，但这时众将士也饿得不行了。

其实庞勋现在也怕得不得了，他本不敢与官军正面交锋，但现在元密等人已经追上门了，实在是跑不掉，他只能硬着头皮率军转身迎战。开战前，庞勋还要了个手段，他留下一千人埋伏在船中，然后率领其他人上岸列阵。两军开战后不久，庞勋就假装不敌，带着人马四散而逃。

元密大喜过望，以为叛军怕了自己，于是下令让官军也分散出击。这下叛军的机会来了，埋伏在船里的人立刻趁势杀出，庞勋等人也回军再战。前后夹击，又累又饿的官军再也抵挡不住，大败而逃。在叛军的追击下，元密连同一千多士兵全部战死，剩下的则全部投降了庞勋。

庞勋很快就从投降的官军口中得到了一个情报——徐州守备空虚，于是赶紧乘胜北上向徐州发起了进攻。徐州城里本就没多少兵马，大败之后这些人又都不愿意抵抗，很快徐州就失陷了，尹戡、杜璋、徐行俭等人连同其家人全部被杀，至于崔彦曾则被囚禁了起来。

随后庞勋又让人伪造了一份崔彦曾请求朝廷诛杀徐州将士的奏章，惹得徐州军民对崔彦曾非常痛恨，转而投降了庞勋。很快，庞勋就在徐州聚集了几万人，他派出自己的党羽分别率军进攻原来武宁军辖区内的泗、濠、宿三州。

自从武宁军一镇被削后，徐泗地区根本就没有多少兵马，哪还抵挡得住叛军的进攻，一时间很多县城都被叛军攻下。庞勋闹这么大也不是想造反做皇帝，他不过是想求一个节度使的旌节。

在攻下徐州后不久，庞勋就派人前往长安奏报唐懿宗，表示自己已经恢复了昔日武宁军的荣光，希望朝廷能任命自己做节度使。朝廷还没有给出答复，徐州人却已经认定庞勋要做节度使了，纷纷前来投奔，就连光州、蔡州、淮州、浙州、兖州、郓州、沂州、密州等地的强盗听说后也不顾路远赶来投奔，希望能赚得一场富贵。

事实证明庞勋等人实在是想多了，他这么明目张胆地造反还妄想要旌节，唐懿宗无论如何都不可能给。不仅如此，唐懿宗还任命右金吾大将军康承训为义成节度使和徐州行营都招讨使，神武大将军王晏权为徐州北面行营招讨使，羽林将军戴可师为徐州南面行营招讨使，征召各藩镇以及沙陀、吐谷浑等族的军队前往徐州讨伐庞勋。

这一次就连历来有支持其他藩镇闹事传统的河朔三镇都觉得庞勋等人闹得实在太过分了，成德节度使王景崇和魏博节度使何全暤都派出了军队前往徐州平叛，卢龙节度使张允伸更是请求让他弟弟张允皋率军前去讨伐叛军，不过唐懿宗考虑到卢龙需要防备塞外各族，最终没有答应，张允伸依然送了五十万石粮食及以二万石盐，为参加平叛各路军队提供物质上的支持。这一次的主帅康承训也不是外人，同样出身于河朔，他的祖父是唐德宗时投降朝廷的成德将领康日知，父亲是担任过淄青节度使的康志睦，他自己也曾担任过义武军节度使。

哪怕这次是朝廷与藩镇一起出力收拾庞勋，战局一开始也不容乐观。因为各路人马还没有到齐，康承训手下只有一万多人，竟然被叛军大将姚周阻挡在柳子（今安徽濉溪县西南柳孜镇），只得率军退到新兴（今安徽涡阳县北新兴）驻扎下来。

此时叛军正在围攻陷入包围之中的泗州，王晏权和戴可师的任务就是前往救援泗州。结果王晏权屡战屡败，戴可师更是不堪，他本来率领三万大军渡过淮河，准备从淮口救援泗州，摆在他面前第一个需要攻克的就是都梁城（今江苏盱眙北）。

当时都梁城内的守军非常少，他们知道抵挡不住官军，便派人出城去见戴可师，请求能够让他们投降朝廷，如果戴可师同意，则先退兵五里，好让他们出城。

这么明显的缓兵之计，但戴可师却上当了，他以为城里人真的会投降，就带着人马退到了五里以外。戴可师这一退，城里的守军就抓住机会全部逃跑了。等到第二天，唐军才发现都梁已经没人了。戴可师不费一兵一卒就拿下了都梁，于是再也不将叛军放在眼里，平日也不再加强防备。很快叛军将领王弘立就带着几万人趁着大雾的机会偷袭都梁城，唐军败得惨烈，除了逃脱的几百人，戴可师等人全部阵亡。

曾经横行河朔的魏博军队也在徐州战场上吃了大亏，当时魏博一万三千人的军队正由大将薛尤率领着围攻丰县（今江苏丰县）。庞勋自然不能看着人家踢自己家门，便偷偷带着军队前去增援。可薛尤的警觉性实在太差了，庞勋都带着人偷偷进了丰县，他竟然都没有发现。

为了尽快打下丰县，薛尤将军队分成了五个营寨，所以每个营寨的兵力都不是很多，庞勋就抓住这个机会连夜从城里杀出，集中兵力攻打最靠近丰县的营寨。薛尤也不能眼睁睁看着自己的营寨被打，他赶紧让其他四个营寨派人前去支援。没想到庞勋早有准备，他提前在要道上设下埋伏，将魏博援兵杀得大败，光阵亡的就有两千人。但一晚过去，庞勋最终还是没能攻下魏博营寨。

原本魏博军队只是小败，还能够整军再战，只可惜魏博军队一贯横行惯了，经历过一场败仗后，看到叛军人多竟然害怕了，他们又听说是庞勋亲自在丰县坐镇，更是被吓得连夜就逃回了魏博。

魏博等各路军队的败绩并没有影响最终的结果，因为他们都不是主角，主角是沙陀人。沙陀是西突厥的一支，原本在西域讨生活，但后来在唐军讨伐阿史那贺鲁时多次大败，只能转而归附唐朝。再往后沙陀先是做吐蕃的雇佣兵，后来又做唐朝的雇佣兵，战斗力极强。所以这次讨伐庞勋时，康承训特意要求沙陀族首领朱邪赤心率领沙陀军随行。朱邪赤心就是日后的李国昌，在他的打击下，叛军主力的王弘立、姚周等人先后大败，最后就连庞勋也死在了沙陀人手上，庞勋之乱就此结束。

在这一战中，还有一位年仅十五岁的沙陀少年随父出征，因为作战骁勇屡立战功，在军中被称为"飞虎子"。同在唐军阵中的河朔诸军只怕都没有想到，不久的将来这个外号叫"飞虎子"的少年将成为河朔地区巨大的噩梦。

庞勋之乱后，大唐帝国的统治者们并没有吸取教训。到唐懿宗死后，他的儿子唐僖宗即位，局面非但没有好转，反而更加恶化了。唐僖宗即位时年龄本来就小，所有军国大事都得依靠臣下处理，但朝臣和宦官偏偏不和，双方吵来吵去始终没有拿出什么对时局有利的措施。

天公也不作美，关东地区连年水旱灾害，地方官不敢上报给朝廷，结果饿死了大批百姓，路上随处都是尸体。百姓们无奈之下只好自谋生路，纷纷自发聚集成盗贼，四处攻城略地，关东地区的唐军根本抵挡不住，反而经常被流寇们打败。在矛盾激化的情况下，乾符元年（874年），王仙芝起义爆发，不久后，另一个起义军将领黄巢与王仙芝汇合一处，起义军的声势开始越来越大。

黄巢是曹州冤句人，家中世代以贩盐为生。不过到了黄巢这一代，他有了新的想法，不愿意再做盐贩子了，而是希望通过读书来光耀门楣。可不知道是黄巢本身才学不好还是其他原因，他几次考试都名落孙山。黄巢认定是因为他没有贿赂朝臣才无法考中，于是留下一首《不第后赋菊》便飘然而去，重新投入到贩私盐的伟大事业中，但他相信总有一天他能够"冲天香阵透长安，满城尽带黄金甲"。

在王仙芝攻下曹州以后，黄巢认为自己等待已久的机会来了，连忙纠集了数千人马投奔王仙芝。双方合兵后，又对外喊出了一句"金色蛤蟆争努眼，翻却曹州天下反"的口号，聚集周围无法生存的百姓，短时间内拥有了上万人马。直到这时朝廷才发觉流寇已经控制不住了，便对他们展开了长期的绞杀活动。

尽管唐军一度大败起义军，就连王仙芝都战死沙场，逼得黄巢不得不率军远走广州，然而不久后黄巢就卷土重来。他从广州一路北上，终于在广明元年（880年）十二月十三日攻下了长安，逼得唐僖宗不得不逃往蜀地避难。很快黄巢就在长安称帝，改国号为大齐，年号为金统，然后分封群臣，并派人招降周围的藩镇。

对于这位金统皇帝，河朔诸镇都是不买账的，他们根本没有将这个忽然冒出来的土皇帝放在眼里，其中又以成德节度使王景崇表现最为激烈。

王景崇就是昔年成德节度使王元逵的孙子。王元逵死后，王景崇的父亲王绍鼎就继承了节度使的位置。王绍鼎与父亲、祖父都不一样，他喜欢吃喝玩乐，为人又非常残暴，每天最喜欢干的事就是跑到门楼上用弹弓打往来的路人，惹得成德军民对他非常不满，都想找机会把王绍鼎从节度使的位置上赶下去。大概是平日里坏事干太多了，还没等成德将士发动兵变，王绍鼎就先一步被老天爷收了去。

王绍鼎死后，儿子王景崇还年幼，当时的皇帝唐宣宗便让王元逵的次子王绍懿做了成德节度使。几年后，王绍懿也病死了，他死前将节度使的位置还给了侄子王景崇。王绍懿临死前还特意将侄子叫到跟前嘱托："我哥哥临死前将成德托付给我，想让我等你成年后再将位置让给你。现在我病成这样，只怕是活不了了，你虽然还年轻，但也要勉力承担这个重担了。只要你能与周围藩镇和谐相处，对上能够恭顺侍奉朝廷，我王氏基业定不会毁于一旦。"

王景崇果然没有让叔父失望，他担任节度使后将军务全部委任给幕僚宾客，亲属一概不得以私人关系任职，很快就让成德度过了权力交接的动荡时期。因为王绍鼎、王绍懿兄弟都是寿安公主的儿子，他们这一系人对朝廷都非常恭顺，王景崇也不例外，庞勋兵变时，他也曾派兵前去协助朝廷平叛。黄巢使者到达镇州时，王景崇才知道唐僖宗已经被迫流亡蜀地，他心中悲愤，不由得大哭起来，然后让人将黄巢使者砍了。

为了避免河朔其他藩镇被黄巢拉拢，王景崇又赶紧派人四处游说，让他们千万不要倒向黄巢，并希望各镇能派兵帮助朝廷平叛。时任义武军节度使的王处存很快就响应了，他不但要派兵勤王，还要亲自带人去关中参战。

与王景崇不一样，王处存并非河朔出身，他从小在长安长大，家中世代都在神策军中任职，他父亲王宗甚至遥领过兴元节度使。王宗是一个善于做生意的人，在他的经营下，王家十分富有，堪比王侯，王处存就是在这种环境下长大的。

黄巢攻入长安时，王处存也刚到义武军上任不久，他听说天子出逃的消息后，痛哭不已，然后亲自率领本部人马前往关中。在路过镇州时，王处存与王景崇商量了一番，最终决定让王景崇留下，防止河朔生变，王处存则率领义武、成德两镇联军前往关中勤王。与此同时，他们俩还派出使者不远万里前往蜀地拜见唐僖宗，并将两镇的赋税贡品运往蜀地。

王处存的南下之路也是异常艰难，他穿越太行山后很快就遇到了拦路虎河中府（今山西永济市）。河中府扼守黄河要道，是从山西渡河前往关中的最快路途，所以唐肃宗时期就设置了河中节度使专门镇守此地。黄巢攻入长安以后，河中节度使李都接受了伪齐政权的任命，反过来阻挡前往关中增援的唐军。

就在王处存以为要打一场苦战时，河中节度副使王重荣站出来赶走了李都，重新投入唐朝的怀抱。随后王重荣就和王处存一起在河中府结成同盟，发誓要为朝廷消灭叛贼，然后向四处传檄，召集各路勤王的军队前来汇合。

不久后，凤翔节度使郑畋在龙尾陂（今陕西岐山县境）大破以尚让为首的齐军主力，各路唐军便乘胜进驻到长安附近，准备对长安发起反攻。短短数日，唐弘夫进驻渭北（治今陕西省黄陵县西北隆坊镇），王重荣进驻沙苑（今陕西大荔县附近），义武军节度使王处存进驻渭桥（故址在今陕西咸阳市附近），夏绥节度使拓跋思恭进驻武功（今陕西武功县），郑畋也统率各路大军进驻盩厔（今陕西周至县），他们在短时间内完成了对黄巢的包围。

这时候黄巢在长安可以说是内忧外患，外面有唐军，他在长安城内也非常不得人心。齐军刚进入长安时，尚让对长安百姓宣传："黄王起兵，本为百姓，我们和李氏不一样，你们只管安居乐业。"齐军将士经过纵横南北的抢掠后，大多比较富有，刚进城时不但秋毫不犯，见到穷人还会施舍钱财。只可惜没过多久齐军就故态萌发，在长安城里大肆烧杀抢掠，长安百姓再也不相信他们的鬼话了。龙尾陂之战后，有人在尚书省大门上写了一首诗嘲笑齐军，惹得尚让勃然大怒，他竟然下令将长安城里会写诗的三千多人全部处死，长安百姓也因此对他更加不满了。

不久后，唐弘夫携龙尾陂之战获胜的余威进逼长安，攻克了咸阳（今陕西咸阳市），并在渭水再次击破尚让。这下黄巢也心虚了，半夜还经常有百姓大喊："王师到了！"弄得齐军将士惧怕不已。无奈之下，黄巢只得率军退出长安向东撤退。黄巢走后，程宗楚率先从延秋门进入长安，唐弘夫也随之进入了长安。

王处存得到消息后，他立刻从部下中挑选出五千精锐，让这些人全部穿上白色衣服以方便辨认，然后连夜进入了长安。作为本地人，王处存率军入城后遇到了很多以前认识的人。这些人历经战火摧残，好不容易活了下来，见王处存率军到达，都情不自禁地大哭了起来，不少长安子弟都自发穿上白衣拿起武器加入了唐军的队伍。原本长安可以就此收复了，只可惜这一切却让唐弘夫和程宗楚毁掉。

作为龙尾陂之战的大功臣，唐弘夫和程宗楚因为害怕其他人分功，所以并没有通知郑畋等人自己已经进长安的消息，这就导致除了离得最近的王处存之外，其他各路人马根本不知道情况。原本长安城的老百姓看到唐军入城后非常高兴，他们纷纷夹道欢迎，甚至还有人用石头砸逃走的齐军，并将箭矢捡给唐军。

只可惜长安百姓实在是错看了唐弘夫这帮人，他们也不比齐军强到哪里去。

齐军退出长安后，唐弘夫等人立刻将军队解散，开始在长安城里四处抢掠。唐弘夫没料到的是，黄巢还舍不得长安城，此时根本没走远，正在灞上看着呢！黄巢见唐军忙着抢劫，立刻率军发起反攻，城里的唐军根本组织不起有效的抵抗，很快就败给了齐军。

因为抢的东西太多，不少人跑不动路，所以都被齐军斩杀了，唐弘夫和程宗楚也阵亡在军中。剩下的王处存一军人数太少，很快就不敌黄巢大军，王处存只得率领残部逃了出去，然后在渭桥坚守下来，不敢再次出击。黄巢进入长安后，愤怒于长安百姓对唐军的帮助，再次纵兵屠杀，长安城又一次血流成河。

就在唐军发起对长安的反攻时，魏博也开始行动了，此时的魏博早已不是何氏的天下了。自从魏博军队在丰县兵败后，何全暭就大失人心，惹得魏博将士对他非常不满。偏偏何全暭也不是什么好人，喜欢随意杀人，手下人只要犯了一点小错就会被他杀掉，弄得魏博将士人人自危。丰县兵败后不久，魏博开始流传一个小道消息，说何全暭因为这次兵败的事，觉得魏博将士不肯卖力，想削减军饷以做惩罚。魏博众将觉得以何全暭的性子还真能干出这种事，既然如此他们也不再犹豫，直接杀入节度使府将何全暭砍了，然后拥立韩君雄为留后。唐懿宗对于魏博的这些烂事也不怎么想管，不但让韩君雄做了魏博节度使，还给他赐了个名字叫韩允忠。黄巢攻入长安时，韩允忠已经死了，新任节度使是他的儿子韩简。

韩简之所以要出兵，倒不是因为对朝廷多忠心，想去勤王，而纯粹是看黄巢眼热。他觉得黄巢一个草寇都做了皇帝，自己手底下有六州的精兵，不做皇帝实在是浪费了，于是有了趁机自立的想法。有了这种想法之后，韩简的目标就不再是关中，而是南面的河阳节度使。

河阳节度使本就是唐朝设置在黄河边遏制魏博向南发展的，早就是魏博的眼中钉了，现在自然成了韩简扩张地盘的首选。更有意思的是，此时的河阳节度使也不是唐朝的官员，而是黄巢任命的诸葛爽。

要论起来，诸葛爽的造反资历比黄巢还老。他一开始是跟着庞勋混的，看到庞勋快完了才归降了朝廷，结果得了一个汝州防御使的官职。黄巢入关时，诸葛爽原本是带着人马入关勤王的，结果一看长安都丢了，干脆就占据河阳投降了黄巢。黄巢一看诸葛爽这么识相，大喜过望，立刻就任命诸葛爽做了河阳节度使。

事实证明光靠诸葛爽的杂牌军还抵挡不了魏博军队，他一转眼就在修武（今河南省修武县）被韩简打得大败。这下诸葛爽连河阳都不敢要了，直接弃城而逃做了流寇，白白将河阳让给了韩简。

得到河阳之后，韩简野心越发膨胀起来。他先带人去北面的邢州、洺州洗劫了一番，然后便南下进攻郓州，准备将天平军也兼并了。

天平军节度使原本是老将曹全晟，但这时他早已经在关中战死，留守郓州的只是他的侄子曹存实。因为曹全晟将不少天平军将士带去了关中，郓州此时的军队并不多，曹存实与韩简交战后不久就被打得大败，他自己也战死当场。幸好天平军将领朱瑄站了出来，他汇集了败逃的天平军士兵重新在郓州坚守下来，韩简一直打了几个月都没能攻下。

就在韩简攻打郓州时，后方又起火了——流亡的诸葛爽又带着人杀了回来。原本韩简在河阳是留有部队防守的，但无奈领军的将领赵文玣实在不是什么人才，他看到诸葛爽带了一千多人杀回来后，居然一下子就怕了。最终还是诸葛爽出了点酒肉，象征性地犒劳了魏博军队一番，赵文玣才带着人跑回了魏州。

韩简这时候还不知道诸葛爽已经回来了，他眼看打不下郓州，竟然萌生了率军入关与唐军、齐军争雄的想法，以图一举成就霸王之业。只可惜其他魏博将士可不像韩简那么想，他们都觉得入关太不靠谱，再三劝阻韩简。在韩简屡次拒绝之下，部将乐彦祯干脆煽动魏博牙兵一起先逃回了魏博。

乐彦祯走后，韩简手下虽然还有八万人，但大都是临时招募的，远不能与牙兵那种精锐相比。按理说这时候韩简应该先带人返回魏博才对，但他偏偏被自己的野心遮蔽了眼睛，居然还一心带人往关中进发，结果走到新乡（今河南新乡市）就被诸葛爽突袭了，全军死伤无数，韩简被迫单骑逃回魏州，走到半路就病死了。韩简一死，乐彦祯便顺势做了魏博节度使。

韩简败亡后不久，黄巢在长安也待不下去了，不为别的，只因为昔年的"飞虎子"李克用又回来了。

这位十五岁就击破庞勋的猛人再次展露出强大的军事才华，在梁田坡（今陕西渭南市西）将齐军主力打得大败，逼得黄巢不得不逃出长安，黄巢就此踏上了不归路。在李克用的屡次打击下，黄巢最终死于狼虎谷（今山东省济南市莱芜区

西南)。

  黄巢的败亡,对于河朔诸镇来说却并不是一个好消息。战后李克用因功被封为河东节度使,率军驻守太原。此后便是未来河朔诸镇最强大的敌人——年轻的"飞虎子"的主场。

河朔落幕

三角进攻——河朔共抗李克用

中和四年（884 年）七月，河东节度使李克用带着一腔怒火终于返回了太原，他返回河东的第一件事就是大规模招募、训练军队，修整武器和盔甲，为的就是将宣武节度使朱温千刀万剐。

李克用就是沙陀族首领李国昌的儿子，十五岁便参加了讨伐庞勋的战役，因为作战勇猛而被人送了一个"飞虎子"的江湖诨号。中和四年，唐军便是在李克用的率领下成功击败黄巢，收复了大唐帝国的首都长安。因为李克用的一只眼睛稍微小了些，所以又被人送了一个"独眼龙"的外号。收复长安以后，唐僖宗钦点李克用为功臣之首，让他去大唐王朝的龙兴之地太原担任河东节度使，不过李克用并没能在太原待多久。

当时南面的忠武军节度使田从异、宣武军节度使朱温、感化军节度使时溥、陈州刺史赵犨便一起派使者前来向李克用求救，他们都被退出关中的黄巢搅得走投无路。李克用不愧是为唐朝平叛的好战士，他二话不说就率领大军南下，一路将黄巢打到穷途末路。

可就在李克用回来的路上，朱温借着在汴州（今河南开封市）宴请李克用的机会，设下伏兵企图在上源驿将李克用一举诛杀。最终李克用几乎折损了随行的所有人员才侥幸回到太原，他心中对恩将仇报的朱温愤恨到了极点，不但自己大规模练兵，还不断上奏朝廷请求让他带人南下讨伐朱温。

李克用的大规模扩军备战并没有把远在汴州的朱温吓到，反而把卢龙节度使李可举、成德节度使王镕、大同节度使赫连铎三人吓坏了。

这些年以来，卢龙比成德、魏博两镇低调了许多，无论是庞勋之乱还是黄巢起义，都没有出现卢龙的身影，这倒不是因为卢龙平静无事，而是因为它内乱太多自顾不暇。自从张仲武之后，卢龙已经换过好几任节度使了，换帅的频率便是以牙兵骄横著称的魏博也瞠乎其后。

张仲武死后，按照河朔的惯例，应该由他儿子张直方接任卢龙节度使。不过张直方因为在幽州干的坏事太多，害怕自己上任会被卢龙将士报复，于是借着打猎的名义跑到长安去讨生活了。张直方一跑，卢龙将士就拥立幽州将领周綝为留后，可惜没过一年周綝就得病死了，他死前举荐部下张允伸做了卢龙节度使。张允伸时代算得上是卢龙最后一段稳定时期，他在任二十三年，卢龙内部年年丰收，外部也没有战事，百姓生活非常安定。

张允伸死后，他儿子张简会在留后位置上还没混多久，就被卢龙老将、平州刺史张公素带人踢了出去，只得跑到长安混日子，节度使又换成了张公素。张公素性情残暴，经常虐待士卒，因为他眼睛里的眼白比较多，所以被人送了一个"白眼相公"的名号。借着张公素不得人心的机会，幽州将领李茂勋觉得机会来了，准备趁机将张公素踢走。

李茂勋原本是回纥人，在张仲武击败回纥时才归降卢龙，因为擅长骑射而被张仲武重用。由于加入卢龙军不久，李茂勋也知道自己在幽州时间还短，资历不足以威慑卢龙将士，便偷袭杀死了在卢龙军素有威望的纳降军使陈贡言，然后打着他的旗号率军前往幽州攻击张公素。这一次张公素没能抵挡住李茂勋的进攻，只能跑到长安讨生活，李茂勋便顺势做了卢龙节度使，李可举就是李茂勋的儿子。

成德节度使王镕则是王景崇的儿子，王景崇还没看到收复长安就病死了，只留下了一个十岁的儿子王镕，成德将士就拥立王镕做了节度使。

至于赫连铎，他是吐谷浑首领，还是靠当年打沙陀人发家的。

李可举等人之所以害怕李克用，一方面固然是因为河东的强大，李克用甚至将昭义军节度使孟方立踢到了太行山以东，在泽州、潞州搞了个新的昭义军，让堂弟李克修做了节度使，其野心可谓是路人皆知；另一方面则是因为他们与李克用早有过节。

原本在平定庞勋之后，李国昌就被任命为振武军节度使，李克用也被任命为云中防边督将，可谓是荣宠一时。乾符三年（875年），时任云州防御使的段文楚因为克扣士兵军饷，惹得云州将士非常不满，众人便在李存璋、薛铁山、康君立等人的带领下找到了李克用，希望他能带领大家出头干一番大事。年轻气盛的李克用毫不犹豫就答应了李存璋等人，他很快就带人将段文楚赶了出去，然后自封为留后，并派人前往长安索要旌节，这就是著名的"云中兵变"。

可惜朝廷不但不买账，还派了大批军队前来讨伐，这里面就有李可举的卢龙军和赫连铎的吐谷浑部队，他们在中唐名将李晟的孙子、招讨使李琢的率领下，成功将李国昌、李克用父子打得大败，两人只好跑到塞外鞑靼部处吃风沙去了。

赫连铎也是在这一次立下了战功，混到了大同军节度使的职位。

为了防止李克用死灰复燃，赫连铎甚至还想赶尽杀绝，特意派人前往塞外贿赂鞑靼人，希望他们能够替自己将李克用干掉。可惜赫连铎没有料到，李克用的箭术实在太高超了，他靠着这一手绝活竟然逼得鞑靼人不敢动手，最终还等到了朝廷赦免的诏书，让他率军对付黄巢。

眼看着当年没被打死的李克用现在越来越强大，何况当年同样参战的昭义军已经被李克用搞残了，李可举和赫连铎自然更加担心会遭到报复。

经过一番商量，李可举、赫连铎、王镕三人达成了共识——干掉李克用，不然大家都没好日子过了。不过他们还是害怕李克用的强大，也不敢直接找李克用麻烦，于是最终把目标定在了义武军节度使王处存身上。

王处存才是实实在在的冤枉。他本来与李可举三人一点过节都没有，大家都在河朔地区讨生活，一直以来相处也算和睦，此时被集火无非是因为王处存收复长安时与李克用是关系非常好的战友，王处存的侄子王郜更是娶了李克用的女儿，双方又有姻亲关系，这一切自然让李可举等人觉得义武和李克用是一伙的。再加上义武军一直以来都是朝廷的人，与河朔三镇历来格格不入，早就是李可举等人的眼中钉了，现在自然乐得趁机把义武修理一顿。他们甚至已经做好了瓜分义武的准备——由成德占据定州，卢龙占据易州。

要开打总得有个理由，总不能说王处存效忠朝廷便要挨打吧。思来想去，李可举等人还真想出了一个名号，他们号称易州、定州在战国时期就是燕国和赵国的地盘，他们现在要收复失地。李可举等人也不管这个所谓的失地到底有多久远的历史，有名号就可以了。

按照他们的计划，由李可举派部将李全忠率领六万卢龙军进攻易州，王镕派成德军进攻定州的无极（今河北无极县），至于赫连铎则负责带人袭扰太原，以防止李克用出兵救援。这个计划从表面上看非常完美，三方分工非常明确，既有主攻又有牵制，但问题来了——赫连铎不干了。

按照计划，最终打胜以后，李可举得到易州，王镕得到定州，赫连铎一无所获反而还要面对最强大的李克用。虽说他与李克用确实过节很深，但他也不愿意做这种活靶子，所以根本就没有出兵骚扰河东。

这个计划的另一个失误就是，李可举等人实在是太小看义武军的战斗力了，在六万卢龙大军的围攻下，易州竟然坚守了一个多月。李全忠对此毫无办法，最后还得靠卢龙将领刘仁恭拿出看家本领。

刘仁恭这位未来幽州的霸主，此时还只是一员小将，但他有一个绝活，那就是擅长挖洞，人送外号"刘窟头"。眼看易州久攻不下，刘窟头便把自己的绝活拿了出来，带人偷偷从城外挖了一条地道到城里，然后带着军队顺着地道潜入城中，这才里应外合将易州拿下。

易州虽然拿下了，但李全忠等人用的时间实在是太长了。另一路的成德更惨，到现在还被卡在无极，连定州的影子都没看到。就在这段时间里，王处存终于做好了反攻的准备，李克用也从河东亲自带人过来了。随后王处存就将成德方面的敌人交给了李克用，自己则亲率大军前往夺取易州。

由于赫连铎没有出兵，成德军做梦也没想到李克用居然这么快就越过了太行山，直奔无极而来。成德军惊慌之下竟然连交手都不敢，直接从无极跑了。不过在河东大军面前，要跑也没那么容易。成德军才退到新城（今河北高碑店市）就被李克用追上了，还没招架几个回合就丢了城，剩下的人只好继续逃跑。在河东军的继续追击下，成德军跑到九门（今河北九门乡）时又被追上了，再次挨了一顿暴揍，剩余的人这才跑回镇州。几战下来，成德光阵亡的人就有一万多，还顺带送给了河东一千多匹战马，可谓是亏到家了。

比起成德，卢龙这边被打得更惨。在拿下易州之后，李全忠觉得自己已经圆满完成了任务，就渐渐放松了警惕，对易州的防范也逐渐松弛了下来。某天深夜，卢龙守城的士兵忽然发现，城外不知道从什么地方跑来了几千只羊，于是他们立刻打开城门，争先恐后地出城抢羊，企图发一笔横财。但他们忽略了一个问题——大半夜的，怎么可能凭空掉下这么多羊？

等卢龙军队跑到"羊群"面前时，"羊"终于露出了真面目。这哪是什么羊，分明是披着羊皮的义武士兵！可怜很多卢龙士兵为了发财连武器都没带，在义武军的猛攻下顿时大败。王处存埋伏在城外的其他军队也一起发起猛攻，不但将出城的卢龙军队全歼，还乘胜攻入了易州城内。此时易州守城的军队都出城抢羊去了，城里的士兵大多还在睡梦之中，对义武军的猛攻毫无还手之力，李全忠只得把粮食辎重全部扔掉，这才得以带着残部逃出易州。

这次轮到李全忠发愁了，他打了这么大的败仗，回去肯定免不了要被李可举收拾，甚至可能连小命都保不住。李全忠思前想后，索性一咬牙带着残余人马反攻幽州，打算除掉李可举自己单干。李可举手里的军队之前全给李全忠了，他做梦也没想到李全忠竟然会造反，最后只得率领全族自焚。李可举死后，李全忠顺势做了卢龙节度使，第一次"三英会克用"就这么狼狈结束了，成德、卢龙都损失惨重，不过李克用忙着去救王重荣，也没有再理会这两镇。

大顺元年（890年），昭义军终于彻底完蛋了。这些年在李克用的不断打击下，昭义的日子一直很难过，虽然有朱温等人的支持，却依然没能挽回败局。在此前一年，昭义军节度使孟方立被打得喝药自杀了，昭义军只能拥立他侄子孟迁担任留后。孟迁靠着汴军将领王虔裕的疑兵之计勉强撑了一年，到这时终于撑不住了，被迫带着洺、邢、磁三州投降李克用，昭义军至此完全被河东占据。

解决完昭义之后，李克用果然开始找老朋友们兴师问罪，他第一个找的就是当年一心想害死他的赫连铎。

赫连铎此时只怕为当年没有和李可举等人一起进攻悔青了肠子。在河东军的攻击下，他很快连云州的东城都丢了。无奈之下赫连铎只好派人向老朋友卢龙求援。此时的卢龙节度使已经不是李全忠了，而是他的儿子李匡威。

李匡威为人性格豪迈，一直以来都有争雄天下的野心，大概因为平时太过横行无忌，他还被人送了个"金头王"的江湖名号。在接到赫连铎的求援之后，李匡威本着唇亡齿寒的原则，立刻率领三万大军前往增援。在随后云州城下展开的大战中，李匡威竟然被打得大败，卢龙军队伤亡惨重。不过李克用这边的损失也不小，他手下的邢洺团练使安金俊在激战中中箭身亡。

就在李克用准备再接再厉一举拿下云州之时，他的后方出事了。事情还得从李克用攻下邢州说起。

李克用回军时路过潞州，因为担任昭义节度使的堂弟李克修没有做好迎接的准备，他一怒之下对着李克修就是一顿打骂，结果李克修竟然因为这个忧郁而死。无奈之下李克用只好让弟弟李克恭担任昭义节度使。

潞州自从被李克用占据后，一直是李克修坐镇，他在当地非常得人心，现在忽然间死于非命，潞州人对此都非常愤慨。再加上李克恭这个人不懂军事又横行无忌，惹得潞州军队逐渐上下离心。与此同时，李克用赏罚不公也让潞州将士非常不满。李克用当年之所以能攻下潞州，是因为有武乡镇使安居受等人私下传信求援，并在大战时担任内应，最终才打得孟方立被迫让出山西两州。没想到等孟迁投降后，他手下的将领们的官职反而比安居受等人高，这让安居受等人非常不满，时刻想着要报复，而机会很快就来了。

李克用在攻打云州时，因为兵力不足，于是向各州召集军队。当时潞州有一支叫作"后院将"的精兵，李克用就让李克恭挑选五百名后院将里面的骁勇之士送到太原。李克恭很快就选好了人，然后让部将李元审和潞州小校冯霸一起带人前往太原。

潞州将士当然不愿意为太原人卖命，走到铜鞮（今山西沁县）时，他们长期以来积蓄的愤怒爆发了，在冯霸的带领下揭竿而起，然后一起杀回潞州。李元审想阻止却反被打伤，只得先行逃回潞州。

不久后，李克恭到李元审家中去探问伤势，安居受趁机带人作乱，将李克恭和李元审全部杀死，然后自称留后，并派人向朱温投降。不过安居受也没能撑多久，他因为自己兵力不足就派人去请冯霸回来，没想到冯霸不肯来，安居受只好弃城而去，结果半道上就被人杀了。安居受一死，冯霸立刻率军进入潞州，自称留后。

看到李克用后院起火之后，赫连铎和李匡威就高兴了。为了一举消灭河东，他们赶紧上书请求唐昭宗派人讨伐李克用。朱温也趁机上奏朝廷凑了个热闹，他表示："李克用这个人早晚会成为国家的祸害，现在他又在河北横行，好不容易遇到了危机，我请求出兵与河北三镇一起灭了他，只希望陛下派个大臣来担任统帅。"

唐昭宗原本就对李克用不满，这时又见灭掉叛贼秦宗权的大功臣朱温上奏请求讨伐李克用，不由得动了心。再加上宰相张浚和孔纬等人也一再请求出兵，唐昭宗终于下定决心，他下令剥夺李克用的一切官职爵位，然后任命张浚为河东行营都招讨制置宣慰使，京兆尹孙揆为昭义节度使、宣慰副使，镇国节度使韩建为都虞侯兼供军粮料使，同时任命朱温为南面招讨使，镇州的王镕为东面招讨使，李匡威为北面招讨使，赫连铎为北面招讨副使，一起向河东发起进攻。

此时的潞州已是战火连天。早在安居受死时，朱温就已经派遣了河阳留后朱崇节率军进入潞州担任留后。李克用在知道朱温出兵后，也立刻派出一位大将前往收复潞州，这个大将就是李存孝。

李存孝在传说中非常有名，在《残唐五代史演义》中是无敌的存在，有"王不过项，将不过李"一说。历史上的李存孝也非常勇猛，他本名安敬思，被李克用收为义子而改姓李，为人骁勇善战，勇猛绝伦，每次作战都担任先锋，罕逢败绩。此次派出李存孝和康君立，足见李克用对潞州的势在必得。

朱温看到朝廷和李克用出兵后，他也赶紧再次派出人马前去支援，而被派去最前线潞州的正是有"山东一条葛，无事莫撩拨"之称的猛将葛从周。葛从周接到命令后，立刻率领一千名骑兵连夜越过壶关，出其不意地突破了河东军的包围圈进入潞州城内。

为了策应潞州的战局，朱温派李谠、李重胤、邓季筠三人率军前去围攻李罕之据守的泽州，并让张全义和朱友裕两人率军驻扎在泽州北面，以便随时能增援葛从周。一切部署完毕后，朱温便上奏唐昭宗："我已经派人守住了潞州，请快点让孙揆前来赴任。"张浚接到消息后，也害怕朱温占了昭义，赶紧分出两千人让孙揆带着前往潞州上任。

不久后孙揆就带着张浚的两千人和自己本部的一万人从晋州出发了，准备越过刀黄岭直奔潞州。没想到李存孝早已收到了消息，提前带着三百精锐骑兵埋伏在长子（今山西长子县）的西崖附近。孙揆毕竟是个文人，没什么带兵打仗的经验，他率领的大军看似浩浩荡荡，实际上却是混乱不堪，等走到刀黄岭时，连前后阵型都乱了。

李存孝敏锐地把握住了这个机会，他率领所部骑兵忽然杀出，官军措手不及，被冲得七零八落，余下的人纷纷四散而逃。在李存孝的追击下，官军自相践踏，无数人被挤落悬崖，孙揆和赐给旌节的使者韩归范都被擒获。李存孝还押着孙揆和韩归范到潞州城下，对城内的葛从周等人喊道："朝廷任命孙尚书为潞州节帅，又让韩天使前来赐给旌节，葛仆射还是早点回开封去，让孙尚书入城接管潞州。"葛从周等人对此当然毫不理会，李存孝只得把孙揆等人送去太原交给李克用发落。

李克用本来想让孙揆担任河东节度副使，哪知道孙揆非但不领情，反而骂道："我是天子的大臣，兵败而死是职责以内的事，怎么可能帮你这个叛贼做事？"这下把李克用惹怒了，他立刻让人用锯子把孙揆锯死，结果半天都没锯进去。孙揆曾经受命监斩过秦宗权，大概对刑罚有几分研究，他对着行刑之人大骂道："你们这些死奴才，不知道锯人要先用木板把人夹住吗？"李克用听后更加恼怒，于是立马让人用木板把孙揆夹住，然后把孙揆锯成了两段，但孙揆到死也没向李克用求过饶，可以说是一个铁骨铮铮的真汉子了！

刀黄岭大胜，泽州却深陷危险之中，不过李罕之也曾是占据一方的枭雄，汴军虽然攻势凶猛却拿他死活没办法。无奈之下，汴军想了个主意，他们每天对着城里的李罕之喊话："你倚仗的无非是河东而已，现在张宰相正率军去围攻太原，葛仆射已经进了潞州，不久之后只怕那帮沙陀人想找个洞穴躲起来都做不到，你还有什么活路呢？不如早点开城投降。"李罕之哪肯开城向朱温投降，只一面守城，一面派人向李克用求援。

李克用接到消息后，再次派李存孝带着五千骑兵前往泽州解围。李存孝到泽州后就听说了汴军的喊话，第二天一大早就带着五百精锐骑兵绕着汴军的军营大喊："我就是你们之前所说要找洞穴躲起来的沙陀人，现在我想用你们的肉来犒赏将士，你们可以把长得肥的人派出来送死。"李存孝的这番话把一个人惹火了，那就是汴军中号称骁将的邓季筠，他听完立刻带着军队出营迎战。李存孝见真有人来送死，心里大喜，立刻当先向汴军杀去。

事实证明李存孝的勇猛真不是吹的，一战之下汴军大败，不但邓季筠被生擒，还连带多赚了一千多匹战马。邓季筠一败，剩下的汴军士气大跌，李谠、李重胤知道打不过，赶紧连夜带着人撤退。只可惜想撤退也没有那么容易，李存孝得知汴军撤退后，立刻就和李罕之一起率军追击，结果在马牢山（今山西晋城市南）追上了李谠一行。一场没有任何悬念的战斗就此打响，正想着跑回开封的汴军哪里抵挡得住追来的河东军，李谠、李重胤等人折损了一万多人才得以逃脱，被李存孝一直追击到了怀州。

随后，李存孝乘胜再次攻打潞州，葛从周已经知道泽州兵败的消息，他再留下来也没有什么用处，于是和朱崇节一起弃城而逃了。朱温看着败退逃回的众将，内心非常愤怒，不过他此时的重点还是郓州和兖州，对河东实际上也只是凑个热闹，最终只斩了李谠和李重胤两人就不再理会。

朱温虽然不玩了，但北面的李匡威和赫连铎两人却闹腾开了。李匡威率军攻下了蔚州，生擒刺史邢善益；赫连铎也引来吐蕃、黠戛斯等少数民族而攻下了遮房城（今山西五寨县西北三十里五王城），斩杀遮房军使刘胡子。李克用当然不能放任他们这么猖獗，赶紧派最信任的将领李存信带人出击。李存信和李存孝虽然名字只差了一个字，本事却差了十万八千里。

李存信本名张污落，也是回纥人，他除了像一般胡人一样擅长骑射外，语言天赋极强，通晓四种外族语言，因为很早以前就在李克用手下做事，所以深得李克用信任。这一次蔚州遇到危险，李存孝等人又脱不开身，李克用就把李存信派出来，希望他能展示一下自己的能力。

事实证明，李存信虽然有语言天赋，但打仗实在是外行，最后竟然被赫连铎等人击败，只得带着残部狼狈逃回了太原。李克用看到这种情况真是气不打一处来，但眼下李存孝等将领还在南面对抗张浚的大军，根本无法回援，他自己又必须在太原坐镇，所以再生气也只能加派兵马，让李存信前往北面收拾残局。不过李克用也知道李存信不能打，所以这一次还特意给他安排了一个能打的副手，这个副手就是未来的后唐明宗皇帝李嗣源。

李嗣源本名邈佶烈，在被李克用收为义子后才改名为李嗣源，他与李存信正好相反，不怎么喜欢说话，但非常能打，用他自己的话说就是："你们这些人打仗只会耍嘴皮子，我却独独喜欢用手去收拾敌人。"有了这样一位副手之后，北线的情况顿时大变，河东军一举将李匡威等人击破。李克用此时也率领大军赶到，将李匡威、赫连铎打得大败而逃，斩杀的敌军多达上万人，就连李匡威的儿子、武州刺史李仁宗和赫连铎的女婿都做了俘虏。没了北面的李匡威、赫连铎之后，张浚率领的中央军就更难与河东对抗了，更何况他后面还有杨复恭等人在扯后腿，所以很快就败下阵来。

这一场声势浩大的讨伐行动之所以会失败，除了张浚志大才疏和朱温表现不积极外，还有一个很大的原因是河朔诸镇不配合。不要提李克用的亲戚王处存，就连朱温口中的河北三镇也只有卢龙一家行动。魏博节度使罗弘信本来就没有接到朝廷出兵的旨意，那时他又正在南面与朱温大打出手，不出兵也不奇怪，耐人寻味的是被任命为东面招讨使的王镕也没动静。

原因其实也非常简单，这位河北铁三角的成员在看到河东势力强大以后，早已暗中倒向李克用了，他甚至在河东攻打孟迁时还提供过粮食物资援助，指望他出兵讨伐河东简直是天方夜谭。更何况魏博、成德两镇一贯对于官军进入河北甚为忌惮，对他们而言，无论是唐昭宗还是李克用，都是威胁他们的存在，所以在张浚出兵以后，这两镇不要说派兵，连粮食都没给一粒。

朝廷的威胁解除后，李克用很快就展开了他的报复行动，张浚等人都被赶到外地去做了刺史，他很快就把下一个目标对准了北面的赫连铎。首先找上赫连铎除了因为赫连铎与李克用结仇比较深外，还有个重要的原因，那就是赫连铎最弱。

赫连铎原本就只有一州的地盘，前不久还先后在李克用手里吃了两次败仗，早已元气大伤。为了能一举除掉赫连铎，李克用还玩了点手段，他派猛将薛阿檀带着少数骑兵前去挑战，自己则率领大军偷偷埋伏在外。赫连铎看到薛阿檀手下兵少后果然上当，还以为是报仇的好机会，立刻率军出城迎战。薛阿檀自然不会蠢到真的和赫连铎正面对抗，他刚交手就假装不敌率军后撤，赫连铎不肯放过，结果就进了李克用的埋伏圈。

一番激战之后，赫连铎再次大败，只好率领少数人马逃回了云州，李克用也乘胜率领大军将云州包围起来。这几次的损失下来，赫连铎此时连防守都困难，根本无力再抵挡河东军的进攻。很快云州的粮食就吃完了，赫连铎只得逃回自己的老家吐谷浑部落，然后转道幽州投奔盟友李匡威，而云州则落入了李克用手里。

解决掉赫连铎后，李克用就把目标对准了下一个人，这个人并不是一贯与李克用作对的李匡威，而是一直以来甘心为河东提供后勤援助的王镕。理由很简单，经李存孝举报，王镕其实是个骑墙派，除了讨好河东外，暗地里和朱温也有所勾结。众所周知，朱温一直以来都是李克用最痛恨的死对头，王镕既然敢靠拢朱温，明显就是不给李克用面子，这还不打，那李克用就白叫独眼龙了。

王镕怎么也没想到李克用这么快就找到了他头上，他也只得派出军队前往抵挡。当时李存孝正率领军队在攻打临县（今河北临城县），王镕派的五万成德军便驻扎在临县东北的龙尾冈（今河北临城县西北），与城内形成掎角之势，企图里应外合打李存孝一个措手不及。

可惜，这次来的可不止李存孝一个人，李克用也亲自率领大军在附近驻扎。

他见成德军出动后便派出李存审、李存贤二人率大军前去攻打龙尾冈，成德军猝不及防，被打得大败，伤亡数以万计。随后河东军乘胜攻下临县，并包围了元氏、柏乡两个县城。王镕无奈之下只得向老朋友李匡威求援，希望他能够率军南下增援自己。

李匡威对王镕自然是有所不满的，但眼下却不得不救援，此前他还没来得及出兵，云州就已经被李克用攻陷了，要是成德再完蛋，那卢龙就彻底陷入李克用的包围之中了，很快李匡威就率领了五万步骑兵前来增援。李克用考虑到自己出师已久，在成德境内大肆抢掠一番后便退回到邢州驻扎下来。

李克用这边刚退，王镕却一下子来了精神，他以为李克用是怕了李匡威与自己人多势众，便与李匡威一起率领成德、卢龙两镇联军十多万人北上攻打尧山（今河北邢台市境内）。李克用一贯只有他打别人，哪有人敢主动上门踢场子，他二话不说就派出人马前去尧山收拾王镕。可惜李克用这一次实在是派错了人，他派的人竟然是李存孝和李存信二人。

李存信一向自认为自己勇猛无敌，才能不在李存孝之下，对李存孝的功劳一直都非常嫉恨，所以经常会在李克用面前说一些李存孝的坏话，一来二去，李存孝也听说了这个事，两人便开始交恶了，李克用竟然指望这两位能同心协力破敌，实在是想得太多了。

李存孝和李存信出兵以后，两人不但没有相互援助，反而怕自己先出手会让对方占便宜，于是干脆坐在原地等对方先出兵。李克用见李存孝等人逗留不前，气愤异常，只得再派李嗣勋、李存审二人率军前去解尧山之围。李嗣勋等人出马后果然不一样，河东军的战斗力终究比成德、卢龙联军强得多，一场激战之后，王镕等人只得丢下三万多具尸体狼狈逃走，李匡威更是一路逃回了幽州。

尧山之战后，李克用得势不饶人，再次率领大军南下，这一次他还特意拉上了老朋友王处存一起，两军很快就攻下了滹沱河东北的天长镇（今河北井陉县境内）。大概是长期以来的胜利让李克用对成德逐渐产生了轻视之心，他竟然带着部分骑兵渡过滹沱河南下进入了成德腹地。

这次李克用实在是太小看王镕了，王镕得知李克用南下后便立即率领十万大军北上，连夜偷袭河东军营。李克用在屡次大胜后竟然没做丝毫防备，被王镕打得措手不及，吃了个大亏，全军阵亡两万多人，他只得率领余部暂时退到栾城（今河北石家庄市栾城区）。

李克用此前吃了亏，自然想打回来，只可惜他已经没有机会了，因为李匡威已经和赫连铎带着八万大军前去攻打云州了。一旦云州有失，卢龙军就能直接威胁到河东的大本营太原，这种情况下，无论李克用多么不情愿，也只能退兵返回。

为防止云州有闪失，李克用没等大军集结完毕就独自带着少数人马偷偷在新城驻扎下来，准备找机会袭扰卢龙大军。另外，他还让大将李君庆尽快率领大军从太原出发救援云州。不久，李克用布下伏兵，在云州南面的神堆（今山西山阴县东北）一带生擒了三百名吐谷浑的巡逻骑兵。

虽然这三百人的损失对于李匡威来说并不多，却让他错以为李克用已经率领大军来了，于是整天担心河东军会随时出现，攻城越来越力不从心。在李匡威这种疑神疑鬼的心态下，河东大军终于在云州城破之前赶到了，已经休整完毕的河东军对上师老兵疲的卢龙军，结果没有一点悬念，李匡威和赫连铎再次大败，两人只得连夜烧营逃走。不过他们想逃也没那么容易，在河东军的追击下，李匡威等人丢下了一路尸体才跑回幽州。河东军一直追到蔚州东北的天成军才返回，斩杀俘虏的敌军不计其数。

就在李匡威大败的时候，有人却跳了出来，要和成德、卢龙组成新的铁三角，这个人就是李存孝。李存孝对李克用的不满最早是在击败张浚等人之后，他以为自己会被任命为昭义军节度使，结果李克用却让康君立做了节度使。虽然后来李存孝自己也混了个邢、洺、磁三州留后，但他对李克用满怀怨气。

尧山之战后，李存信为了推脱责任，就跑到李克用面前诬陷说："李存孝这人怀有二心，他与王镕暗中勾结，在尧山时经常对着成德军不出手。"李克用对此不置可否。李存孝很快就听到了这个消息，他认为李克用不信任自己，长期以来积蓄的怨气就此爆发了。他派人去与王镕联合，并上奏朝廷，表示自己要带着三州土地归降，希望朝廷能赐给自己旌节，让他带人去收拾李克用。唐昭宗当然十分愿意，立刻就赐给旌节，并正式任命李存孝为节度使，不过攻打李克用这事给唐昭宗留下的阴影太大，他最终没有答应。

李存孝没能说动唐昭宗讨伐李克用，李克用的报复却马上就来了。李克用做梦也没想到自己的义子不仅背叛自己，还要来攻打自己，他气愤之下立刻率领大军南下围攻邢州。王镕一看李存孝挨打了，便想跳出来做和事佬，派部将王藏海带着书信前去劝说李克用退兵，没想到这下却捅了"马蜂窝"。李克用认定是王镕引诱了李存孝，于是一刀砍了王藏海，然后带领大军南下攻打王镕。

王镕傻眼了，自己竟然引火烧身，无奈之下他只好一边派人去向老朋友李匡威求援，一边派出军队抵抗河东大军。成德军的战斗力实在是不及河东军，很快就在平山县（今河北平山县）被打得大败，李克用顺势包围了天长镇。

自从上一次天长之战后，王镕就在这里加强了防备，这一次李克用打了十多天都没能攻下。河东军一路转战，带的粮食在这时已经快吃完了，李克用却依然不愿意退兵。说来也巧，王镕这时候又派了三万人前来救援天长，李克用便在叱日岭（今河北井陉县西青泉岭）设下埋伏，一举斩杀了一万多敌军。

这时候不少河东将领都以缺乏粮食为借口劝李克用退兵，毕竟现在已经教训过王镕了。没想到李克用这一次怎么也不肯退兵，李克用也当真是个狠人，没有粮食，他干脆将成德军的尸体腌了，然后装在车里做粮食。

接连的失败让王镕惧怕不已，他赶紧派使者向汴州求援，只可惜朱温正忙着打徐州的时溥，根本没工夫理会北面，只派人送了一封信给李克用："我在邺下布置了十万精兵，只因为我现在不想打你才没有让他们北上。"这番鬼话自然吓不到李克用，他依然率领大军直逼镇州。

幸好，朱温虽然没来，李存孝和李匡威却来了，新铁三角联手出击，终于在元氏县将李克用暂时击退了。新铁三角展示出的威力果然远胜旧铁三角，只可惜不够稳固，暂时取胜的新铁三角也要完了，问题出在李匡威身上。

李匡威出发救援王镕之前，曾在幽州置办酒宴宴请族人，结果在酒宴上李匡威发现弟弟李匡筹的妻子张氏长得非常漂亮，一时间色心大起，就借着醉酒奸污了她。李匡威没把这件事放在心上，但李匡筹却记恨在心，他趁着哥哥不在的机会，占据幽州自称留后。李匡威从镇州返回时，刚走到博野（今河北博野县）就得到弟弟夺权的消息，他手下的部队在惊慌之下纷纷逃回了幽州，只剩下他自己带着少数亲信留在深州不知道该怎么办。

原本按照惯例，李匡威可以跑去长安讨生活，此前多位卢龙节度使都这么干过，他自己也派判官李抱贞前去长安，请求唐昭宗允许他入京混饭吃。偏偏不知道李匡威自己干过什么坏事，坏名声竟然已经传到长安去了，长安的百姓一听说他要来，都互相传言："金头王要来长安图谋大唐皇位了。"再加上此前长安多次战乱，百姓们惊慌之下竟然纷纷跑到附近的山谷中避难去了。这下李匡威就尴尬了，也不好意思再去长安，就算他肯去，唐昭宗也未必愿意收留他。

就在李匡威进退两难之时，还是王镕站了出来，他觉得李匡威是因为救援自己才出了事，便将李匡威迎到了镇州，不但为他建造了华美的府邸，还像对待父亲一样对待他。可惜王镕没有料到，李匡威非但没有知恩图报，反而狼子野心地想把镇州占了。

进入镇州以后，李匡威经常和李抱贞两个人登上城楼，看着外面的景色哭泣，不过他们不是哭自己的遭遇，而是觉得镇州这块地盘太好了，想着得到镇州后的美好生活喜极而泣。李匡威表面上把王镕当作儿子一样对待，亲自为他修整城墙、疏通护城河、修缮兵器盔甲等，实际上却暗中给成德军将士一些小恩小惠，希望能够收买他们。不过李匡威实在是打错了算盘，他这一套在幽州有用，在成德却完全没用，因为成德归属王家已经太久了。自从王庭凑以来，王氏已经在成德经历了五世六任节度使了，成德军民深受王氏恩德，哪会被李匡威一点小恩小惠收买，这些做法反而让成德军民都更讨厌李匡威了。

李匡威眼看无法收买成德将士，便另外想了个办法。他假称某天是自己亲人的忌日，要设灵堂祭奠，王镕自然不可能不来吊唁。王镕到达后，李匡威从丧服之下抽出兵器，与亲信一起把王镕给绑了。

王镕知道李匡威是要对付自己，于是对李匡威说道："当年我被李克用围困时，几乎要兵败身亡了，全靠你的救援才得以存活。我毕竟年纪还小，早就想将镇州、冀州、深州、赵州四州的土地交给你管理了，今天借着这个机会，你跟我一起前往节度使府，我将位置让给你，这样成德将士们才会服从。"李匡威觉得可行，就和王镕一起骑着马前往节度使府。

李匡威带人进入牙城的东偏门后，成德军便开始行动了，他们立刻将大门关上准备收拾李匡威。突发的变故让李匡威多少有些措手不及。就在他愣神之际，一道人影从附近一道断墙后跳了出来，几拳就把挟持王镕的士兵打得七零八落，然后把王镕夹在腋下跳上房顶，一溜烟就跑了个没影儿，这个人是镇州一个叫墨君和的屠夫。墨屠夫救下王镕之后，李匡威的末日也就到了，他很快就被愤怒的成德将士杀死，一起被杀的还有他在镇州所有的亲族、党羽。

李匡威死后，李匡筹却来了精神，他打着要为哥哥报仇的旗号就准备南下，却被唐昭宗下诏阻止了。唐昭宗能阻止李匡筹，却阻止不了李克用，他得知李匡威被杀的消息后也亲自率军赶到镇州。这时候幽州已经成了李克用的死敌，朱温又没工夫理会，王镕也知道自己不是李克用的对手，只好向李克用请降，并表示愿意拿出二十万斛军粮支援李克用攻打邢州，李克用这才退去。

失去王镕的帮助后，孤立无援的李存孝很快就被李克用灭掉，河朔诸镇抗击河东就此沦为空谈。

左右为难——罗弘信的苦难日子

黄巢起义后的十多年里，河北大地陷入了一片混战，成德、卢龙、昭义等镇与河东、义武之间的大战没有停止过。然而整个河朔地区却还有两家在当看客，一家自然是多年来与世无争的义昌军，另一家则是河朔地区一直以来号称最强、每次有事也闹腾得最欢的魏博。

义昌军也就是以前的横海军，在李同捷被灭掉后就改了个名叫义昌军，其他一切还是照旧。借着黄巢起义后天下大乱的东风，义昌军也翻身做主效法河朔三镇，将朝廷任命的节度使杨全玫赶了出去，自己另立一个叫卢彦威的义昌军将领做留后。只可惜唐僖宗虽然无力征讨，但也没有给卢彦威旌节，反而让保銮都将曹诚担任义昌军节度使，卢彦威只得到了一个德州刺史的官职。

卢彦威当然不肯放弃留后的位置而跑去做一个小小的刺史，曹诚自己也没敢去上任，一直等到大顺元年（890 年），唐昭宗下诏讨伐李克用时，成德节度使王镕、卢龙节度使李匡威等人才一起上书替卢彦威求取旌节，希望他也能为对付河朔的大敌出一份力。可惜卢彦威旌节倒是收了，但对外还是一副事不关己的样子，只坐在一边看成德、卢龙等镇打得热闹。

相比起主动不参与的义昌军，魏博则是"被迫"的，它没办法参与。这些年魏博的日子比卢龙、成德两位兄弟过得还要惨，哪还有工夫理会什么李克用。

自从妄图称雄天下的韩简归天之后，他的部将乐彦祯做了魏博节度使。乐彦祯担任节度使以后，一改前任穷兵黩武的作风，转而推崇儒学，甚至为魏博引进了公乘亿、李山甫这种人才担任幕僚。邠宁节度使朱玫拥立襄王李煴作乱时，乐彦祯还曾主动派使者联合河朔诸镇共同抵制伪政权。然而到后来，眼看朝廷越来越衰微，乐彦祯开始变得骄横不法起来。

为了扩建魏州，乐彦祯曾大举征发六州的百姓围绕魏州修筑了一座外城墙，城墙一直延伸到河门之外的旧堤，全长八十多里。如此庞大的工程，本来需要很长一段时间才能修好，但乐彦祯为了抢进度，竟然在一个多月内就逼魏博百姓修完了外城，为此不少人都死于非命，闹得魏博百姓从此对乐彦祯异常痛恨。

中和四年（884年），又发生了一件事情，宰相王铎与权宦田令孜争夺收复长安的功劳失败，被一脚踢到沧州担任义昌军节度使，正好路过了魏州。王铎是当时的名士，曾在朝廷担任宰相多年，黄巢起义时更是主动请缨担任荆南节度使，负责阻挡黄巢北上。只可惜王铎虽然有才学，但不会打仗，他任用的将领李系也是个无能之辈，结果竟然被黄巢打得一败涂地。

长安失陷以后，王铎再次自请担任诸道行营都统，率领各路大军反攻长安。这一次他拿出了自己的优势，虽然打仗不行，但他写文还是有一套的，能用檄文振奋各路将士军心，打得黄巢逐渐败退。也正是因为这样，王铎引来了田令孜的嫉恨，最后被赶到沧州去担任节度使。王铎没想到的是，他竟然就此走上了一条不归路。

王铎出身于太原王氏，祖上历代都在朝中任职，所以家中十分富有。王铎一直都是一个非常享受生活的人，这一次流放到沧州，他依然不改名士之风，随行带了大批的随从姬妾，一路北上，极尽奢华。而这一切都落入了一个人的眼中，这个人就是乐彦祯的儿子乐从训。

乐从训这人一直以凶狠残暴著称，王铎路过魏州时的动静太大，竟然把乐从训也吸引了过去。不看不要紧，这一看乐从训一下子就看到王铎带了大批的美女姬妾和财宝，内心羡慕不已。原本乐从训也不敢对王铎动什么歪念头，只可惜他羡慕的眼神全被另一个人看在了眼里，更不巧的是这个人和王铎也有一些过节，这个人就是魏博幕僚李山甫。

李山甫和王铎的过节更是一笔烂账，只怕王铎都不认识李山甫，却被他深深记恨在心了。结怨的原因非常简单，李山甫年轻时自诩才华出众，曾多次到长安参加科举，结果无一例外，次次都名落孙山，因此他对朝中大臣非常痛恨，而其中最恨的就是当时多次主持科举、以录取人才著称于世的王铎。李山甫恨归恨，但终究只是个文人，无法像同病相怜的黄巢那样唱一出"满城尽带黄金甲"的好戏，他只好到乐彦祯手下做了幕僚，心中却总想着找机会能报复一下王铎。

眼看机会就在眼前，李山甫自然不会放过，他立刻找到乐从训，劝乐从训趁机干掉王铎，再将王铎手下的美女财宝全部据为己有。乐从训却犹豫不决："杀掉王铎是不难，但朝廷追问起来怎么办？只怕我父亲都保不住我。"

李山甫却是冷笑一声，他既然敢来劝乐从训，自然早已经有了计划，他指着地图上的一个地方告诉乐从训："就在这里设下埋伏杀了他，对朝廷就说是周围的强盗干的，到时连陛下也无话可说。"他指的地方是高鸡泊。

高鸡泊位于漳南县（治今河北故城东北）附近，这里水网纵横、芦苇密布，经常有盗贼出没，隋朝末年窦建德便是占据了高鸡泊对抗隋军而最终发迹，这正是一个下手的好地方。

乐从训听了李山甫的建议后，立刻派出几百个亲信埋伏在高鸡泊附近，等王铎路过时，将他和随行的幕僚宾客三百多人一起杀掉，至于财宝和美女则全都被乐从训收为己有。随后乐从训便让父亲乐彦祯上书朝廷，称王铎是路过高鸡泊时被盗贼杀死，并表示自己正在搜捕真凶，但还没有找到。唐僖宗自然不信这番鬼话，但魏博天高皇帝远，实在不是现在的朝廷能管到的地方，想追究也没有办法。

虽然朝廷并没有追究，但纸终究包不住火，魏博军民很快还是知道了这事是乐从训干的。王铎毕竟在当时是非常有名望的人，他们对这件事都非常不满，心里暗中埋怨乐从训这人太过狠毒。随后，乐从训又干了一件让魏博将士惊惧不已的事情。

有了王铎的钱财之后，乐从训招募了亡命之徒五百多人，将他们收编到自己麾下，称之为"子将"，这些人便成了乐从训的心腹。一直以来，魏博都是牙兵的天下，就连乐彦祯也是被牙兵们拥立的。而现在乐从训居然要自己新成立一支心腹私兵，牙兵们第一反应就是乐从训是打算对付他们，想通过子将取代牙兵的地位，于是经常在军中说一些抱怨乐从训的话。这些话很快就传到了乐从训耳朵里，他生怕被牙兵干掉，于是偷偷换了衣服，一溜烟逃到了附近的县城避难。

原本这时候牙兵们也就发几句牢骚而已，还没想发动兵变，只要大家开诚布公深入交流一次也就解决了。但偏偏乐彦祯最近经常做一个梦，他梦见自己在梦中把佩带解下，然后倒立着走路，他醒后的第一反应就是："这是天神想告诉我，下面有将领要反叛。"正是在这样的心态下，乐彦祯不但没有调解儿子和牙兵的矛盾，反而任命乐从训为相州刺史，让他率军驻守相州，以防魏博生变。

乐从训到相州后更加不收敛了，他天天都派出车队，从魏州拉出一批批金银财宝、盔甲兵器到相州。如果只是运金银财宝还不难理解，运这么多盔甲兵器又是想干什么？牙兵们认定这是乐从训准备在相州大搞武装，然后杀回来收拾他们，于是开始四处鼓噪，准备将乐彦祯踢下去，另立一个新的节度使。乐彦祯自己就是兵变起家的，自然知道牙兵们的厉害，他赶紧交出节度使的旌节，然后跑到附近的龙兴寺做和尚去了，魏州将士随即就推举大将赵文玠做了留后。

乐从训得知父亲被赶下台的消息后，当然不可能就此罢休，他立刻率领三万人马从相州杀奔到魏州城下。赵文玠当年在河阳面对诸葛爽的一千兵马就曾不战而逃，此时看到乐从训带了整整三万军队，他不但不敢出战，反而想把位置让给乐从训。魏州众将见自己立了这么个没骨气的软蛋，也是气愤不已，便将赵文玠杀掉，然后另立他人担任留后。这一次上台的只是一个负责养马的小将，他的名字叫作罗弘信。

罗弘信字德孚，他是魏州当地人，祖上几代人都曾在魏博军中任职，所以他很小的时候就加入了魏博军。罗弘信的骑射功夫都非常出色，但因为没什么名气所以一直没混出什么名堂。忽然有一天，罗弘信的一个邻居一脸神秘地告诉他："我昨天晚上外出时遇到了一个白胡子老头，他告诉我说：'你的邻居罗弘信以后将成为魏州这片土地的主人。'我虽然不太相信，但听他说得那么肯定，还是来告诉你一声。"

罗弘信听后大吃一惊，他很害怕消息传出去后自己会被乐彦祯干掉，于是赶紧说道："这神仙只怕是要害我吧？你可千万别乱说出去。"他嘴上虽然这么说，但心里却从此认定自己将来会做魏博的主人。

等到赵文玤被杀后，众将害怕城外乐从训的大军，竟然都不敢出来接任留后，只好在军中喊道："有谁愿意做我们的节度使吗？"罗弘信一听，知道自己的机会来了，便站出来大声说道："我愿意做这个节度使，之前早有一个白胡子老神仙告诉过我，我天生就是要做魏博节度使的。"随后他就将邻居的经历说了一遍，众将士听后也大为惊奇，立刻就将罗弘信推举为留后。

罗弘信当了留后以后，第一件事就是率领大军出城迎战乐从训。事实证明魏博牙兵果然是魏博最精锐的部队，一场激战之后，乐从训被打得大败，只得率领残部逃到内黄（今河南内黄县）避难。牙兵们看到乐从训被打跑之后也是兴奋异常，立刻从龙兴寺把乐彦祯拉出来砍了祭旗，随后又在魏州驿馆里大肆抢掠了一番，这才再次出兵包围了内黄。乐从训虽然战败被围，但他并不惊慌，因为他已经收到了一个消息，罗弘信等人洗劫魏州驿馆时杀掉了一个叫雷邺的人，这必将得罪另一个人，而乐从训现在要做的，就是写信给那人，告诉他这一消息，希望他能够带兵来援助自己。

接到乐从训信件的不是别人，正是宣武军节度使朱温。说起来，朱温这个人的经历也颇为传奇，他本是宋州砀山人，在家乡时就不置产业，每天游手好闲，所以被家乡的人瞧不起。不过朱温心里却不在乎这些，因为他有更加宏远的目标。

到黄巢起义席卷曹州、濮州之时，朱温和二哥朱存一起离开家乡加入草军，从此以后跟随黄巢南征北战。到黄巢攻下长安时，朱存早已战死他乡，朱温却逐渐成为黄巢手下最得力的将领之一，多次替他击败唐军。但因为和黄巢亲信孟楷的矛盾，时任同州防御使的朱温选择了归降唐朝，被唐僖宗赐名为全忠，并封为同华节度使，到收复长安后，又被转封为宣武节度使，这一年朱温才三十二岁，虽然比起李克用还稍微差了点，但也算得上是非常年轻的节帅了。

到达汴州任职以后，朱温可谓是纵横河南地区，他南打伪齐二代秦宗权，东打天平节度使朱瑄、泰宁节度使朱瑾兄弟，日子过得好不畅快。

就在魏博兵变前，朱温正打算南下彻底将苟延残喘的秦宗权干掉，因为河南地区连年征战，再加上秦宗权这等混世魔王到处搞破坏，河南地区非常缺粮。无奈之下朱温只能将目标投向北面的河朔地区，他派部下雷邺带着一万两白银到魏州购买粮食。没想到雷邺偏偏在魏州赶上了兵变，人死了不说，就连银子也被魏博士兵抢得一干二净。

朱温一直以来横行惯了，就连李克用都差点死在他手里，魏博军队都欺负上门了，他哪还能忍？在接到乐从训的求援消息后，秦宗权立刻就变成了次要目标，朱温只派了大将李唐宾率领步骑兵三万人南下攻打蔡州（今河南汝南县），他自己则亲率大军移动到滑州驻扎下来。随后朱温便派汴军头号名将、都指挥使朱珍等人率军北上救援乐从训。

朱珍接到命令后，率领军队从白马（今河南滑县境内）渡过黄河，然后一路北上，连续攻下了黎阳、临河、李固三个城镇，一直到达内黄城下。此时的内黄城下，正有一万多名魏博军在攻城，他们做梦也没想到宣武军来得这么快，一场激战之后被打得大败而逃，就连魏博大将周儒等人也做了俘虏。内黄之战后，朱珍得势不饶人，再次派部将聂金、范居实南下攻打澶州（治今河南清丰县）。

聂金、范居实出发后不久，在临黄县（治今河南范县东南二十二里临黄集）遇到了魏博军队，这支魏博军队虽然只有两千人，却是在河朔地区以凶悍闻名的魏博豹子军。一场激战之后，结果却让人大跌眼镜，强横的豹子军竟然全军覆没。此战之后朱珍之名威震河朔地区，魏博将士一时间竟然再也不敢与朱珍交战。

罗弘信做梦也没想到，自己好不容易才坐上节度使的位置，还没坐热乎呢，竟然就招来了朱温这种煞神，而且自家的魏博军还不是人家汴军的对手。既然打不过，那就只能求和了，罗弘信赶紧派人带着礼物和道歉信前往滑州面见朱温，希望能够就此达成和解，并表示愿意将此前抢到的银子连本带利还给朱温。

正好此时河阳的李罕之、张全义两兄弟反目成仇，李罕之因为不敌，就拉来了李克用做外援，张全义只好派人来拜了朱温的码头。朱温自然不可能坐看张全义挨打，便顺势与罗弘信和解，自己则全力对付李克用。

朱温撤走之后，乐从训的日子也到头了，他此时已经带人撤出内黄，驻扎在洹水县（治今河北魏县西南旧魏县村）。罗弘信接到消息后派大将程公佐出击，一举攻克洹水，乐从训也被当场斩杀。不久后罗弘信便收到了唐昭宗送来的旌节，成功转正为节度使。

坐拥魏博一地，罗弘信便已经心满意足了，他也知道自己不是朱温、李克用这一南一北两大枭雄的对手，便关起门来在魏州不理世事。只可惜树欲静而风不止，罗弘信想求一方安宁都不可能。

大顺元年，唐昭宗为讨伐李克用，下令让河朔诸镇一起出兵协助。对罗弘信而言，朝廷或者李克用区别不大，所以他根本懒得管这事，便与成德的王镕一起来了个装聋作哑。

只可惜罗弘信想装聋作哑，还得问别人答不答应，他很快就收到了朱温的一封信，信上表示自己奉了朝廷的旨意，要北上讨伐李克用，希望能从魏博借道。罗弘信一看就知道踢馆的人来了。

当年李克用讨伐昭义节度使孟迁时，朱温就曾派人来借过道，只不过被罗弘信拒绝了，最终朱温只能派王虔裕带三百人去邢州，结果邢州没了，王虔裕也死了，这事情自然让朱温怀恨在心。更何况此时河阳都在朱温手里，李谠、李重胤、张全义等汴军就是从河阳出发，经天井关进入泽州、潞州与河东军交手的。现在朱温放着这条路不走，大老远从魏博绕一圈路，这摆明了就是不安好心。罗弘信可不敢放任朱温这种人进入自己的地盘，所以他毫不犹豫就拒绝了朱温，理由是魏博现在缺少粮食，不方便出兵攻打李克用，也不适合客军借道。

朱温得到消息后只是冷冷一笑，他早就料到罗弘信不会答应借道，所以一开始根本就不是想借道去和李克用干架，而是想趁机把魏博彻底打服。此时朱温东面的朱瑄、朱瑾、时溥等人都已经被打残了，四周唯一还没臣服的就只剩下了北面的魏博，所以他撺掇朝廷讨伐李克用，搅起一摊浑水后，自己却只派了李重胤、李谠等将领前去凑热闹，汴军主力却依然驻扎在滑州，为的就是收拾罗弘信。眼下李克用、王镕、李匡威等人正打成一片，罗弘信就算想找帮手也找不到了，自然是出兵的最好时机。

不久后，朱温率军从黎阳北渡黄河，直奔魏博而去。罗弘信得知消息后，也不甘示弱，立刻带着魏博军队驻扎到内黄，准备和汴军硬抗到底。

比起前去泽州、潞州凑热闹的汴军，这一次朱温派出的才是真正的精兵强将。曾经的汴军名将朱珍和李唐宾已死，此时北上的汴军中既有朱珍、李唐宾之后的又一对常胜黄金搭档庞师古、霍存，也有逐渐在汴军之中崭露头角的名将丁会，甚至还有刚刚从潞州战场撤下来、人称"山东一条葛，无事莫撩拨"的猛将葛从周，如此强大的阵容，可以说朱温为了招呼罗弘信已经是精锐尽出了。

罗弘信面对如此强大的汴军阵容，想获胜实在是有点天方夜谭。各路汴军北上后不久，丁会就与葛从周率先出击，两人先是在临河大破魏博守军，后又在内黄击败罗弘信，狠狠地挫了一把魏博军队的士气。随后庞师古、霍存等人也率军赶到，不甘心失败的罗弘信硬着头皮率领大军出战。这一次罗弘信输得更惨，连续打了五场，魏博全部败北，就连魏博大将马武都做了汴军的俘虏。无奈之下罗弘信只得率军跑路，结果在汴军的追击下又丢了一路的尸体。汴军一直追到永定桥（今河南安阳市永和桥）才停下来，光被斩杀的魏博将士就有一万多人。

屡战屡败，罗弘信实在是撑不住了，只好再次派人带着丰厚的礼物去向朱温求和，这次他是真的为自己招惹了朱温这个魔王而感到后悔，这样的人实在不是他惹得起的。朱温接到罗弘信的悔过求和后，立刻同意了他的请求，随即率军返回滑州。

这么做自然不符合朱温一贯喜欢占便宜的风格，之所以答应罗弘信的求和，无非是出于两方面的考虑：一方面是对于魏博这种历史悠久的强大军镇，虽然现在战胜了几次，但也不是轻易能吞并的，不远处还有随时可能过来参战的李克用，此时实在是不便与魏博血拼，见好就收是最好的选择；另一方面则是因为眼下汴军的重点还是统一河南地区，进军河北的目标还太过遥远，将来进军河北也需要罗弘信这种熟门熟路的人给自己带路，与其灭掉罗弘信，收服他更有好处。

经过这一次血的教训之后，罗弘信也学了乖，再也不敢跟朱温作对了。朱温这时候正忙着对付东面的朱瑄等人，也害怕罗弘信在自己背后捣乱，所以做足了姿态，每年他都给罗弘信送去丰厚的礼物。对于罗弘信每次送来的回礼，朱温必定会当着罗弘信使者的面向北面拜谢之后才接受，他还表示："这些东西都是我六哥送来的，他是我的兄长，不是其他节度使能比的，我自然要尊敬他。"这番动作让罗弘信感动不已，他觉得朱温对自己非常好，也就不再做其他想法了。

乾宁三年（896 年），还没过上几天舒坦日子的罗弘信又接到了一封信，这封信同样是来请求借路的，不过写信的人不是朱温，而是李克用。李克用之所以要借道南下，实在是因为天平军节度使朱瑄和泰宁节度使朱瑾两兄弟最近的日子过得太惨了。

朱温收服了罗弘信之后，这些年就一直在东面痛打朱瑄等人，就连曾经拿到黄巢首级的感化军节度使时溥都被打得一命呜呼了。时溥死后，朱瑄两兄弟的日子就更难熬了，这两年先后在渔山、梁山、巨野等地被汴军打得大败，就连天平军头号将领贺瑰都选择了改拜朱温的码头。在这种情况下，朱瑄兄弟不得不派人北上找李克用求救。李克用早就想找机会收拾收拾朱温了，这种机会他哪会错过，于是有了向罗弘信借道南下的事。

　　罗弘信虽然也是乱世枭雄，但这些年以来早已认清了现实，比起李克用、朱温这等人物来，他实在是差了不少，所以不过是想安守魏博这一方土地。只可惜魏博刚好卡在河东和宣武中间，无论李克用想南下，还是朱温想北上，都要来找他借道。想起前几年不给朱温借道的教训，罗弘信自然不敢再跑到李克用面前去找打，所以就答应了借道，让河东军南下去和汴军练练。罗弘信没想到的是，他这么极力避免和河东起冲突，结果还是出事了。惹事的不是别人，正是此次率军南下增援兖州、郓州的河东将领。

　　相比起人才层出不穷的汴军，河东军这些年就元气大伤。河东第一猛将李存孝早已死于非命，连带还赔上了河东老将、昭义军节度使康君立的一条性命。这一次李克用派出来的竟然是屡次吃败仗的李存信。

　　原本按照李克用的计划，李存信、李承嗣、史俨儿等将领应该率领本部人马快速通过魏博，南渡黄河增援朱瑄兄弟。李承嗣和史俨儿出发后，都很顺利地通过魏博，南下到达了兖州，偏偏到李存信这里出事了。

　　李存信率领三万步骑兵进入魏博境内以后，发现魏博境内还挺有钱的。更让他惊喜的是，魏博将士竟然对河东军没有丝毫防备。一时间李存信竟然动了歪念头，他干脆把军队驻扎在莘县（今山东莘县）不走了，然后派出军队四处劫掠。

　　这下可把罗弘信惹怒了，他都同意让河东军借道南下了，结果这帮人居然还趁机在魏博境内抢劫起来了，简直欺人太甚。一直冷眼旁观的朱温不失时机地派人给罗弘信送来了一封信，信上写道："李克用的目的是吞并河朔地区，等他得胜回来时，只怕就要打你的主意了。"罗弘信经朱温这么一点拨，忽然意识到李存信一直赖在莘县不走，只怕真是想打魏博的主意。

　　本就愤怒的罗弘信再也忍不住了，带着三万人连夜袭击莘县。李存信这时候正忙着抢东西，一点防备都没有，他一直以来的好搭档、河东军中非常能打的李嗣源也被他派去前面打前哨去了。这一场夜袭的结果没有丝毫悬念，李存信再次被打得大败，只得率领残部狼狈撤退，一路跑到洺州才停下来，再也顾不得南下救援朱瑄这回事了。

多亏李嗣源回来得及时，正是靠他率领三百骑兵拼死断后，李存信才得以率残部逃脱。经此一战，李存信率领的三万步骑兵竟然折损了十分之二三，他不光把此前抢来的东西全部还了回去，连自己带的粮食、辎重、兵器等也全部白送给了魏博。此行唯一的收获大概就是河东将领袁建丰为李克用抢回了未来的儿媳妇刘氏。考虑到刘氏将来的所作所为，这个收获还不如不要呢。

李克用接到李存信兵败的消息后也愤怒异常，他怎么也没想到李存信连汴军都没看到就损失了这么多兵力。不过李存信毕竟是李克用宠信之人，所以他并没有责怪李存信，反而把一腔怒火全部撒到了罗弘信头上。不久后李克用亲自率领大军南下，准备去找罗弘信算账。

罗弘信能收拾李存信，但当然不是李克用的对手。河东军南下之后一路接连攻下李固、洹水等地，斩杀魏博将士一万多人，然后一直打到了魏州。罗弘信没想到河东军竟然这么不好惹，他知道自己肯定打不过，只得再次向朱温求救。

朱温自然不可能见死不救，他立刻让大将侯言率军前去增援。侯言一路北上，到达洹水就停了下来，李克用得到消息后也从魏州回师赶到洹水与汴军对峙起来。之后，李克用多次向汴军发起挑战，结果侯言竟然不敢出战，只躲在大营中不出头。朱温怎么也没想到侯言竟然这么不争气，他只得从前线将大将葛从周调回来，让葛从周代替侯言救援魏博。

葛从周到达洹水后，并没有第一时间出战，他深知河东军最能倚仗的就是手下精锐的骑兵，所以他偷偷在阵前挖掘了很多沟坎用来阻挡骑兵。不久，李克用果然再次亲率大军前来挑战，葛从周立刻率领军队前去迎战。

大战开始后，汴军在葛从周的带领下和河东军打得不分上下，李克用心急之下赶紧派手下最精锐的铁林军出阵，希望能一举扭转战局。铁林军是人马全副穿戴铁甲的重骑兵，属于河东军中最精锐的部队，一出战果然打得汴军逐渐败退，战局逐渐偏向河东方向。

就在这时，铁林军终于冲到了葛从周预先挖好的沟坎陷阱里，不少骑兵都被绊倒在地，他们身穿重甲，倒地之后还来不及爬起来就被汴军斩杀。更糟糕的是，李克用的长子、铁林军指挥使李落落竟然也被葛从周挖的沟坎绊倒了，他也是身穿重甲，还来不及起身就被汴军生擒了。

李克用爱子心切，一看儿子被擒，立刻亲自骑马前去救援。不过他运气也不好，刚冲到阵前也被沟坎绊倒在地。幸好他身上并不是重甲，很快就爬了起来，仗着箭术射死了一名想来生擒自己的汴军将领后才得以逃回，只是儿子没救回来。

此时的李克用已经顾不得和朱温的旧恨了，为了救回儿子，他不得不写信向朱温求和，希望能赎回儿子。占了上风的朱温哪肯同意河东的求和，他转手就将李落落交给了罗弘信。罗弘信自然也知道朱温是要他彻底站队的意思，他此刻也没有别的选择，只能将李落落杀掉，彻底与李克用对着干了。从此以后魏博便和河东结下了解不开的深仇，李克用便开始时不时前来踢馆，找罗六哥练上几局。

洹水之战结束后不久，李克用又派败军之将李存信南下攻打临清（今山东临清市），葛从周等人立刻出击，再次击败了李存信，一路追到宗城（今河北广宗县）才返回。只可惜不久后葛从周等人就被重新调到东面战场上对付朱瑾等人，李克用闻风再次南下，这一次罗六哥又落了下风，他在白龙潭（今河北魏县西南）被打得大败，河东军甚至直接追击到了魏州外城的观音门外。无奈之下，罗弘信只得再次向朱温求援，在汴军的增援下，李克用撤回了太原。

罗弘信虽然仗着朱温的增援，屡屡击退李克用，但李克用却仗着河东骑兵厉害，经常在魏博六州境内大肆抢掠。相州、魏州因为经常交战，当地百姓都大规模被杀或者逃亡外地，罗弘信也不胜其扰，可他也没有办法，已经和李克用彻底结仇，只能依靠朱温与李克用对抗到底。

就在李克用和罗弘信缠斗之时，朱温终于抓住机会灭掉了朱瑄兄弟，一举统一了河南地区。就在此时，北面也有一位新的枭雄迫不及待地加入了河朔争夺战，李克用和罗弘信也不得不就此停下争斗。

气吞河朔——刘仁恭的疯狂

景福二年（893年），就在卢龙节度使李匡威被弟弟李匡筹驱逐后不久，北面的蔚州也有一个人对李匡威心存不满，想趁机干出一番大事，这个人就是刘仁恭。

刘仁恭是深州人，父亲刘晟就是卢龙军中一员，甚至一度做到了新兴镇将。刘仁恭因为父亲的关系，所以年少时就加入了卢龙军，他为人豪爽，不但作战勇敢，还非常有谋略。当年攻打易州之战时，就是靠刘仁恭挖地道入城，才让卢龙军成功夺下易州，刘仁恭也因此得了一个"刘窟头"的江湖名号。

虽然刘仁恭立有大功，但此后的发展却非常不顺，不但没有被重用，反而被后来的卢龙节度使李匡威踢到景城（今河北沧州市西六十里景城）去做了一个小小的县令。这倒不是因为李匡威妒贤嫉能，而是刘仁恭实在是太过狂妄。

刘仁恭原本就非常有野心，有野心也就算了，偏偏他还喜欢说出来。刘仁恭经常说的一句话就是："我梦到过大幡从我手指上长出来，经过我自己的计算，等我四十九岁时，肯定会做节度使。"相比起同样自诩有天命的罗弘信，刘仁恭就显得太高调了。这话很快就传到了李匡威耳朵里，他听说之后非常不高兴：你刘仁恭做了节度使，那让我去做什么？于是从此以后李匡威不但不敢重用刘仁恭，反而找机会将他调离了卢龙军。

刘仁恭的运气也实在是好，他调去景城后不久，瀛州竟然发生了一起兵变，瀛州刺史镇压不住，当场被叛乱的士兵斩杀。景城县正好在瀛州辖区内。刘仁恭得到消息后，立刻在当地招募了一千多名士兵，然后带着这些人杀入瀛州，将叛乱士兵全部斩杀，瀛州就此平定。李匡威都还没有来得及出兵，叛乱就已经被平定了，他也无法再压制刘仁恭了，只好让刘仁恭回来带兵打仗。不过虽然刘仁恭成功杀回了卢龙军，李匡威也没有给他安排什么好职位，而是让他去戍守蔚州。

蔚州这块地方还是当年李匡威从河东手里抢来的，不但要面对塞外各族，还要随时防止李克用的进攻，刘仁恭被派到这里戍守，也是倒了大霉。李匡威将他放到这里，一方面固然是指望刘仁恭能发挥能力，抵挡河东军的进攻；另一方面，就算刘仁恭战死了，对李匡威来说也只是少了一个威胁。

李匡威没想到的是，刘仁恭的好运竟然延续到了蔚州。因为李存孝的背叛，李克用整天忙着在南面教育儿子和敲打王镕，竟然没有来打过一次蔚州。运气更好的是，一贯讨厌刘仁恭的李匡威终于在卢龙混不下去了，被他弟弟赶到了镇州。恰好在这时，蔚州军换防的时间也到了，按规定刘仁恭等人等到下一批戍守军队到达后就可以返回幽州。可李匡筹刚刚夺取大权，一时间竟然忘了蔚州需要换防的事，直接把蔚州军队晾在了一旁。士兵们想回家节度使却不按时换防的后果是很严重的，当年席卷天下的庞勋之乱就是因为崔彦曾没有及时将桂州的军队换回来。

刘仁恭自然听说过这个事，他抓住机会在蔚州军中煽动将士们对李匡筹的不满情绪。在刘仁恭的努力下，蔚州将士很快就和他一条心了，他们干脆拥立刘仁恭做主帅，一路杀回幽州，准备重演庞勋当年的光辉历史。可惜卢龙不是兵微将弱的徐州能比的，刘仁恭一行刚走到居庸关，就被李匡筹派出的卢龙大军打得大败。这下刘仁恭在幽州彻底混不下去了，只好带着家人跑到太原去拜李克用的码头。

到了太原以后，李克用也没有亏待刘仁恭，他不但赐给刘仁恭良田美宅，还将他任命为寿阳镇将（今山西寿阳县）。不过刘仁恭却依然雄心不灭，不甘心只在河东做一个小小的将领，很快他就找到了一条门路，那就是李克用信任的谋士盖寓。

刘仁恭通过盖寓不断游说李克用派军队前往进攻幽州，并表示自己愿意率领一万步骑兵担任向导。此时的李克用还忙着教训不听话的干儿子李存孝，哪有工夫理会刘仁恭，被他和盖寓磨得没办法了，才勉强分出几千兵马，让刘仁恭带着去攻打幽州。这么点人马自然是有去无回，反而还让李匡筹狂妄了起来，他觉得河东军也不过如此，干脆带着人马不断袭扰河东地盘。

这下可算是把李克用彻底惹怒了，正好李存孝已经完蛋了，他便亲自带着大军向东攻打李匡筹。

幽州原本就不是河东的对手，此前不过是占了刘仁恭人少的便宜，幽州一直以来能与河东抗衡依靠的还是与云州、镇州铁三角互相援助。但李匡筹掌权后幽州的局面就尴尬了，云州的赫连铎已经被灭，南面镇州的王镕又因为李匡威被杀的事和幽州交恶，现在更是已经倒向了河东，李匡筹也就只能依靠自己了。至于李匡筹的才能，已故的"金头王"李匡威在被驱逐后就有过一番点评："虽然我失去了幽州，但得到幽州的人是我弟弟，我们是一家人，因此我也没有什么难受的，我唯一担心的就是我弟弟的才能不足以守住幽州，他要是能守住幽州两年时间，那就已经很值得庆幸了。"

正如李匡威所料，李匡筹惹怒了李克用的后果不是现在的幽州可以承受的。河东军出发后不久就拿下了武州（治今张家口市宣化区），一举打开了卢龙的门户，随后又进军包围了新州（今河北涿鹿县）。李匡筹当然不会看着自家的地盘被打而无动于衷，他立刻就派大将率领几万步骑兵前去救援新州。

李克用也预料到李匡筹会派兵前来救援，他早已挑选好了精兵在段庄（今河北涿鹿县东南）摆开阵势，就等着卢龙军到来。随后双方在刘庄一场大战，卢龙军大败，全军光阵亡的就有一万多人，还有三百多名将校做了俘虏，剩下的人都狼狈地逃回了幽州。李克用将俘虏的将校全部用绳索绑了起来，然后押着他们到新州城下示众。新州城的守军一看援军已经败了，知道守下去也没有什么希望，当天晚上就开城投降了李克用。

不久后，李克用再次率军进发，一举拿下妫州（今河北怀来县），李匡筹没办法，只得将手里的军队全部派出，让他们出居庸关再次与河东军决战。

李克用心知这次卢龙军是在搏命，他一方面派出精锐骑兵在前面不断骚扰阻拦卢龙军，另一面则派李存审从其他道路绕道卢龙军的后方发起突袭。在河东军的前后夹击下，卢龙军再次大败，被斩杀和被俘虏的人数以万计，居庸关也被河东军夺了去。

接到兵败的消息后，李匡筹就知道自己完了，他已经将手里的军队全部都派出去了，根本没有能坚守幽州的军队。无奈之下李匡筹只得带着妻儿老小和金银财宝逃离幽州，准备前往长安避难。

李匡筹没想到的是，他已经没有到长安的机会了。因为所带的金银财宝太多，早已经让一个人看得眼红不已，这个人就是长期以来一直在当看客的义昌军节度使卢彦威。李匡筹走到景城时，卢彦威就迫不及待地出手了，他率领大军发动突袭，将李匡筹一举斩杀，然后把他的金银财宝和歌姬美女抢得一干二净。

李匡筹逃离幽州之后，刘仁恭和李存审两人也率领先头部队到达幽州城下。城里的人一看节度使都跑了，谁还有心思抵御，干脆就打开城门投降了河东。不久后，李克用也率军到达幽州城外，刘仁恭连忙组织了几万幽州军民一路敲锣打鼓将李克用迎入卢龙节度使衙门。更让李克用感动的是，他发现刘仁恭入城后竟然没有拿取府库中的什么东西，反而都封存起来等待他的验收。李克用非常感动，觉得刘仁恭是可以托付的忠义之士，于是上奏朝廷推举刘仁恭为卢龙留后，并留下河东军队协助防守，自己则率大军返回太原。

遗憾的是，李克用却是被刘仁恭的伪装欺骗了，他哪是什么忠义之士，一系列的伪装不过是想骗取李克用的信任而已。

幽州大权在握以后，刘仁恭便开始了下一步行动。他并不甘心只做李克用手下的傀儡，因为在他心中，他比李克用和朱温都还要强。想彻底控制幽州，首先便需要彻底控制幽州的兵权，但当时幽州驻军除了河东军之外，其余军队大多掌握在高思继三兄弟手里。

高思继三兄弟都是妫州人，既骁勇善战又为人正直，在幽州很得人心，他们的手下也都是山北等地的精锐之士。所以在归降河东以后，李克用依然让他们继续执掌幽州军队。刘仁恭心里也非常忌惮高家兄弟三人，所以一直不敢有所动作，只暗中寻找除掉高思继三兄弟的机会。机会很快便被刘仁恭找到了。

为了能够控制幽州，李克用留下了不少河东将士驻守在幽州，这些人一开始还很老实，但时间一长就开始仗着征服者的身份在幽州地区横行不法。以正直著称的高思继三兄弟自然看不惯这些在幽州为非作歹的河东士兵，就按照法律将这些人全部抓起来杀死了。

李克用对此非常不满，立刻将刘仁恭叫过去痛骂了一顿。刘仁恭虽然挨了骂，心里却很高兴，他知道机会来了，便趁机把责任推到了高思继三兄弟身上，还添油加醋地表示高家兄弟借机杀河东士兵是准备在幽州自立。

李克用当然不能容忍有人想背叛自己，他不待细查就让人把高思继三兄弟抓来杀掉了。从此刘仁恭在幽州境内再无威胁，他把高家兄弟的儿子全部安排在自己身边做将领，还暗中向幽州军民诉说高家兄弟无辜被李克用杀死的冤屈，以此来收买幽州的人心。很快幽州军民就非常痛恨李克用，转而归心于刘仁恭。

乾宁四年（897年），唐昭宗已经被韩建囚禁于华州快两年了，因此不得不派人向天下节度使求援。李克用当然不愿意错过这次向朝廷表忠心的机会，他便派人向刘仁恭征兵南下一起救援天子，并派人给成德节度使王镕、义武节度使王部写信，让他们也率军与自己一起南下一举荡平关中，迎接天子回长安。李克用的算盘虽然打得响，但偏偏关键时刻刘仁恭不肯出兵，他借口契丹要入侵，需要军队防守，此时绝对不能离开，要等到契丹退兵后才能出兵南下。

李克用一眼就看出这明显就是托词，谁知道契丹人什么时候会南下。更何况这已经不是刘仁恭第一次拿契丹做托词了，此前李克用为魏州与罗六、朱三两位过招时就曾屡次让刘仁恭率军南下，刘仁恭次次都表示契丹人要南下，自己走不开，结果从来没有见到契丹人南下的影子。李克用就算再糊涂也反应过来刘仁恭这是心里有别的想法了，他还抱着侥幸的想法再三派人去催促。就这么一直过了几个月，刘仁恭还是没动静，愤怒之下的李克用再也忍不住了，他便写了一封信去责备刘仁恭。

没想到刘仁恭不但不屈服，反而趁机发作，他一把将李克用写的信扔在地上，然后大肆谩骂，并将使者囚禁起来，正式宣布自己要脱离李克用单干。当初河东留在幽州的将领除了部分人反应快跑掉了以外，剩下的都被刘仁恭囚禁了起来。这还不算完，刘仁恭甚至派出人前往河东用钱财引诱河东将士投降自己，一时间不少贪财的士兵都跑到幽州投入了刘仁恭麾下。

李克这下彻底怒了，他也顾不得南下救援天子，点齐兵马就向幽州杀去。李克用率领大军出发后，很快就攻下了蔚州。这时候天气忽然变了，漫天大雾，不少人都认为不应该继续前进，但愤怒中的李克用哪里肯听，他下令继续向前攻打安塞军（今河北蔚县东）。

得知蔚州被打后，刘仁恭也派了自己的妹夫、骁将单可及率领骑兵前往迎战。

大概因为幽州此前曾多次败在自己手下，导致李克用这次也轻了敌。单可及率军到达时，他竟然还在置办酒会，不少人还都喝醉了。在听说敌军到达时，他问道："刘仁恭在哪里？"部将们回答道："外面只看到单可及等人，没看到刘仁恭。"这下李克用就高兴了："要是来的是刘仁恭我还有几分忌惮，一个小小的单可及算什么，不过是前来送死罢了。"他也顾不得自己喝多了酒，立刻出营迎战。

因为当时大雾弥漫，面对面都看不清人，幽州军刚和河东军接触就佯装败退。李克用和河东众将大多喝醉了酒，来不及辨别真伪就带着人乱哄哄地向前追击，等走到木瓜涧（今河北涞源县东南四十里）时，早已埋伏在此的幽州将领杨师侃发起突袭，一举将河东军打得大败，单可及也趁机带人反攻。河东军中大多数将领本来就喝多了，这时候哪还能组织起有效的抵抗，他们纷纷败退而逃。

恰好在这时，老天爷也来凑热闹，突然电闪雷鸣，刮起了狂风下起了暴雨，河东军再也撑不住了，只得狼狈逃跑。也幸好有这一场雷雨，单可及等人没有继续追击，才让李克用等人率领残部逃脱。

等第二天李克用清醒过来一点算，自己一夜之间竟然就只剩下一小半人，这才知道自己昨天莫名其妙吃了败仗，他愤怒之下只得斥责李存信等人："昨天我喝多了酒，你们怎么不劝阻一下，还放任我出去吃了败仗？"

李存信等人内心苦哈哈，且不说他们能不能劝住李克用，他们自己也喝多了，哪还能意识到这些。李克用虽然发了一通脾气，但也无可奈何，他心知自己此刻已经奈何不了刘仁恭了，只得先撤回太原，一时间也不再敢打幽州的主意。

木瓜涧之战后，刘仁恭虽然获胜，但也知道自己此刻还不够强大，他不愿意与李克用死磕到底，便一面派使者南下与朱温交好，一面则写信向李克用谢罪，希望双方能够和平共处。李克用大败之后也不敢再轻视刘仁恭，更何况他的死敌朱温已经统一了河南地区。最终他只是写信讽刺了刘仁恭一番，但还是答应了双方暂时和平共处。和河东暂时达成和解以后，刘仁恭为了扩张势力，就将目标放在了邻居义昌军身上。

义昌军自从卢彦威担任节度使以后，一直都处于不理世事的状态，无论是周围的邻居们还是朝廷的命令，他都一概不理，只有一种情况能让他出来活动，那就是有钱赚的时候。当初为了抢掠李匡筹的钱财，卢彦威不惜出兵跑到卢龙境内抢劫，他跟刘仁恭闹矛盾也是钱引起的。

渤海沿岸一直以盛产海盐闻名，这些盐一旦销往内地就是一大笔收入，刘仁恭和卢彦威就是因为争抢这些盐场，所以双方经常会产生冲突。再加上卢彦威平时对刘仁恭又非常不礼貌，惹得刘仁恭直接派长子刘守文率领大军前去攻打沧州。

义昌军平时大概也就搞搞抢劫活动，已经很久没参加过正规的战争了，这样的军队哪是卢龙军的对手。很快卢彦威就被刘守文打得大败，只得南下跑到魏州避难，罗弘信哪敢收留他这种狠人，毫不犹豫就拒绝了他入城的请求。卢彦威无奈之下只得逃到汴州去找朱温讨生活，就此在汴州了却余生。

刘仁恭击败卢彦威以后，一下就夺得了沧、景、德三州的地盘，势力瞬间暴涨，他自以为自己有天命在身，野心便再也不局限在小小的节度使位置上，而是准备一统河朔。

占领沧州以后，刘仁恭就让儿子刘守文担任义昌留后，并派人前往长安请求朝廷赐给旌节。刘仁恭妄自攻打卢彦威的事早已经让唐昭宗非常不满了，他哪还肯赐给刘守文旌节。

刘仁恭得知唐昭宗不肯给旌节后，表现得更是狂妄，他当着朝廷使者的面就说道："节度使的旌节我自己就能做，之所以向朝廷请求旌节不过是想看看长安的正品是什么样子，为什么朝廷要一再拒绝我的请求呢？你替我回去向陛下反映反映情况，他不给我就自己造了。"

不久后，刘仁恭再次与朱温联手进攻河东在太行山以东的昭义三州。河东军的实力早已大不如前，哪还抵挡得了卢龙、宣武联军，很快就在钜鹿（今河北巨鹿县）城下被打得大败，两军一直追击到青山口才返回。至此，河东在山东的昭义三镇全部被朱温夺占，再也无力参与河朔的争斗。

随着河东的退却，刘仁恭和朱温的矛盾也渐渐爆发了，双方矛盾的关键就在魏博的问题上。

此时的魏博节度使也已经换人了，被白胡子老神仙许以天命的罗六哥已经驾鹤西归，新任节度使是他的儿子罗绍威。

罗绍威跟父亲可以说是完全不一样，他是一个实实在在的文人，喜欢文学，通晓音律，又擅长书法，平日里也喜欢招揽四方文士，开开学馆，搞搞诗人聚会之类的活动，至于军事方面就不擅长了，跟罗弘信比起来都差得远。加上这些年与河东缠斗，损耗极大，魏博军队的战斗力早已经大不如前，这自然成了刘仁恭眼里的一块肥肉。不过罗绍威也有一个优势，那就是他儿子罗廷规娶了朱温的女儿，有朱温这个亲家罩着，自然没人敢轻易动他。

光化元年（898年），昭义军节度使薛铁山因病去世，一直想做节度使的李罕之趁机从泽州跑到潞州，自立为昭义留后。在李罕之看来，自己这么多年劳苦功高，早就该做节度使了，现在不过是先上车后补票，李克用给自己补个任命就行了。

但在李克用看来，李罕之无疑是想造反了，他不但没有给出任命，反而派出大将李嗣昭前往讨伐。

这下李罕之傻眼了，他怎么也没想到李克用居然为了这种小事竟然派人来攻打自己，他也知道自己不是李克用的对手，只好派儿子李颢前去向朱温求援。

李罕之的投降对朱温来说无疑是一个好消息，他早就想控制泽州、潞州了，眼下机会来了他自然不可能放过。

眼看着李克用、朱温两大巨头即将再次爆发一场大战，刘仁恭也觉得机会来了，他意识到这是自己夺取魏博的好机会。在他看来，只要没有朱温的帮助，要灭掉罗绍威实在是轻而易举，便征发幽州、沧州等地的军队十万人南下，准备一举夺取魏博。

事实也正如刘仁恭所料，罗绍威搞搞文学创作还可以，打仗实在是不行，很快魏博军队就被打得大败，连北面的重镇贝州都丢了。为了吓唬魏博，刘仁恭甚至在贝州搞了一场大屠杀，尸体甚至多到堵塞住了清水。只可惜这么做非但没有唬住魏博军民，反而起到了反作用。魏博军民都知道刘仁恭要搞屠杀，结果每个地方都拼命防守，誓死不投降。不久后，刘仁恭就率军进驻到魏州城北面，罗绍威无奈之下只得派人去向朱温求援。

刘仁恭动手还是有点早了，他动手时汴军还没有北上与河东军开战。在接到罗绍威的求援后，朱温毫不犹豫就放弃了先救李罕之的打算，转而率军北上救援亲家。他派出大将李思安、张存敬两人率军渡过黄河，一路进驻到内黄，自己则率领大军驻扎滑州，以作为李思安等人的后援，同时让坐镇邢州的葛从周也赶紧南下救援魏州。

刘仁恭得到朱温出兵的消息后并不意外，虽然在他的计划中是以不与汴军交手为主，但也做好了汴军前来救援的准备。他一向认为卢龙军比汴军还强，当然不会就此避让。很快刘仁恭就派儿子刘守文和单可及率领五万精兵进攻李思安等人驻扎的内黄。刘仁恭一向认为李思安只会逞匹夫之勇，他还特意交代儿子："你的勇猛胜过李思安十倍，现在南下先擒了李思安，然后再擒住罗绍威。"

也不怪刘仁恭看不起李思安，李思安虽然是踏白将出身，作战非常勇猛，往往能以几百人与敌人大军对攻，但他的智谋却略有不足，每次出兵要么大胜，要么大败，连朱温都拿西汉的李广来比喻他。

可惜，刘仁恭没想到李思安也会玩些手段，更何况同行的还有汴军名将张存敬。李思安看到幽州军南下后，先让朱温的外甥袁象先率军埋伏在清水右侧，自己稍后才率军前进到繁阳（今河南省内黄县西北）与刘守文交战。两军交战后不久，李思安假装不敌率军后撤，刘守文不知道这正是李思安的计策，立刻就带人追了上去。等到达清水附近后，李思安忽然停下来就地反攻，措手不及下的幽州军立刻阵脚大乱，袁象先也趁机发起突袭，两相夹击之下，刘守文大败而逃，手下被斩杀俘虏了三万多人，昔日木瓜涧大败李克用的猛将单可及也战死在了军中。单可及有一个外号叫"单无敌"，在幽州军中名气十分响亮，他这一死，幽州军的士气跌到了谷底。

就在清水之战的同时，刘仁恭在魏博败了，击败他的不是别人，正是汴军名将葛从周。在接到朱温的命令后，葛从周就带了八百精锐骑兵从邢州连夜潜入魏州城内。第二天，刘仁恭率领大军攻入上水关，一直到达馆陶门外。葛从周见状，连忙与部将贺德伦一起率军出击。

令魏博将士目瞪口呆的是，葛从周竟然真的只带了八百人就要出去挑战五万人的卢龙军。更让他们惊奇的是，葛从周在出城后还特意交代守城的士兵："现在前面的强敌还在，我们不能让出战的将士有返回的念头。"然后就让魏博士兵把城门关上。汴军的退路被断了，只能向前拼杀，他们在葛从周的带领下以一当百，向卢龙军发起冲锋。

刘仁恭根本没料到葛从周等人已经在魏州了，这些天的连续胜利让他有些飘了，连带着卢龙将士也有了轻敌之心，他们猝然遇到劲敌，竟然被打得大败而逃，幽州猛将薛突厥、王郐郎等人都做了俘虏。

此战之后，魏博军士气大振，幽州军则士气大跌。第二天，葛从周乘胜再次率领汴军和魏州军队一起出击，一连攻破了刘仁恭的八座营垒。就在这时，刘守文也跑了回来，刘仁恭听说南下的军队已经全军覆没，吓得肝胆俱裂，赶紧和儿子一起烧掉营帐连夜逃走。

刘仁恭想逃走也不容易，葛从周等人率领大军追击至临清才返回。为了渡过永济渠，卢龙军不少人都掉进了河里，被杀死和淹死的人不计其数。

成德节度使王镕也跑出来凑了个热闹，他派人在深州、冀州一线突袭逃过永济渠的卢龙军，成功斩杀了不少人。等刘仁恭勉强逃回幽州时，从魏州到沧州的五百里地，沿途到处都是尸体，从此以后刘仁恭也开始一蹶不振了。

随着朱温的威胁越来越大，原本不和的刘仁恭和李克用两人不得不再度联合起来，然而此时的朱温已经不是这两人能对付的了。幽州、河东依然负多胜少，李克用虽然勉强收回了潞州、泽州，但也已经元气大伤。

朱温当然也不可能就此放过刘仁恭，光化三年（900年），他再次派葛从周率领兖州、郓州、滑州、魏州四镇的十万军队前去讨伐刘仁恭。此时的卢龙军还没从前一年的大败中恢复过来，哪有力气抵挡汴军的猛攻，很快德州就丢了，德州刺史傅公和当场被杀。随后葛从周再次率军北上，将刘守文围困在沧州城内。

刘仁恭自然不可能放着儿子不理，但他也知道，光靠现在卢龙军的实力，肯定救不回儿子，于是只好再次向李克用求援，希望李克用能够拉自己一把。

李克用虽然讨厌刘仁恭，但也知道唇亡齿寒的道理，他当然不可能坐看朱温吞并刘仁恭。不过李克用也知道此时光靠河东军与卢龙军的实力，想正面战胜汴军还是不太容易，他想出的办法就是"围魏救赵"。他派大将周德威率领五千骑兵东出黄泽关（今山西省左权县东南）攻打邢州、洺州，希望能够迫使葛从周等人回援。刘仁恭自己也带着五万卢龙军南下，驻扎在乾宁军（治今河北青县）与汴军对峙起来。

在看到刘仁恭率大军来援后，汴军这边对如何作战发生了分歧，产生分歧的主要对象就是监军蒋玄晖和主帅葛从周。蒋玄晖认为："主公让我来监护军队，主要目标是攻下沧州。现在刘仁恭率领大军大举南下，我们肯定不能与他们野战，以免腹背受敌。按我的意思，不如打开一道缺口，将刘仁恭放入沧州城内，让他们父子俩合兵一处，人多了，沧州的粮食自然就不够了，等他们粮食吃完了，看他们还怎么打。"

众将听后都觉得蒋玄晖说得非常有道理，葛从周却不以为然，蒋玄晖说的一切都建立在沧州粮食吃完的基础上，但谁知道沧州到底有多少粮食、何时才会吃完？搞不好到时候汴军先一步撑不住了。更何况李克用已经派人东出袭扰邢州、洺州一带了，谁知道河东军还会不会大举东出？如果河东军全力来攻，刘仁恭又趁势反击，汴军想获胜就非常困难了。

想到这里，葛从周也顾不得给蒋玄晖面子，立马反驳道："进军的时机应该由军中大将决定，岂是该监军说三道四的。更何况蒋玄晖说的不过都是一些老生常谈的东西，该怎么打我心中早有定数，这岂是他能够知道的？！"随后葛从周也不再理蒋玄晖，径自让张存敬和氏叔琮两人留守在沧州大营，以防止刘守文突围，自己则亲率精锐部队前往迎战刘仁恭。

葛从周和刘仁恭两路大军在老鸦堤（今河北青县东南）展开了一场决战，结果幽州军大败，手下光被斩杀的就有三万人，幽州将领马慎交等一百多人就此做了俘虏，除此之外汴军还白得了幽州三千匹战马，刘仁恭只得率领残部退守到瓦桥关（今河北省雄县城西南）。

李克用看到刘仁恭大败后，果然再次派出李嗣昭率领五万人进攻邢州、洺州，并在内丘（今河北内丘县）大败汴军。正巧这时候沧州一带连降大雨，朱温知道再打下去对汴军不利，于是让葛从周率军回师对付李嗣昭。葛从周回来得正是时候，李嗣昭这时候已经攻下洺州，生擒了洺州刺史朱绍宗，但他显然不是葛从周的对手，再次在青山口被打得大败而逃。

随后朱温却没有继续进攻卢龙或者河东，而是改道进攻成德。之所以要打成德，自然是因为王镕与李克用暗中勾结。此前汴军进攻沧州时，王镕甚至还派人前来劝说朱温退兵，这下成德自然成了朱温下一个要打击的目标。更何况成德处于河朔中部，正是遏制河东和卢龙的关键，朱温自然想让王镕彻底臣服。

汴军出发后不久，张存敬就出其不意地渡过滹沱河，一路进军到镇州南门外，并放了一把火将南门城门烧了个干净。这下可好，还没正式开打，王镕就已经先认输了，他赶紧派出判官周式前往汴军营中找朱温谈和。一番交谈之下，王镕彻底倒向朱温，他将儿子王昭祚和大将的儿子一起送到汴州去做人质，又拿出二十万匹绢犒赏汴军，才使得朱温就此退兵。

朱温是退兵了，但王镕却犯难了，自己现在倒向了汴州，只怕过不了多久李克用又该找上门了。最后还是判官张泽出了个主意："河东是我们的大敌，现在虽然有了汴州的帮助，但毕竟距离太远，一旦河东前来攻打我们，也是远水难救近火，不如劝朱公把卢龙、义昌、义武这些依附河东的藩镇一起收服了，到那时河朔结为一体，自然可以制住李克用。"王镕对此也表示赞同，他立刻派周式前去劝说朱温收服河朔其他几镇。朱温当然乐意接受这个建议，他很快就派张存敬再次率军北上，连续攻下瀛州、景州、莫州。可惜的是，张存敬进军幽州途中再次赶上大雨，道路泥泞难行，他只好将军队撤回，转而攻打义武。

义武军节度使王处存早已经死了，这时候担任节度使的是他的儿子王郜。见汴军来攻，王郜便让叔叔、后院都知兵马使王处直率领几万义武军前去抵挡。

本来按照王处直的意思，应该先依托城池进行防守，等张存敬的军队疲惫懈怠了再发起攻击。偏偏孔目官梁汶表示反对，他认为："当年卢龙、成德合兵三十万来攻打我们的时候，我军还不满五千人，结果一战就打败了他们。现在张存敬的军队才三万人，而我军是当年的十倍，这样都不出击，还想着依城固守，未免也太怯弱了！"

王郜到底是年轻，被梁汶激得气血上涌，也听不进王处直的意见，坚持让他率军出击。结果与汴军在沙河（今河北沙河市）大战一场，义武军大败，全军伤亡人数过半，剩余的军队便带着王处直狼狈逃回定州。王郜一看叔叔败了，吓得定州也不敢留了，一溜烟跑到太原投奔李克用去了。只苦了逃回来的王处直，他虽然被众将士拥立为留后，但随即要面对的是张存敬大军的包围。

不久后朱温也率军来到定州城下，王处直知道自己抵挡不住，只好站在城墙上大喊："我义武军一直尽心竭力侍奉朝廷，对朱公没有任何冒犯，为什么忽然要来攻打我们？"

朱温让人问道："你们为什么要依附朝廷的叛逆河东呢？"

王处直回答道："我哥哥以前和李克用一起平定过黄巢，大家疆域挨着，又是儿女亲家，互相之间来往也是正常的事。既然朱公都这么说了，我以后肯定和河东绝交。"

朱温本就只想打服义武，眼看王处直已经求和，便答应了下来。王处直则把开战责任推给了梁汶，将他全家全部杀了，又对汴军将士大加犒赏，朱温这才率军返回。

在义武挨打时，刘仁恭和李克用其实也没有坐视不理。刘仁恭派出儿子刘守光率军救援，结果在易水附近被张存敬打得大败。李克用派出大将李嗣昭从太行山南下直取河阳，结果也被汴军将领阎宝阻挡。失去义武之后，意味着河东与卢龙完全陷入了朱温的包围圈中，他们面临的形势也越发危险。

天祐三年（906年），借着罗绍威求援的机会，朱温一举将八千魏博牙兵全部诛杀，魏博就此彻底落入朱温手中。不久后朱温再次挥兵北上进攻沧州，他将军队驻扎在长芦一带，把刘仁恭的长子刘守文围困在城里。刘仁恭当然不会坐视不理，赶紧派人前往救援，结果却是屡战屡败，他最后甚至下令："男子十五岁以上、七十岁以下都必须自备军粮出征，如果大军出发后还发现有人没去，立刻诛杀，绝不宽待。"

幸好有人站出来劝道："现在您这样的命令，等于是把卢龙境内无论老幼的男子全部征召从军了，妇女们又不能用来运送粮食，这个命令一旦执行，那只怕被杀的人会有很多。"刘仁恭这才清醒过来，只下令让能拿得起武器的男子随军出征。为防止士兵们逃亡，刘仁恭又给士兵们脸上刻了"定霸都"三个字，文人们也没跑掉，手腕或者手臂上也被文上了"一心事主"四个字，卢龙境内的男子除了婴儿和小孩外，都被刺上了字。就这样，刘仁恭总算凑齐了十万大军，然后一路南下驻扎到瓦桥关。但他又害怕打不过朱温，迟迟不敢救援，只能眼睁睁看着沧州越来越危险。

关键时刻，有人救了刘仁恭父子一命，这个人就是朱温的老部下丁会。

丁会虽然年少时迫于无奈参加过黄巢起义军，但本质上依然心向唐朝。唐昭宗被杀的消息传到潞州后，丁会曾率领众将士为昭宗服丧哭泣了很久。在沧州被攻打时，刘仁恭也曾向李克用求援，李克用派李嗣昭前往攻打潞州，丁会便顺势带人投降了李克用。

得到丁会投降河东的消息后，朱温久久不能平静，丁会跟随他的时间实在是太长了，早在黄巢起义时就在他手下，他怎么也没想到丁会竟然会背叛他。而此时朱温面临的更严重的问题是，潞州落入李克用手中，意味着河东通往汴州的通道被打开，汴州随时可能遭到河东大军的攻击。在这种情况下，朱温再也顾不得对付刘仁恭父子，只得仓皇从长芦撤兵而回。

第二年，朱温再次任命大将李思安为北路行军都统，让他率领大军北上直接攻打幽州。此时的刘仁恭并不在幽州城内，而在大安山上。

刘仁恭为人骄横奢侈，又贪婪残暴，一直以来都害怕被人攻打，他觉得幽州城并不牢固，就在大安山上修建了一座堪比皇宫的住所，按他自己的理由来说就是："大安山四面都是悬崖峭壁，有人来犯时我在山上就可以以少胜多。"可这样一来却导致幽州城内没人防守，几乎被李思安攻陷。幸好关键时刻刘仁恭的儿子刘守光率军赶到，击退了汴军，这才保住了幽州城。

刘守光的获胜对刘仁恭而言也并不是什么好消息，他们虽然名为父子，但其实关系早已破裂。刘守光曾经与刘仁恭的爱妾罗氏私通，被刘仁恭发现以后就将他赶了出去，而现在他既然杀回来了，自然也不会给刘仁恭好日子过。

控制住幽州后，刘守光就派部将李小喜、元行钦前往进攻大安山。刘仁恭天天沉迷于炼丹和聚敛财富，早已经不得人心，他派去抵挡的军队很快就溃散了，他自己也很快做了李小喜的俘虏。随后刘仁恭被带回幽州彻底囚禁起来，他曾经渴望一统河朔的梦想就此破灭。

归于一统——河朔诸镇的覆灭

随着后梁的建立，天下大势越来越明朗，曾经威震天下一百多年的河朔诸镇也逐渐开始走向覆灭的道路。谁也没想到，河朔藩镇中最先完蛋的竟然是曾经一度气吞河朔的卢龙。

自从刘守光取代父亲刘仁恭担任卢龙节度使后，卢龙便一直走在覆灭的道路上。早在刘守光夺权之后，幽州就陷入了内乱之中，他的表侄银胡录指挥使王思同和山后八军巡检使李承约都带着所部人马投奔了河东，就连他弟弟刘守奇都跟着跑路了。这一切自然都是因为刘守光为人残暴，动不动就随意杀人，所以才这么不得人心。他夺取幽州后就把刘仁恭身边的人全部杀了，王思同等人自然不敢留下来。

王思同等人只是自己跑路还不要紧，刘守光的哥哥刘守文就不一样了。刘守文是义昌军节度使，手里掌握着大批兵马，他听说弟弟把父亲囚禁后，立刻聚集众将士大哭道："没想到我家竟然生出了这么一个畜生，我宁愿死也要跟你们一起干掉这个畜生。"随后他就率领义昌军前往讨伐刘守光。

可惜，义昌军的实力并不足以灭掉刘守光，双方打了多次还是没能分出最后的胜负。忍无可忍的刘守文便派人带着钱财去贿赂契丹、吐谷浑人，想让他们帮助自己一起收拾刘守光。

很快刘守文就聚集了四万联军再次北上，刘守光也立刻率军迎击，双方在鸡苏（今天津市西面）一带展开决战。这一次有了援军帮助的义昌军就是不一样，很快就杀得刘守光大败而逃。

只可惜关键时刻刘守文竟然又昏了头，他看到自己的兵马追杀刘守光后，赶紧快马跑到阵前大喊："不要杀我弟弟。"因为冲得太快，刘守文竟然不知不觉跑到了最前面。刘守光有没有被哥哥的爱心感动不得而知，倒是让幽州猛将元行钦发现了这么个好机会，他立刻回身将刘守文生擒了。没了主帅的联军再次大败，虽然义昌军余部拥立刘守文的儿子刘延祚做了留后，但也没能坚持多久，义昌军再次被刘守光吞并。至于那位爱惜弟弟的好哥哥刘守文也没有好下场，很快就被刘守光干掉了。

坐拥幽州、沧州之后，刘守光的野心也膨胀了起来，甚至比他父亲还要有野心，他竟然想一步登天就此称帝，吓得手下人连连劝说他才打消了这一念头。随着后梁吞并河朔的心越来越热切，饱受压力的成德率先站出来抵抗，但光靠成德一家肯定不是后梁的对手，王镕便派人前来幽州求援。

这原本是幽州趁势拉拢成德做大做强的好机会，只可惜刘守光这个人虽然野心很大，但本质上却昏庸无能，他没能听进谋士孙鹤的建议，反而想趁机坐山观虎斗，指望成德和后梁斗个两败俱伤再出兵坐收渔利。刘守光也不想想成德才几斤几两，有什么本事能跟后梁相比？无奈之下的王镕便重新去拜了河东新当家、晋王李存勖的码头。在李存勖的救援下，河东与成德、义武的联军最终在柏乡之战大败梁军。

柏乡之战后，刘守光却一下子来了兴致，他派人去告诉王镕和王处直："听说你们和晋王一起打败了梁军，我手下也有三万精锐骑兵，想跟你们一起南下进攻后梁。不过我们四镇既然联合，肯定是需要一个盟主来主事的，我如果跟你们一起去，那你们觉得这个盟主该谁来做？"

王镕等人不但没有理他，反而把消息告诉了李存勖。李存勖听后更是大笑不止："当初你想着坐山观虎斗，现在我们打赢了，你还想靠武力威胁成德、义武，真是愚蠢到家了。"也正因为这个事，李存勖和河东诸将都觉得与其南下讨伐朱温，不如先把愚蠢的刘守光干掉再说。

盟主一事没了下文，刘守光很快就有了新的想法，他派人去劝说王镕和王处直，希望他们能尊自己为"尚父"。很快刘守光就收到了推戴他担任尚书令、尚父的表章，而且是远超过他期望的六家节度使，分别为河东军节度使李存勖、成德军节度使王镕、义武军节度使王处直、昭义军节度使李嗣昭、振武军节度使周德威、天德军节度使宋瑶。这明摆着就是李存勖带着一帮小弟故意消遣刘守光，想让他更加狂妄自取灭亡而已，偏偏刘守光却没看出来，还以为河朔诸镇都怕了自己。

更搞笑的是，刘守光拿到李存勖等人的表章后，还将这些送给了朱温，并表示："晋王等人都推举我为尚父，我因为深受陛下厚恩没敢接受，不如陛下封我做河北都统吧，只要我们双方联合，平定河朔自然不在话下。"

朱温接到奏章后也是无言以对，他还真没见过这么黑心想两家通吃的。抱着和李存勖一样的心态，最终他还是派了阁门使王瞳、崇政院受旨史彦群前去册封刘守光为河北道采访使。

册封之时刘守光又闹出了笑话。他下令让手下人草拟尚父、采访使的册封仪式。众人也不知道尚父或者采访使应该怎么册封，只好拿出唐代册封太尉的仪式进献上去。

结果刘守光一看就不干了："怎么没有南郊祭天、改年号这些步骤？"众人心里暗骂刘守光蠢："这些全是天子的仪式，尚父虽然尊贵，但只是天子的臣子，哪有南郊祭天、改变年号这些事。"刘守光火冒三丈："现在天下大乱，朱温、杨行密、王建等人都做了天子，我幽州土地方圆两千里，军队有三十多万，我就算直接做天子又有谁能阻止我呢？我还做什么尚父！"

随后刘守光就真的让手下准备就此登基称帝，幽州众人大多觉得太过胡闹，纷纷表示反对。刘守光却不管这么多，他直接将劝谏的孙鹤一寸寸割裂致死，吓得再也没人敢劝谏了。随后刘守光就改国号为大燕、改年号为应天，前来册封他的后梁使者王瞳和史彦群也被任命了官职，一个做了左丞相、一个做了御史大夫。颇具讽刺意味的是，刘守光登基当天，契丹就攻下了平州。

李存勖为了助长刘守光的嚣张气焰，便派太原少尹李承勋前往幽州祝贺。结果李承勋这一去就出事了，原因就在于双方礼仪的争执。

李承勋认为河东和幽州应该算两个不同的国家，用国与国之间使者的礼节参拜就足够了；刘守光却认为自己已经称帝，李承勋应该算自己臣子，必须要以臣子的礼节拜见皇帝。双方就这么争执了起来，最终忍无可忍的刘守光将李承勋囚禁了起来，还打算趁机把义武打下来。本来李存勖还在为用什么借口去讨伐刘守光发愁，结果他自己就送上门来了。

乾化二年（912年），李存勖正式派大将周德威率军从代州东出飞狐口（今河北北口峪），一路向幽州发起进攻，成德将领王德明和义武将领程岩也率领所部赶来会合。因为刘守光长期以来的倒行逆施，所以他非常不得人心，很快涿州、莫州等地就相继失陷。燕军两大猛将之一的单廷珪在龙头冈（今北京市东南）一战被周德威生擒，燕军从此士气大跌。另一位燕军猛将元行钦也在不久之后被李嗣源收服，素来以勇猛著称的高行珪、高行周兄弟也投降了河东，很快周德威便顺利进军到幽州南门外。

刘守光这时才慌了神，赶紧派人出城去见周德威，希望双方能就此和解。周德威当然不可能就这么退兵，他还不忘派人去嘲笑刘守光："大燕皇帝还没南郊祭天，怎么能屈居人下呢？我受天命前来讨伐有罪的人，友好同盟的事从没听说过。"

在刘守光的再三请求下，李存勖最终还是接受了刘守光的投降。他亲自赶到幽州城下，折断弓箭起誓："只要刘守光肯就此开城投降，我保证不会伤害他的性命。"原本刘守光还能得到一条活路，偏偏有人跑出来插了一脚，这个人不是别人，正是刘守光的亲信李小喜。

一直以来，刘守光很多的坏事都是在李小喜的撺掇下做的，他也对李小喜言听计从。到刘守光准备开城投降时，李小喜便站出来阻止道："我们此前已经派了使者向后梁、契丹请求援兵，说不定这几天援兵就来了，不如再等两天看看，不行的话到时候再投降。"刘守光听后也觉得有理，马上就告诉李存勖，自己还要等两天才能投降。

刘守光自以为李小喜是为他着想，实际上这纯粹就是他的一厢情愿。当天晚上，李小喜就翻城出去投降了李存勖，并告诉李存勖幽州城内已经没有什么防守力量了。李存勖大喜，立刻下令让各路大军发起总攻，很快就攻下了幽州，刘仁恭全家都被生擒。刘守光倒是逃出来了，但他逃亡的路上因为太饿，便让老婆祝氏去农民张师造家讨饭吃，结果被张师造发现了端倪，将他和三个儿子一起生擒。

李存勖很快就带着刘仁恭父子回到了太原，并下令将刘守光斩首。临死之前刘守光还攀咬了李小喜一回："我死而无憾，但劝我不投降的人是李小喜，他还活着我死不瞑目。"李小喜也不甘示弱："你杀害兄长、囚禁父亲，又与母亲乱伦，这些事也是我教你的吗？"结果两人一个都没跑掉，都被斩首示众。刘仁恭更惨，他因为背叛过李克用，被押到李克用墓前剖心而死。

随着刘仁恭、刘守光父子的死去，曾经横行河朔的卢龙军就此覆灭。

相比起倒行逆施的卢龙，成德的覆灭则让人颇为意外。一直以来成德节度使王镕站队都比较及时，李克用强大时就倒向李克用，朱温强大时就倒向朱温，在晋梁争霸形势逐渐向河东倾斜时，再度倒向了李存勖，李存勖甚至还将女儿许配给了王镕的儿子王昭诲。这些年以来他不但没有出事，反而混到了一个赵王的爵位。再加上王氏经营成德多年，成德军民一直都非常拥护王氏，李匡威想夺权没有成功，朱温想吞并成德也没有成功。

按理说，这样的一个藩镇应该还能继续存活许久，没想到也走上了覆灭的道路。覆灭的原因还是王镕太过好心，收留了一个降将。当初他收留李匡威就差点出事，这次收留的这位恰好也是卢龙过来的，名字叫张文礼。

张文礼原本是刘仁恭部将，为人凶狠毒辣而又阴险狡诈，一直以来都非常有野心。只可惜张文礼的野心还没来得及暴露，就已经在卢龙混不下去了。

刘守文和刘守光兄弟相争时，张文礼正好在刘守文手下，刘守文败后他自然也混不下去了，只好逃到镇州去讨生活。到镇州以后，张文礼惊喜地发现王镕竟然不怎么管事，他意识到自己的机会来了，对王镕百般逢迎。

在张文礼口中，他表示自己非常有将才，就算是孙武、吴起、韩信、白起都比不上他。这番鬼话竟然让王镕相信了，他将张文礼收为养子，并为他改名为王德明，还让他率领成德军队与李存勖一起出征。

事实证明，张文礼的本事也就仅限于吹牛而已。他从来不看书，也不知道什么兵法谋略，整天在军中就会说这个人不懂战争的进退，那个人不识得军机谋略，唬得一些普通士兵还真以为他是一员良将。然而实际上，张文礼在战场上却屡战屡败，他曾经率领三万军队在唐店（今河北广宗县南）被后梁大将杨师厚的几千人打得大败而逃。之后他每次吹牛时，都有人拿唐店之战笑话他。一来二去，张文礼觉得在前线也混不下去了，就派人回镇州请求王镕另外派人代替他，王镕转而让成德大将符习前往军中代替。

张文礼回到镇州以后，王镕依然一如既往地信任他，还将他封为城防使，让他负责镇州的防务。王镕一直以来都喜欢修佛求仙，每天忙着讲经炼丹，又经常跑到附近的西山上去游玩，每次一走就是几个月。成德之所以一直没有出事，主要还是因为有李弘规和李蔼两个人主持事务，只可惜这样一对臂膀却被王镕自己砍掉了。

有一次，王镕再次从西山游玩回来，晚上住在鹊营庄（今河北平山县西十余里）时，一个叫石希蒙的将领劝王镕再去别的地方游玩。李弘规自然不同意这种做法，王镕每次出行都带着上万士兵，外出游玩非常劳民伤财，于是他就劝王镕："现在晋王还在黄河两岸与梁军拼死血战，亲自冒着箭矢率军前进，大王却专门把军用物资挪用到其他地方，这样只怕不好。更何况眼下正是困难的时候，局势混乱，人心难测，如果大王长期不在镇州，一旦有奸人作乱，占据镇州把我们关在城外，那该怎么办？"王镕一听，也觉得有理，便准备就此打道回府。

偏偏石希蒙不死心，他再次告诉王镕："李弘规说的不过是他胡乱猜想的，想吓唬大王，他自己在外面经常炫耀自己能管住大王，弄得外面的人都很怕他。"王镕听后就不走了，又连续住了两个晚上。李弘规知道是石希蒙搞的鬼，他便打算为成德除掉奸贼，只不过他手段有些过激了。

李弘规一面派成德将领苏汉衡带着亲兵穿甲持刀到王镕营帐前大喊："将士们离家在外已经很久了，都希望大王能够带我们回家。"另一面李弘规又劝王镕："都怪石希蒙整天撺掇大王到处游玩，现在出事了吧。我还听说他准备谋害大王，请大王快点将他杀掉向大家认错。"王镕依然不为所动，李弘规又急又怒，干脆让人直接砍了石希蒙，然后拿着人头请王镕回镇州。

这下王镕是劝回去了，但也让他陷入了深深的恐惧之中，他害怕再次被李弘规等人发动兵变威胁，于是当天晚上就让儿子王昭祚和张文礼两人率兵将李蔼、李弘规两人杀掉，他们两人的党羽几十家也全部受牵连被除掉。

原本李弘规、李蔼两人掌权时，张文礼还非常忌惮，不敢有任何妄动，但这两人死后，王镕将权力交给了王昭祚。王昭祚心胸狭隘，为人残暴不仁。他上位后便开始整天打击报复以前和自己有过节的人，一时间弄得人心惶惶，张文礼就抓住机会开始行动了。

当时镇州有李弘规以前的部下五百人，他们害怕受到牵连，想逃跑却没有地方可去。当时放眼河朔都是李存勖的天下，李存勖自然不可能为他们得罪王镕，这些人只好每天聚在一起哭泣。正好当时王镕大肆犒赏军队，因为这五百人以前参与过杀死石希蒙，所以他们没有得到任何赏赐。

张文礼趁机找上门，告诉他们："赵王已经下令让我将你们全部坑杀，但我觉得你们又没有什么罪，想服从赵王的命令又不忍心，不杀你们又不知道应该怎么办。"众人都被张文礼的善举感动得热泪盈眶。

当天晚上，这帮人唉声叹气地聚在一起喝酒，喝到醋处，有人站出来大声喊道："与其等着被赵王杀死，我们不如拼死一搏。"于是他们偷偷拿着兵器翻墙进入城内，将王镕和王昭祚父子全部砍死，然后让一个叫张友顺的小将带着人去请张文礼担任留后。张文礼自然马上答应了下来，他很快就命人将王镕全家杀了个干净，只留下了王昭祚的妻子普宁公主。普宁公主是朱温的女儿，张文礼留下她也是想与后梁交好。

张文礼知道自己杀掉王镕，肯定会遭到李存勖的报复，但他毕竟在河朔的地盘上，于是不得不硬着头皮写信给李存勖，请求赐给旌节，又劝李存勖登基称帝。李存勖正忙着和后梁作战，暂时还没有工夫收拾他，便同意了让他担任节度使的请求。这一切太过顺利反而让张文礼觉得不真实了，他害怕成德军民报复，竟然每天出门都要带着一千多人上路；他又觉得李存勖是在忽悠自己，便又派人去勾结后梁。一来二去，张文礼终于惹怒了李存勖，李存勖便派了大将史建瑭与符习所部成德将士一起杀回镇州，正式出兵讨伐张文礼。

张文礼这时候早已陷入了惊恐之中，他在家里竟然经常能看到鬼怪，城外护城河中的水在他看来也都变成了红色，很多鱼都死掉了。这一切都让张文礼越来越害怕，等到史建瑭攻下赵州时，他竟然直接被吓死了。

张文礼死后，镇州之战却并没有就此结束，双方在镇州展开了旷日持久的攻城战，河东名将史建瑭、阎宝、李嗣昭、李存进等人都先后死于此战中。费了九牛二虎之力，后唐军队终于在李存审的率领下攻入了镇州，他们将张文礼的儿子张处瑾、张处球和张处琪全部杀掉，又将张文礼的尸体挖出来挫骨扬灰，这才算替王镕报了仇，成德一镇也就此覆灭。王镕全家只有一个儿子王昭诲在一些善良士兵的保护下，被托付给了一个叫李震的湖南纲官。李震带着王昭诲返回了湖南，多年以后才返回中原。

　　这时候曾经许给王昭诲女儿的后唐庄宗李存勖已经作古，在位的是唐明宗李嗣源，曾经的婚约自然是没了。刚好当时成德旧将符习在汴州担任节度使，王昭诲无处可去，只好去投奔符习。符习也没有亏待这位故主之后，不但上书为王昭诲谋求官职，还将女儿嫁给了他，也算是为王镕保留了最后一点血脉。

　　成德灭亡后，它的老邻居义武却依然坚挺着。义武节度使王处直与王镕情况差不多，也算站队比较及时，到后梁衰弱时，早已经投入了李存勖的怀抱。只可惜王处直比王镕还惨，他的家里竟然也出了事。

　　王处直有一个名叫王都的养子，这个养子本名叫刘云郎，本来是一个孤儿，后来被一个叫作李应之的道士收养了。有一次王处直生病，医生怎么诊治都没有效果，李应之便找上了门，用一些旁门左道的法子将王处直治好了。王处直以为自己遇到的是得道高人，便将李应之请入府中担任幕僚，将他像神仙一样对待。

　　王处直当时还没有儿子，李应之便将刘云郎送给了他："这个小孩生来就与众不同，将来必定会大富大贵。"王处直大喜，便将刘云郎收为养子，并给他改名叫王都。后来李应之因为想另外招募新军被义武将士所杀，他们原本打算连王都也一块杀掉，但被王处直拼死保了下来。

　　王处直不知道自己保下的是一匹恶狼，他考虑到自己儿子年龄都还小，甚至将王都任命为节度副使，希望他将来继承义武军。除了王都之外，王处直还有一个叫王郁的亲生儿子，因为只是庶子，所以并不受宠。后来王处直归附朱温时，王郁便跑到河东投奔了李克用，此后不但做了李克用的女婿，还当上了新州团练使。

　　张文礼杀死王镕以后，王处直也开始担心，如果李存勖灭掉了成德，那河朔就只剩下义武一家孤立无援了。于是王处直就以大家现在应该齐心协力对付后梁为理由，希望李存勖能够对张文礼从宽处理。

李存勖哪肯听王处直的，不要说张文礼跟后梁勾结，光一条弑主之罪就罪无可赦。这下轮到王处直慌神了，他彷徨失措之下想出了一个主意，那就是勾结塞外的契丹攻打李存勖，让李存勖腾不出手来对付张文礼。

不过王处直却遇到了一个麻烦，那就是没人去过契丹，怎么和契丹首领耶律阿保机通消息呢？有人出了个主意："王郁现在就在新州，新州外面就有契丹人，自然方便与契丹联络。"王处直大喜，赶紧派人去联络儿子王郁，王郁对勾结契丹倒没意见，但他却提了一个要求，那就是想代替王都做王处直的继承人。王处直此刻哪还有不答应的道理，立刻就许诺将来改立王郁继承义武军。

不过王处直的保密工作做得实在是太差，他打算改立王郁为继承人与他要通过王郁勾结契丹入侵的事很快就被定州人知道了。义武军将士都不愿意引外族进来，王都也害怕被王郁取代位置，众人商量之后便决定铤而走险，直接把王处直绑了。

正好当时张文礼到了定州，王处直便在城东为他设宴接风，王都便抓住机会，与部下和昭训一起带着几百个士兵偷偷埋伏在王处直家中。等王处直晚上回来，刚进家门就被王都带人囚禁了起来，王处直的亲信和妻儿也都被杀了。随后王都便自立为留后，并向李存勖报告了定州发生的一切。李存勖见王都为自己解决了这么个麻烦，自然是欣喜若狂，立刻就让王都接任了义武军节度使。

耶律阿保机在王郁的劝诱下果然出兵南下，却在沙河被李存勖率领的五千精兵打得大败，只得仓皇北逃，李存勖一路追击到易州方才返回。在回军的途中，王都亲自在定州宴请了李存勖，李存勖大喜，甚至为爱子李继岌和王都的女儿定下了亲事。从此以后，王都在李存勖面前就特别受宠，他的请求李存勖都会答应。

王都没有料到的是，短短几年之后，李存勖就死于兵变。新上任的唐明宗虽然加封他为中书令，却对他颇为忌惮。一方面固然是因为他曾是李存勖的亲家，另一方面也是因为他篡夺对自己有恩的养父的位置，手段太过狠毒。

王都也知道李嗣源对自己颇为忌惮，心中也一直有所防备。后来掌权的安重诲忽然将原本由节镇自己安排的赋税转而由朝廷制定征收规则，王都的第一反应就是李嗣源要对付自己了，所以才要先削弱义武。当时的镇州节度使王建立也和安重诲不和，王都便写信给王建立，希望他能和自己一起造反。

王都也实在是病急乱投医，也没查查王建立的履历，这人一直都是李嗣源的亲信，哪可能跟着他一起造反。王建立不但没有同意起兵，反而把王都的信全部送到了李嗣源手里。李嗣源早就想收拾王都了，现在机会来了，他哪有放过的道理。很快李嗣源就派宋州节度使王晏球率军前往讨伐王都。

王都没办法，只好派人去联络此时在契丹讨生活的王郁，希望他能够说动契丹出兵帮忙。契丹人是来了，却在嘉山（今河北曲阳东）之战中被王晏球杀得大败，最终还是没能挽救定州。后唐军队围攻定州几个月后，义武将领马让能便打开曲阳门投降王晏球，王都无奈下只得选择全家自焚而死。王都死后，义武军也从此成了历史。

相比其他河朔兄弟，魏博的命运才最为崎岖坎坷。

自从罗绍威接任魏博节度使后，魏博便转而崇尚文学，这就引起了魏博牙兵们的不满。罗绍威也看不惯牙兵们的横行霸道，但他也知道自己没有能力收拾牙兵，只好派亲信杨利言去找亲家朱温，希望能够得到他的帮助。朱温一直都想彻底控制魏博，消灭魏博的军事力量自然是他乐意的，不过他这时候还忙着和李茂贞大打出手，虽然答应了罗绍威却一直没有出兵。

不久，魏州的街道不知道为什么忽然塌了一截，罗绍威觉得这肯定是什么不详的征兆。恰好当时又赶上一个叫李公佺的小将作乱，虽然没闹出什么风浪，但罗绍威却觉得自己越来越危险，赶紧再派臧延范前去催促朱温赶快帮自己料理掉这帮不听话的牙兵。

当时正好朱温的女儿、罗绍威儿子罗廷规的妻子安阳公主去世了，朱温便顺势展开部署。他一面派大将李思安率领大军驻扎到深州，声称要前去讨伐刘守文，一面则派部将马嗣勋率领一千名多长直军前往魏州，让他们伪装成前去给安阳公主送葬的仆人，带了很多朱温给女儿的祭品前去祭奠。实际上哪有什么祭品，箱子袋子里装的全是长直军的兵器和盔甲。魏博牙兵却上当了，他们一点儿都没有怀疑，很快便放马嗣勋等人进了城。

当天夜里，罗绍威就派人偷偷将魏州武库里的盔甲弓箭全部弄坏，然后带着自己亲信和马嗣勋的长直军一起向魏博牙兵发起了突袭。牙兵毕竟是魏博精锐，他们虽然遭到了突袭，但很快就聚集在一起，准备拿起武器反抗，结果到武库一看，盔甲兵器都坏了。赤手空拳的牙兵再也不是对手，很快就被全部杀死。到了第二天，八千牙兵连同他们的家人，无一存活，横行一时的魏博牙兵就此覆灭。

魏博牙兵灭亡后，其他各地的魏博军队惊慌失措，也先后起兵反抗，但都被朱温一一剿灭。看到这一切之后，罗绍威后悔了，他发现虽然牙兵是没了，但魏博的军事力量也遭到了毁灭性的打击，这意味着魏博从此以后只能沦为朱温的附庸。

罗绍威自己经常对人感叹："合六州四十三县铁，不能为此错也。"成语"铸成大错"也由此而来。但无论罗绍威怎么后悔，他也都只能依附于朱温。乾化二年（912年），后梁大将杨师厚袭占魏博，将罗绍威的儿子罗周翰赶走，魏博就此被后梁完全吞并。

魏博被吞并以后，魏博牙兵的传统却保留了下来，杨师厚后来为了对抗篡位的朱友珪等人，又搞出了一个新的牙兵组织——银枪效节军——作为自己的私人武装，魏博牙兵再次死灰复燃。杨师厚死后，银枪效节军就失控了，后梁根本控制不了这支强悍的武装力量。梁末帝朱友贞为了分割魏博甚至派出了后梁名将刘鄩、王彦章等人，但在银枪效节军的抵抗下还是失败了，他们在牙将张彦的率领下绑架魏博节度使贺德伦，直接投靠了李存勖。

李存勖得到魏博之后，就从银枪效节军中挑选了五百人担任亲卫，并改名为帐前银枪都，让河东猛将王建及率领。在王建及的率领下，帐前银枪都先后在胡柳陂、德胜口等多次战役中立下大功，为后唐灭掉后梁立下了赫赫功劳。

后唐同光四年（926年），魏博指挥使杨仁晟率领所部魏博军队从瓦桥关换防返回魏州的路上，经过贝州时，一个名叫皇甫晖的赌徒因为赌输了钱，气愤之下趁机煽动魏博士兵一起叛乱，他们拥立银枪效节军指挥使赵在礼为主帅，一路杀回了魏州，这就是著名的"邺都兵变"。邺都兵变引燃了天下人长期以来对李存勖的不满情绪，曾经横扫天下、立下过赫赫军功的后唐庄宗李存勖就这么倒台了，取而代之的是后唐明宗李嗣源。

李嗣源登基虽然很大程度上是靠了魏博士兵的帮助，但他本人却对魏博士兵的骄横颇为恐惧。同样心怀恐惧的还有赵在礼，他被魏博将士推出来担任主帅后就再也无法离开魏州，甚至连朝廷调他前往滑州的任职都被阻拦了下来。无奈之下赵在礼只好向唐明宗寻求帮助，李嗣源便将魏博乱兵的头子皇甫晖和赵进等人都调到外地去做刺史，赵在礼这才得以走掉。赵在礼走后，李嗣源又命魏博将领龙晊率领士兵前往芦台防备契丹，却没有给他们分配武器、盔甲，这让魏博将士都觉得李嗣源是想趁机清除他们，再加上泰宁节度使房知温的煽动，魏博士兵杀掉副招讨使乌震，再次发动兵变。

这次兵变虽然随后就被房知温和安审通等人镇压了下来，但事情却没有完结。李嗣源将参与芦台兵变的三千五百户总共一万多人驱赶到石灰窑（今河北大名县境内），然后将其全部杀死，流出的鲜血甚至染红了永济渠。这件事情之后，骄横的魏博牙兵几乎遭到了毁灭性的打击，从此以后一蹶不振，剩下的人纷纷跑到定州投奔王都，两年之后彻底覆灭。

后晋天福三年（938年），后晋高祖石敬瑭再次分割魏博，他将广晋府（即魏州）提升为邺都，设置邺都留守，又在相州设置彰德军，下辖澶州、卫州，在贝州设置永清军，下辖博州、冀州。曾经纵横河朔的魏博就这么被分成了三个部分，从此再也没能掀起什么风浪。

魏博的彻底拆分，意味着曾经风光一时的河朔藩镇彻底覆灭。它们纵横河朔大地一百多年，也曾涌现出无数的乱世奇雄，存在的时间甚至延续到大唐帝国灭亡之后，但终究没能逃过灭亡的命运。

参考文献

[1]（春秋）左丘明. 左传 [M]. 北京：中华书局 ,2014.

[2]（汉）司马迁. 史记 [M]. 北京：中华书局 ,2014.

[3]（汉）班固. 汉书 [M]. 北京：中华书局 ,1962.

[4]（唐）魏征，等撰. 隋书 [M]. 北京：中华书局 ,2019.

[5]（后晋）刘昫，等撰. 旧唐书 [M]. 北京：国家图书馆出版社 ,1973.

[6]（宋）欧阳修，等撰. 新唐书 [M]. 北京：中华书局 ,1975.

[7]（宋）司马光. 资治通鉴 [M]. 北京：光明日报出版社 ,2016.

[8]（宋）薛居正，等撰. 旧五代史 [M]. 北京：中华书局 ,1976.

[9]（宋）欧阳修. 新五代史 [M]. 北京：商务印书馆 ,2014.

[10]（清）董皓，等撰. 全唐文 [M]. 上海：上海古籍出版社 ,2018.

[11] 孙映逵，校注. 唐才子传校注 [M]. 北京：中国社会科学出版社 ,2013.

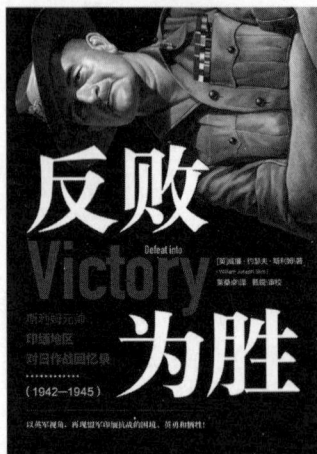

Defeat into Victory

反败为胜：斯利姆元帅印缅地区对日作战回忆录（1942—1945）

姆威廉·约瑟夫·斯利姆（William Joseph Slim）著

○ 探秘英军视角下的中国远征军
○ 印缅抗战经典著作，首推中译本，余戈、萨苏作序推荐
○ 斯利姆被赞誉为"不仅是一个专业的士兵，也是一个专业的作家"

　　1942 年 3 月，日军占领仰光，盟军节节败退。斯利姆抵达缅甸时，面对的便是如此灾难性的开局。他率领被打垮的英军，进行了一场鲜为人知的、如噩梦般的大撤退，一直从缅甸撤到印度。糟糕的环境、残酷的敌人、低落的士气，局势对盟军非常不利!

　　逆境之中，斯利姆头脑清醒，在几乎没有任何欧洲支援的情况下，恢复了军队的战斗力和士气，并联合中国远征军与美国军队发起绝地反击。从若开到英帕尔，从伊洛瓦底江到密铁拉，再到夺取仰光，一系列精彩的反攻战无不彰显了他超凡的指挥才能，以及英、中、美、缅、印五国人民联手抗日的不屈精神和顽强意志。

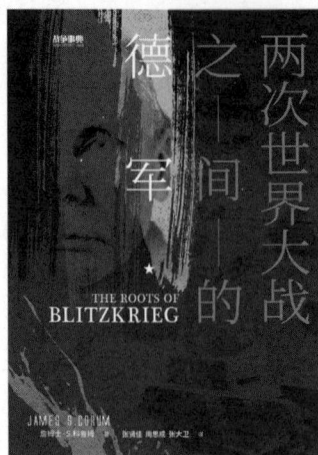

The Roots of Blitzkrieg

两次世界大战之间的德军

詹姆士·S. 科鲁姆（James S. Corum）著

○ 塞克特集团如何突破《凡尔赛和约》的封锁？
○ 魏玛共和国如何重建、改革、发展国防军？
○ 第三帝国军事崛起的坚实基础从何而来？

　　作者以魏玛国防军总司令汉斯·冯·塞克特领导的时代为重心，描述了一战后德国在战略战术、武器研发、编制、训练中为本国未来战争打下坚实基础的关键性变革。除此之外，一批富有远见的德军军官也在此过程中发挥了重要作用，如装甲战术家恩斯特·沃尔克海姆和空中战术家赫尔穆特·威尔伯格。最后，得益于这些实干家和他们付出的努力，魏玛国防军重获新生，并由此发展出了在后来辉煌一时的"闪击战"理论。

The Fast Carriers

航母崛起：争夺海空霸权

克拉克·G. 雷诺兹（Clark G.Reynolds）著

○ 美国海军学院资助研究项目，海军参谋人员的重要参考书
○ 一个波澜壮阔的腹黑故事，一部战列舰没落、航空兵崛起的太平洋战争史
○ 笑看"航母派"外驱东瀛强虏、暴揍联合舰队，内斗"战列舰派"、勇夺海军大印

　　这是一部美国航母部队的发展史、一部海军航空兵的抗争史、一部飞行海军视角下的太平洋战争史。本书以太平洋上的一场场海空大战、航母对决为线索，把美国快速航母部队的一点一滴串连起来，讲述了一段扣人心弦的故事：对外，他们狠揍日本海军，终于把舰队开到敌人家门口，打赢了这场押上国运的大仗；对内，他们把"战列舰派"按在地上摩擦，不仅驱使昔日的"海上霸主"给航母当小弟，而且在海军领导层实现了整体夺权。